上海营商环境蓝皮书（2020-2021年）

Blue Book of Doing Business in Shanghai (2020-2021)

主　编　李世平

副主编　余运江　叶晓佳

编　委　陈霜华　杨光焰　龙英锋　肖本华

赵迎春　王东明　李培功

上海人民出版社

前　言

营商环境没有最好，只有更好。营商环境是区域经济高质量发展的关键驱动力，是高效激发市场主体活力最有效的核心要素，是强力激活高质量发展的硬核力量。作为世界银行营商环境报告中的中国重要样本城市，上海进行了一系列大刀阔斧的改革，为全国“放管服”改革、优化营商环境树立了标杆。上海市委书记李强曾指出，上海必须对标国际最高标准、最好水平，不断提升制度环境软实力，努力打造营商环境新高地。

2020年，上海市人大财经委、上海市发改委与上海立信会计金融学院合作共建上海首个营商环境研究中心——“上海营商环境研究中心”，重点关注服务国家重大战略需求和服务上海地方经济发展。呈现在读者面前的《上海营商环境蓝皮书（2020—2021年）》是上海营商环境研究中心倾力打造的首部上海营商环境年度报告。

在党中央、上海市委的坚强领导下，上海作为改革开放排头兵、创新发展先行者，始终保持着刀刃向内的决心，主动下好优化营商环境的“先手棋”，在大力推进“一网通办”和“两网融合”建设的基础上，率先出台《上海市加强改革系统集成　持续深化国际一流营商环境建设行动方案》，即上海营商环境“4.0版本”。围绕优化政务环境、提升企业全生命周期管理服务、营造公平竞争市场环境等5方面提出31项任务，共207条举措。上海在推进优化营商环境过程中始终勇挑重担、走在前列。世界银行报告显示，上海执行合同和获得电力指标已位于世界前列。在开办企业、获得电力、登记财产、跨境贸易、施工许可等以事权为主的评价指标中，上海的办事环节和办事时间大幅压缩。回顾2020—2021年度上海营商环境工作，一些营商环境举措亮点如下：

一是对标最高标准，以企业满意度为核心。上海对标国际最高标准，坚持以企业满意度为核心，大力推荐高效办成一件事改革，打通企业办成一件事的全流程，大幅压减办成一件事的时间、费用、材料、环节。例如，以市场主体感受作为首要评价标准，围绕市场主体从新设到注销的全生命周期等内容进行明确规定。例如，在“证照分离”改革基础上深化探索“照后减证”，聚焦市场准入领域，服务企业高效办成“一件事”，推动把一个行业准入涉及的多个审批事项整合为一张“行业综合许可证”，采用并联办理、限时办结等举措，大幅度压缩办理时间。此外，积极探索“一网通办”政务服务、“无事不扰、有求必应、有事必究”的政府综合监管体系、线下办事“四个集中”“窗口无否决权”机制以及“找茬”机制等以企业满意度为目标的优化营商环境措施。

二是探索创新不止，“刀刃向内”改革。2020年4月，《上海市优化营商环境条例》施行，将上海此前推出的一系列改革措施系统化、规范化、制度化。2021年3月上海营商环境“4.0”版本出台。上海持续对标国际最高标准，创新监管理念和方式，加强知识产权保护，聚焦融资难中的中小企业抵押难问题，推动“一网通办”“人性化”“统一化”，以法治手段推进数据归集共享，推进体制创新实现流程，加强地方立法保障，创造公平竞争的市场环境，增强市场主体的获得感，提振更多市场主体积极性，推动形成以国内大循环为主体、国内国际双循环相互促进的新发展格局。此外，为支持浦东新区改革开放再出发，上海出台《关于支持浦东新区改革开放再出发 实现新时代高质量发展的若干意见》，在深化改革、扩大开放、创新发展、产业升级、城市功能等五个重点领域，提出了20条任务50项改革举措，向浦东新区下放一批市级经济管理权限。

三是浦东改革创新举措和经验走向全国，引领中国营商环境改革。为贯彻落实习近平总书记在浦东开发开放30周年庆祝大会上的重要讲话精神，在新征程上更好发挥上海浦东新区的引领示范作用。2021年4月，国家发展改革委向全国各省、自治区、直辖市及计划单列市发展改革委，各国家级新区下发《关于推广借鉴上海浦东新区有关创新举措和经验做法的通知》。拟推广的有关创新举措和经验做法共3类25项51条，主要包括改革系统集成、制度型开放、高效能治理3个方面。例如，改革系统集成领域，新一批向全国复制推广的51条“浦东经验”中，改革系统集成领域总结了13项26条经验做法，包括深化企业市场准入有关探索。此外，特斯拉背后的“浦东速度”常态化作为一项改革经验向全国推广，推动了一批行之有效的创新举措成为常态化制度安排。

《上海营商环境蓝皮书（2020—2021年）》全书由正文部分和附录组成。正文分为四个部分，分别是：上海营商环境总报告、上海典型区县营商环境报告篇、热点专题报告篇和营商环境案例篇。其中，总报告部分系统总结、量化了2020—2021年上海营商环境改革情况、经验借鉴、不足之处，特别是科学量化了上海营商环境得分；典型区县篇按照上海“五大”新城所在区，对浦东新区、嘉定区、松江区、青浦区、奉贤区的营商环境进行了量化分析；热点专题报告部分汇集了上海营商环境中心 2021 年重点课题的成果，包括跨境贸易、税务营商环境、G60 营商环境等；案例篇对上海营商环境改革的案例进行了整理和汇总，便于上海营商环境改革经验推向全国。附录部分为调查问卷以及上海营商环境改革涉及的系列政策。这一结构安排旨在完整展示 2020—2021 年上海营商环境的实践探索、改革创新、政策经验的状况。《上海营商环境蓝皮书（2020—2021 年）》的发布，既是对每年度上海优化营商环境状况的一次巡礼，也对推动我国营商环境改革具有重要意义。

在编者的分工上，主要考虑专家研究领域和专长。第一部分上海营商环境总报告由李世平教授、余运江副教授、舒杏博士和李培功教授负责撰写；第二部分上海典型区县营商环境报告由余运江副教授和周佳雯博士负责撰写；第三部分热点专题报告由陈霜华教授（第十二章）、赵迎春教授（第十三章）、王东明副教授（第十四章）、杨光焰教授（第十五章）和龙英峰教授（第十六章）负责撰写；第四部分营商环境案例篇由肖本华教授负责撰写。

蓝皮书的编写离不开同行和出版社的帮助。感谢上海市人大财经委、上海市发改委、上海市统计局、各区人大财经委等政府部门的帮助和支持。感谢上海人民出版社编辑们付出的辛勤劳动，在此一并致以深深的谢意！当然，书中的不足之处，还请同行和读者不吝赐教。

目　录

第二部分　上海典型区县营商环境报告

第三部分 热点专题报告

第一部分　上海营商环境总报告

本部分由六章构成，包括第一章上海营商环境政策分析研究，第二章上海优化营商环境成效与问题研究，第三章上海优化营商环境经验借鉴研究，第四章上海营商环境评价体系构建研究，第五章上海营商环境量化分析研究，第六章上海优化营商环境政策建议研究。

第一章　上海营商环境政策分析研究

营商环境是区域经济高质量发展的关键驱动力之一，是高效激发市场主体活力最有效的核心要素，是强力激活高质量发展的硬核力量。"十四五"规划纲要明确提出深化简政放权、放管结合、优化服务改革，全面实行政府权责清单制度，持续优化市场化法治化国际化营商环境。当前党中央、国务院坚持以深化"放管服"改革为抓手优化营商环境，推动体制机制创新，为高质量发展赋能提效。中央及地方政府齐发力，围绕优化营商环境打出政策"组合拳"，制定出台了一系列政策文件，推动我国营商环境不断迈上新台阶。

第一节　营商环境改革的国内外背景

一、国际经贸规则重构形成新挑战

以联合国为核心的全球治理体系和以世界贸易组织为基石的多边贸易体制是我国快速发展赖以实现的国际制度环境。我国是现行全球治理体系的参与者、建设者、贡献者和受益者。近年来，发达经济体与新兴经济体间经济增长趋势分化，发展中国家特别是新兴经济体日益崛起，世界经济中心正在发生不可逆转的变化。新一轮双边或多边贸易安排正在逐步推进，2016年以来，全面与进步跨太平洋伙伴关系协定（CPTPP）、日本与欧盟经济伙伴关系协定（EPA）、非洲大陆自由贸易区协议（AfCFTA）、美国—墨西哥—加拿大协定（USMCA）以及欧盟与南方共同市场（Mercosul）等超大自贸协定陆续签署。在美欧日等发达经济体主导下，全球经济治理体系和国际贸易规则面临深刻调整。美欧日等发达国家力图推动世界贸易组织变革，质疑我国等新兴经济体的发展中国家地位以及应当享有的特殊和差别待遇，动摇多边贸易体制的根基。这些行动将在很大程度上改变世界贸易规则、标准和格局。① 全球新一轮国际经贸规则构建过程中凸显全方位覆盖、多元化领域、高质量高标准等特点，不仅将产生贸易转移效应，还将加速我国出口型加工制造海外转移以及加大国内制度法规的调整压力，削弱我国在全球新一轮贸易规则制定中的话语权。②2020 年 11 月，习近平主席指出“中方欢迎区域全面经济伙伴关系协定完成签署，将积极考虑加入全面与进步跨太平洋伙伴关系协定”③。CPTPP 作为目前全球最高标准的多边自贸协定，符合现今全球价值链升级转变的要求，对我国制定和实施对外贸易战略具有极大的现实意义。当前，上海正在加快建设国际一流营商环境，需要瞄准国际最高标准和最高水平，形成法治化、国际化、便利化的营商环境和公平、统一、高效的市场环境。国际经贸规则变革为上海推进营商环境评价对标改革提出了新挑战。

① 参见系列丛书组：《打造国际一流营商环境》，中国计划出版社、中国市场出版社 2020 年版。

② 参见《全球新一轮经贸规则发展呈七大新趋势》，载《华夏时报》2019 年 10 月。

③ 参见中国政府网：《习近平：中方将积极考虑加入全面与进步跨太平洋伙伴关系协定》，2020 年 11 月 20 日。

二、党中央国务院提出战略目标

优化营商环境是党中央、国务院根据新形势新发展新要求审时度势作出的重要决策部署，是激发市场活力、推进政府职能转变的迫切需求，是促进高质量发展、扩大高水平开放的重要举措。我国高度重视深化“放管服”改革优化营商环境工作，近年来部署出台了一系列有针对性的政策措施，优化营商环境工作成效显著。但同时仍存在一些短板和薄弱环节，如小微企业融资难、融资贵问题有待缓解，投资贸易便利化有待提升，审批难审批慢依然存在，产权保护仍需加强，准入不公平和政策不稳定现象仍然突出。尤其是叠加疫情的后续冲击，企业困难凸显，亟须以市场主体需求为导向，采取更多改革办法破解企业投资生产经营中的堵点痛点，打造市场化、法制化和国际化营商环境。

2019 年 10 月，李克强总理签署国务院令①，公布《优化营商环境条例》，从制度层面为优化营商环境提供更为有力的保障和支撑，推动体制机制完善和加快现代化经济体系建设。2020 年《政府工作报告》在综合研判国内外疫情和经济形势后，对相关预期经济发展目标作了适当调整，更聚焦于以改革激发市场主体活力，明确提出“持续打造市场化、法治化、国际化营商环境”的目标。中美经贸摩擦叠加疫情全球蔓延给国际贸易带来严重冲击，在全球经济和贸易大幅下降背景下，2020 年 5 月，习近平总书记在中共中央政治局常委会会议上指出，要深化供给侧结构性改革，充分发挥我国超大规模市场优势和内需潜力，构建国内国

① 参见新华网客户端：李克强签署国务院令　公布《优化营商环境条例》，2019 年 10 月 23 日。

际双循环相互促进的新发展格局。① 2020 年 7 月，国务院常务会议按照“六稳”“六保”工作要求，提出用改革的办法打造市场化法治化国际化营商环境，更大激发市场主体活力，并确定持续优化营商环境激发市场主体活力的措施。同年 7 月，为持续深化“放管服”改革优化营商环境，更大激发市场活力，增强发展内生动力，《国务院办公厅关于进一步优化营商环境更好服务市场主体的实施意见》明确提出从“提升投资建设便利度、简化企业生产经营审批、优化外贸企业经营环境、降低就业创业门槛、提升涉企服务质量效率、优化营商环境长效机制等六个方面，加快打造市场化法治化国际化营商环境”。2020 年 9 月，李克强总理在全国深化“放管服”改革优化营商环境电视电话会议上提出，深化“放管服”改革、优化营商环境，是激发市场主体活力和发展动力的关键之举。需要调动好各方面积极性，形成推动改革的工作合力，围绕优化营商环境、增强发展活力，推动“放管服”改革取得新进展。② 2020 年 11 月，习近平主席在第三届中国国际进口博览会开幕式上的主旨演讲中提出了四点主张：建设开放新高地、推动外贸创新发展、持续优化营商环境，以及深化双边、多边、区域合作。③ 作为全球最大且最具活力的市场之一，中国优化营商环境既关系到招商引资和外贸，又影响到经济发展的活力与质量，事关做大做强国内国际双循环互促发展的市场交集。④ 2021 年 1 月，国务院常务会议针对《优化营商环境条例》实施

---

① 参见央广网：中共中央政治局常委会召开会议　习近平主持会议并发表重要讲话，2020 年 5 月 14 日。

② 参见中国政府网：李克强在全国深化“放管服”改革优化营商环境电视电话会议上的讲话，2020 年 9 月 29 日。

③ 参见新华社：习近平在第三届中国国际进口博览会开幕式上的主旨演讲（全文），2020 年 11 月 4 日。

④ 参见沈国兵和孟彩霞：《优化城市营商环境与国际国内双循环相互促进——基于上海与多个国际大都市的比较分析》，载《广西师范大学学报（哲学社会科学版）》2021 年第 3 期。

情况评估发现的问题，强调要进一步深化“放管服”改革，加大条例落实力度，并提出着力优化营商环境的四大举措，进一步打通落实堵点，提升营商环境法治化水平。2021 年 3 月，全国两会提出从“全面深化改革开放、推进重点领域改革、进一步转变政府职能、降低企业生产经营成本、优化和落实减税政策”等多个方面来深入推进“放管服”改革，构建一流营商环境。2021 年 7 月，中共中央政治局会议提出以改善营商环境、扩大开放、减税降费等为代表的制度新基建是近年来我国倡导的“新基建”的关键。2021 年 8 月，国务院印发《法治政府建设实施纲要（2021—2025 年）》，提出紧紧围绕贯彻新发展理念、构建新发展格局，打造稳定公平透明、可预期的法治化营商环境。主要围绕将优化营商环境经验做法适时上升为法规制度、健全外商投资准入前国民待遇加负面清单制度、加强政企沟通、加强和改进反垄断与反不正当竞争执法、强化公平竞争审查制度刚性约束等方面提出系列改革举措。

三、市委市政府提出明确要求

优化营商环境既是提升上海城市能级和核心竞争力的内在需要，也是上海应对经济下行压力的关键一招。上海市委、市政府高度重视国际化营商环境建设，在顶层设计和制度创新上持续升级。2013 年以来，上海以中国（上海）自由贸易试验区的建设为契机，持续不断推进营商环境改革。上海自贸区积极推进以负面清单管理为核心的投资管理制度，以贸易便利化为重点的贸易监管制度，以资本项目可兑换和金融服务业开放为目的的金融创新制度，以政府职能转变为导向的事中事后监管制度。近年来，上海自贸区在投资、贸易、金融等领域提供了 300 多项可复制可推广的经验，营造了更加开放、自由、公平的营商环境。2017 年底，上海印发了《上海市着力优化营商环境加快构建开放型经济新体制行动方案》，推出优化营商环境改革 1.0 版。2018 年是上海营商环境改革年，上海相继出台了扩大开放 100 条和促进民营经济健康发展 27 条，将“建设国际一流的营商环境，坚持办事最方便、市场准入最宽松、法制体系最完善的原则”作为主要改革方向和内容。全市聚焦企业在沪投资兴业遇到的难点、痛点、堵点问题，系统实施具有较强针对性的改革举措。2018 年以来，上海市委、市政府将优化营商环境作为落实习近平总书记交给上海的三项新的重大任务的先手棋，提升城市能级和核心竞争力的内在需求，在顶层设计、制度创新上持续升级。2019 年初上海召开进一步优化营商环境工作会议，发布《上海进一步优化营商环境实施计划》，推出了上海优化营商环境改革的 2.0 版，提出要持续深入推进“放管服”改革，持续提升营商环境改革质量，不断提高企业对营商环境的满意度，进一步提升上海在世界银行营商环境评价中的表现，在国家营商环境评价中继续保持前列。2020 年 2 月，上海在对标国际国内先进规则和最佳实践，广泛调研和征求社会各界意见的基础上，形成了《上海市全面深化国际一流营商环境建设实施方案》，推出营商环境 3.0 版。2020 年 4 月，上海市人大常委会审议并通过《上海市优化营商环境条例》，践行“有求必应、无事不扰”的服务理念，出台多项规定旨在破解市场主体可能遇到的痛点、难点、堵点问题。2021 年 2 月，上海市人民政府印发《2021 年上海市深化“放管服”改革工作要点》，围绕深化行政审批制度改革、降低准入门槛、激活市场活力和社会创造力、维护公平竞争市场秩序、为市场主体和群众办事添便利、支持重点区域改革先行先试、强化改革支撑保障七个方面提出 35 项改革举措。2021 年 3 月，上海继续在前三年改革经验的基础上，深化、细化、系统化各领域改革，加强地方事权系统集成并提升企业感受度，发布《上海市加强改革系统集成持续深化国际一流营商环境建设行动方案》，推出营商环境改革4.0版。2021年4月，为持续提升便企营商服务能力、优化“近悦远来”人才生态、提升人社领域政务服务能级，上海市印发了《2021优化营商环境十二条措施》，为企业提供惠企助企政策“大礼包”。

四、“十四五”时期优化营商环境面临的新形势

“十四五”时期是我国由全面建成小康社会向基本实现社会主义现代化迈进的关键时期，要巩固我国经济稳中向好、长期向好的基本趋势，必须把打造市场化法制化国际化一流营商环境摆到突出位置，充分认识国内外复杂形势给优化营商环境带来的巨大压力，全面把握新机遇给优化营商环境注入的强大动力，深入挖掘和激发新时代优化营商环境所蕴藏的无穷潜力。新形势下我国优化营商环境面临以下几方面的新压力①：

第一，全球产业链供应链价值链加速重构，亟须通过营商环境改革来激发经济发展内生动力，增强内资企业投资与发展的动力，稳定外资企业对华投资信心，以确保我国产业链供应链稳定安全。第二，全球主要经济体营商环境比拼竞争日趋激烈，增强我国国际竞争新优势亟须进一步优化营商环境，通过系列改革举措巩固和提升全球营商环境排名，创造更具吸引力的营商环境。第三，国内经济下行压力加大，稳定市场预期和信心、激发市场主体活力亟须进一步优化营商环境。“十四五”时期是我国跨越常规性和长期性关口的重要时期，只有坚持以市场需求

① 参见系列丛书组：《打造国际一流营商环境》，中国计划出版社、中国市场出版社2020年版。

为导向，以提升市场主体获得感为中心，加大营商环境改革力度来充分激发市场主体创新创业活力，以市场创新动力平衡经济运行面临的困难压力。第四，不断增强市场主体获得感幸福感安全感，继续进一步优化营商环境。尽管世界银行公布的我国营商环境排名在大幅提升，营商环境国际竞争力持续增强，但在部分重要领域和关键环节仍有一些改革举措需要持续推进，与经济社会发展要求和人民群众期待相比仍有较大差距。例如，部分领域市场准入门槛较高或存在隐性门槛，地方保护主义对本土和外资企业差别对待，有些领域监管执法标准不清晰、不一致，存在多头执法、重复执法和“一刀切”执法，部分现行法规制度与国际通行规则有待进一步衔接，政务服务便利化有待提高等。因此，需要各级政府切实转变观念，以正视问题的自觉和刀刃向内的勇气，不断增强改革的系统性、整体性、协同性，不断深化“放管服”改革和优化营商环境向纵深推进。

第二节　上海优化营商环境的主要文件

近年来，上海各级政府把营商环境作为重点内容，对标世界银行和国家营商环境评价体系，并针对企业集中反映的实际需求，制定与时俱进的改革目标和采取一系列行之有效的改革方案，坚持系统施策，多维度、立体化、全方位地推动营商环境持续优化。连续三年系统实施了 300 多项营商环境改革任务，并连续三年在岁末年初召开全市营商环境工作推进大会。从 2017 年底启动优化营商环境专项行动计划至今，上海营商环境改革方案从无到有，实现了从 1.0 版本到 3.0 版本的重大跨越，共计涵盖 188 项改革任务和 58 项改革政策。2021 年上海继续发布优化营商环境4.0版方案，提出31项任务207条举措。

一、上海优化营商环境1.0版

2017年底，上海市委、市政府印发了《上海市着力优化营商环境加快构建开放型经济新体制行动方案》，旨在将上海打造成为贸易投资最便利、行政效率最高、服务管理最规范、法治体系最完善的城市。方案借鉴世界银行营商环境报告中排名靠前的先进经济体经验，充分吸取2016年世界银行提交的对我国优化营商环境改革的政策建议，在专门领域加大系统性改革力度，不断向国际先进水平迈进。方案重点聚焦企业在沪投资兴业遇到的难点、痛点、堵点问题，主要围绕投资和贸易便利化自由化、营造竞争高效的市场运行秩序、营造更具活力的创新创业环境、提升政府经济治理水平、强化维护市场公平正义的法制保障五个方面提出了24项改革任务，并明确到2020年，上海各领域营商环境便利度要全面进入国际先进行列。2017年7月，上海相继推出了“扩大开放100条”，其中涉及营商环境改革的内容共计10条，包括新版外商投资负面清单、上海自贸试验区对外开放压力测试、“一网通办”总门户建设、企业审批事项缩减、审批信息共享共用、审批管理新方式等各个方面。同年11月，上海出台大力促进民营经济健康发展27条，为民营企业发展创造良好的制度环境。

随着改革措施有序推进，改革成效初步显现，上海营商环境持续优化。根据世界银行发布的《2019年营商环境报告》，中国总体排名较去年78位上升32位，在190个经济体中位列第46名，首次进入世界排名50强经济体之列。从分项指标看，中国在开办企业、办理施工许可证、获得电力、登记财产、保护少数投资者、纳税和跨境贸易七个领域进行有效改革，其中开办企业和获得电力成效显著。根据《2019 中国城市营商环境指数评价》，上海营商环境指数整体评分位居榜首，其软环境指数和硬环境指数均排名第二位，有近七成的指标位列全国前五，软硬环境的综合优势明显。

二、上海优化营商环境 2.0 版

2019 年 2 月，上海印发了《上海市进一步优化营商环境实施计划》，推出上海优化营商环境改革 2.0 版。这是本市为深入贯彻党中央、国务院关于进一步优化营商环境的重要部署，进一步优化政务服务，打造国际一流营商环境，参照 1.0 版方案明确的各项任务制定实施的专项计划。方案旨在对标国际一流营商环境，以优化深化“互联网 + 政务服务”为重点，以目标导向与问题导向相结合的制度建设为核心，以更有效的工作机制为保障，着力解决企业的实际问题并更好地满足企业的实际需求。相较于 1.0 版方案突出重点、抓突出问题和最难问题的特点，2.0 版方案更侧重系统施策，实现营商环境质量的全面提升和全面进步。

方案从对标改革、制度创新、精准服务和工作机制四个方面提出了 25 项改革任务。一是在巩固世界银行评价对标改革成效方面，重点关注企业办理频率较高的政务服务，对以地方事权为主的指标，在办理环节、办理时间、成本费用等方面指明进一步改革目标。二是在制度创新和精准服务方面，通过打造“一网通办”政务服务品牌、推进“证照分离”改革、自贸区制度创新、加大中小企业扶持力度和知识产权保护力度，完善市场主体退出机制等多项举措，来推动营商环境体制机制完善、政府服务能力突破以及业务流程优化再造。

经过全市两年多的努力，上海优化营商环境工作取得积极成效，在世界银行营商环境评价中进步显著且相关目标任务已基本实现。根据世界银行发布的《2020 年营商环境报告》，中国营商环境排名由去年的 46 位提升至 31 位，首次进入全球前 40 名，连续两年跻身全球营商环境改善幅度最大的十大经济体。从具体分项指标看，中国在开办企业、办理施工许可证、获得电力、保护少数投资者、纳税、跨境贸易、执行合同和办理破产八个领域的改革取得突出进展。根据《2020 中国城市营商环境指数评价》，上海营商环境排名继续蝉联榜首，在放宽市场准入、扩大对外开放、外商投资活跃度等方面亮点突出并表现较强综合竞争力。但上海营商环境与国际前沿水平仍有差距，营商环境适应市场创新的能力不够强、法制保障力度不够大，企业感受度仍有较大提升空间。

三、上海优化营商环境 3.0 版

2020 年 2 月，上海在对标国际国内先进规则和最佳实践，广泛调研和征求社会各界意见的基础上，形成了《上海市全面深化国际一流营商环境建设实施方案》，即营商环境改革 3.0 版。方案围绕明确总体要求、打响“一网通办”政务服务品牌、打造更具国际竞争力的营商环境、加强保护和激发市场主体活力的制度供给、落实组织保障五个方面提出 36 项改革任务。重点是抓住“三个关键”和争当“三个表率”，即通过抓住业务流程革命性再造、增强企业对改革的获得感、推进优化营商环境地方立法工作等关键，实施一批突破性和引领性的改革举措，形成可复制可推广的治理经验，力争使上海成为高标准“一网通办”表率、高品质营商环境表率和高水平政府治理能力表率。

方案提出了“1+2+X”框架设计：“1”是指“一网通办”，“2”是指提升上海在世界银行和国家两个营商环境评价中的表现，“X”是指围绕加强、保护和激发市场主体活力的一揽子制度供给。“一网通办”作为深化“放管服”改革的重要抓手，是提升城市能级和核心竞争力的有力支撑。目前上海基本实现政务服务“线上进一网、线下进一窗”，下一步关键在于打通数据壁垒和实现数据资源整合共享，以高效办成一件事为目标，深入推动公共服务事项接入和全流程革命性再造。上海瞄准新加坡、中国香港等政务服务理念和经验，最大限度地缩减企业办事环节、材料、时间、费用，着力提升企业办事便利度。例如，借鉴香港“一站式中心”模式经验，实现一个窗口提供社会投资项目审批审查全流程服务；探索拓宽指标改革覆盖面，推出包容审慎监管等。此外，密切关注市场主体诉求加大改革力度，针对关注度高、反映比较集中的事项系统施策。例如，搭建政企沟通制度化平台、设立外国人工作和居留单一窗口，健全企业家参与涉企政策制定机制、推进长三角区域“同事同标”等。

方案的实施使企业获得感持续增强，助力营商环境排名大幅跃升。2021年3月，中国发展研究基金会与普华永道联合发布《机遇之城2021》，上海的城市综合实力仅次于北京排名第二。作为超一线城市，上海继续在各细分项上保持较高水平，其中营商环境维度位列全国第一，技术成熟度、区域重要城市和可持续发展等方面亦占据优势。此外，“放管服”改革激发市场主体活力，虽经疫情冲击但创业与投资温度不减。2020年上海新设企业41.79万户和新增注册资本27630.08亿元，较上年分别增长13.7%和34.0%。① 外商投资历来是上海经济三足鼎立、四轮驱动的重要力量，2020年上海吸引外资也取得明显成效，仍是跨国

① 参见《逆势创新高！日均1665户，源头活水从何来》，载《人民资讯》2020年1月12日。

公司产业链布局的首选，新增跨国公司地区总部 50 多家和新增外资研发中心 20 家。[①] 上海企业“新生”数据的逆势创新高折射出营商环境的持续改善优化。上海将坚定不移扩大开放，努力营造市场化、国际化、法治化的一流营商环境，为国内其他地区提供可复制、可推广的宝贵经验，为提升我国营商环境的整体水平贡献上海智慧和上海方案。

表 1-1　上海优化营商环境 3.0 版的部分创新举措

主要指标	创新举措
办理施工许可	借鉴香港“一站式中心”模式经验，通过社会投资项目审批审查中心一个窗口提供申请、审批、检查、验收等建设项目全流程服务，努力做到 5 个环节 24 天。
获得电力	获得电力接入工程项目行政审批制度改革从低压用户扩展到 10 kv 的高压用户，并且在用水、用气、用网等公共服务领域也采用“一窗受理、一网通办、在线办理、限时办结”，提高市政设施接入效率。
执行合同	通过完善送达制度和鉴定机构管理制度等措施，力争时间从 485 天减少至 345 天。
包容审慎监管	研究出台市场轻微违法违规经营行为免罚清单 2.0 版，并在食品药品、质量安全、文化执法、劳动监察等领域，实施信用报告代替无违法违规证明，降低企业办事成本。
政策透明度	对惠企政策归口汇总机制明确了更高的服务标准，搭建政企沟通制度化平台，畅通企业诉求和权益保护的反映渠道，建立健全企业家参与涉企政策制定机制等。
外国人来华工作便利度	针对在沪外籍人士反映的办理外国人工作许可证程序较多、耗时偏长等问题，上海将在市区两级设立外国人工作、居留单一窗口，提供一窗受理、一并发证、一门式服务，限时 7 个工作日办结。
跨区域服务协调	在长三角区域大力推进政务服务“同事同标”，探索以跨省办成一件事为目标的跨省主题式套餐服务，统一办事指南核心要素，实现线上申报、受理、办理等深度对接，无感办理跨省业务等。针对企业跨区迁移、企业注销、惠企政策办理等方面的诉求，从申诉协调、平台改造、流程优化等方面系统设计了更有针对性的改革举措。

资料来源：根据上海市人民政府网站整理。

① 参见《投资总额超过百亿美元，一批外资大项目今天在沪签约》，载《新民晚报》2021 年 1 月 15 日。

四、上海优化营商环境 4.0 版

2021 年 3 月，上海发布了《上海市加强改革系统集成持续深化国际一流营商环境建设行动方案》，即营商环境改革 4.0 版。方案旨在前三年改革经验的基础上，继续深化、细化、系统化各领域改革，加强地方事权系统集成并提升企业感受度。根据世界银行公布的《中国优化营商环境的成功经验—改革驱动力与未来改革机遇》专题报告，中国在某些特定指标方面已位居世界前列（如获得电力和执行合同），但是在获得信贷（排名第 80 位）、办理破产（排名第 51 位）、纳税（排名第 105 位）和跨境贸易（排名第 56 位）等领域仍落后于其他经济体①。方案针对有待进一步改善的领域，提出了优化营商环境的一系列新目标和深化改革的举措，围绕优化政务环境、提升企业全生命周期管理服务、营造公平竞争市场环境、强化安商稳商企业服务、加强实施保障五个方面提出 31 项任务共 207 条举措，涉及领域更广，覆盖面更大，普惠性和长效性更明显。

在持续优化便捷高效的政务环境方面，通过多项创新举措来提升审批效率。例如，针对部分高频事项实行“无人干预自动审批”、探索建立“窗口事务官”制度、发布实施市区两级企业“高效办成一件事”清单、逐步扩大电子印章在长三角跨省市应用和跨地互认等。在全面提升企业全生命周期管理服务方面，对标世界银行评价标准并逐步深化改革目标，围绕企业开办和注销、办理建筑许可、办理财产登记、获得用电用气用水、办理税费缴纳、办理跨境贸易、办理金融服务、知识产权创造、保护和运用等 12 个方面提出 112 条改革举措。

---

① 参见《再提 207 项改革任务，上海营商环境 4.0 版要突破什么》，载《第一财经》2021 年 3 月 2 日。

例如提出具备条件的各类企业均可无纸全程电子化办理设立登记、符合条件的企业设立登记“即报即办”、加快推进增值税专用发票电子化试点等。在营造公平竞争的市场环境方面，围绕市场准入、包容审慎监管、信用监管、“双随机、一公开”监管，综合执法、政府采购和招投标六个方面深化改革。在安商稳商全方位强化企业服务方面，提出以惠企政策“一窗通办”系统平台建设为抓手，加快市、区两级平台建设并实现区级平台全覆盖。最后围绕加强优化营商环境实施保障，上海将继续加强营商环境宣传和工作督查力度，以企业满意度为重点，进一步完善营商环境评价指标体系和测评工作方案。

表 1-2　上海优化营商环境 4.0 版的重点改革工作

重点方面	主要改革事项
优化政务环境	实现政务服务可网办能力达 95% 以上；政务服务中心综合窗口达 80% 以上；企业高频事项全覆盖，部分高频事项“无人干预自动审批”；推进基于企业专属网页的精准化服务应用场景；推行现场检测查验事项预约服务；发布“高效办成一件事”清单；探索建立“窗口事务官”制度等。
企业全生命周期管理服务	具备条件的各类企业无纸全程电子化办理设立登记；实现符合条件的企业设立登记“即报即办”；加强企业开办服务与银行开户之间业务协同和信息共享；优化企业开办“一表申请”和“一窗发放”、企业注销“一窗通”平台；加快推进增值税专用发票电子化试点等。
公平竞争市场环境	在浦东对首批 31 个行业开展“一业一证”改革试点，将不涉及国家事权的成熟试点在更大范围推广实施；制定发布证明事项和涉企经营许可事项目录清单；制定针对在线新经济及新产业、新业态的包容审慎监管制度；深化公共资源“一网三平台”建设；实现公共资源交易平台与财政国库集中支付平台市级项目的对接，完善结算和支付功能等。
安商稳商企业服务	市级“一窗通办”系统平台 6 月前上线运行，区级平台实现全覆盖；推行惠企政策直达服务；各区建立政务服务中心帮办机制；持续更新政务服务“一网通办”涉外服务专窗事项内容；探索以跨省（域）办成“一件事”为目标的跨省（域）通办服务。
加强实施保障	加大营商环境宣传；加强营商环境督查考核，建立常评常改、以评促优的常态化评价机制。

资料来源：根据上海市人民政府网站整理。

五、四个升级版本的差异比较

上海自2017年底以来，连续实施优化营商环境1.0、2.0、3.0和4.0版方案，深化“放管服”改革成效显著。剖析不同版本的异同，将有助于全面把握营商环境先进城市的规律和特征，洞悉营商环境改革取得的成效及不足，明晰不同阶段的目标任务和重点难点，为制定切合本地实际的营商环境政策提供依据和参考。各版本主要对标国际国内一流标准，侧重为企业提供全生命周期的服务，关注各项改革举措的细节并尽量通过量化数据指标体现。

其中，1.0版旨在突出营商环境的重点和难点问题；2.0版侧重于坚持系统施策，多维度、立体化、全方位地推动营商环境持续优化，实现营商环境全面提升和全面进步。3.0版主要围绕“1+2+X”来设计，标准更高且覆盖范围更广，从点到面，持续深入，使企业获得感持续增强，并助力我国营商环境国际排名大幅跃升；4.0版是在原有基础上的迭代升级，是继续深化、细化、系统化各领域改革，加强地方事权系统集成，提升企业感受度的结果。“十四五”规划开局之年，为持续深化“放管服”改革，更大程度上激发市场主体活力和为经济高质量发展注入新动能，上海发布了优化营商环境4.0版方案。

4.0版与之前的版本相比突出变化在于：第一，整体上呈现出改革力度更大、范围更宽、内容更丰富、操作性更强的特征。第二，与3.0版提及的跨区服务协调不同，4.0版特别提出推动长三角营商环境整体提升。2020年9月，国务院办公厅发布《关于加快推进政务服务“跨省通办”的指导意见》，提出推动更多政务服务事项“跨省通办”，支持长三角地区进一步拓展“跨省通办”范围和深度，为区域协调发展提供支撑保障。作为对上述要求的回应，4.0 版提出建立三省一市优化营商环境合作机制，推动建立统一的市场准入和监管规则，持续提升长三角区域“一网通办”能力和信用监管功能。第三，4.0 版自始至终把园区的营商环境提升至重要位置，从优化政务环境、提升企业全生命周期管理服务、加强招商安商稳商等层面提出多项措施。相较而言，3.0 版只涉及新增知识产权示范园区，加强园区的投资促进、企业服务队伍建设与营商环境考核评估。[①] 第四，4.0 版凸显科技赋能优化营商环境的重要性，创新地提出多项与金融科技相关的举措，例如支持商业银行运用大数据建立风险定价和管控模型，推行线上服务、“不见面”审批等便捷信贷服务，推进普惠金融领域公共数据开放和大数据应用，依托科技手段有效提升新型群体性纠纷案件的审判质效等。第五，4.0 版特别强调建立完善知识产权全链条和快保护体系，包括完善知识产权质押融资风险补偿机制，为中小企业提供知识产权全链条专业化服务，实现“一门式”受理专利、商标等侵权举报投诉和“一站式”解决纠纷处理平台等。相较而言，3.0 版注重以知识产权制度创新提升营商环境，仅围绕知识产权创造、保护、行政执法和仲裁调解提出行动方案。

第三节　上海优化营商环境的配套行动计划

上海认真贯彻落实党中央、国务院决策部署，陆续出台了优化营商环境的综合性政策文件，形成了“主文件＋配套行动计划”的政策框架。上海定位构建开放型经济新体制，重视营商环境各个子环境的打

---

① 参见黄咏梅：《北京、上海优化营商环境 4.0 版方案比较研究》，载《电子政务智库》2021 年第 3 期。

造，推进各领域营商环境便利度全面进入国际先进行列，形成充满活力、富有效率、更加开放的法制化、国际化、便利化营商环境。对标世界银行评价指标和政务服务中的痛点、堵点和难点问题，在投资贸易环境、市场运行秩序、法制保障、政府服务环境、人才创新环境等专门领域加大改革力度，出台了多项配套行动计划。

一、投资贸易环境相关文件

当前投资贸易环境仍存在一些短板和突出问题，如贸易能级有待提高、全球供应链整合能力有待增强、制度环境有待完善、投资贸易便利化自由化亟须进一步提升、外资税费成本负担上升、市场准入限制和法律障碍等。上海围绕提升跨境贸易便利化、保障外商投资企业公平待遇、促进外商投资等方面出台了针对性政策措施。第一，由于跨境贸易产业链长、业务多样、专业性强和政策复杂，为改善上海口岸跨境贸易营商环境，进一步提升跨境贸易便利化水平，2018 年 5 月，市口岸办、市发展改革委、市商务委等单位联合制定了《上海口岸优化跨境贸易营商环境若干措施》17 条。具体举措涵盖便利企业申报、推进报检通关与物流并联、推进物流作业无纸化、完善和规范口岸收费、便利单证办理以及完善口岸通关机制六大方面。2020 年 2 月，上海市商务委、上海海关、上海市发展改革委进一步联合制定了《上海口岸进一步深化跨境贸易营商环境改革若干措施》。2021 年 3 月，为加快打造法制化、国际化、便利化的跨境贸易营商环境，进一步降本增效，持续提升进出口企业获得感，上海市商务委、上海海关、上海市发展改革委等多家单位共同制定了《上海口岸 2021 年深化跨境贸易营商环境改革若干措施》。围绕优化通关物流作业流程、简化单证要求、推进港口设施升级、规范口岸收费、强化为企服务五个方面提出27条改革举措。2021年4月，为更高起点、更大力度推进上海国际贸易中心建设，上海市政府印发了《“十四五”时期提升上海国际贸易中心能级规划》的通知。通知提出“十四五”时期上海国际贸易中心建设主要任务之一是培育外贸综合竞争新优势，构筑全球贸易枢纽，持续打造市场化、法治化、国际化营商环境，形成贸易投资制度创新高地。

第二，为深入贯彻落实党中央、国务院关于稳外资工作的决策部署，进一步扩大对外开放，持续打造吸引外资新高地，2020年4月，上海市政府出台《本市贯彻〈国务院关于进一步做好利用外资工作的意见〉若干措施》。意见包括落实国家扩大开放政策、加强外商投资促进工作、提升投资便利化水平和强化外商投资保护等四大领域24条措施。在落实国家扩大开放政策方面，提出贯彻最新版全国和自贸试验区外商投资准入负面清单、鼓励外商投资新开放领域、支持自贸试验区和临港新片区“一项目一议”方式等。在强化外商投资保护方面，强调着力营造公平经营环境。结合全国人大审议通过的《中华人民共和国外商投资法》对外资工作新要求，以及国际投资经贸形势深刻变化的大背景，制定一部符合上位法精神、适应上海对外开放和促进外资工作实际的地方性法规，进一步增强外国投资者的信心。2020年8月，上海市人大常委会对《上海市外商投资条例（草案）》进行审议，征求意见稿聚焦高层次扩大开放、高质量引进外资、平等外资保护和便捷高效政务服务等四个方面共51条举措。2020年11月，为大力优化外商投资环境、强调更高层次扩大开放，聚焦更高质量引进外资，更加凸显对外资的平等保护、提升更加便捷高效的政务服务，上海正式实施《上海市外商投资条例》，涵盖扩大开放，投资促进、保护、管理与服务等共6章51条。

二、政府服务环境相关文件

政府服务是良好营商环境的关键，是提升营商效率和竞争力的基本内核。2017 年以来，上海聚焦减时间、减环节、减费用，对标世界银行营商环境指标，推出了一系列大力度的营商环境改革举措，大幅提高市场主体的营商便利度。这些配套措施主要围绕“一网通办”、行政许可清单管理制度、行政审批告知承诺、行政审批中介管理以及优化企业开办等方面展开。

在推进“一网通办”改革方面，2018 年 11 月上海市政府实施《上海市公共数据和一网通办管理办法》，这是推进政务服务改革的一项重要立法探索和实践。2019 年 4 月市政府编制《2019 年上海市推进“一网通办”工作要点》，包括提升企业开办效率、加强政务服务事项标准化、深化行政审批制度改革、建成全流程一体化在线服务平台、提升政务服务能级等九大领域 47 项重点工作。2019 年 7 月上海市政府出台《建立“一网通办”政务服务“好差评”制度工作方案》，着力提升政务服务水平。为进一步深化以“一网通办”为重要标志的“放管服”改革，大力优化营商环境，深入推进审批服务便民化，加快推进政务服务线上线下深度融合，持续提升行政效能和政务服务水平，不断增强企业和群众的获得感和满意度，2020 年 1 月上海市政府提出《进一步加强本市政务服务中心标准化建设与管理的意见（试行）》。同期，市政府审改办出台《关于开展“一网通办”政务服务事项办理线上线下不一致问题整改工作的通知》。2021 年 6 月，上海市人大发布《关于进一步促进和保障“一网通办”改革的决定》，以立法形式将“一网通办”改革实践予以固化，有效破解改革瓶颈和制度性障碍，推动“一网通办”向更广领域、更深层次转型发展。在行政许可清单管理制度方面，相关行政管理部门通过“一网通办”总门户和部门网站等渠道公布包含行政许可、行政处罚等在内的市区两级行政权力事项清单并及时更新。在行政审批告知承诺制度方面，2018 年 4 月上海市政府出台《上海市行政审批告知承诺管理办法》，此次立法是在总结上海实施行政审批告知承诺实践经验的基础上，对告知承诺制度进行规范的首个创制性地方政府立法。《办法》明确了告知承诺界定、承诺事项范围、承诺办理程序和事中事后监管三方面 21 条措施。在行政审批中介管理方面，2018 年 9 月上海市政府出台《关于本市推进行政审批中介服务标准化建设的若干意见》。事实上，上海在 2012 年就率先启动行政审批中介服务改革，并将其作为行政审批制度改革、“放管服”改革的重要组成部分持续推进，经过多年改革取得一定成效，但仍存在评估评审不透明、时间长、收费高、服务态度差，以及一些部门对中介服务机构重审批和轻监管等问题。为进一步深化“放管服”改革，优化营商环境，该《意见》以标准化建设为抓手推进行政审批中介服务改革。最后在优化企业开办方面，2020 年 1 月，上海市市场监管局出台《上海市市场监管局等六部门关于全面深化开办企业便利化改革的意见》。2020 年 4 月，上海市市场监管局继续出台《上海市市场监督管理局关于在浦东新区、中国（上海）自由贸易试验区和临港新片区试点开展企业名称登记告知承诺制的意见》。此外在提升行政效能方面，2018 年以来，市政府还陆续出台了推广应用电子证照和电子印章等管理办法，建立健全电子证照归集和应用机制及电子印章系统。2021 年 2 月上海市政府出台《2021 年上海市深化“放管服”改革工作要点》的通知，提出从严格实行清单管理制度、常态化实施精准放权、深入推进“一业一证”和“证照分离”改革，规范审批中介服务和拓展告知承诺实施范围五个方面来深化行政审批制度改革。

三、市场法制环境相关文件

良好的营商监管环境既需要便利、低成本的监管程序，同时也要提供有力的制度保障，建立透明、可执行的规则。上海的营商法律保障力度低于世界主要大城市，对标全球最佳水平仍有较大差距。近年来尽管上海市场法制环境明显改善，但部分行业领域仍存在管理政策规定滞后甚至缺位的现象，法律法规的保障力度有待加强。在构建稳定透明、公平竞争市场环境方面，上海围绕平等对待市场主体、维护公平竞争、支持中小企业发展、“证照分离”和“一业一证”改革等方面出台了系列配套措施。2019 年，市场监管局相继出台《反垄断执法工作规则》《反垄断执法人才库管理办法》《反垄断执法专家库管理办法》以及《上海市经营者反垄断合规指引》；2020 年 3 月，上海市市场监管局发布《上海市市场监督管理局关于进一步加强本市反不正当竞争有关工作的意见》，这些政策文件将有助于建立健全公平竞争工作协调机制，预防和制止市场垄断和滥用行政权力限制竞争的行为，以及不正当竞争行为，营造公平竞争的市场环境。2020 年 5 月，上海市发展改革委发布了《关于印发〈上海市公共资源交易平台管理暂行办法〉的通知》，为建立健全公共资源交易平台，优化交易服务流程，依法公开公共资源交易规则、流程、结果、监管和信用信息提供政策依据。

在支持中小企业发展方面，2020 年 6 月，上海市人大公布了《上海市促进中小企业发展条例》，从服务保障、财税支持、融资促进、创业扶持、创新支持、市场开拓、权益保护和监督检查八大方面提出 65 条措施。在“证照分离”和“一业一证”改革方面，2019 年 10 月，上海市市场监管局制定《上海市检验检测机构资质认定告知承诺后续监管工作方案（试行）》。该方案是针对《上海市行政审批告知承诺管理办法》第十三条关于后续监管的规定，为确保履职到位并进一步强化事中事后监管，特制定本方案。2020 年 3 月，上海市市场监管局发布《上海市市场监督管理局关于贯彻落实在中国（上海）自由贸易试验区开展“证照分离”改革全覆盖试点方案的通知》，该《通知》为进一步破解“准入不准营”难题，切实降低制度性交易成本提供有力制度保证。在建设完备有力法制保障体系方面，上海聚焦公平竞争审查、破产重整机制、投诉举报机制等方面出台针对性措施。公平竞争是市场经济的基本原则，是市场机制高效运行的重要基础。2017 年 2 月，上海市政府印发《关于贯彻〈国务院关于在市场体系建设中建立公平竞争审查制度的意见〉的实施意见》，该《意见》坚持依法审查、强化监督，切实加强组织领导，建立有效工作机制，防止出台限制竞争的政策措施，逐步清理废除妨碍公平竞争的规定和做法，切实维护公平竞争的市场环境。2020 年 4 月，上海市高级人民法院、上海市税务局联合发布《关于优化企业破产程序中涉税事项办理的实施意见》，为优化企业破产处置工作中的税收征管流程，实施企业破产重整，落实税收优惠政策和依法清收税收债权提供支持。此外，上海还建立“上海市企业服务云”与“12345”服务热线形成“分口并线、兜底处理”企业诉求机制，任何单位和个人可以对营商环境方面的问题进行投诉举报。各有关部门应当畅通投诉举报反馈渠道，保障市场主体合理、合法诉求得到及时响应和处置，无法解决应当及时告知并说明情况。2021 年 7 月，上海市政府常务会议提出进一步加强法治政府建设，强化法治思维、立法保障和依法行政，提升城市软实力和治理能力。

四、人才创新环境相关文件

营商环境问题实质是人才环境问题。人才是创新创业的主体，更是营商的主体。没有吸引聚集并充分发挥作用的人才环境，就无法建设一流的营商环境。围绕营造人才创新创业和聚集发展的良好政务环境、经济环境和服务环境目标，充分发挥人才在科技创新、产业转型等方面的引领作用，上海陆续出台了多项创新创业人才政策。这些政策涵盖人才聚集制度、人才管理机制、人才政策环境、区县配套政策四大方面共 50 项文件。

在人才聚集制度方面，制定符合社会经济发展需要的海外高层次人才引进计划，促进国际人才居留和出入境、落户、医疗、住房、配偶安置、子女入学等方面服务的完善，为高端人才提供便利。着力降低创新创业的门槛，为留学人员提供更多的创业平台、孵化空间和风险投资等。例如，2015 年上海陆续发布《上海市海外人才居住证管理办法》《海外人才居住证管理办法实施细则》《关于服务具有全球影响力的科技创新中心建设实施更加开放的海外人才引进政策的实施办法》《留学回沪人员申办上海常住户口实施细则》等。2016 年上海市政府发布《鼓励留学人员来上海工作和创业的若干规定》，实施更积极、开放和有效的海外人才引进政策，不断优化留学人员来沪工作和创业的环境。2020 年上海市政府印发《上海市引进人才申办本市常住户口办法》，为高层次人才、重点机构紧缺急需人才、高技能人才、市场化创新创业人才、专门及其他特殊人才引进落户提供政策支持。在人才管理机制方面，先后制定了关于外资研发中心发展、促进科技成果转化、科研人员双向流动、专业技术职称评聘、科技创新人才培养、人才发展和专项经费管理等方面政策文件。2015 年发布了《加快推进中国（上海）自由贸易试验区与上海张江国家自主创新示范区联动发展的实施方案》，该《方案》率先开展人才政策突破和体制机制创新，集聚一批站在行业科技前沿、具有国际视野和产业化能力的领军人才，加快建设国家级人才改革试验区，打造具有全球影响力的“国际人才自由港”和“大众创业策源地”。在人才政策环境方面，陆续制定了关于发展众创空间推进创新创业、加强知识产权运用和保护、促进金融服务创新、加大财政支持力度、推动一线职工岗位创新、提升公民科学素质以及风险投资补偿管理等方面政策文件。例如，2015 年上海市政府发布《关于加强知识产权运用和保护支撑上海科技创新中心建设的实施意见》，强调把知识产权战略贯穿于上海科技创新中心建设全过程，积极营造良好的知识产权法治环境、市场环境和文化环境。在区县配套政策方面，上海市各区也纷纷出台加快全球科技创新中心建设、鼓励人才创新创业等方面的意见办法。例如，2018 年浦东新区发布《浦东新区关于支持人才创新创业促进人才发展的若干意见》，借助自贸区制度创新动力、科创中心核心功能区建设、“四大品牌”核心承载区建设等方面来构建具有国际竞争力的人才制度体系，搭建更具推动力的人才发展平台并营造更具吸引力的人才宜居宜业环境。2021 年浦东新区制定《中国（上海）自由贸易试验区临港新片区管理委员会 2021 年深化“放管服”改革和优化营商环境工作要点》，提出优化创新创业服务和科技人才服务的一揽子举措，具体包括扩大外籍高层次人才资格认定适用范围、充分发挥用人单位自主权、推行外国科技人才无犯罪记录“告知 + 承诺”制度、实施外国人才及团队成员在创业期内通过创业载体申办工作许可，为外国人才来沪创新创业提供稳定的工作预期。

表 1-3　上海主要创新创业人才政策梳理

时间	政　　策
2015.5	《中共上海市委上海市人民政府关于加快建设具有全球影响力的科技创新中心的意见》
2015.7	公安部出台支持上海科创中心建设的 12 项出入境政策措施
2015.7	《关于深化人才工作体制机制改革促进人才创新创业的实施意见》
2015.7	《上海市居住证积分管理办法》
2015.8	《关于本市发展众创空间推进大众创新创业的指导意见》
2015.8	《上海市人民政府关于进一步做好新形势下本市就业创业工作的意见》
2015.9	《关于服务具有全球影响力的科技创新中心建设实施更加开放的国内外人才引进政策的实施办法》
2015.10	《关于完善本市科研人员双向流动的实施意见》
2015.10	《上海市鼓励创业带动就业三年行动计划》
2016.1	《关于完善本市科技创新专业技术职称评聘工作的实施细则》
2016.1	《上海市深化高等学校创新创业教育改革的实施方案》
2016.2	《上海市国民经济和社会发展第十三个五年规划纲要》
2016.9	《上海市优秀科技创新人才培育计划管理办法》
2016.9	《关于进一步深化人才发展体制机制改革加快推进具有全球影响力的科技创新中心建设的实施意见》（人才“30 条”）
2017.5	《关于创新驱动发展巩固提升实体经济能级的若干意见》
2017.5	《上海市促进科技成果转移转化行动方案（2017—2020）》
2018.1	《上海市居住证积分管理办法》
2018.7	《上海市鼓励创业带动就业专项行动计划（2018—2022 年）》
2018.12	《上海科技创新券管理办法（试行）》
2019.2	《2019 年上海市人力资源和社会保障工作要点》
2019.3	《上海市引进人才申办本市常住户口试行办法》
2019.7	《上海市人民政府关于促进上海创业投资持续健康高质量发展的若干意见》
2019.9	《中国（上海）自由贸易试验区临港新片区支持金融业创新发展的若干措施》

（续表）

时间	政　　策
2019.10	《关于支持中国（上海）自由贸易试验区临港新片区更加便利更加开放地引进外国人才的通知》
2020.1	《关于进一步推动返乡入乡创业工作的意见》
2020.2	关于疫情防控期间人才引进办理实施特殊便利化举措的通知
2020.5	《上海市人才发展资金管理办法》
2020.11	《上海市引进人才申办本市常住户口办法》
2021.2	《中国（上海）自由贸易试验区临港新片区管理委员会 2021 年深化“放管服”改革和优化营商环境工作要点》

第二章　上海优化营商环境成效与问题研究

新发展格局下持续优化我国营商环境对推动国际国内双循环互动发展尤为重要。对标世界银行《营商环境报告 2020》，近年来上海营商环境各项指标得分呈上升趋势，但与新加坡、纽约、伦敦、东京等国际一流营商环境城市相比仍存在差距。上海在执行合同和获得电力方面已达到国际前沿水平，在开办企业、登记财产、办理施工许可和保护少数投资者方面仍有改进余地，但在缴纳税收、获得信贷、跨境贸易和办理破产方面仍较为薄弱。上海应在世界银行评估框架内外同时发力，继续对标国际最高标准、最好水平和最佳实践，将制度创新、规则变革作为改革创新再升级的引擎。

第一节　上海营商环境的总体评价

一国或地区营商环境的好坏直接影响其招商引资的多寡，同时直接作用于已经在该国和该地区设立的企业的经营活动，最终影响其经济发展状况、财税收入、社会就业情况等。客观和全面评价一国或地区的营商环境是实施改革的前提和基础。目前，国内外对营商环境评价有诸多报告，全球卓越的营商环境主要包含：服务贸易与投资成为重要内容；从国境上的开放深入到国境后的协调、规范与便利化；政府效率的提升体现为信息化、共享化和更多地依靠信用监督与自治自律；形式日益规则化以便于执行；透明度仍然是所有领域政策的共通要求。这些标准对营商环境提出了更高要求。

自2018年以来，上海以自贸试验区建设为突破口，以对标世界银行和国家营商环境评价改革为重要抓手，充分借鉴国际先进治理理念和经验，不断提高营商环境国际竞争力。同时依托进博会大平台，推出一系列大力度营商环境改革专项行动，推进投资、贸易、金融等制度创新先行先试，大幅提高市场主体的营商便利度，不断降低制度性交易成本，并在全国范围广泛复制推广。这些改革举措助力上海在国际主流评估报告中的排名不断提升，但上海营商环境仍有诸多不足和短板。本章结合世界银行《营商环境报告》、经济学人智库《营商环境排名》和世界经济论坛《全球竞争力报告》等主流评估报告，剖析上海营商环境的综合表现、取得的成效、存在的薄弱环节与主要差距。

一、上海营商环境国际综合评估报告排名

（一）世界银行《营商环境报告》

世界银行《营商环境报告》项目启动于2002年，受到很多国家的重视，已经成为各国营商环境建设优劣的风向标。世界银行营商环境评价指标体系包括11个一级指标，其中劳动力市场监管指标的数据虽被统计，但未用于营商环境排名，因此没有将该指标纳入营商环境指标体系，最终一级评价指标共有10项，分别为开办企业、办理施工许可、获得电力、登记财产、获得信贷、保护少数投资者、缴纳税费、跨境贸易、执行合同和办理破产，得分采用百分制。10个一级指标下共包含44个二级指标，贯穿企业从初创设立到破产终止的整个生命周期。这

10 个一级指标从效率和安全两个维度对某一经济体的营商环境进行综合评价：一类指标是关于监管程序便利程度；另一类是关于营商监管法律保障的力度。根据 2020《营商环境报告》，中国营商环境总体排名在 190 个经济体中位列 31 位，较上一年度上升 15 位。上海作为被测评、权重占 55% 的城市，在过去一年全面深化“放管服”改革，营商环境持续改善和优化，但总体水平与世界最高标准仍有一定差距。2020 年中国的营商环境总体评价为 77.9 分，与排名第一的新西兰 86.8 分有较大距离，相较于新加坡、丹麦、美国、英国、韩国以及中国香港等世界主要国家和地区也仍然落后。

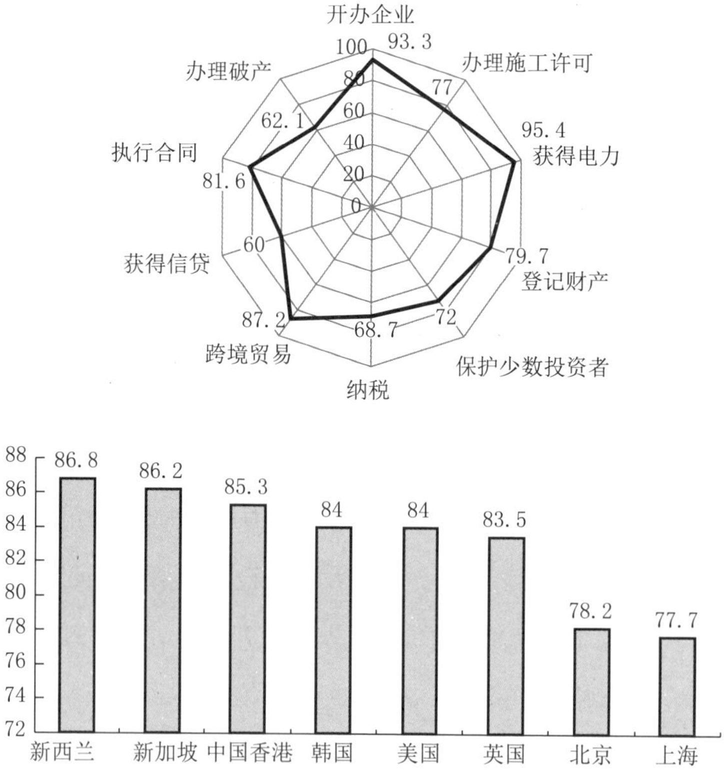

图 2-1　上海营商环境分项得分及比较（2020 年）

从总体排名变动情况看，据世界银行发布的《中国优化营商环境的成功经验—改革驱动力与未来改革机遇》专题报告显示，近十年来中国营商环境排名在190个经济体中大幅提升，从2010年的第89位上升至2020年的第31位，提升了58位。其中，2018—2020年变动幅度最为明显，从2018年的第78位跃升至2020年的第31位。中国连续两年被世界银行评选为全球营商环境改善最大的十大经济体之一，被采信改革数量居全球前3位，成为全球主要经济体中营商环境改善幅度最大的经济体[①]。从分项指标排名变动看，2018—2020年上海10个营商环境一级指标中，有8项指标排名提升和2项指标排名下降。

按指标排名提升幅度大小依次排序：办理施工许可由第172位上升至第33位，提升139位；保护少数投资者由第119位上升至第28位，提升91位；获得电力由第98位上升至第12位，提升86位；开办企业由第93位上升至第27位，提升66位；跨境贸易由第97位上升至第56

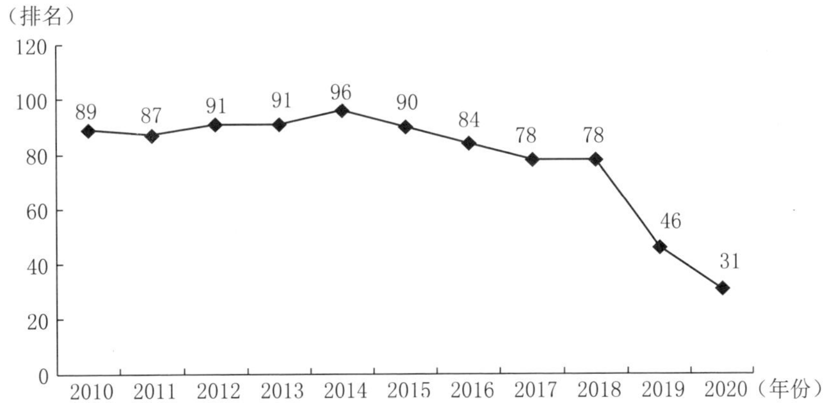

图2-2 2010—2020年中国营商环境排名变动情况

资料来源：历年世界银行《营商环境报告》。

① 参见陈霜华等：《上海优化营商环境的国际对标分析》，载《科学发展》2021年6月。

位，提升41位；纳税由第130位上升至第105位，提升25位；登记财产排名由第41位上升至第28位，提升13位；办理破产由第56位上升至第51位，提升5位。排名下降的指标分别为获得信贷和执行合同，其中获得信贷由第68位下降至第80位，执行合同由第5位降低至第6位。

（二）经济学人智库（EIU）《营商环境排行榜》

报告针对全球82个国家/地区营商环境的吸引力进行打分排名，每五年编制一次，最新一期公布的是2014—2018年全球营商环境排名。主要评估指标涵盖政治环境、宏观经济环境、市场机会、自由竞争政策、外商投资政策、国际贸易及外汇管制、纳税、金融、劳动力市场、基础设施等十大领域的91项指标。排名根据这些国家和地区营商环境的质素和吸引力，不仅考虑过往表现，而且基于经济学人智库对营商环境未来五年转变的分析。2014—2018年，营商环境排名前三的分别是新加坡、瑞士和中国香港。前十名除中国香港和新加坡外，均为欧洲和大洋洲国家及地区。中国排名第50位，总体处于中等偏下水平。

（三）世界经济论坛《全球竞争力报告》

过去四十年里，世界经济论坛（WEF）一直对各经济体的竞争力进行对标分析。《2019全球竞争力报告》采取全球竞争力指数GCI4.0，对推动生产力和长期经济增长的各项动力进行年度评估，涵盖了全球141个经济体的12项主要竞争力因素：制度、基础设施、信息通信技术采用、宏观经济环境、健康、教育和技能、产品市场、劳动力市场、金融体系、市场规模、商业活力与创新。这12项主要竞争力因素又细分为103个具体指标，每项指标采取0—100分的计分制度，反映实际经济与竞争力前沿之间的差距。据报告显示，2019年表现最突出的经济体分别是新加坡、美国和中国香港，综合得分为84.8分、83.7分和83.1分。

中国在全球竞争力综合排名中位列第28位，名次与去年持平，综合得分73.9分，较去年提高了1.3分。虽然整体竞争力优于金砖国家，但与竞争力前沿的新加坡等相比，仍存在一定差距。从细分指标看，中国在基础设施、市场规模、创新能力、宏观经济稳定性和信息通信技术方面有较好的表现，但在资源分配、制度、技能需求、劳动力市场、政府机关相互制衡、社会资本等方面仍处于中等偏下水平。

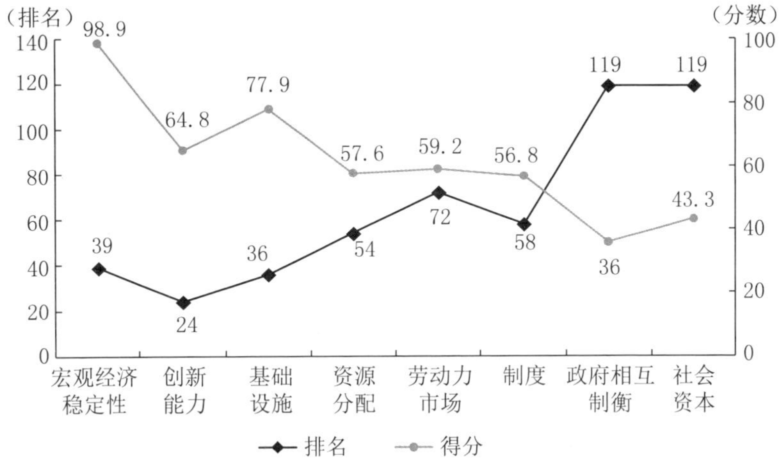

图2-3 《2019全球竞争力报告》中国营商环境相关指标排名

资料来源：https：//www.weforum.org/。

（四）科尔尼《全球城市指数》

《全球城市指数》由科尔尼咨询公司、芝加哥全球事务委员会和《外交政策》杂志联合发布，旨在对全球各城市的国际竞争力与发展潜力进行系统评估。2020年《全球城市指数》基于全球151个城市的事实和公开数据深入分析，包括商业活动、人力资本、信息交流、文化体验、政治参与五个维度的27个指标的全球排名。其中，投资贸易环境主要涉及商业活动维度的资本流动、市场活力和主要企业表现等指标。从城市综合排名看，排名前四的依然是纽约、伦敦、巴黎和东京，北京超越香港，历史性地进入全球第五名。由于在创新创业等领域的突出表现，上海排名显著提升，由2019年的第19名提升至2020年的第12名。从分项排名看，资本市场维度综合排名第一的是纽约，全球服务企业最为领先的是伦敦，其中香港在航空货运上排名第一，北京在全球财富500强企业聚集度上排名第一，上海在海运量上排名第一。

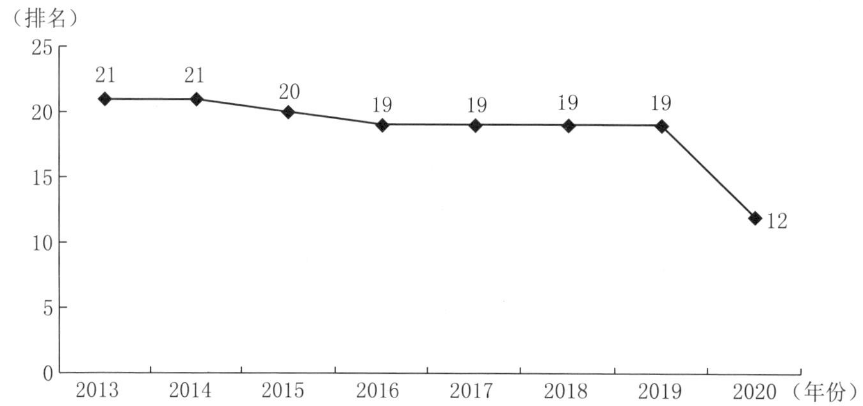

图2-4　科尔尼《全球城市指数》上海综合排名（2012—2020）

资料来源：历年科尔尼全球城市指数报告。

（五）中国发展研究基金会与普华永道联合发布《机遇之都》

中国发展研究基金会与普华永道共同关注中国的城市化发展进程，自2014年起已经连续发布七期《机遇之都》。报告紧扣国家总体发展战略，从智力资本和创新、技术成熟度、区域重要城市、城市韧性、交通和城市规划、文化与生活、可持续发展、经济影响力、成本、宜商环境十大维度构建城市发展评价指标体系。《机遇之都2020》将样本城市增加至42个，在变量设置上更加体现城市高质量发展的内容，还特别关注从多角度衡量城市的韧性。

据报告显示，北京、上海、广州和深圳排名前四。从十大维度排名比较与分析看，上海在区域重要城市、文化与生活、城市韧性、经济影响力和宜商环境方面排名领先，在智力资本和创新、技术成熟度和可持续发展方面排名靠前，而在成本与交通和城市规划两个维度上排名靠后。具体而言，交通和城市规划维度包含六个变量，上海排名分别是道路面积（第 42 位）、市民出行（第 6 位）、轨道交通（第 1 位）、交通拥堵（第 36 位）、绿化（第 28 位）与城镇化（第 7 位）。因此亟待进一步加强基础设施建设、提高城市运载能力和交通治理能力以及城市规划水平。成本维度由五个变量组成，上海排名分别是物价指数（第 38 位）、出行成本（第 38 位）、住房租金（第 38 位）、写字楼租金（第 40 位）和平均工资（第 39 位）。这些成本维度变量从侧面衡量了城市对投资和人才的吸引力，需要进一步从投资者和就业者角度降低城市经营成本和生活成本。

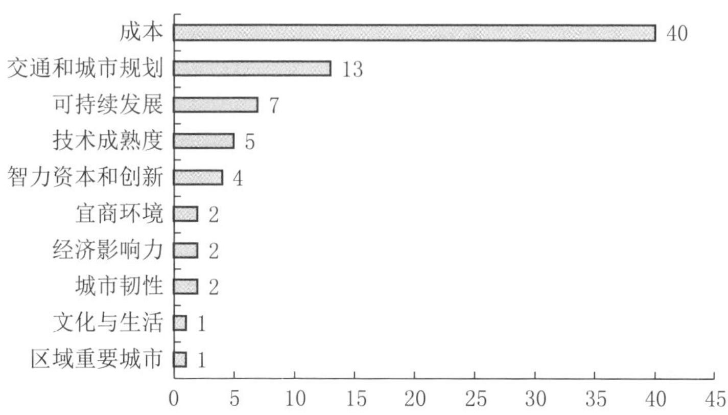

图 2-5 《机遇之都 2020》上海十大维度指标排名

资料来源：中国发展研究基金会与普华永道联合发布的《机遇之都 2020》。

（六）日本森纪念财团《全球城市实力指数（GPCI）报告》

自 2008 年以来，全球城市实力指数年度报告根据城市吸引力对全球 48 个主要城市进行评价和排名，包括经济、研发、文化互动、宜居性、环境和可达性六个维度 70 个具体指标。全球城市实力指数不断微调其指标和数据收集方法来反映影响全球城市的条件变化。2020 年以来受新冠疫情影响，在调查中新增了空气质量、航班达到和离开数量、乘坐出租车或自行车出行便利性等新指标。据报告显示，排名前三的城市分别是伦敦、纽约和东京，香港和上海分别排名第 9 位和第 10 位。2020 年上海整体排名增幅显著，比 2019 年提升了 20 位，主要原因在于经济维度和宜居性维度有显著改善。尤其是新冠疫情暴发后，上海在工作场所选择多样性和工作方式灵活性方面排名较高。从分领域排名看，上海排名分别是经济（第 11 位）、研发（第 15 位）、文化互动（第 19 位）、宜居性（第 37 位）、环境（第 42 位）和可达性（第 3 位）。由此可见，上海在交通领域获得了较高评价，在经济、研发和文化互动领域

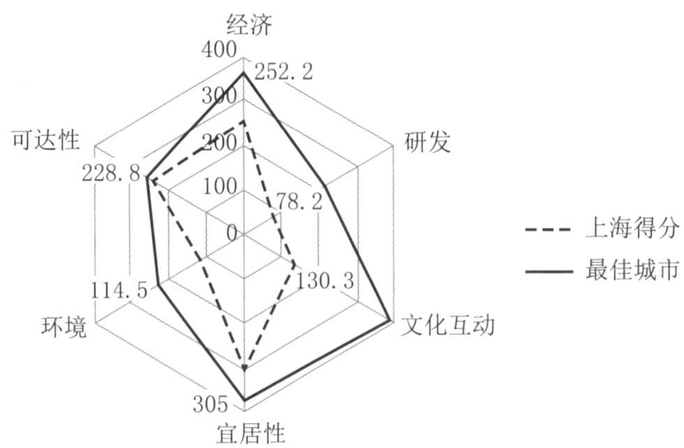

图 2-6　GPCI 报告上海分领域得分与最佳城市比较（2020）

资料来源：2020《全球城市实力指数（GPCI）报告》。

也具备一定优势，但宜居性和环境领域仍亟待改进。上海需进一步从居住成本、工作环境、安全保障、幸福感和生活便利度等方面着力提高宜居性，同时致力于改善城市空气质量和舒适度。

（七）《华尔街日报》和美国传统基金会《经济自由度指数》

《经济自由度指数》由《华尔街日报》和美国传统基金会联合发布，是全球权威的经济自由度评价指标之一，评价指标包括贸易政策、政府财政开支、政府对经济的干预等十个方面。报告通过分析全球 180 个国家 / 地区的政策和机构指标，来衡量各国 / 地区的经济自由度即个人作出经济决策的能力。据 2020 年报告显示，排名前五的经济体分别是新加坡、中国香港、新西兰、澳大利亚和瑞士，得分均位于 80 分以上。中国得分 59.5 分（第 103 位），较上年提高 1.1 分。从分项指标看，中国司法效率、商业自由度、贸易和货币自由度得分较好，财政状况和劳动力自由度得分一般，投资和财政自由度、政府廉洁等处明显劣势。

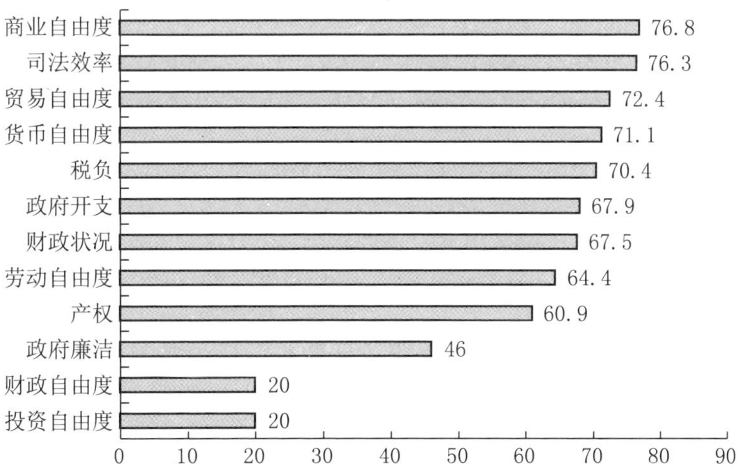

图 2-7　2020 年全球《经济自由度指数》中国分领域排名

资料来源：2020 Index of Economic Freedom.

二、上海营商环境国际专业评估报告排名

除综合性的评估报告之外，国际上还有一些专业化的评估报告对投资贸易、政务服务等营商环境重要领域进行评价和排名。其中，具有代表性的主要是 OECD 发布的《全球外资限制指数》、世界银行每两年发布的《物流绩效指数》报告、联合国经济和社会事务部发布的《电子政务调查报告》、英国智库 Z/Yen 集团发布的全球金融中心指数等。

（一）经合组织发布的全球外资限制指数

经合组织《全球外资限制指数》不同于世界银行《营商环境报告》直接对企业投资情况进行调查，主要评估包括所有经合组织成员国以及 20 国集团成员国在内的 49 个国家对外国直接投资的限制程度，涵盖了 22 个主要产业门类，包含 4 个评价领域：外国股权限制、歧视性筛选或批准机制、对主要外国人员的限制、业务限制。指数值介于 0—1 之间，数值越高表示限制程度越高、开放程度越低。根据 2018 年数据，全球外资限制程度最高的五个国家依次是菲律宾、沙特、印度尼西亚、俄罗斯和马来西亚。对外资限制程度最低的五个国家均为欧洲国家。中国对外资限制指数为 0.251，排在第 6 位，比 2017 年（0.317）全球第三的排名下降了 3 位。1997—2018 年间中国对外资限制大幅降低，位居外资限制程度降幅最大的十大经济体。从行业来看，2018 年第一产业限制程度排名第四，第二产业总体开放水平较高，第三产业对外开放程度普遍不高。

（二）世界银行《物流绩效指数》报告

世界银行自 2007 年以来每两年编写一期《物流绩效指数》报告，涵盖包括中国在内的 160 多个国家。该报告作为口岸效率专业评价报

告，通过对跨国货运代理商和快递承运商等专业人士的问卷调查，对海关绩效、基础设施质量、货运及时性等贸易指标进行评价。根据调查结果确定各个国家的排名情况，主要涉及七个方面的评价指标：海关清关的效率以及其他边境机构的办事效率、货物运输和物流的信息技术设备的质量、安排国际货物运输的便利性和负担能力、当地物流产业的竞争力、跟踪国际货物运输的能力、国内物流成本，货物运输抵达目的地的及时性。该指数的范围从 1 到 5，分数越高代表绩效越好。

根据 2018 年报告，排名前三的国家分别是德国、瑞典和比利时，物流绩效指数（LPI）分别为 4.20、4.05 和 4.04 分。中国 LPI 指数得分 3.6 分，排名第 26 位，比 2016 年的第 27 位上升 1 位。从分项指标看，中国在海关效率排名第 30 位（3.28 分），基础设施排名第 24 位（3.73 分），国际货运排名第 18 位（3.57 分），物流质量排名第 27 位（3.58 分），跟踪能力排名第 28 位（3.63 分），实效性排名第 29 位（3.86 分）。从指标排名看，中国在 160 个国家稳居 30 强之内，在 G20 国家中排名第 10 位，但与发达国家和地区相比还有一定差距。例如，在清关效率方面，

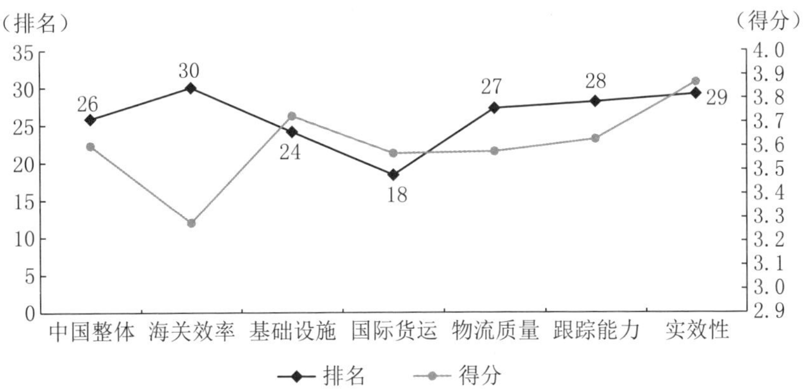

图 2-8　世界银行物流绩效指数报告中国排名（2018）

资料来源：https://lpi.worldbank.org.

海关电子审单与人工审单并存，审单时间较长；物流基础设施方面，集疏运体系不完善，公路运输比例较高，铁路集装箱运能紧张等。中国有待进一步发展现代物流服务业、促进交通运输和贸易便利化，整合物流资源并形成高效配置的政策指导机制，力争在世界供应链上占据主导。

（三）联合国经社部《电子政务调查报告》

联合国经社部发布的《电子政务调查报告》较客观地反映了世界主要经济体的电子政务水平，其评估结果中 15% 的国家电子政务发展指数（EGDI）得分很高，处于优秀阶段：34% 的国家处于良好阶段：35% 的国家处于中等阶段；16% 的国家发展较为落后。2001 年以来，中国电子政务水平逐步提升，但一直徘徊于良好阶段，与全球排名前 20 的国家相比（EGDI 值大于 0.83），中国尚存在较大提升空间。据报告显示，2018—2020 年我国电子政务发展指数从 0.6811 提高至 0.7948，排名相应提升了 20 位，取得历史新高，达到全球电子政务发展“非常高”的水平。其中，作为衡量电子政务发展水平核心指标的在线服务指数上升为 0.9059，指数排名大幅提升至全球第 9 位，国家排名位居第 12 位。

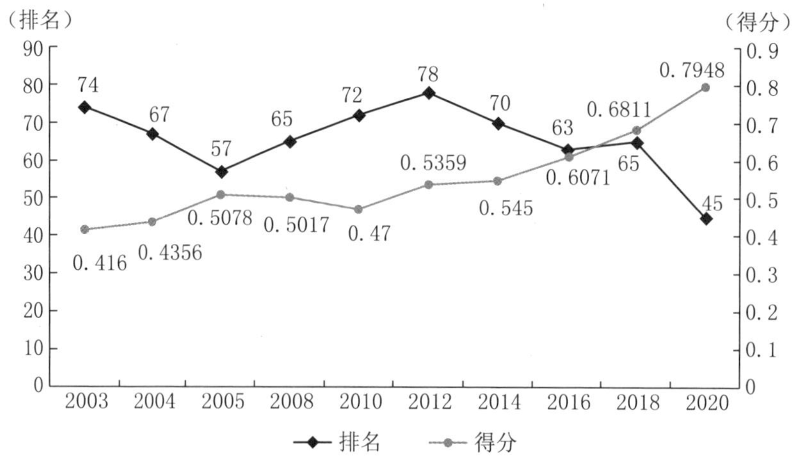

图 2-9　2003—2020 年中国电子政务发展指数值及排名变化情况

研究发现，我国在线服务全球排名的大幅提升，与我国不断深化“放管服”改革和大力推动全国一体化政务服务平台建设的决心与行动密不可分[①]。一方面，党中央、国务院高度重视信息化建设与电子政务发展，逐步加快数字政府建设。另一方面，政务服务能力和水平持续提升，政务信息资源开发利用取得突破进展。

（四）英国智库 Z/Yen 集团的全球金融中心指数（GFCI）

2021 年 3 月，英国智库 Z/Yen 集团发布第 29 期全球金融中心指数（GFCI 29），根据最新排名显示，上海国际金融中心蝉联全球第三，金融科技排名升至全球第二。据悉，最新一期全球金融中心指数研究了 126 个金融中心，指数共采纳 143 个特征指标，相关定量数据由第三方机构提供，其中包括世界银行、经合组织、国际货币基金组织等权威国际组织。同时排名还结合了来自全球各地共 10774 位受访者填写的在线问卷调查。依据最新排名，全球前十大金融中心排名依次为：纽约、伦敦、上海、香港、新加坡、北京、东京、深圳、法兰克福、苏黎世。总体而言，大部分城市的综合评分呈下降趋势，不同城市间降幅差距较大，表明新冠疫情对全球经济金融形势的负面影响仍在持续，不同城市的金融发展水平与抗风险能力的差距受疫情冲击进一步凸显。

上海在本次全球金融中心指数排名中，无论在营商环境、人力资源、基础设施、金融发展水平、国际声誉等城市综合实力方面，还是在银行、投资管理、保险、专业服务、金融监管、融资、金融科技、贸易等细分领域，都位居前列，体现出上海近年来在完善金融市场体系、产品体系、机构体系、基础设施体系，营造良好金融生态环境等方面持续

---

① 参见电子政务网：《2020 联合国电子政务调查报告》，2020 年 7 月 13 日。

发力取得的显著成效。尤其在疫情好转后，上海是全球最早实现金融业全面复工复产的金融中心城市，应对重大突发事件表现出的管理能力也成为吸引国际知名金融机构和从业人士的重要砝码。2020 年，是上海实现“基本建成与我国经济实力和人民币国际地位相适应的国际金融中心”这一国家战略目标的收官之年。在业内人士看来，上海在 2020 年 9 月和 2021 年 3 月连续两次在全球金融中心指数排名中位列第三，从一个侧面反映出上海国际金融中心建设已经得到国际社会的广泛认可，实现了“基本建成”这一目标。① 在“十四五”开局之年，上海可以将打造全球资产管理中心作为“增强全球资源配置能力”的突破口、继续在离岸金融、人民币国际化、资本项下进一步开放、多层次资本市场建设、科技赋能和数字化转型等多个方面持续发力。

表 2-1　2021 年全球国际金融中心和金融科技排名及变动

中心	GFCI 排名	GFCI 得分	GFCI 排名变动	GFCI 得分变动	金融科技排名	金融科技得分	排名变动	得分变动
纽约	1	764	0	–6	1	731	0	–4
伦敦	2	743	0	–23	5	712	–1	–4
上海	3	742	0	–6	2	722	+1	+3
香港	4	741	+1	–2	6	711	0	+4
新加坡	5	740	+1	–2	7	710	+2	+12
北京	6	737	+1	–4	3	719	–1	–9
东京	7	736	–3	–11	16	676	–2	–1
深圳	8	731	+1	–1	4	716	+1	+3
法兰克福	9	727	+7	+12	20	669	–1	+9
苏黎世	10	720	0	–4	21	668	+9	+25

① 参见金融科技与共享金融：《上海国际金融中心蝉联全球第三：金融科技排名升至全球第二》，2021 年 3 月 21 日。

表 2-2　2021 年 GFCI 29 竞争力各次级指标中排名前 10 的金融中心

排名	银行业	投资管理	保险业	专业服务	政府和监管	金融	金融科技	贸易
1	纽约	纽约	上海	纽约	纽约	纽约	纽约	纽约
2	上海	伦敦	新加坡	伦敦	伦敦	上海	新加坡	伦敦
3	香港	香港	北京	新加坡	苏黎世	北京	上海	新加坡
4	伦敦	新加坡	纽约	香港	新加坡	伦敦	香港	香港
5	北京	上海	香港	深圳	日内瓦	卢森堡	伦敦	上海
6	深圳	北京	伦敦	上海	香港	香港	首尔	北京
7	东京	深圳	卢森堡	温哥华	上海	深圳	北京	深圳
8	新加坡	法兰克福	深圳	东京	深圳	东京	东京	苏黎世
9	苏黎世	卢森堡	斯德哥尔摩	北京	东京	爱丁堡	深圳	法兰克福
10	墨尔本	悉尼	法兰克福	卢森堡	首尔	古吉拉特邦	旧金山	卢森堡

资料来源：根据上海发布、上观新闻相关资料整理。

三、上海营商环境国内评估报告排名

（一）国民经济研究所《中国分省份市场化指数》

为评价我国各省、自治区和直辖市市场化改革的总体情况及不同部门得失，发现进步和找出薄弱环节，国民经济研究所从市场化的五个方面进行分析：包括政府与市场的关系、非国有经济的发展、产品市场的发育程度、要素市场的发育程度、市场中介组织发育和法治环境。据 2018 年最新报告显示，上海市场化总指数排名居全国前列，2016 年居第二位（其间有波动），仅次于浙江。在四个直辖市中，上海在大多数年份排在京、津、渝前面。从分项指标看，上海在政府与市场关系、要素市场发育程度、市场中介组织发育和法制环境三个方面排名靠前，分别排名第 2 位、第 2 位和第 4 位，但是非国有经济的发展、产品市场的发育程度两个指标排名不高，分别位列第 11 位和第 10 位。

（二）上海发展战略研究所《全球城市营商环境评估报告》

上海发展战略研究所围绕上海“卓越的全球城市”发展目标，聚焦世界公认的全球 20 个国际大都市，立足全球城市的功能作用和实际特点，构建了包含 7 个一级指标，23 个二级指标，41 个三级指标的全球城市营商环境指标体系。该套指标体系通过对标国际最高标准，让中国城市认识自身优势和不足，并为补齐短板和做优长板提出建设性意见。据 2020 年报告显示，全球营商排名前五的城市分别是纽约、东京、新加坡、伦敦和香港，上海排名第 10 位。从分项指标看，上海的市场发展、产业配套和基础设施表现较好，要素供给位居中等，政府服务、宜居品质和法律保障等排名较为靠后。因此有待切实增强企业获得感，围绕要素便利性、企业运行环境透明度等方面的要求加大改革。

（三）第一财经研究院、万博研究院《中国城市营商环境指数评价报告》

为更好地推动城市营商环境优化，助力供给侧结构性改革和实现经济高质量发展，2020 年 6 月由中国战略文化促进会、中国经济传媒会、万博新经济研究院和第一财经研究院联合发布《后疫情时代中国城市营商环境指数评价报告》（2020）。营商环境指数评价体系包括软环境指数和硬环境指数。其中，软环境指数权重 60%，具体包括技术创新环境、人才环境、金融环境、文化环境和生活环境 5 个二级指标和 24 个三级指标。硬环境指数权重 60%，具体包括自然环境和基础设施环境 2 个二级指标和 11 个三级指标。据报告显示，上海营商环境指数排名继续位居榜首，反映出较强的营商环境综合竞争能力。其中，市场环境表现较为突出，在放开市场准入和贯彻落实扩大开放方面取得显著成效。例如市场准入制度综合性、外国投资人气和民营企业人气指标，分别排名第一、第二和第九位。此外，上海在生活环境、自主创新、政务服务以及管控稽查与法制保障等自然环境方亦表现较出色。

第二节　上海优化营商环境取得的成效

上海市委、市政府高度重视推进政府职能转变和深化“放管服”改革。近年来部署出台了一系列有针对性的政策措施，优化营商环境取得积极成效。2018—2020年，上海连续三年推出对标改革专项行动计划，共实施286项针对性改革措施，出台70多项专项改革政策和配套文件，开发上线20多个新的办事系统。世界银行《全球营商环境报告》与《中国优化营商环境的成功经验——改革驱动力与外来改革机遇》专题报告，均充分肯定了上海的经验做法。据世界银行报告显示，近两年来上海执行合同和获得电力指标已位于世界前沿。在开办企业、获得电力、登记财产、跨境贸易、施工许可等以事权为主的评价指标中，上海的办事环节和办事时间大幅压缩，分别平均下降41%和59%①。上海优化营商环境取得的主要成效体现在以下几个方面：

一、开办企业提速增效

2019—2020年，上海开办企业排名由93位上升至27位，显著提高66位。在开办企业领域有五项改革举措得到世界银行肯定，具体包

① 参见陈霜华等：《上海优化营商环境的国际对标分析》，载《科学发展》2021年第6期。

括简化注册程序、启动在线注册，简化社会保障注册；取消最低资本限制和从审计公司获得资本验资报告的要求；在全国率先为所有新设企业办理电子印章、电子营业执照、组织机构代码和税务登记等，推动企业身份认证电子化进程；免除小微型公司缴纳部分管理费。同时，在世界银行专题报告中还肯定了另外三项做法，即推行企业网上登记服务、推动跨部门行政审批“一网通办”，浦东试点企业开办“一业一证”改革和“行业综合许可证”。自 2018 年以来，全市已有 90% 以上新设企业使用“一网通”平台办理业务。这些举措极大地削减了登记手续、流程数量和企业所需时间，提升开办企业便利度并助力营商环境排名跃升。从开办企业二级指标分析，上海开办企业最低实缴资本与国际最优经济体持平（2012 年免除部分中小微企业开办缴纳管理费），开办企业成本为 1.4%、所需手续 4 项，略高于水平最高的格鲁吉亚或新西兰，其两项指标分别为 0 和 1 项。上海开办企业所需时间为 9 天，远高于最佳表现的新西兰（0.5 天）。

二、办理施工许可流程再造

上海办理施工许可指标在 10 个一级指标中提升幅度最大，由 2019 年的 172 位上升至 2020 年的 33 位，提升 139 位。上海通过极大简化施工许可流程、推动审批全程电子化等措施来提高办理施工许可便利度。例如，采取以承诺告知为基础的审批程序，简化集中施工前批准和低风险建设项目要求，简化获取建筑许可证、竣工证书以及在房地产登记处注册新建房产的流程；对建筑行业人员资质提出更严格要求；加强公众对信息的获取和建筑质量控制。其中分别有六项和三项改革举措被世界银行《营商环境报告》和专题报告给予肯定。从二级指标来看，上海的建筑质量指数表现最为出色，成本和手续略高于国际最优水平，所需时间与国际最佳差距明显。2020 年上海的建筑质量控制指数为 15，与卢森堡和阿联酋并列第一位。该指数的提升主要归因于 2018 年以来上海对建筑行业专业人员资格的严格规定。上海办理施工许可所需成本占仓库价值的比值为 2.3%，高出香港 2 个百分点。上海办理施工所需手续 18 项、所需时间 125.5 天，均落后于香港（8 项和 69 天）。虽然上海办理施工许可增长迅猛，但由于基础薄弱，仍然是营商环境改革的重难点。

三、登记财产持续优化

上海财产登记指标从 2019 年的 41 位上升至 2020 年的 28 位，提升了 13 位，这得益于上海在登记财产领域推出的多项改革举措，例如实施不动产登记革新举措，简化不动产登记流程、积极推动不动产登记与水电气网过户联合办理流程；推广电子证照应用、通过“一网通办”办理企业转移登记各项业务等。上海在登记财产领域的两项做法在世界银行《全球营商环境报告》中给予肯定，即简化行政程序、增加土地管理系统的可靠性使财产注册更便捷。从登记财产的二级指标看，上海土地管理系统质量指数为 23.5，与最高水平的新西兰仅差 3 个点。上海登记财产所需手续、时间及成本与最高水平经济体相比仍有差距，因此亟须加大这三个方面营商环境的改革力度。

四、获得电力便捷惠民

2019—2020 年，上海获得电力排名由第 98 位上升至第 12 位，大幅提升 86 位。通过优化申请流程，中国获得电力指标持续提升，部分指标全球最佳。世界银行《营商环境报告》和专题报告分别对中国的四项和三项经验做法给予肯定。

近年来上海已成为获得电力标杆城市，通过减少用户接电成本、精简办电材料和压缩办电时间等一系列改革举措，不断提升获得电力的服务水平。例如采取扩充电网容量，简化申请流程，160千瓦或更低功率设备可直接免费连接到公用低压电网，同时提高电价变动透明度；推出新的移动应用程序，使居民获得电力时间大幅缩减；实施FREE2.0“五降五减”十大改革举措，在“一网通办”总门户设立专窗，实现企业电力办理一表申请、并联办理、使企业接电时间降低20%。从获得电力的二级指标看，上海获得电力的成本、手续和供电可靠性和电费透明度指标与国际最高水平持平甚至表现更优。但在获得电力的时间上有待进一步压缩，上海获得电力所需时间为32天，时间仍然长于最优水平的韩国、圣基茨和尼维斯联邦和阿联酋所需时间的18天。

五、执行合同效率提升

近年来上海聚焦执行合同指标的相关举措，不断加强司法保障和提高司法水平。在执行合同领域有五项举措被世界银行肯定，具体包括修改民事诉讼来简化法院程序，规定可批准的最大休庭次数，对不可预见的特殊情况进行休会；允许律师采用在线平台处理案例；加强合同执行系统以限制资产隐藏和逃避执行；推行法院绩效评估和进度报告使合同更容易执行。此外，还鼓励加强政府采购招投标流程监管、需求规范化编制以及建立信息披露机制。2019—2020年上海执行合同指标一直排在国际前列（由第5位微降至第6位），上海设有专门的商事法庭、小额诉讼简易程序及网上立案系统，除司法救济外另设有纠纷疏通渠道。但从执行合同二级指标看，上海司法程序质量指数为16.5，比国际最高水平的新加坡高出1个点。上海执行合同时间和成本与国际最高标准仍有差距。上海执行合同的索赔额百分比为15.1%，而成本最低的不丹仅为0.1%。上海执行合同时间高达485天，而表现最佳的新加坡只需120天。

六、保护少数投资者取得实效

保护少数投资者是世界银行营商环境评价体系的重要指标，也是各国参与法治化营商环境建设的重要工作。上海近两年在保护少数投资者方面取得了较大成效，在世界银行营商环境评价中由第119位上升至第28位，提升了91位。上海在保护少数投资者领域采取多项改革措施，加强对少数投资者合法利益保护。其中有两项做法被世界银行《全球营商环境报告》给予肯定。主要措施包括增加股东在重大公司决策中的权利和作用；向控股股东追究不公平的关联方交易责任，明确所有权和控制结构；依法保护少数中小股东对董事权利行使的知情、决策、监督及收益权等；拓展中小投资者维权渠道，进一步改善与金融纠纷多元化解相关的金融审判机制；在产业园区开展知识产权中心试点。从二级指标来看，上海的披露程度指数为10，与国际最优的马来西亚和英国持平。上海的股东权利指数、所有权和管理控制指数、公司透明度指数接近国际最优，这三个指标与最高水平经济体均相差1个指数点。此外，董事责任程度指数为4，与最优水平的柬埔寨、肯尼亚和阿联酋相差6个指数点；股东诉讼便利度指数为5，与国际最优的吉布提相差5个指数点。

表 2-3　上海营商环境排名靠前指标与国际最高水平比较

一级指标	二级指标	上海	最高水平经济体	
登记财产	土地管理系统质量指数（0—30）	23.5	新西兰	26.5
	手续（个）	4	格鲁吉亚 / 挪威 / 葡萄牙	1
	时间（天）	9	格鲁吉亚 / 卡塔尔	1
	成本（不动产价值百分比）	4.6%	沙特阿拉伯	0
执行合同	司法程序质量指数（0—18）	16.5	新加坡	15.5
	成本（索赔额百分比）	15.1%	不丹	0.1%
	执行合同时间（天）	485	新加坡	120
开办企业	最低实缴资本	0	澳大利亚 / 哥伦比亚 / 毛里求斯	0
	成本（人均收入百分比）	1.4%	卢旺达 / 斯诺文尼亚	0
	手续（个）	4	格鲁吉亚 / 新西兰	1
	时间（天）	9	新西兰	0.5
获得电力	成本	0	中国 / 日本 / 阿联酋	0
	手续	2	德国 / 肯尼亚 / 韩国	3
	供电可靠性和电费透明度（0—8）	7	哥斯达黎加 / 爱尔兰 / 马来西亚	8
	时间（天）	32	韩国 / 圣基茨和尼维斯联邦 / 阿联酋	18
办理施工许可	建筑质量控制指数（0—15）	15	中国 / 卢森堡 / 阿联酋	15
	成本（人均收入百分比）	2.3%	中国香港	0.3%
	手续（个）	18	中国香港	8
	时间（天）	125.5	中国香港	69

（续表）

一级指标	二级指标	上海	最高水平经济体	
保护少数投资者	披露程度指数（0—10）	10	中国 / 马来西亚 / 英国	10
	股东权利指数（0—6）	5	印度 / 哈萨克斯坦 / 马耳他	6
	所有权和管理控制指数（0—7）	6	巴林 / 哥伦比亚 / 乌兹别克斯坦	7
	公司透明度（0—7）	6	法国 / 挪威 / 中国台湾 / 中国	7
	董事责任程度指数（0—10）	4	柬埔寨 / 肯尼亚 / 阿联酋	10
	股东诉讼便利度指数（0—10）	5	吉布提	10

资料来源：根据世界银行《全球营商环境报告 2020》整理。

七、形成营商环境改革特色经验

根据党中央、国务院对优化营商环境工作的部署，国内各省市坚持问题导向和需求导向，持续深化简政放权、放管结合、优化服务改革，加快政府职能深刻转变，降低制度性交易成本，着力打造国际一流、公平竞争的营商环境。在持续深化“放管服”改革过程中，各省市取得积极成效，形成了营商环境改革特色经验。2018 年 8 月，国务院发布了《关于部分地方优化营商环境典型做法的通报》，其中上海有 5 项典型做法将在全国推广。

(一)“一照多址”和“一证多址”改革

2016 年 7 月，长宁区率先在“互联网 + 生活性服务业”实施“一照多址”和“一证多址”改革试点，以降低市场准入门槛、释放企业发展潜力和活力。注册在长宁区内、符合相关要求的“互联网 + 生活性服务业”内资企业，在长宁区内增设一个或多个经营场所时，只需在原有营业执照上增加新的经营地址，无需重新办理分支机构营业执照。同时，企业在区内新开设经营项目相同的分支实体店，根据企业报备的连锁门店标准和依法合规经营承诺，只需直接在第一家实体店的许可证之外进行附记备案，视同取得许可证。通过改革，实现“一张营业执照、多个经营地址、一次行政许可”。2017 年 10 月，“一照多址”推出“2.0 升级版”，将企业范围扩大至不涉及许可项目的一般项目，同时切实落实事中事后监管要求。与传统申请设立分支机构相比，该项创新举措极大地缩减了企业办理营业执照的时间，简化办理流程和材料，为推进注册登记便利化改革松绑清障。随着“一照多址”试点扩容和注册登记改革，为解决“照后办证”难题，不断提升商事服务水平，长宁区继续探索实施“一证多址”改革，形成优化营商环境的特色改革品牌。

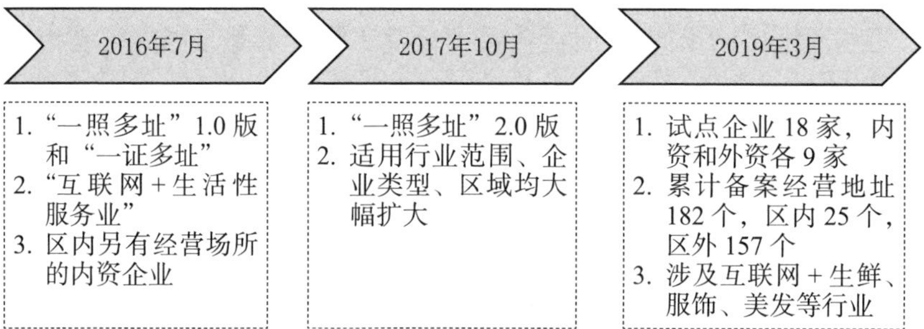

图 2-10　长宁区“一照多址”和“一证多址”情况

（二）制定新兴行业分类指导目录

上海着力优化营商环境，不断创新监管理念和方式。2017 年制定了《上海市新兴行业分类指导目录》，积极探索对新产业实行包容审慎监管，大力支持新兴行业发展。该目录共包含新一代信息技术产业、高端装备制造产业、新材料产业、节能环保产业等共计 9 大产业类别，共计 200 多个新兴行业。此外还对新兴行业的企业经营范围表述、企业名称行业表述（大类）、企业名称行业表述（小类）以及行业分类与代码进行了明确注释。目前，市场上很多新兴企业所属超出《国民经济行业》分类通用标准，新兴行业缺乏统一行业分类标准，在工商注册登记时往往会面临找不到自身所属行业类别的困境。该项创新举措解决新兴行业企业“身份认证”难题，对企业发展过程中品牌塑造和人才招募产生深远的积极影响，也提高了新兴行业企业市场准入各环节的认可度。

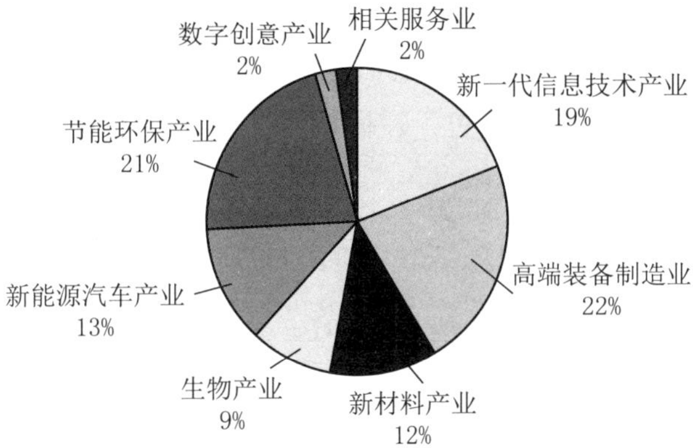

图 2-11 《上海市新兴行业分类指导目录》包含的产业大类和新兴行业情况

（三）跨区域网络市场协同

创新网络市场监管与服务、探索监管新模式是长宁营商环境改革特色牌。2017 年长宁区制定了《关于在长宁区开展网络交易违法行为跨区执法试点工作的指导意见》，探索建立上海市内跨区域网络违法行为协作机制。长宁区贯彻大市场监管理念，将跨区监管上升至省份之间，推动长三角协同监管。同年 10 月长宁区与杭州市余杭区对接，在全国首创建立跨省市监管协作、跨区域网络违法行为监管协作工作机制，做到网络违法行为协查、违法线索及案件移送实现全程电子化，案件从录入到归档形成完整闭环管理。双方联合开展了 6 次取证协查，并将原先需要数月才能完成的协查请求到信息反馈流程缩短至3个工作日内，显著提升了网络交易执法效率。目前，这一跨省市合作已延伸至江苏宿迁、浙江金华等长三角城市，长宁区还创建了全国首个“网络市场监管与服务示范区”，推出多项重大改革试点，向互联网行业释放政策利好。这些创新举措有助于逐步建立公平有序市场环境，不断推动长三角更高质量一体化发展。

（四）获得电力便利化改革

在世界银行《2019年营商环境报告》中，中国“获得电力”指标提升最为显著，排名第14位，较去年进步84位。为进一步降低接电成本、缩短接电时间、压减办电环节、提升报装流程透明度和供电可靠性，实现“获得电力”指标持续提升的目标，国网上海电力持续深化改革举措，积极打造全新升级版的“FREE 2.0”办电服务，寻求优化电力营商环境工作的再突破和再出发。此次推出的优化电力营商环境新举措主要以“五降、五减”为核心内容，推进各项服务措施和流程制度化、标准化、常态化，惠及范围拓展延伸至高压用户，持续改善企业和市民“获得电力”的便利性、满意度和获得感。国网上海电力坚持对标国际最高标准和最好水平，聚焦办电环节、时限、成本、供电可靠性等小微企业服务关键点，推出并全面落实“五省、五增”十大服务举措。该项创新举措成效显著，连续两年入选国务院28项优化营商环境典型做法，世界银行也充分肯定上海供电服务的突出经验并向其他经济体推广。

（五）建设统一政务咨询投诉举报平台

上海自2012年10月以来便推出“12345”市民服务热线，受到市政府高度重视和广大市民殷切关注。热线建立了企业和市民的统一政策咨询、投诉、建议平台，做到平台市场和社会诉求“一号响应”。受理范围主要包括：各类政策和公共信息的咨询、非紧急类求助、涉及政府公共管理和公共服务的投诉，以及对本市公共管理、公共服务和经济社会发展意见的收集。“12345”热线作为各类政务服务咨询、办理、投诉的总客服，解决了以往不同部门、多个服务热线，互相推诿和缺乏托底服务的问题。涉及咨询和投诉类问题，总客服第一时间响应与解答；当场不能解答的将及时转送至相关职能部门进行回复。事后还将采集用户反馈意见，监督相关部门提升服务质量。该项创新举措在服务市民诉求、服务政府决策工作中获得社会各界的广泛好评，有助于推动政务服务“一网、一门、一次”改革。

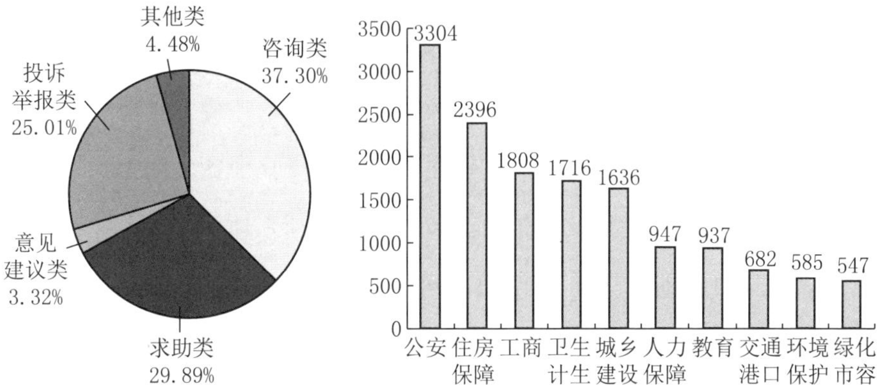

图 2-12　上海“12345”热线诉求分类占比（截至 2020 年 8 月 25 日）

八、推广浦东改革创新举措和经验做法

2021 年 4 月，国家发展改革委向全国各省、自治区、直辖市及计划单列市发展改革委，各国家级新区下发《关于推广借鉴上海浦东新区有关创新举措和经验做法的通知》（以下简称《通知》）。上海自由贸易试验区设立后，国务院及有关部委陆续组织复制有关改革创新经验，其中，

上海浦东新区 300 多项自由贸易试验区改革试点经验已在全国或有关地区复制推广。为贯彻落实习近平总书记在浦东开发开放 30 周年庆祝大会上的重要讲话精神，在新征程上更好发挥上海浦东新区的引领示范作用，本次拟推广的有关创新举措和经验做法共 3 类 25 项 51 条，主要包括改革系统集成、制度型开放、高效能治理三个方面。

（一）改革系统集成领域

新一批向全国复制推广的 51 条“浦东经验”中，改革系统集成领域总结了 13 项 26 条经验做法，包括深化企业市场准入有关探索，在“证照分离”改革基础上深化探索“照后减证”，聚焦市场准入领域，服务企业高效办成“一件事”，推动把一个行业准入涉及的多个审批事项整合为一张“行业综合许可证”，还包括“一网通办”政务服务、“无事不扰、有求必应、有事必究”的政府综合监管体系、线下办事“四个集中”“窗口无否决权”机制以及“找茬”机制、设立中国（浦东）知识产权保护中心等。[①]《通知》还把特斯拉背后的“浦东速度”常态化作为一项改革经验向全国推广，指出上海和浦东总结全国首个外商独资整车制造项目快速落地经验，推动了一批行之有效的创新举措成为常态化制度安排。此外，还提出实行远程身份核验服务、创新“进步指数”绩效考核体系，并以“盒马鲜生”为代表的创新审批和监管方式，审慎包容推动新零售业态发展。

（二）制度型开放领域

在制度型开放领域，《通知》列出了 4 项共 8 条经验做法，包括上海自贸试验区率先探索自由贸易账户体系、成立涉外商事纠纷一站式解

① 参见国家发展改革委：《国家发展改革委关于推广借鉴上海浦东新区有关创新举措和经验做法的通知》，载《澎湃政务》2021 年 4 月 7 日。

决工作室、试点持永久居留身份证外籍高层次人才创办科技型企业改革、浦东国际人才港构建人才服务生态圈等。其中，在探索自由贸易账户体系方面，提出建立本外币一体化自由贸易账户体系以及资金跨境流动管理基础性制度，为构建中国特色资本账户开放新渠道、人民币资本项下自由兑换进行创新性制度探索。在成立涉外商事纠纷一站式解决工作室方面，汇集三方人力和资源集中开展纠纷化解和日常联络协调工作，形成软硬件专门化的统一化纠纷解决工作平台。在试点持永久居留身份证外籍高层次人才创办科技型企业改革方面，允许外籍高层次人才与中国籍公民持身份证明享有同等待遇。在构建浦东人才服务生态圈方面，提出全场景智能审批应用、全领域链接创新要素资源和全方位精品个性化服务等创新举措，旨在打造高能级的人才服务综合体和人力资源配置枢纽。

（三）高效能治理领域

高效能治理领域包含了 8 项 17 条创新举措，其中有打造“城市大脑”推动城市运行“一网统管”、探索统筹核心发展权和下沉区域管理权改革、“家门口”服务体系建设、社会事业“15 分钟服务圈”建设、居村联勤联动站、街面秩序智能管理模式、外卖骑手交通违法记分管理制度、探索建设乡村人才公寓等。在打造“城市大脑”综合信息指挥平台方面，通过构建组织体系、建设应用场景和加强系统集成等三种渠道，构建实时反馈的城市运行管理闭环。在统筹核心发展权和下沉区域管理权方面，提出强化区级对经济社会发展的统筹规划和综合平衡、强化街道公共服务、公共管理和公共安全职能、建立基层重要协调事项约请制度等创新举措。在构建“家门口”服务体系方面，通过居村委设立家门口服务站、基本公共服务下沉和完善服务功能等经验做法，打造覆盖全部居村服务体系和打造服务群众的“最后一公里”。此外，在建设街面秩序智能管理模式方面，主要采取建立沿街商户“颜色管理”机制、城市街面神经元感知网络、推行标准化城管执法模式等创新举措，旨在以大数据、物联网重塑城管执法手段、模式和理念，形成智能、精准、高效和高压的全新街面管理态势。

第三节 上海营商环境的短板及主要差距

上海作为中国营商环境的标杆城市，其营商环境领先国内其他城市，但与世界顶级城市相比，仍有一定的差距，存在诸多短板和问题有待改善。第一，税负负担偏重。与其他国际一流营商环境城市相比，企业征收赋税税率高、办税时间长，行业审批程序繁琐成为中国整体以及上海营商环境提升的难点。第二，跨境贸易效率较低。上海作为国际金融中心跨境贸易发展迅速，但超长的通关时间和高昂的通关成本制约其跨境贸易营商环境的优化。此外，贸易结构与效率有待优化和提升，适应于数字贸易和服务贸易的服务体系有待完善，对服务贸易和高端贸易环节掌握力度不够。第三，制度建设有待完善。制度建设的短板长期以来是制约营商环境优化的阻碍因素之一。第四，融资难和融资贵问题较突出。上海信贷权益和投资权益保护的法律机制不够完善，中小企业获得银行等金融及机构贷款难度较大，影响了融资便利度的提升。

一、税费负担仍然偏重

以纳税为例，2020 年上海在全球 190 个经济体中排名第 130 位，较上年提升了 25 位。上海在纳税领域采取了一些创新举措，助力营商环境排名的提升，例如实施小企业所得税优惠政策，降低部分行业增值税税率，完善电子报送支付制度，使纳税更加便捷；实施减费降税政策，总税收和社会缴纳费率降至63.3%，纳税时间缩减至110小时；对中小微企业实行普惠性政策，减税额度达到1164亿元等。从二级指标看，上海报税后程序为50个，低于最优水平新加坡的96.9个。其余纳税相关指标劣势较为明显，上海企业每年缴税次数7次，纳税时间138小时/每年（国际最高水平3次，49小时），经营所缴税负累计占企业利润62.6%（国际最优26.1%）。由此可见，上海纳税时间长、纳税次数多、税率高、负担重、税后流程复杂等问题依然存在。

以跨境贸易为例，产品进出中国关境需要面临比较繁琐的海关文件和通关费用，中国企业的时间成本和资金成本普遍较高。上海在全球190个经济体中排名第97位，较上年提升了41位。从二级指标看，上海的出口边界合规时间18小时，出口边界合规费用249美元；出口单证合规时间8小时，出口单证合规费用70美元。上海的进口边界合规时间11小时，进口边界合规费用230美元；进口单证合规时间27小时，进口单证合规费用75美元。而在全球范围内，最高水平经济体的进出口边境时间仅需1小时且进出口耗费为零。

表2-4　上海营商环境排名靠后指标与国际最高水平比较

<table>
<tr><th>一级指标</th><th>二级指标</th><th>上海</th><th colspan="2">最高水平经济体</th></tr>
<tr><td rowspan="2">获得信贷</td><td>信贷信息深度指数（0—8）</td><td>8</td><td>厄瓜多尔/以色列/英国</td><td>8</td></tr>
<tr><td>合法权利力度（0—12）</td><td>4</td><td>文莱/黑山/新西兰</td><td>12</td></tr>
<tr><td rowspan="4">办理破产</td><td>破产框架力度指数（0—16）</td><td>13.5</td><td>芬兰</td><td>14.5</td></tr>
<tr><td>时间（年）</td><td>1.7</td><td>芬兰</td><td>0.9</td></tr>
<tr><td>成本（索赔额百分比）</td><td>22%</td><td>芬兰/新西兰</td><td>3.5%</td></tr>
<tr><td>回收率</td><td>36.9%</td><td>挪威</td><td>92.9%</td></tr>
</table>

（续表）

一级指标	二级指标	上海	最高水平经济体	
纳　税	纳税次数	7	中国香港	3
	时间（小时）	138	新加坡	49
	报税后程序（0—100）	50	新西兰	96.9
	税及派款总额（占商业利润百分比）	62.6%	加拿大 / 丹麦 / 新加坡	26.1%
跨境贸易	出口耗时（边界合规）小时数	18	加拿大 / 波兰 / 西班牙	1
	出口耗时（单证合规）小时数	8	奥地利 / 比利时 / 丹麦	1
	进口耗时（单证合规）小时数	27	韩国 / 拉脱维亚 / 新西兰	1
	进口耗时（边界合规）小时数	11	爱沙尼亚 / 法国 / 德国	1
	出口耗费（边界合规）美元	249	匈牙利 / 卢森堡 / 挪威	0
	出口耗费（单证合规）美元	70	法国 / 荷兰 / 葡萄牙	0
	进口耗费（边界合规）美元	230	冰岛 / 拉脱维亚 / 英国	0
	进口耗费（单证合规）美元	75	比利时 / 丹麦 / 爱沙尼亚	0

资料来源：根据世界银行《全球营商环境报告 2020》整理。

二、法律保障力度有待提高

（一）对标营商环境主流报告存在差距

一流的营商监管环境不仅需要便利、低成本的监管程序，还需要提供有力的制度保障，建立透明、可执行的规则。近年来，上海市场法制环境明显改善，但与其他主要国际大城市相比仍存在一定差距。上海整体法治环境有待完善，部分行业领域仍存在着管理政策规定滞后甚至缺位的现象。其中在上市公司保护中小投资者、执行合同、办理破产等诸多方面，利益相关者保护不够充分，对标世界银行标准仍有差距。尽管2020年保护少数投资者指标有显著上升（提升91位），但二级指标诸如董事责任程度指数、股东诉讼便利度指数等与国际最高水平仍有差距。股东权利过大和企业旨在维护大股东利益，容易忽视少数投资者的利益，加大投资风险，进而降低资金吸引力。从保护少数投资者的六个二级指标来看，上海在披露程度（10分）上表现优秀，与表现最优的马来西亚和英国持平。在股东权利（5分）、所有权和管理控制（5分）、公司透明度（6分）方面仍有待加强，与国际最高水平经济体均仅相差1分。在董事责任程度和股东诉讼便利度方面表现欠佳，分别得分4分和5分。

从执行合同指标看，2020年中国排名全球第六，接近国际最佳水平，但相对于2019年排名后退一名。其中上海的司法程序质量指数16.5（指数范围0—18），得分全球第一。除司法救济另设有纠纷疏通渠道外（如市民热线“12345”、房地产交易登记热线“962269”、局长信箱等投诉方式），上海专门设立了商事法庭、小额诉讼简易程序及网上立案系统等，但所需时间和成本与国际最高标准相比仍有差距，上海执行合同的时间为485天且索赔额百分比为15.1%（国际最优的新加坡和不丹分别为120天和0.1%）。

从办理破产指标看，2020年上海办理破产指标排名第51位，较上年提升5位。近年来上海采取了系列改革举措来优化破产办理程序、提高效率和节约破产成本。例如为信贷优先权制定规则、增强债权人对破产程序的参与度，设立企业破产法并授权建立专业破产管理人角色等，这两项举措已被世界银行《全球营商环境报告》给予肯定。从二级指标来看，上海办理破产的时间为 1.7 年、成本（索赔额百分比）为 22%，破产回收率为 36.9%、破产框架力度指数为 13.5（指数范围 0—16）。与国际最佳经济体芬兰、新西兰、挪威等相比仍有差距，国际最高水平分别为 0.9 年、3.5%、92.9% 和 14.5。此外，上海破产程序效率与领先水平仍有差距、债权人参与有限且破产回收率较低，使得破产债权人不能收回大部分资本、合法权益受损。总体来说，反映了上海破产清算程序复杂，在办理破产上存在回收额低、耗时长、成本高等问题亟待解决。因此有待进一步普及和提升电子政务服务水平和信息化发展水平。

（二）实践中法律制度建设仍需完善

上海优化营商环境在法制保障方面存在以下短板：第一，为自贸试验区改革提供的 4 条法制保障中仅 2 条具有法律效应，大部分审批事项依然保留。其中，前 3 项保障措施仅满足负面清单之外的领域，外商投资企业（含台资）由审批改为备案的法律需要。真正对政府管理制度改革具有促进作用的第 4 项保障措施，由于法律位阶较低，很难对国家层面的事权起到规范约束作用，难以达到法制保障改革创新的效果。第二，依据国际规则，建立在取消行政审批基础上的负面清单、负面清单内外每条管制措施以及相关行业均需法律保障。目前我国行业管理规则主要由政府法规所明确，负面清单法律依据有待确立。第三，现有的事中事后监管建立在行政审批制度基础上，取消审批后事中事后监管的法治保障缺失，使得大部分审批事项依然保留。例如，不少具备取消条件的审批事项仍未取消，部分审批事项取消不彻底，“重事前审批、轻事中事后监管”现象依然存在。此外，在一些新兴领域，监管主体没有明确的且相关的法律制度、监管体系等均未充分建立。第四，政府部门存在一定的行政自由裁量权，没有完全做到有法可依，执法中存在按照执法人主观意见执行的情况。第五，上海司法实践中仍需被告提交纸质的起诉状，今后应逐步探索实现完全无纸化的网上立案和案件管理系统，推进案件管理的电子化和智能化水平。

三、知识产权保护亟待加强

知识产权保护是科技要素领域营商环境的硬指标，是促进科技成果市场化流动的重要驱动力，是激发科技创新活力的重要保障。受国家整体知识产权保护法制环境的制约，上海的知识产权保护力度与全球主要城市相比仍有差距，在知识产权保护等企业权益保护方面仍需加强。根据世界经济论坛（WEF）发布的《2016—2107 全球竞争力报告》显示，中国的法律行政架构指标在全球处于中游水平，在 138 个经济体中排名第 45 位。该项下共有 13 个子指标，其中知识产权保护、不正当的费用和贿赂、司法独立性和恐怖主义导致损失等排名相对靠后，分别处于第 62 位、第 54 位、第 56 位和第 83 位。以知识产权保护为例，中国在知识产权保护强度和创新能力两项二级指标上仍需继续加强。其中，保护强度得分 4.3 分（62 名），较往年前进 1 名，创新能力得分 4.4 分（45 名）较往年持平。根据美国商会发布的《2020 国际知识产权指数报告》显示，我国知识产权指数为 50.96%，较上年的 47.67% 上升 3.29 个百分点，在本次参评的 53 个经济体中排名第 28 位。从该指标体系的分项指标看，在工业设计、相关权利和限制以及商业秘密和涉密信息保护方面得分靠后。另根据普华永道发布的《机遇之都 7》显示，上海知识产权保护维度排名中等偏下，在全球 30 座城市中位列 19 位。当前上海知识产权存在的主要问题：知识产权保护闭环体系有待进一步健全、知识产权高效联动机制亟待建立、知识产权地方综合立法与多元化保护渠道有待强化、知识产权法律解释碎片化且与国际标准不同步等。

四、金融市场发展仍相对滞后

近年来，上海金融市场规模不断扩大，金融国际化发展势头迅猛。截至 2018 年，上海持牌金融机构数量为 1605 家，市场成交总额 1645.8 万亿元，同比增长 15.2%。英国智库 Z/Yen 集团发布第 27 期全球金融中心指数（GFCI），上海首次晋升全球第四，仅次于纽约、伦敦和东京。相比之下，上海金融要素领域的营商环境水平与上海金融中心地位不匹配，主要原因在于金融市场准入自由度偏低、投融资法律保障机制不完善、服务业领域开放限制偏多等。

一是上海金融市场开放度较低，金融要素自由流动仍受较大限制。根据世界经合组织（OECD）发布的 2018 年全球外资限制指数，中国对外资限制较往年有较大放松，对外资开放程度有所提升。该指数由外国股权限制、外国人员限制、业务限制和歧视性筛选或批准机制等四个部分构成。指数覆盖各经济体 22 个部门对外资的法定限制，指数值介于 0—1 之间，数值越高表示开放程度越低。2018 年全球对外资限制程度最低的五个国家分别为卢森堡（0.004）、葡萄牙（0.007）、斯洛文尼亚（0.007）、罗马尼亚（0.008）和捷克（0.010）。中国对外资限制指数为 0.251，排在第六位，虽较 2017 年（0.317）全球第三的排名下降三位，但与上述国家相比限制程度依然较高。由于中国在金融行业具有较严格的监管限制，在外资证券市场及国际外汇市场与国际先进水平相比，都存在较大的差距。例如，截至 2019 年 4 月仅有 76 家中国企业在纽交所上市，2019 年 6 月仅两家境外机构通过“沪伦通”获上交所备案。从金融机构国际化程度看，目前上海外资金融机构占比已超过30%。随着国务院出台一系列金融业进一步对外开放政策措施，诸如允许外资机构在华开展信用评级和债券评级，允许获得银行间债券市场“A类主承牌照”，进一步便利投资银行间债券市场等，金融业领域的开放步伐将加快。

二是上海投资者权益保护的法律保障机制不完善，企业金融支持获得感不强，融资便利度有待提升。根据《2016—2107全球竞争力报告》显示，中国金融市场发展指标表现中等（第56位，较去年上升2位），其中法律权利指数、银行健全度、金融服务便利性、安全交易监管等子指标排名均靠后，分别排名第86位、第79位、第64位和第57位。以获得信贷指标为例，2019年中国排名73位，其中上海企业获得信贷的合法权利力度指数为4（指数范围0—12）、信贷信息深度指数为8（指数范围0—8）、信息局覆盖率为0、信贷登记机构覆盖率为98.1%（成年人百分比），与国际最高标准仍存在一定差距（新西兰四项指标分别为12、8、0和100%）。目前，世界银行对上海的信用信息共享和信用信息系统建设评价较好，但对担保贷款人和借款人合法权利保护不够充分，主要因为从全国统一动产担保登记平台获取信息较难，对担保物有具体要求限制以及担保贷款人需依照多部法律设定担保等。此外，金融行业的低效率和不稳定性导致不良贷款较多和资金分配不合理。信贷资源分配给实体工业企业的比重偏低，金融服务的下沉力度不够，尤其针对中小微企业的贷款风险补偿机制亟待完善。上海应进一步提升投融资法律保障力度，增强社会投资和借贷融资的积极性，从而提高金融要素流动便利性和市场资源配置效率。

三是服务业领域开放限制较多，不利于资本要素的高效流动。服务业已成为上海吸引外资的主战场，资本要素更多地流向服务领域。2018 年，上海市实到外资和新设外资中服务业占比分比高达 89.3% 和 96.9%。但上海已开放领域仍面临进入壁垒高、落地诸多限制、开放模式单一（以股权开放为主）、开放力度与落地程度和预期相比存在较大差距等问题，并且电信服务、教育服务、医疗服务和商务服务等核心服务领域仍未开放（崔园园等，2020）。[①] 因此，上海要促进资本要素的高效流动，需要进一步加大服务业领域的开放力度，进而为资本要素的国际流动提供更为优质的服务环境。

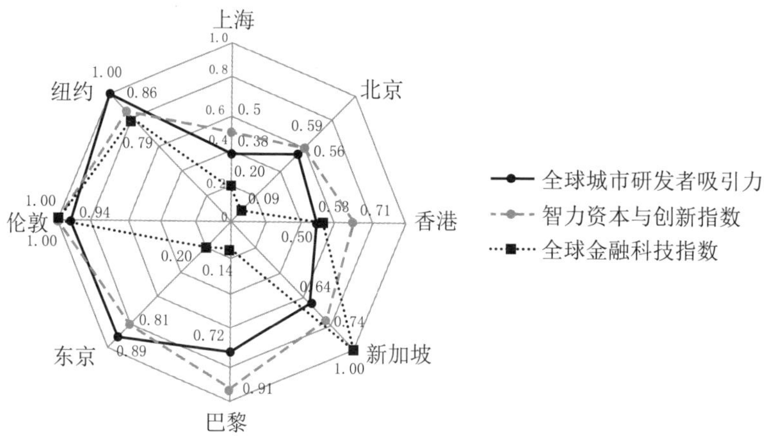

图 2-13　SMILE 营商环境中间层指标融创环境的比较

五、金融与科技融合度有待提升

在互联网和大数据时代，金融和科技的融合程度对企业的融资环境具有重要的影响。城市对研发者的吸引力、智力资本与创新力、金融与

① 参见崔园园等：《对标顶级全球城市进一步优化上海营商环境》，载《科学发展》2020 年第 2 期。

科技的融合度（金融科技指数）是科技创新型企业最为关注的营商环境因素。刘江会等（2019）[①]构建反映大数据时代特征的营商环境 SMILE 指数，通过营商环境中间层“创融环境指数”的比较分析发现，上海排名第 8 位（得分 35.61），远远落后于作为全球顶尖科技创新中心的纽约和伦敦（100 分和 96.34 分），同时与东京、巴黎、香港和新加坡等城市也存在较大差距。在上述 8 大城市中，优越的创融环境助力纽约成为仅次于硅谷的美国第二大科创中心、伦敦成为欧洲第一大科创中心。目前，上海在利用大数据和互联网提升金融服务效率方面表现出色，在区块链、金融云、第三方支付、生物钱包等方面甚至居于领衔地位，但是金融对初创型或科创型企业的支撑力度却显不足，尤其是在服务于创新创业的天使投资、风险投资和 PE、知识产品产权证券化、股权众筹等方面不如国际领先城市突出，这也是导致上海创融环境滞后的重要原因。

六、长效机制亟须完善

优化营商环境改革需要“刀刃向内”的自我革命，上海当前亟须解决的问题是如何确保改革效果并持续优化营商环境。此次改革的目的主要是通过简化企业开办手续，降低开办企业、经营企业的经济成本。对企业而言，程序简化、时间缩短和监管合规成本降低，会提高开办企业的便捷性，使得更多有意愿和有能力的企业在上海开办经营。对政府而言，更大的市场规模和更低的监管收费，会对政府科学决策、财政资金支持以及工作人员专业性方面形成更大压力。一方面政府受资源有限性

---

① 参见刘江会等：《顶级“全球城市”营商环境的比较研究——基于 SMILE 指数的分析》，载《学习与探索》2019 年第 8 期。

的约束，无论是减免施工许可、通电费用、降低税率还是扩大网上办事过程中对网络系统的建设，都需要政府投入大量的人力和物力；另一方面，监管作为公共产品应当由政府来提供，而市场具有对政府有效监管的制度需求（鲍晓晔等，2019）。① 简化的市场准入程序并不意味着放松监管，而是政府由事先审批向事中、事后监管进行改革。因此，伴随新设企业数量增长和市场规模扩大，政府事中事后监管业务量也将随之增加。亟须找到一种途径来达到防止监管负担过重和有效监管供给之间的平衡，破解政府资源有限性与市场对安全性的制度需求间的矛盾的难题。

① 参见鲍晓晔等：《上海进一步优化营商环境的思考——基于〈世界银行营商环境评价报告〉》，载《上海商业》2019年第1期。

第三章　上海优化营商环境经验借鉴研究

前文通过上海与国际先进水平的对比，静态分析了上海营商环境的薄弱环节及主要差距。目前国际上有一些可资借鉴的先进经验和做法，有助于上海拓展改善营商环境的思路。本章借鉴国际先进经济体的改革举措，聚焦上海优化营商环境的部分重要领域和关键环节的短板弱项，为进一步提出上海优化营商环境的思路和有效举措提供借鉴参考。

第一节　上海投资贸易环境的经验借鉴

从已有涉及营商环境的各类评估报告看，在国际排名中处于领先地位的国家或城市，在改善投资贸易环境、大力提升投资贸易便利化水平等方面均提供了良好的实践经验。同时，在经济全球化不断深化的背景下，各国也在扩大开放、改善投资贸易环境方面进行了积极探索，这些最佳实践与有益探索都为上海进一步改善投资贸易环境提供了经验借鉴。目前上海在不同营商环境报告中投资贸易领域的排名位置有所不同，但总体处于中上游水平。从国际视角比较反映出的主要问题是：一是负面清单与国际高标准投资规则匹配度不高；二是服务业开放限制仍然偏多且开放模式单一；三是跨境贸易便利化水平有待进一步提高；四是贸易便利化改革协同性及综合监管机制有待完善。

一、开放完善的外资市场准入制度

（一）提高外资行业准入度

作为国际最佳营商经济体的新加坡，拥有高水平开放的投资环境，并鼓励和强调外国投资。新加坡的高水平开放主要体现在以下三个方面：第一，新加坡已有8个自由贸易区，在海关监管和税收方面实施绝对的开放。第二，新加坡对外资企业实行无差别的国民待遇。如全境实行统一的财税优惠政策、外汇自由进出、政府对内外资企业的监管一视同仁等。第三，新加坡外资准入政策宽松，仅对少数行业出于安全风险、市场风险管控等原因实施管制。除了严加管制外资进入对国家安全构成影响的敏感型行业、交通通信和电力及新闻等公共事业部门、劳动力密集以及污染性高或附加价值低的制造行业，以及对金融和保险业实行许可证制度，限制外资进入海上运输、光学透镜等少数国计民生的民族工业之外，对外资进入其他行业没有特别限制。除了商业企业外资投资比例要求外资不超过40%、新闻业不得超过30%、广播业不得超过49%，其他一般产业虽然鼓励合营，但对外资股份比例未加以限制，外国投资人可拥有100%的股权。在所有权方面对外商无特别要求，外商可自由地获取必要的生产要素和进行融资活动，并自由地支配所生产产品的销售市场。新加坡政府还制定了特许国际贸易计划、商业总部奖励、营业总部奖励、跨国营业总部奖励等多项措施，鼓励外国企业到新加坡设立总部或地区总部。

（二）多措并举促进外商投资

根据联合国贸发会议对跨国企业（MNEs）进行的一项商业调查，美国是2017年至2019年间外国直接投资最大的东道国经济体，排在中国和印度之前。美国对外贸易部门提供了《投资美国：联邦奖励和可用于投资者的计划指南》，来为外国投资者提供信息。此外，在美国联邦和州一级，外国投资者可以获得长期补贴贷款等资助津贴。外国公司可从三个联邦机构提供的援助中受益，经济发展管理局（EDA）提供长期贷款，对创造项目和活动延伸项目给予优惠，产生新的固定就业机会；小企业管理局（SBA）为中小企业贷款提供担保，可以通过中长期贷款为工厂建设或物资采购提供融资；农业发展局（依附于美国农业部）可以保证高达90%的贷款划拨给为农村地区创造就业机会的商业公司。英国成立公司的速度在欧洲居第一位，在世界上排名第六位。英格兰的“选择性投资计划”旨在鼓励对导致生产力、技能和就业长期改善的项目进行重大投资。这是可以提供给海外公司（和英国公司）开展新业务或扩大现代化区域现有业务的自由拨款，它适用于符合特定标准的制造项目和服务项目。

（三）完善负面清单形式

国际上的负面清单采用“保留行业十不符措施”形式。从目前美国、韩国等国的负面清单看，基本都是短清单模式，不符措施的形式多样，措辞灵活，且不符措施对应的行业划分较为笼统，并未细化到指向明确的行业细分领域。根据美国政府的“负面清单”，只对航运、通信、航空等6个行业保留限制权力。此外，欧美国家有众多的双边或多边的互惠安排，作为负面清单的补充。美国BIT范本中，有7项是基于互惠原则的，在BIT缔约伙伴国之间，相互开放规定领域的投资。同时，欧盟成员国以及美国、澳大利亚和中国等国还在“服务贸易协定（TISA）谈判”中，加强了服务业开放力度，在服务贸易减让上实施混合清单管理办法，探索先进的服务贸易海关监管机制，推进服务贸易自由化。

二、着力提高贸易便利化水平和监管效率

通过系统集成的制度改革提高通关效率。为提升海关监管效率，许多国家和城市在申报手续简化和监管流程再造的基础上，依托现代通信技术，引入了高效先进的海关实验室检测装备和各类先进监管查验设备技术，加速了通关材料的数据化过程，实行了电子舱单申报制。欧美在货物报关中引入“自动舱单系统”（AMS），大大缩短了国际中转集拼和离岸贸易业务提交舱单完成电子舱单申报装船的提前时间。美国探索了通过无政府部门属性的 PGA（Partner Government Agency），建立“单一窗口”数据元目录模式，制定和更新了“单一窗口”数据采集、储存和共享标准。为推进“e 检”平台，实现无纸化通关通检，为加大电子化信息互换共享创造了条件。日本海关采用“经认证的经营者”（AEO）体系，通过对企业合规记录、企业财务偿付能力以及企业安全等方面进行综合评估，针对海关认定的守法信用度给予不同幅度的便利优待措施。例如向通过 AEO 标准的企业提供更为简易的申报制度、集中收缴税务、保税仓库的优先使用权等，如此信誉度高的企业可以在进出口货物申报时取得更便捷的通关效率，实现贸易成本的降低。上海洋山深水港四期作为全球最大、智能化程度最高、具有完全自主知识产权的自动化码头，标志着中国港口行业在运营模式、技术应用以及装备制造上实现了里程碑式的跨越升级与重大变革，对于推进上海国际航运中心建设具有重要意义。其吞吐量连创纪录、彰显硬核科技并赢得了 2020 年度上海市科技进步特等奖。洋山深水港的自动化智能系统的便利化有助于国内外其他港口企业和航运公司进行经验复制，实现自动化改造，在科技创新带动下使港口更绿色、高效和安全运行。

三、通过灵活完善的制度设置提高监管效率

一是建立货物状态分类监管制度。货物状态分类监管是美国对外贸易区货物监管的核心，在保证安全有效监管的同时，满足不同类型企业的需求，降低物流成本和监管成本。美国海关根据货物来源及去向的不同将货物划分为四类状态，状态不同的货物可以在对外贸易区内进行共存，具体分为国内货物地位、自由贸易区受限地位、特惠外国地位和非特惠外国地位。企业根据实际情况进行货物地位的申报，经海关批准后，则依据相关法律法规实施货物的监管与税务的征免。二是对外贸易区主分区灵活设置。美国对外贸易区允许设立对外贸易区分区。其初衷是为降低特定制造业企业的成本，不必在地理位置偏远的自由贸易区设立新厂、招募员工。对外贸易区主区的设立一般都严格规定只能设在港口附近，分区的设立标准仅需符合下列三项条件：该区域具有海关实施现场督查与电子化监管的基础条件；该区域各类货物移动涉及的电子通关记录需满足海关电子监管系统的标准；分区的经营者需接受将货物移动至海关指定地点进行现场查验，并接受将全部必要审核文件直接交予海关进行审查。目前美国自由贸易区分区的产值大大超过主区，分区产值占比达到 75% 以上。

第二节　上海政务服务环境的经验借鉴

政府服务环境是营商环境的重要基础，是影响营商效率和竞争力的关键因素。全球各大城市均给予了高度关注。总体而言，上海政府服务效率和水平在国际上排名处于中游位置，在开办企业、登记财产等领域

通过改革取得显著成效，进入全球前列。但同时，无论是政府服务的便利程度、信息化水平，还是开放透明程度，上海与国际先进水平相比仍然存在一定差距。近年来，上海聚焦减时间、减环节、减费用，推出了一系列大力度的营商环境改革专项行动，大幅提高了市场主体的营商便利度，在全球营商环境评价中取得显著进步。但对照国际先进水平，上海政府服务环境还存在一定差距，需要不断深化系统性改革，促进环境持续优化。从国际视角比较反映出的主要问题是：1. 开办企业材料繁多、一站式服务不到位、便利程度存在提升空间；2. 建设项目投资审批和管理效率仍需提升；3. 企业纳税的负担相对较重；4. 电子政务发展与国际先进水平相比差距明显；5. 政务开放的透明度不高和可预期性不足。

一、着力提供高效便捷的政府服务

（一）精简审批材料和审批程序

一是加强审批材料标准化。如在美国，政府委托专业机构对审批过程中所涉及的材料进行分类梳理，并规范相应的后台处理程序，避免重复要求，大量简化办事需要填写的表格资料，并指定专门部门进行最终审理和行政许可的核发；二是尽量简化公司核名和办理营业执照的程序。在新加坡注册企业，非特殊行业公司名称核准不到一小时即可完成，通过核名的私营公司注册在几个小时内就可完成。在开办企业程序最少的新西兰，合伙企业和个人独资企业不办执照，仅由税务部门登记，个体工商户使用个人税号，无须登记，且个体工商户市场监管机关不主动监管，仅在涉及违法投诉时才进行处理。在公司登记中，申请人通过网络申请，在网上下载执照，注册部门邮寄一份纸质执照到企业注册地址。新西兰的公司登记仅仅是主体准入登记，不登记经营范围，不含许可的企业自动获得经营资格，含有许可的企业自己去相应机关申请，也没有前置审批项目，所有许可均后置审批，由企业所在的地方政府负责。

（二）**持续优化商事登记流程**

新加坡以其良好的宏观经济发展环境与公开透明的完备法律制度作保障，无需过多担心企业在本国发展的动机。因而，为进一步简化企业在新加坡投资创办企业的流程，新加坡持续推进商事登记便利化。新加坡在设立公司方面的手续便捷，只需登录新加坡会计与企业监管局网站即可完成注册。公司注册可通过电子方式 1 天内完成，主要流程如下①：1. 企业投资人登录新加坡 ACRC 官方网站，选择创办企业的业务结构，包括是否为新加坡本土企业、是否为初创业、是否为独资企业或合资企业。2. 企业投资人可通过 ACRA 官方网站完成所有关于企业工商登记的相关手续。若企业暂无需求在新设立新的企业，可通过设立办事处的形式，作为企业进行市场测试或者研究活动的临时安排。3. 新加坡经济发展局建立了全方位的合作伙伴网络，包括普华永道、新加坡工商联合总会、大华银行等，为企业提供高效的支持服务。4. 新加坡经济发展局会指导企业完成商业计划书的制定，同时对新加坡开展高价值和实质性商业活动来实现增长的外国企业给予资格申请各种优惠与奖励计划。5. 允许因经商需要经常往返新加坡的企业主享受无障碍自由出入待遇，同时对具备成功经商经验并希望借助新加坡良好营商环境来拓展国际业务的企业主申办永久居留权。

① 参见朱轶佳、赵大生：《全球企业的家园，国际营商的天堂——新加坡优化营商环境的经验借鉴及对中国商务中心区发展的启示》，载《商务中心区蓝皮书》2019 年 10 月。

（三）实行低负担和高便利的税务服务

一是降低企业税负。新加坡为刺激本国经济，落实未来发展愿景，在简化和优化企业创办流程的基础上，为符合相关条件的企业提供各种优惠与税收补贴政策。具体包括：企业研究补贴计划、企业培训补贴、生产力补贴、先锋企业优惠、金融与资产管理中心税务待遇与土地集约化免税额计划。二是建立高效和不断改进的电子税收征管平台。新加坡税务局早在 1992 年就开发了一套完整的信息化税收征管系统，1998 年开始通过互联网进行网上报税，自谋职业的个人和单位职员，从国内收入局获得一个电子申报的个人收入号码，就可以利用电子手段填写个人所得税纳税申报表，2015 年又作了进一步优化缩短公司所得税与增值税申报处理时间，纳税申报效率大幅提升。三是建立纳税标准服务体系。例如，新加坡税务机关制定了为纳税人服务的标准服务体系，向纳税人公开承诺其工作目标和标准，并每年由税务局内设的服务标准研究小组和纳税人代表、税务学术界人士组成专门委员会进行检查，年终公布执行情况。

二、着力提供公开透明可预期的政府服务

（一）加强高质量的政务信息公开

一是强化开放数据的可读和追溯。例如，为满足用户各类使用目的，纽约市开放政府数据平台提供 XML/JSON/CSV 三种机器可读格式及四种人类可读格式。在公布数据集最新版本的同时，也保留该数据集以往公布的旧版数据，方便公众查看，并对每个数据集的来源、使用方法说明都进行详细描述，特别是增加了用户对数据集使用情况的反映，包括用户评分、访问数、下载数、评论数等。二是加强信息隐私保护。根据联合国《2016 年电子政务调查报告》，101 个国家的政府门户网站

都提供了隐私声明，113 个国家的政府门户网站提供个人数据保护法案。除立法之外，新西兰等一些国家还通过设立“首席隐私官”来促使隐私和信息安全制度化。例如，新加坡政府使用双重认证系统，有效保障民众的数字安全。用户不仅需要一个口令，还要匹配手机或密码生成器，才能成功登录个人账户。这项服务树立了民众对信息安全的信心，使他们愿意通过互联网办理业务。与此同时，新加坡于 2013 年起实施《个人资料保护法令》，虽然赋予政府部门一定的豁免权，但民众的个人隐私得到了法律确认和保护，为避免个人信息泄露设置了一道屏障，即便是公务员查询公众信息，若是出于非公目的，也会面临严重的惩罚。又如，英国执行和创新小组公布《保密性和数据共享》，对加强公民个人数据保密问题提出了详细建议，建立一套标准来记录通用数据条目和标引数据，开发智能卡认证程序，启动一系列试验项目，评估政府参与开发认证技术的成本和收益。三是重视政府信息公开的法律保障。例如，日本《信息公开法》规定，对不服申请进行裁决或决定的行政机关，必须先咨询信息公开审查委员会，再作裁决或决定。信息公开审查会是设在总理府的中立咨询机关，负责处理行政机关对不服申请的咨询，最终提出具有权威性的咨询报告。此报告虽没有法律强制力，但对行政机关的正确决策起到重要作用。又如，美国《情报自由法》奉行“政府文件公开是原则，不公开是例外”，规定政府信息原则上向公众公开，并以完全列举的方式规定了九项免除公开的情形，即国防和外交政策，机关内部人员的规则和习惯，其他法律中规定的保密文件，贸易秘密和商业或金融信息，机关内部和机关之间的备忘录，人事的医疗的和类似的档案，执行法律的记录和信息，关于金融机构的信息，关于油井的地质和地球物理的信息。

（二）提高政务服务的数字化和高效性

一方面，体制机构简约。截至目前，新加坡政府16个部委已下辖65个法定机构。其中，经济领域部门主要包括财政部、律政部、贸易与工业部、国家发展部、总理公署办公室、人力部等。法定机构可以通过法律的方式被赋予多项权力，更方便以企业视角推进审批事项的集成化办理。新加坡营商审批所需互动的主要机构，涵盖创业和启动阶段以及日常运营阶段。企业在创业和启动阶段，只需要与较少的部门或第三方服务机构进行互动便可以完成审批相关手续。企业在日常运营过程中，可以通过经济发展局、企业发展局、企业通网站等“一站式服务”渠道获取或申请相关政策。各法定机构会根据经济发展、便利企业等需要进行重组、合并，以达到简化体制的目的。例如，国家生产力局、标准和工业研究所、贸易发展局等通过一系列重组、合并逐步发展为提供转型升级、标准和质量提升、海外布局的“一站式”服务机构。

另一方面，高效的数字政府产品和服务体系。新加坡自20世纪80年代起便开始发展电子政务，现在已成为世界上电子政务最发达的国家之一。新加坡仍在持续推进数字政府转型，现正处于“智慧国家2025”计划实施的关键时期，致力于为公民、企业、政府等多方创造价值。在商业领域，新加坡政府针对个人和企业分别建立了SingPass2和CorpPass3两种数字认证身份，以实现一个账号处理所有在线事项。目前营商环境大多数事项均已实现在线办理。

第三节　上海市场法制环境的经验借鉴

市场法治环境是影响企业投资、经营以及退出等环节的重要方面，是营商环境的重要组成部分。良好的市场法治环境有利于稳定企业预期，降低企业风险，维护企业权益，是增强国家或城市营商环境吸引力的重要支撑。通过对有关上海市场法治环境评估报告的综合分析发现，上海市场法治环境近年来改善明显，某些领域已形成优势。但同时，上海与纽约、伦敦、东京等领先城市仍存在明显差距，尤其是在司法效力、企业和投资者权益维护、知识产权保护等方面还存在明显短板。从国际视角比较反映出的主要问题是：1. 法律法规的稳定性较强，但法规完备性仍较为薄弱；2. 企业权益保护进步明显，但破产处理效率仍待强化；3. 知识产权保护总体居中，但分项仍有较大提升空间；4. 司法效率和透明度较好，但经商容易度仍有待改善；5. 市场综合环境领先国内，但相比全球城市仍有差距。对标国际最高标准、最好水平，总结国际经验做法，明确上海进一步优化营商市场法治环境的方向与任务。

一、根据城市功能演进及时完善相关法律法规

（一）建立体系严密和特色鲜明的法律体系，保障法制化运行

在商业领域，新加坡已形成细致完善的商业法规体系、司法审判体系、法律仲裁体系和知识产权保护制度，尤其以知识产权保护制度领先全球。新加坡法治具有细致、延续、及时、峻法、严行等显著特点。这些显著特点在商业领域的延伸有力推动了法治化营商环境的形成。[①] 具体来说，新加坡细致入微甚至道德化的法律便于法律的监管和履行；新加坡优惠政策均有对应的法律渊源和明确的生效起止时间（评估退出机制），既有措施在失效期前罕见朝令夕改或半途而废现象；新加坡法令

① 参见毕马威（中国）：《国际最佳营商经济体治理经验概览　新加坡案例与启示》，2020 年 5 月 29 日。

和附属法例等会根据发展需要和实际情况实时修订更新，并通过新加坡法律观察等渠道实时公布；在新加坡任何违法行为都要付出高昂代价，法律因此具有高度震慑力；新加坡法律在设计时会尽量减少基层执法人员的自由裁量权，从而保证法律的公平性和一视同仁。

（二）围绕城市的功能演进及时制定或完善相关法律法规

纽约、伦敦等全球城市围绕科创功能建设，根据技术和产业发展及时调整技术和模式创新、科技政策制定评估、科技资源分配等方面的法规，不断优化适应创新需求的营商环境。比如，2018年7月，纽约出台新法规，强制Airbnb披露房东姓名等信息，以此加强对创新模式的社会监管。加州通过建立专门的汽车共享法规来引导共享交通的健康快速发展，是首个承认优步合法化的州，网约车以新的公司类型“交通网络公司”，由加州公共事业委员进行监管。

二、不断完善知识产权保护制度并强化保护力度

（一）完善知识产权保护服务体系

新加坡以诚实守信、法制健全并积极保护知识产权而闻名。新加坡自建国以来，重点围绕吸引人才的工资福利、移民政策、电子商务，逐步健全商业法规体系、完善司法审判系统。新加坡也拥有完善的法律仲裁体系，帮助企业解决相关纠纷。为鼓励科技创新并推动产业升级，新加坡围绕保护企业的知识产权不受侵害，制定了一套相对完善的知识产权制度，陆续出台了包括《专利法》《商标法》《版权法》等在内的十多部法律法规，并于2001年成立知识产权局（IPOS），协助企业进行商标、外观设计与专利等的注册与信息维护。2017年，为降低初创企业在专利和注册商标上的花费，自2017年4月1日起，新加坡知识产权

局（IPOS）大幅缩减了任何企业关于请求出具专利检索与审查报告的费用，以便企业可以将有限的资金用于技术的创新。新加坡政府高度重视知识产权保护，基于对知识产权保护的卓越表现，世界经济论坛发布的《2018年世界竞争力报告》将新加坡评为亚洲第一、全球第四的知识产权保护国。

（二）不断拓展知识产权保护范围

一是将保护范围扩大到网络产品和数字版权。如美国1995年《录音制品数字表演权法案》确认了音乐版权人在数字环境下的著作权。1998年《千年版权法》将保护的范围扩大，使之包括音乐、软件、文本等在网络上出版的产品；将技术保护措施定义扩大，使之包括渠道控制、密钥、电子签名等。二是拓宽了对数字版权侵权行为的认定。如美国通过《千年版权法》开启了起诉数字版权侵权的先例；印度则在2000年和2012年分别出台了《信息技术法》和《2012年版权法》，规定只要以传播复制件的行为让大众接触到著作权保护作品，无论是看、听还是以其他的方式，都将被视为向大众传播该类作品。

（三）加强引导公众尊重知识产权

一是培养知识产权保护领域的专业人才。比如，新加坡律政部于2003年就成立了知识产权学院，培养知识产权保护领域的专门人才。二是加强对公众的教育和宣传力度。韩国专利厅通过召开研讨座谈会、出版散发宣传资料向经营者介绍知识产权保护法规，提高其对仿冒商品的防范和打击意识，提升实际技能教育。三是利用新技术推广正版识别。雅加达在商标申请方面推出了条形码，居民只要用手机对着产品的条形码进行扫描，就可以分辨相关标志和证书是否具有合法来源，极大地降低了正版识别的成本。

三、完善企业权益保护制度并加大执法力度

（一）建立了规范高效的破产程序

一是通过设置破产程序时限来提高破产程序效率。如印度在 2016 年颁布的《破产法》中规定了破产程序的时间限制，墨西哥则缩短了破产重整程序展期的时限。二是建立有效的破产重整程序，促进债权人参与。在“办理破产”上表现出色、回收率高的经济体中，普遍采用了破产重整程序，调研发现如果债权人在破产程序中未能得到法律保护，将不利于债权人在未来再次向企业提供资金，从而阻碍信贷市场发展。因此，应在破产程序中保护债权人权益，促进其参与。

（二）加大对侵权行为的惩戒力度

一是在立法方面，通过刑事立案严惩知识产权侵权。新加坡 2004 年修订《版权法》，将盗版行为划为刑事犯罪的范畴，规定初犯予以罚款 2 万新元和（或）监禁半年的处罚，重犯罚款 5 万元和（或）监禁三年；《版权法》对个人盗版行为作了明确的界定，非法下载歌曲和电影等都属于犯罪行为。印度《信息技术法》规定，如果一个人未经计算机所有人的允许，而在其计算机上拷贝或者提取信息，那么他将有可能被要求支付不超过 1000 万卢比（约 100 万元人民币）的赔款。二是成立专门部门打击盗版、支持正版。韩国文化观光部正式成立了“打击盗版本部”，以首尔为中心严厉打击盗版销售行为。同时，韩国政府专门拨款宣传使用正版，特别是要求政府机关和各组织机构必须使用正版。韩国还大幅度扩大“抽查预告”制度的实施范围，在进行盗版检查之前一周提前通知检查对象，使盗版软件的使用者主动将其所用的盗版软件更换为正版。新加坡知识产权局动员软件提供商为最受欢迎的软件提供集

体优惠活动，使得使用者以较低廉的价格取得合法软件的使用权，从而远离盗版。在保护知识产权方面，相关的行业协会和版权拥有者也发挥了积极作用，积极配合新加坡政府打击盗版行动。

（三）降低企业维护知识产权成本

许多全球城市通过设置维权简洁入口，提供维权服务，帮助企业和公众降低维权成本。如伦敦在市政府和大英图书馆等机构网站中都设置有知识产权保护和维权的明显入口，并举办定期讲座，免费咨询服务来帮助企业和个人维权。再如，韩国在网上设立假冒商品举报中心，这加快了举报侵权事件的处理速度，保护了专利持有者、业主以及消费者的权益。

四、重视建立健全市场公平竞争审查规则

（一）对管制政策进行有效的竞争评估

对管制政策进行评估，摒弃一些具有限制竞争效果的政策，有助于市场的公平竞争，其他国家的做法有外部评估制和内部评估制两种。一是外部评估制。如韩国采用外部评估制，由专门的竞争执法机构对各级政府部门拟定的管制政策进行竞争评估。2009 年，韩国政府明确要求各级政府部门拟定的管制政策必须接受竞争执法机构（KFTC）的竞争评估。KFTC 有权对管制政策是否限制竞争发表意见并提出整改建议或竞争损害更小的替代方案。二是内部评估制。如新加坡建立了内部评估制，其竞争执法机构——竞争委员会（CCS）在整个竞争评估体系中更多地发挥着指导和建议的作用，包括制定《竞争评估指南》、应管制机构的请求对特定竞争问题提供指导意见。竞争委员会可以向管制机构声明，其意见不排除以后对有关管制政策开展反垄断调查的权力。

（二）促进地方建立公平竞争审查制度

一般情况下，公平竞争审查制度建立在惩罚制度上，但也有国家提出了通过财政激励减少公平竞争审查制度实施中可能遇到阻力的创新做法。如澳大利亚提出了竞争支付制度，该制度以收益共享理念为核心，地方落实竞争审查制度可以获得竞争支付款，从而大大促进了地方政府履行公平竞争审查及相关改革义务的积极性。如果地方政府因为不履行竞争审查和其他改革义务而导致竞争支付款被拒绝发放，将会被地方政治团体施加巨大的压力。

第四章　上海营商环境评价体系构建研究

近年来，上海市委、市政府认真贯彻落实中央关于上海等特大城市要率先加大营商环境改革力度的重要指示和具体部署，聚焦企业关切，瞄准最高标准、最高水平，持续推进国际一流营商环境建设。自2017年下半年以来，上海市连续三年出台营商环境优化方案，接续接力实施了上海市优化营商环境1.0版、2.0版、3.0版、4.0版改革，共计584项改革措施，在政务服务、市场监管、企业服务、权益保护、政企沟通等方面取得重要进展，持续推进各领域营商环境便利度全面进入国际先进行列，加快形成充满活力、富有效率、更加开放的市场化、法治化、国际化营商环境。

在持续优化营商环境的实践中，上海营商环境建设始终以企业感受为首要评价标准，《上海优化营商环境4.0版》着重提到“以企业满意度为重点，进一步完善上海市营商环境评价指标体系和测评工作方案”“加强营商环境工作督查，开展营商环境评价工作，建立常评常改、以评促优的常态化评价机制”。目前，最具影响力的营商环境报告是世界银行发布的《全球营商环境报告》，该报告每年根据全球经济发展问题确定报告主题。《2020年营商环境报告》中公布的营商难易程度排名包括10个指标：开办企业、办理施工许可证、获得电力、登记财产、获得信贷、保护中小投资者、纳税、跨境贸易、执行合同和办理破产。由此可以反映，世界银行指标体系更侧重反映工业企业对于营商环境的要求，并且评估内容覆盖面较窄。世界银行报告的研究视角主要基于企业生产经营过程的流程和环节角度，没有考虑到影响企业生产经营的宏观环境，比如政策环境、经济环境、执法环境、创新环境等，更为重要的是世界银行指标的评价方式以外部观察为主，以行业律师、法官、会计师、学者以及部分政府官员等作为调查对象来获取数据，并没有捕捉到企业家的切身感受度和直接的信息，不能很好地反映企业的直接诉求。

为此，本书积极吸收借鉴国内外营商环境评估报告，上海亟待在借鉴完善世界银行营商环境指标体系的基础上，站在市场主体视角、立足更广领域，充分考虑上海营商环境的独特内涵和企业个性化诉求，构建基于大样本企业调研的营商环境评价指标体系。本书指标体系建设的特点主要如下：

一是以问题为导向聚焦企业在营商环境上的需求。尤其是企业最关切的市场竞争不公平、政策不连续、政府失信、执法不公正、企业生产经营不便利、市场主体合法权益得不到保障、违规涉企收费等痛点和堵点，有重点、有针对性地确定营商环境评价指标，切实反映企业的诉求。

二是以推动改革为原则找痛点、补短板、疏堵点。营商环境评价的核心价值不仅在于排名结果，更在于通过分析各地分项指标的得分和分布情况，为地方政府补短板、精准施策提供政策决策参考。以评促建，引导形成优化营商环境的良性竞争，将营商环境改革推向纵深。

三是以客观指标与主观指标相结合的方式相互佐证。受到调查样本选择和被调查者主观意愿影响，是问卷调查方式本身必然存在的问题，只有通过创新评价方法，将客观指标与主观指标相结合，通过客观指标或企业回访等方式，进行问卷调查准确性、真实性的校验，才能保证评价结果的公正准确。

第一节　指标体系原则

建立上海营商环境评价指标体系，总体要求指标概念科学、明确、直观，能够准确地反映营商环境的主要方面和特征。在对营商环境系统认识的基础上，将内容进行逐层分解，直到最后各个具体指标，以此构成营商环境评价指标体系。

第一，全面性。一方面，营商环境评价不仅要反映企业微观层面，也要反映宏观层面的营商环境改革以来的情况，例如信息便利程度、基础设施的优越性、要素的可获得性等。因此，应当主要从“中观”视角选取衡量营商环境情况的指标，同时兼顾“宏观”和“微观”因素。另一方面，对于营商环境改革的评估不仅要聚焦“看得见”的问题，更要关注“隐形障碍”。在现实的商业活动中，市场“玻璃门”“弹簧门”依然存在，企业进入市场之后能否拥有公平的竞争机会，能否通过其竞争力获得商机，能否通过市场透明度建设来实现合理预期，发生纠纷后能否及时有效得到解决等这些隐形障碍日益成为决定营商环境能否有效落实的重要因素。

第二，系统性。营商环境是由多种影响因素构成的有机整体和多层次的动态系统，受整体内外众多因素影响和制约。因此，在具体评价指标的选择上，要兼顾总量指标、相对指标和平均指标，定性指标和定量指标等，主观指标和客观指标等，以避免遗漏。保证从各层次衡量区域营商环境水平的高低，同时为了便于横向比较，分析时要按照指标层次的高低，设立一级指标和二级指标，对指标体系进行分层。

第三，科学性。研究时指标的选择、指标权重计算方法的确定、数据的选取、整理、计算等都要建立在科学合理的基础上，最终形成的指标体系才能够有效反映营商环境的客观现状，才能为未来优化营商环境提供科学有效的对策建议。

第二节　指标体系基本框架

以上海建设国际一流营商环境的要求为逻辑起点，营商环境落实情况的评价指标体系应当紧贴企业层面，紧扣企业感受度。本书将立足企业运营全生命周期面临的投资贸易、政府服务、市场法制三个环境维度，通过主客观两个层面构建营商环境改革效果的综合评价指标体系。

表 4-1　上海营商环境评价指标体系构架

	一级指标	指标类型	二级指标	题号
营商环境综合指数	投资贸易环境建设指标 S_1	客观指标	开办企业所需办理手续数量与所费时间 S_{11}	3.1-01、02
			办理施工许可手续办理程序数量与办理时间 S_{12}	3.2-01、02
			办理接入电网、获得用水手续时间 S_{13}	3.2-01、05
			平均出进口边界费用、进出口单证费用 S_{14}	3.4-01 ～ 03
			平均进出口边界耗时、进出口单证耗时 S_{15}	3.4-04 ～ 06
			企业办结不动产抵押登记所需时间 S_{16}	3.7-01
			企业申请融资担保年收费比率 S_{17}	3.7-02
		主观指标	上海市投资贸易环境企业主观评分 S_{18}	2.2
			您对上海市开办企业便利度的评价 S_{19}	2.6
			上海市办理施工许可便利度的评价 S_{110}	2.11
			上海市获取电水气热通信便利度的评价 S_{111}	2.10

（续表）

	一级指标	指标类型	二级指标	题号
营商环境综合指数	投资贸易环境建设指标 S_1	主观指标	上海动产抵押登记信息化水平满意度 S_{112}	3.7-03
			上海各项动产担保权益登记系统满意度 S_{113}	3.7-04
			担保协议 / 合同法律效力满意度 S_{114}	3.7-05
			上海政策性融资担保体系评价 S_{115}	3.7-06
			企业从银行获得贷款的难易程度 S_{116}	3.7-11
	政府服务环境建设指标 S_2	客观指标	企业年缴税频次、纳税所需时间 S_{21}	3.5-01、02
			企业退税申报时间、退税到账时间、所得税审计申报、完成时间 S_{22}	3.5-03、04
			企业了解扶持政策的主要渠道 S_{23}	3.9-01
			企业提出享受扶持政策申请率 S_{24}	3.9-03
			企业扶持政策享受情况与作用效率 S_{25}	3.9-05
			扶持政策作用效率 S_{26}	3.9-06
		主观指标	上海市行政审批流程便利度的评价 S_{28}	2.7
			对在上海市纳税便利度的评价 S_{29}	2.8
			税务部门办事服务企业满意度评价 S_{210}	3.5-08
			扶持政策和投资信息获取便捷度评价 S_{211}	3.9-02
			政府部门办事效率和服务态度的满意度 S_{212}	3.9-07
			政府部门办事流程规范性评价 S_{213}	3.9-08
			政府部门信息公开评价 S_{214}	3.9-09
	市场法制环境建设指标 S_3	客观指标	企业的涉法渠道通畅程度 S_{31}	3.8-02
			企业从提起诉讼到实际付款期间的时间 S_{32}	3.8-03
			企业在司法程序解决争端所需成本占索赔额比例 S_{33}	3.8-04
		主观指标	上海市企业知识产权保护评价 S_{34}	2.13
			上海市市场法制环境企业评价 S_{35}	2.4
			企业财产权、经营权等权益受到法律保护感受度 S_{36}	3.8-06
			企业对政府依法行政评价 S_{37}	3.8-07
			因非市场因素对影响正常产生经营活动感受度 S_{38}	3.8-08

第三节　问卷发放情况

本次问卷调查以注册地及主要生产经营地为上海市的企业负责人为调查对象，线上调研自 2021 年 5 月 20 日开始，6 月 30 日结束，共回收问卷 1253 份，其中通过人工检验剔除信息缺失等无效问卷 22 份，问卷有效率达 98.24%。

问卷回收后课题组通过信度（Reliability）、效度（Validity）分析检验问卷的可靠性与有效性。信度即可靠性，是指使用相同指标或测量工具重复测量相同事物时，得到相同结果的一致性程度。目前最常用的是 Alpha 信度系数，一般情况下我们主要考虑量表的内在信度——项目之间是否具有较高的内在一致性。本书通过 SPSS19.0 分析计算得到 Alpha 信度系数在各个维度下都大于 0.7，总量表的信度系数达到 0.905，说明本问卷量表信度较好，适用于问卷调查；效度即有效性，是衡量综合评价体系是否能够准确反映评价目的和要求。这里采取结构效度分析测量结果体现出来的某种结构与测值之间的对应程度，本书通过 SPSS19.0 分析计算得到问卷 KMO 值为 0.894，大于 0.7 的标准值，说明本问卷结构效度良好。调查样本特征如下：

一、被调查样本企业性质与规模分布

从被调查样本企业性质类别来看，本次调查样本企业以民营企业为主，占总调查样本的 74.74%，外资企业、国有企业分别占 9.67% 和 8.77%。从样本企业规模分布来看以小型企业为主，占样本总量的 44.19%，其次是微型企业占比 31.52%，中型企业、大型企业分别占比 19.98% 与 4.31%（见图 4-1）。整体来看，本次调查样本企业性质规模分布大致与上

海市企业类别构成特征相符，说明本次问卷调查基本做到了合理抽样。

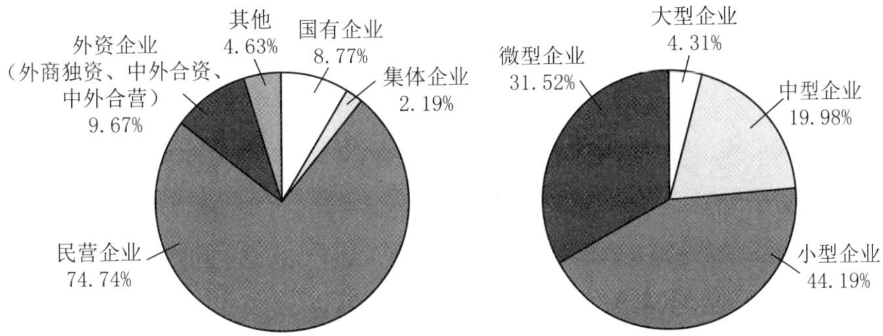

图 4-1　被调查样本企业性质与规模分布情况

二、被调查样本企业行业分布情况

此次调查中，受调查的制造业样本企业有 296 家，占比 24.05%，其次信息传输、软件和信息技术服务业样本企业 226 家，批发和零售业样本企业 198 家，分别占比 18.36% 和 16.08%（见图 4-2）。其中，从样本企业

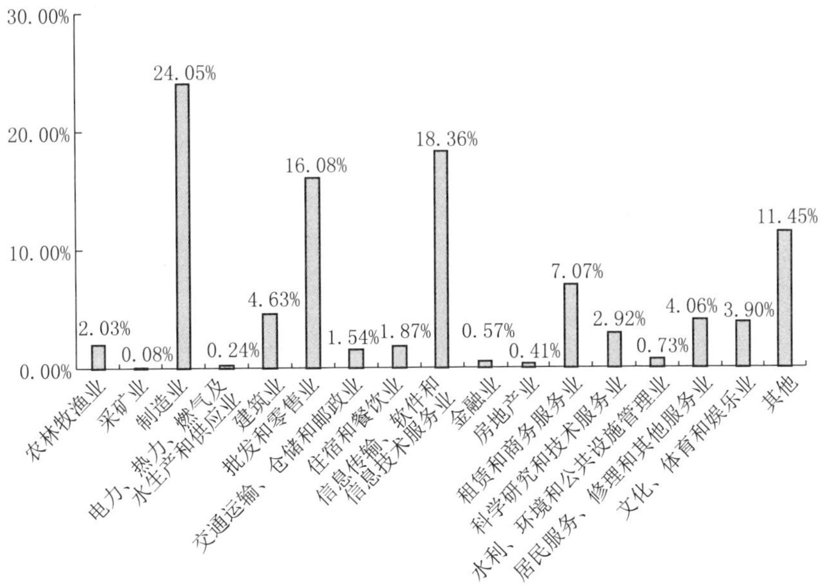

图 4-2　被调查样本企业行业分布情况

产业特征来看，知识技术密集型企业 533 家，占所有调查样本的 43.3%，劳动密集型企业、资源密集型企业与资本密集型企业分别占 35.09%、16.82% 和 4.79%。

三、被调查样本企业成立时间与年产值分布情况

本次被调查样本企业在成立时间分布上主要集中在成立 15 年以上，占总企业样本的 39.24%，其次成立 6—10 年间的企业占 21.2%，成立 1—5 年的企业占 19.98%。从被调查样本企业年产值分布来看，本次调查对象以年产值在 500 万元以下的小微企业为主，占所有企业调查样本的 32.33%；其次年产值在 5000 万元到 10 亿元的企业占 28.44%，年产值在 1000 万元—5000 万元、500 万元—1000 万元的企业分别占 22.01%、12.02%（见图 4-3）。

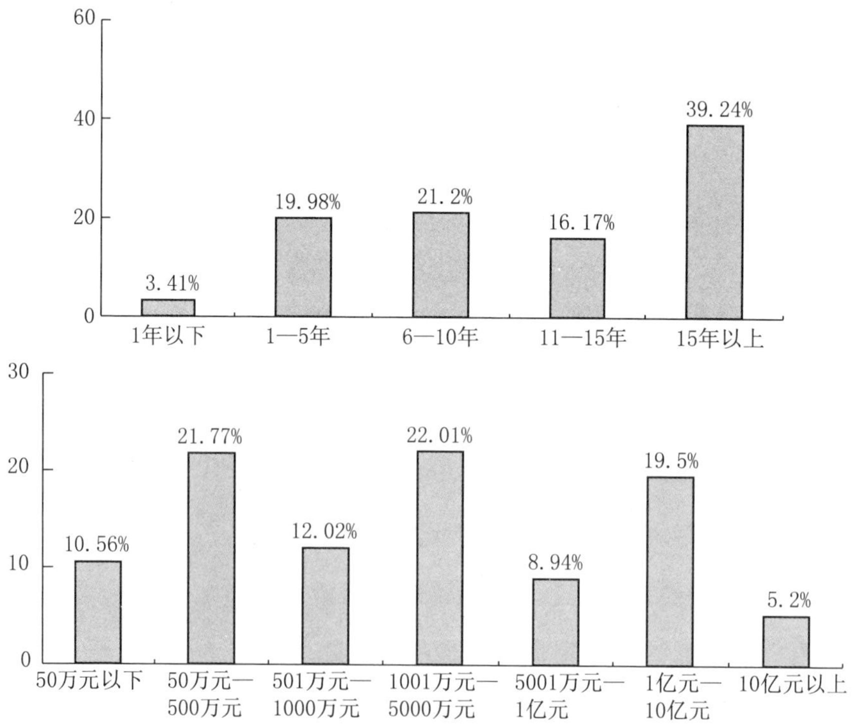

图 4-3　被调查样本企业成立时间与年产值分布情况

第四节　营商环境评价方法

营商环境的评价是一项涉及多层系统、多项指标的复杂工作，权重的确定是此类研究工作的重点。目前，多指标综合评价方法主要分为主观赋权法和客观赋权法。主观赋权法大多由专业领域的专家进行打分确定赋权，如专家评价法、层次分析法、模糊综合评判法。客观赋权法则是依据指标间的相关关系或各指标间的变异程度，通过统计方法来确定权重，如因子分析、主成分分析、灰色聚类分析等。主观赋权法主要依靠专业领域专家从个人角度对各指标打分，主观性不可避免，可能造成人为误差；客观赋权法则可比较好地避免此类偏差。但是，由于客观赋权法要依赖足够的样本数据和实际的问题域，通用性和可参与性差，计算方法也比较复杂，会出现不能体现评判者对不同属性指标的重视程度的问题，有时候定的权重会与属性的实际重要程度相差较大。因此，本研究首先采用客观赋权法中因子分析法计算各指标权重，在客观赋权约束下，结合专业领域专家对各指标打分，最终确定指标权重。通过该方法最大程度实现避免主观赋权法可能造成的人为误差及客观赋权法得到的权重与属性的实际重要程度相差较大情况。

一、因子分析模型及概念

因子分析方法是多元统计分析中重要的一种方法，其主要思想是“降维”。在原始变量比较多而且各个变量之间存在相关关系的情况下，因子分析通过研究多个原始变量之间的内在结构关系，将具有错综复杂关系的原始变量综合成少数几个相互独立的公共因子，并且再现因子和原始变量之间的相互关系。这些因子能够反映原始变量所代表的主要信息，并能够解释原始变量之间的相互依存关系。因此，因子分析法就是以最少的数据信息丢失将众多的原始变量转换成为较少的互不相关的因子，从而简化数据分析过程。

因子分析法作为一种把一些具有错综复杂关系的变量归结为少数几个无关的新的综合因子的多变量统计分析方法。其基本思想是根据相关性大小对变量进行分组，使得同组内的变量之间相关性较高，不同组的变量之间相关性较低。每组变量代表一个基本结构，因子分析中将之称为公共因子。

假设观测系统（即评价总体），有 k 个评价指标，n 个观测单位，因子分析的数学模型就是把 n 个观测单位分别表示为 $p < k$ 个公共因子和一个独特因子的线性加权和，即：

$$x_i = \alpha_{i1} F_1 + \alpha_{i2} F_2 + \cdots\cdots + \alpha_{1p} F_p + \varepsilon_i \quad i = 1,\ 2,\ \cdots\cdots,\ n$$

其中，F_1，F_2，……，F_p 为公共因子，它是各个指标中共同出现的因子，因子之间通常是彼此独立的，ε_i 是各对应变量 x_i 所特有的因子，称为特殊因子，通常假定 $\varepsilon_i \sim N(0,\ \delta_i^2)$；系数 α_{ij} 是第 i 个变量在第 j 个公共因子上的系数，称为因子负荷量，它揭示了第 i 个变量在第 j 个公共因子上的相对重要性。通过因子模型建立综合评价函数的步骤如下：

（1）根据原始变量矩阵估计因子载荷矩阵。因子载荷矩阵的估计方法有很多，主成分法是其中最为普遍的方法：设原始变量 $X = (X_1,$ $X_2,\ \cdots\cdots,\ X_K)$ 的协方差阵为 $\sum$，$\lambda_1 \geqslant \lambda_2 \geqslant \cdots\cdots \geqslant \lambda_k > 0$ 为 $\sum$ 的特征根。λ_i 代表第 i 个主成分的方差，总方差 $\sum_{i=1}^{k} \sigma_i^2 = \sum_{i=1}^{k} \lambda_i$ 并且 e_1，

e_2，……，e_k 为对应的标准正交化特征向量。利用线性代数矩阵的思想可以将$\sum$分解如下：

$$\sum = \lambda_1 e_1^2 + \lambda_2 e_2^2 + \cdots\cdots + \lambda_k e_k^2 = (\sqrt{\lambda_1} e_1, \sqrt{\lambda_2} e_2, \cdots\cdots, \sqrt{\lambda_k} e_k) \begin{pmatrix} \sqrt{\lambda_1} e_1 \\ \sqrt{\lambda_2} e_2 \\ \cdots\cdots \\ \sqrt{\lambda_k} e_k \end{pmatrix}$$

上式的分解是公共因子与变量个数一样多的因子模型的协方差阵结构。采用因子分析方法总是希望公共因子的个数小于变量的个数即 $m < k$；当最后 $k-m$ 个特征根较小时，通常略去最后 $k-m$ 项$\sum = \lambda_{m+1} \cdot e_{m+1}^2 + \lambda_{m+2} e_{m+2}^2 + \cdots\cdots + \lambda_k e_k^2$，对$\sum$的贡献，从而得到：

$$\sum \approx (\sqrt{\lambda_1} e_1, \sqrt{\lambda_2} e_2, \cdots\cdots, \sqrt{\lambda_m} e_m) \begin{pmatrix} \sqrt{\lambda_1} e_1 \\ \sqrt{\lambda_2} e_2 \\ \cdots\cdots \\ \sqrt{\lambda_m} e_m \end{pmatrix}$$

其中，$\sqrt{\lambda_j} e_j$ 是第 j 个公共因子的因子载荷矩阵。

（2）将公共因子表示为变量的线性组合，得到评价对象在各个公共因子的得分。由于因子得分函数中方程的个数 m 小于变量个数 p；因此不能精确计算出因子得分，通过最小二乘法或极大似然法可以对因子得分进行估计：

$$\hat{F}_{ij} = \beta_{i0} + \beta_{i1} \chi_1 + \cdots\cdots + \beta_{ik} \chi_k$$

（3）以各公共因子的方差贡献率占公共因子总方差贡献率的比重作为权重进行加权汇总，建立因子综合得分函数：

$$Y_j = \gamma_1 \hat{F}_{1j} + \gamma_2 \hat{F}_{2j} + \cdots\cdots + \gamma_i \hat{F}_{ij} + \cdots\cdots + \gamma_p \hat{F}_{pj} \quad i = 1, 2, \cdots\cdots, p$$

其中，Y_j 是第 j 个评价对象的综合得分；$\hat{F}_{ij}$表示第 j 个评价对象在第 i 个公共因子的得分；Y；γ_i 为第 i 个公共因子方差贡献率占公共因子总方差贡献率的比重，即：

$$\gamma_i = \frac{\lambda_i}{\sum_{i=1}^{m} \lambda_i}$$

二、因子分析步骤

一是对原始指标的数据进行无量纲化处理。在数据指标分析的实际应用中，由于不同变量自身的量纲不同，数量级存在较大差异，在进行综合评价时，不同变量所占的作用其比重也会有所不同。

为了统一比较的标准，保证结果的可靠性，在分析数据之前，需要对原始变量进行一定的处理，即将原始数据转化为无量纲、无数量级差异的标准化数值，消除不同指标之间因属性不同而带来的影响，从而使结果更具有可比性。

我们采用极大化法进行标准化，取该指标的最大值 X_{max}，然后用该变量的每一个观察值除以最大值，即：

$$X' = \frac{X}{X_{max}} X \geqslant 0$$

二是根据相关系数矩阵对原始指标进行相关性判定，进行 KMO 和 Bartlett 的球型度检验，以判断是否适用因子分析。

三是提取主因子，根据方差贡献率≥ 85% 的原则确定因子个数，并对初始因子载荷矩阵进行旋转，得到旋转之后的因子载荷矩阵，比较每个原始变量在各个主因子上的载荷。

四是先采用主成分载荷矩阵中的各主成分对原指标的载荷数除以各主成分相对应的特征根的开方，可得到不同主成分中每个指标所对应的系数。然后用不同主成分中每个指标所对应的系数乘上该主成分所对应的方差贡献率，再除以所提取所有主成分的方差贡献率之和，对得到的值相加，即可得到综合得分模型。综合得分模型中每个指标所对应的系数即每个原始指标的权重。

五是指标权重的确定。通过归一化处理得到最终二级指标权重，并计算得到一级指标权重，对比通过专家评价法得到的各级权重，进一步调整并确定各级指标权重，最终得到营商环境的评价指标权重。

第五章　上海营商环境量化分析研究

2017年以来，上海市已连续三年出台营商环境优化方案，接续接力实施了上海市优化营商环境1.0版、2.0版、3.0版、4.0版改革，共计584项改革措施，上海不仅全部完成了各阶段目标任务，还助力我国在世界银行营商环境排名中达到世界前沿水平，在政务服务、市场监管、企业服务、权益保护、政企沟通等方面取得重要进展，持续推进各领域营商环境便利度全面进入国际先进行列，加快形成充满活力、富有效率、更加开放的市场化、法治化、国际化营商环境，企业的获得感和满意度进一步提升。本章将根据问卷调查结果从投资贸易环境、政府服务环境与市场法治环境三方面分析上海市营商环境企业感受度现状。

本次调查实施过程中，上海市共有1235家样本企业参与本次问卷调查，其中民营企业占74.82%，样本企业行业以信息传输、软件和信息技术服务业（18.3%）、批发和零售业（16.03%）与制造业（24.13%）为主，样本企业成立时间在15年以上的占39.27%，1—5年、6—10年分别在20%与21.13%，将近半数样本企业（43.24%）为知识技术密集型企业，以员工人数在10—50人（32.87%）、101—500人（21.78%）的小型企业（44.21%）与微型企业（31.5%）为主。

第一节　综合评价结果

一、因子分析

首先对反映营商环境的46个指标进行相关分析，各变量之间存在较强的相关关系（见附件1），运用因子分析方法计算得到因子特征值和因子累计解释方差，结果中特征值大于等于1的因子有3个，根据确定因子数的特征值准则，确定这3个因子为公因子，其累计解释方差达到80.27%，即3个公因子综合了25个指标80.27%的信息，因此本研究确定的由3个因子综合解释的结论是可信的，3个因子对25个指标的负载见表5-1。

表5-1　各指标主成分方差最大旋转结果

指　　　标	因　子		
	1	2	3
开办企业所需办理手续数量与所费时间 S_{11}	0.559	0.048	−0.145
办理施工许可手续办理程序数量与办理时间 S_{12}	0.62	0.011	−0.121
办理接入电网、获得用水手续时间 S_{13}	0.611	0.015	−0.076
平均出进口边界费用、进出口单证费用 S_{14}	0.696	0.053	−0.101
平均进出口边界耗时、进出口单证耗时 S_{15}	0.75	0.032	0.044
企业办结不动产抵押登记所需时间 S_{16}	0.345	0.042	0.18
企业申请融资担保年收费比率 S_{17}	0.248	0.042	0.13
上海市投资贸易环境企业主观评分 S_{18}	0.61	0.049	−0.094
您对上海市开办企业便利度的评价 S_{19}	0.648	0.047	−0.05
上海市办理施工许可便利度的评价 S_{110}	0.598	0.101	0.114
上海市获取电水气热通信便利度的评价 S_{111}	0.35	0.137	0.197
上海动产抵押登记信息化水平满意度 S_{112}	0.702	0.109	−0.304
上海各项动产担保权益登记系统满意度 S_{113}	0.589	0.136	0.161

（续表）

指　　标	因　子		
	1	2	3
担保协议 / 合同法律效力满意度 S_{114}	0.545	−0.47	−0.314
上海政策性融资担保体系评价 S_{115}	0.396	−0.401	0.069
企业从银行获得贷款的难易程度 S_{116}	0.649	0.137	0.043
企业年缴税频次、纳税所需时间 S_{21}	0.072	0.626	−0.313
企业退税申报时间、退税到账时间、所得税审计申报、完成时间 S_{22}	0.184	0.496	0.032
企业了解扶持政策的主要渠道 S_{23}	−0.032	0.527	−0.176
企业提出享受扶持政策申请率 S_{24}	0.094	0.615	0.06
企业扶持政策享受情况与作用效率 S_{25}	0.099	0.489	0.103
扶持政策作用效率 S_{26}	0.097	0.354	0.074
上海市行政审批流程便利度的评价 S_{28}	0.147	0.269	0.109
对在上海市纳税便利度的评价 S_{29}	0.104	0.396	0.006
税务部门办事服务企业满意度评价 S_{210}	0.03	0.412	0.032
扶持政策和投资信息获取便捷度评价 S_{211}	0.078	0.475	0.113
政府部门办事效率和服务态度的满意度 S_{212}	0.124	0.288	0.049
政府部门办事流程规范性评价 S_{213}	0.016	0.36	0.023
政府部门信息公开评价 S_{214}	0.103	0.448	0.076
企业的涉法渠道通畅程度 S_{31}	0.073	0.13	0.803
企业从提起诉讼到实际付款期间的时间 S_{32}	−0.163	0.17	0.874
企业在司法程序解决争端所需成本占索赔额比例 S_{33}	−0.03	0.11	0.703
企业权益受到侵害时法律保护效力 S_{34}	−0.094	0.092	0.909
上海市企业知识产权保护评价 S_{35}	0.09	0.09	−0.706
上海市市场法制环境企业评价 S_{36}	0.092	0.103	−0.658
企业财产权、经营权等权益受到法律保护感受度 S_{37}	0.026	0.027	−0.523
企业对政府依法行政评价 S_{38}	0.147	0.039	0.849
因非市场因素对影响正常产生经营活动感受度 S_{39}	0.124	0.12	−0.326

通常认为，因子负载的绝对值大于 0.3 是显著的，因子负载绝对值越大，表示该因子与评测指标的相关程度越大。根据加权计算公式，在运用线性回归方法将 42 个评测指标数据转化为标准化因子值的基础上，以每个因子的方差贡献率为权重系数，最终得到营商环境的综合因子得分。

二、模型综合因子得分

通过上述因子分析综合评价方法，最终得到营商环境的综合因子平均得分为 81.99 分。其中投资贸易环境建设效果平均得分为 80.85 分，政府服务环境建设效果平均得分为 90.17 分，市场法治环境建设效果平均得分为 74.50 分（图 5-1）。

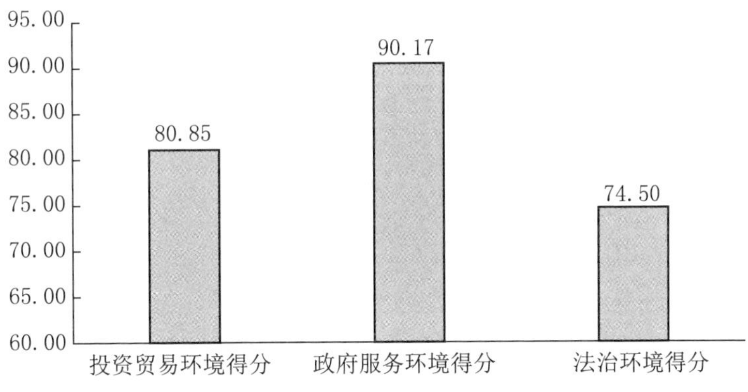

图 5-1　营商环境综合因子得分

其中，国有样本企业、集体样本企业关于上海市营商环境评价的综合得分分别为 84.41 分与 83.60 分，显著高于民营样本企业（82.06 分）与外资样本企业（82.16 分）评分。从不同规模样本企业评价综合得分来看，大中型样本企业关于营商环境评价综合得分相较于小微企业更高，其中大型样本企业评价综合得分高达84.76分，远高于其他规模类别样本企业，小微民营样本企业对上海营商环境的获得感与认同感有待提高。

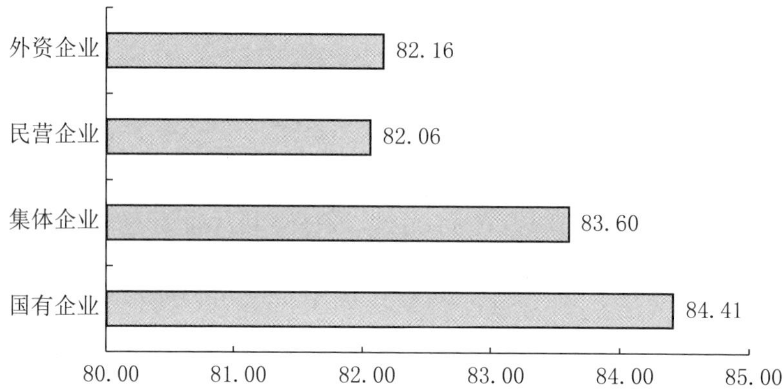

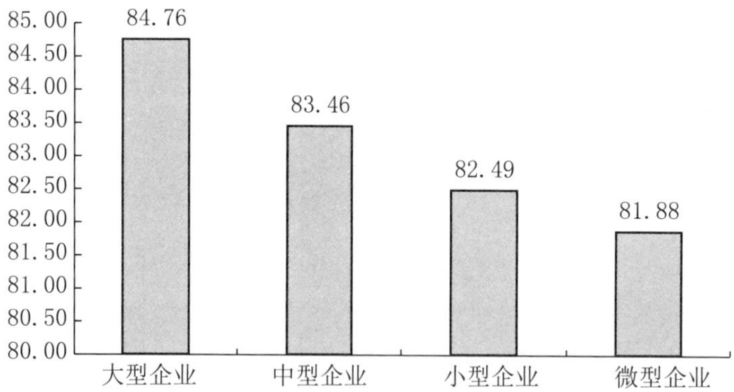

图5-2　不同性质、不同规模样本企业综合得分

从分行业营商环境落实效果评价综合得分来看，科学研究和技术服务业与信息传输、软件和信息技术服务业样本企业评价综合得分明显高于其他行业平均水平，分别高达87.61分与87.78分，其次是居民服务业得分85.95分、金融业得分85.78分。

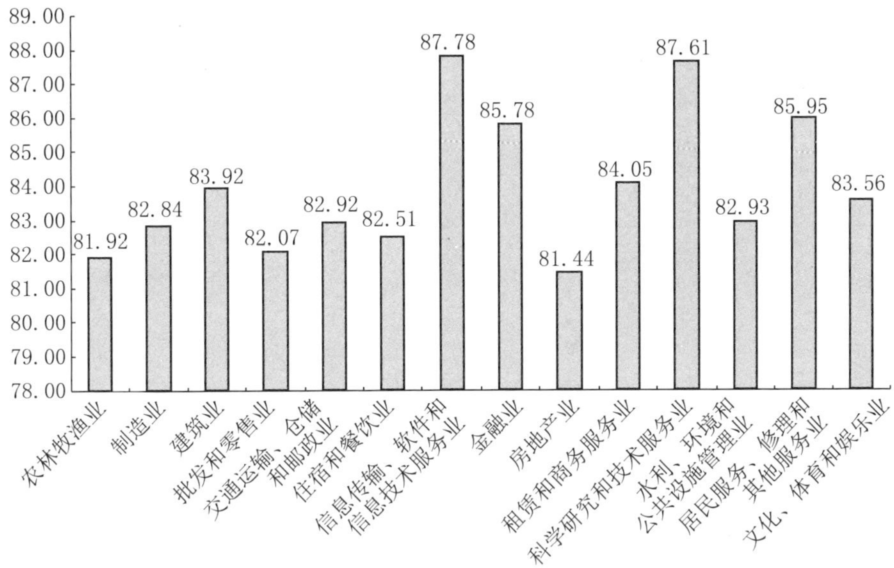

图 5-3　不同行业企业综合得分

从区域营商环境综合得分分布来看，浦东新区位列首位，综合得分为 87.13 分，其次为徐汇区 85.66 分与闵行区 84.30 分。

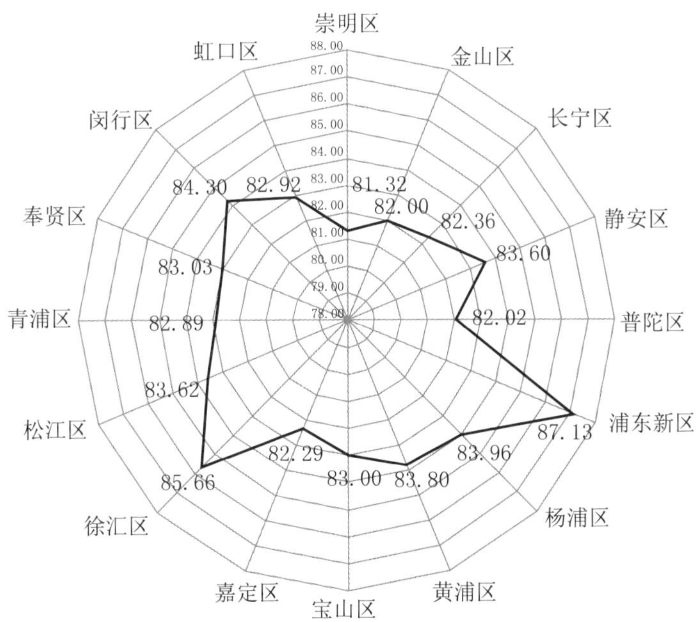

图 5-4　区域营商环境综合得分

上海市委、市政府认真贯彻落实党中央、国务院关于上海等特大城市要率先加大营商环境改革力度的重要指示和具体部署，聚焦企业关切，瞄准最高标准、最高水平，持续推进国际一流营商环境建设，明确提出将加快把上海建设成为贸易投资最便利、审批事项最少、行政效率最高、服务管理最规范、法治体系最完善的城市之一。

第二节　投资贸易环境评价得分

投资和贸易是企业开展经营活动的重要环节，投资贸易便利度和开放度是营商环境的重要内容。近年来，上海市在深化改革开放的过程中，主动对标世界银行《营商环境报告》的评价方法及指标，对照全球最佳实践，实施了以精简企业办事全流程所需的时间、费用，提升营商效率为重点的系列改革，取得了明显成效，有效提升了投资贸易便利化程度，大力优化了投资贸易环境。

一、开办企业方面

本次调查中“开办企业”的题项包括开办企业所需的手续、开办企业的天数和需要“跑”行政服务中心的次数三项指标。办事手续越少，时间越短，次数越少则表示政府越高效，开办企业越便捷，表明地区已经拥有良好的营商环境，对企业的吸引力越大。

调查结果显示，从开办样本企业手续个数上看，44.35%的样本企业开办仅需办理3个以内的手续，36.11%的样本企业开办需要办理4—6个手续，12.82%的样本企业开办需要办理7—9个手续，而3.97%的样本企业开办需要办理10个以上的手续。根据世界银行《2020营商环

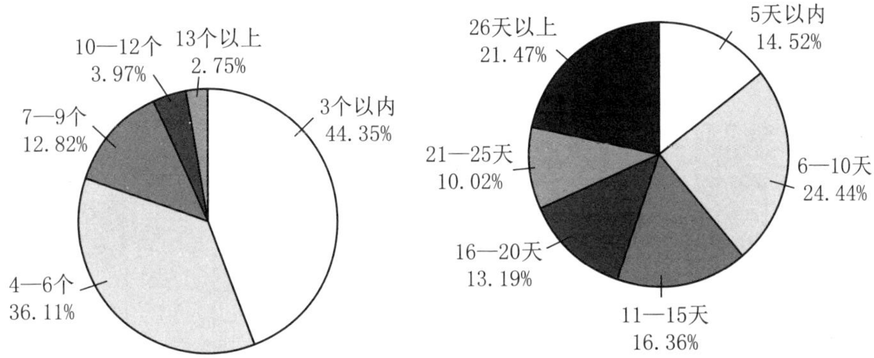

图 5-5　开办样本企业所需办理的手续数量与所花费的时间

境报告》，排名前三的新加坡、中国香港和迪拜所需手续个数均为 2 个，悉尼、巴黎、纽约、洛杉矶、东京与阿姆斯特丹等城市办理手续均在 8 个以内。在开办样本企业手续上，上海市已经取得了很大的进步，与其他城市大致保持在同一水平。

从开办样本企业时间来看，样本企业开办企业花费时间集中在“26 天以上”，占样本总数的 21.47%，仅 38.96% 的样本企业在 10 天内开办。排名第一的新加坡和中国香港开办样本企业所需时间仅为 1.5 天，迪拜、悉尼、伦敦、阿姆斯特丹等城市都能在 5 天内开办完毕，排名最后的东京为 11.5 天。因此，在开办样本企业所需时间方面看，上海市营商环境亟待进一步改进。

上海“一网通办”改革自 2018 年起步以来，经过两年多的发展，“一网通办”改革推进有力夯实、系统持续完善、服务能力不断提升，从“侧重行政权力事项”向“行政权力和公共服务并重”转变，从“能办”向“好办”转变，已经成为上海营商环境建设的一块金字招牌。根据调查，15.45% 的企业开办企业仅需“只跑一次”。随着成立年限越久，开办企业需要“跑”的次数也越多，这充分说明上海市“一网通办”改革在近年来新开办的样本企业中取得了显著成就。

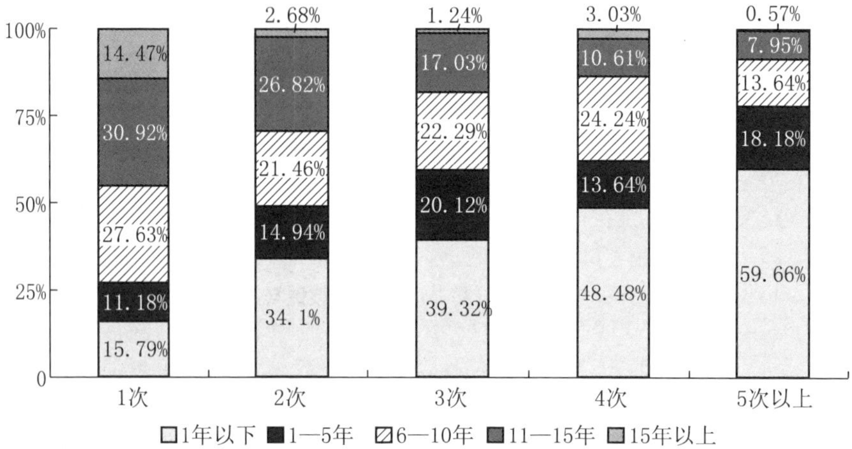

图 5-6　按成立年限开办样本企业需要“跑”行政服务中心次数分类

二、办理施工许可方面

本次调查中“办理施工许可”的题项包括房屋建筑开工前所有手续办理程序、房屋建筑开工前所有手续办理时间两项指标。办事手续越少，时间越短，成本越低则表示政府越高效，开办企业进展越快。

调查数据显示，上海市 54.76% 的样本企业在房屋建筑开工前仅需办理 5 个以内的手续，25.27% 的样本企业需要 6—10 个手续，12.72% 的样本企业需要 11—15 个手续，仅 3.48% 的样本企业需要 21 个以上的手续。根据世界银行的报告，在此项领先的伦敦、巴黎和新加坡需要近 10 个手续。可以发现，在办理施工许可方面，上海市取得了长足的进步，已处于世界城市领先水平。在办理施工时间方面 61% 的样本企业可以在 50 天内办理完成房屋建筑开工前所有手续，仅 39% 的样本企业办理完结在 50 天以上，上海市相较于排名前三的新加坡（41 天）、迪拜

（50.5 天）、洛杉矶（68 天）已无甚差距。同时，41.7% 的被调查样本企业认为办理建筑施工许可较为便利，说明上海市关于优化施工许可营商环境建设取得了明显的改革成效。

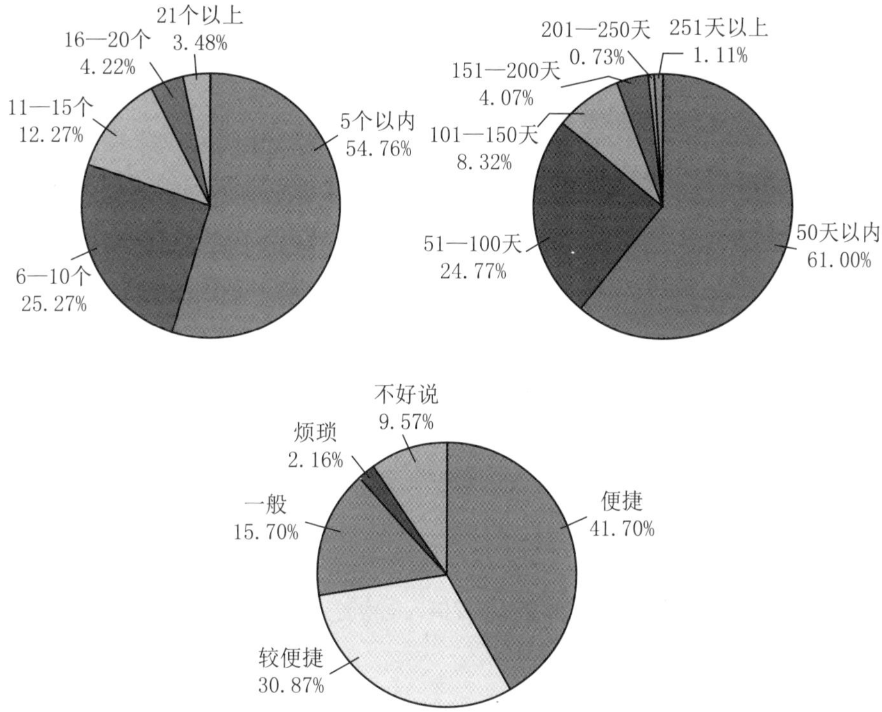

图 5-7　样本企业办理房屋建筑施工手续个数、时间与便捷度评价

三、获得电力方面

获得电力的指标从接入电网手续、办理接入电网的时间和便捷度进行评价。手续个数越少、时间越短、便捷度评价越高表示电力获得越便捷，整体运营成本越低，表明上海市在企业获取和使用电力方面具有优势。调查结果显示，上海市 84.99% 的样本企业能够在 30 天内完成办理接入电网手续，仅 15.01% 的样本企业需要 30 天以上时间。从获取电力的时间看，排名前三的迪拜、香港、新加坡分别为 10 天、24 天和 30 天，排名倒数三名的东京、阿姆斯特丹、洛杉矶为 105 天、110 天和 134 天。可见上海在获得电力时间上与排名前列的全球城市进一步对标，相对其他国家全球城市具有相当优势。同时，66.57% 的被调查样本企业认为对供电部门较为满意，进一步说明上海市近年来在优化电力接入方面的改革举措，为提高客户电力接入“获得感”为目标，取得了切实的改革成效，为用电企业创造了优越的用电环境。

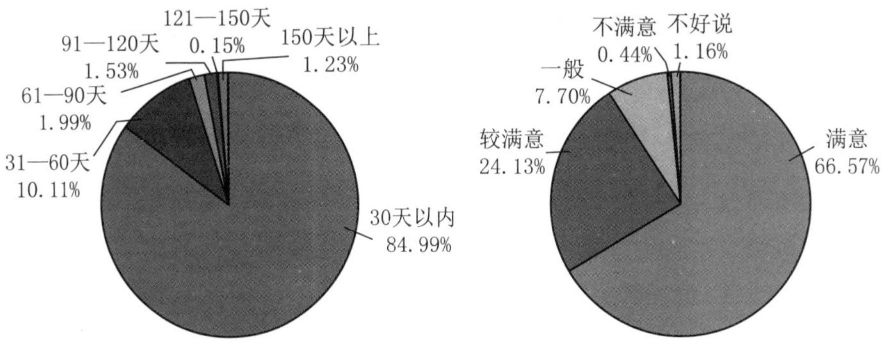

图 5-8　样本企业办理接入电网时间、满意度

四、登记财产方面

本次调查中“财产登记”的题项包括产权转移登记所需程序、产权转移登记所需时间两项指标。办事手续越少，时间越短表示政府效率越高。根据调查结果，61.47% 的样本企业办理财产转移登记仅需 5 个以内的程序，25.04% 的样本企业需要办理 6—10 个程序，其余 13.49% 的样本企业需要办理 10 个以上的程序。财产登记项目排名第一名的城市为迪拜，其所需手续为 2 个，东京、伦敦、新加坡和巴黎所需手续分别为 6 个、6 个、6 个、8 个，可见上海市在登记财产手续方面具备一定优势。

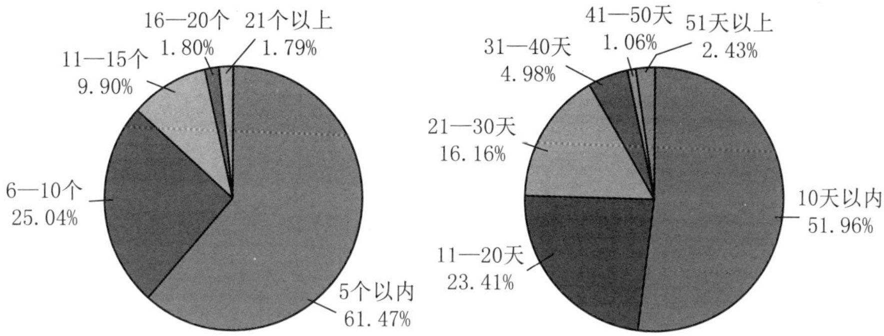

图 5-9　财产登记办理程序、办理时间

51.96% 的样本企业能够在 10 天以内办理完成财产转移登记，23.41% 的样本企业需要 11—20 天，近 24.63% 的样本企业需要 20 天以上的办理时间。从登记财产天数来看，上海市与排名前两名的迪拜（1.5 天）和阿姆斯特丹（2.5 天）有一定的差距，但是相比伦敦（21.5 天）、香港（27.5 天）、巴黎（42 天），具有一定的优势。

五、跨境贸易方面

2021 年 7 月，海关总署出台《关于支持上海市高水平对外开放打造社会主义现代化建设引领区的实施意见》，加快以法治方式对改革成果和经验做法予以固化，大力推进上海跨境贸易大数据平台建设。在本次调研中，上海市共有 119 家外贸企业作为调查样本，跨境贸易便利化的指标衡量采用世界银行《2020 年营商环境报告》中出口过境审核时间（小时）、出口过境审核成本（美元）、进口过境审核时间（小时）和进口过境审核成本（美元）这四个方面的原始数据。出口过境审核时间越短、出口过境审核成本越低、进口过境审核时间越短、进口过境审核成本越低并且关税税率越低，则越有利于企业在这个城市长期发展。

根据调查结果，就出口而言，样本企业平均出口单证耗时为 21.7 小时，与排名前四的巴黎（0小时）、阿姆斯特丹（0小时）、香港（1小时）、纽约（2小时）相比差距较大，存在一定的优化空间。上海平均出口单证费用为416美元，而巴黎、香港、阿姆斯特丹的出口过境审核成本都为0，显然上海与排名前列的国际全球城市差距巨大。

就进口而言，平均进口边界费用为814美元，平均进口单证耗时为42小时，仅高于迪拜的54小时，排名前两位的巴黎和阿姆斯特丹都是0小时，而排名第三和第四的纽约、洛杉矶均为2小时，排名第五的伦敦为3小时。因此，进口过境审核时间方面是上海市乃至整个上海在跨境贸易方面的最大短板。在进口过境审核成本方面，样本企业平均进口单证费用为522美元，同样，巴黎、香港、阿姆斯特丹的出口过境审核成本都为0，因此在进口过境审核成本方面上海也与排名前列的国际全球城市差距巨大。

表5-2　跨境贸易时间与成本

出　　口		进　　口	
平均出口边界费用（美元）	322	平均进口边界费用（美元）	814
平均出口单证耗时（小时）	21.7	平均进口单证耗时（小时）	42
平均出口单证费用（美元）	416	平均进口单证费用（美元）	522

总体而言，企业在上海市开展跨境贸易仍然面临较烦琐的程序，所耗时间太多、所花成本太高。而全球有将近30个经济体货物进出口平均仅耗1小时，几乎没有任何花费。

六、获得信贷方面

本次调查中“获得信贷”的题项包括样本企业办结不动产抵押登记所需时间、请融资担保年收费率以及权益保障、信用信息系统建设评价等指标。抵押登记时间越短、融资担保成本越低，信用信息系统建设评价越高则说明样本企业获得信贷难度更低，越有利于企业健康发展。

根据调查结果，41.95% 的样本企业办结不动产抵押登记需要 2 个工作日以上时间，所需时间在“半个工作日”的占样本企业的 31.1%，时间在“1 个工作日”“2 个工作日”及以上的样本占比均在 20% 左右；同时，44.02% 的样本企业申请的融资担保年收费率在 1% 以内，年收费率为“1%—2%”“2%—3%”“3%—4%”“4%—5%”“5% 以上”的样本比例均低于 20%，相较于其他全球城市具有相当优势。

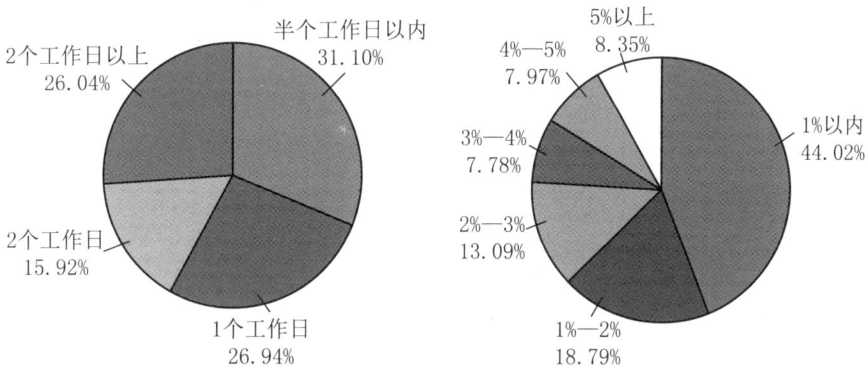

图 5-10　不动产抵押登记所需时间、融资担保年收费率

从样本企业对权益保障与信用信息系统建设评价来看，92.5% 的样本企业认为上海动产抵押登记已经具备较高的信息化水平，94.97% 的样本企业认为上海各项动产担保权益登记系统统一、规范，98.71% 的样本企业认为担保协议 / 合同具有充分的法律效力，94.97% 的样本企业认为上海政策性融资担保体系完善。说明上海动产登记的信息化水平与政策性融资担保体系建设有待进一步完善与强化。

七、融资途径方面

问卷结果显示，在上海市被调查的 1235 家样本企业中，在融资方式上通过样本企业内源融资（自身积累）占总数的45.51%，其次是国有银行贷款占比31.09%，地方性贷款占比9.64%，以风险投资形式融资的企业仅占8.26%，采用小额贷款公司、担保公司等融资渠道的样本企业仅占2.35%。可见上海市企业融资基本依靠自身积累和银行流动资金贷款方式，融资渠道单一、平均融资成本较高，极不利于企业快速发展壮大。

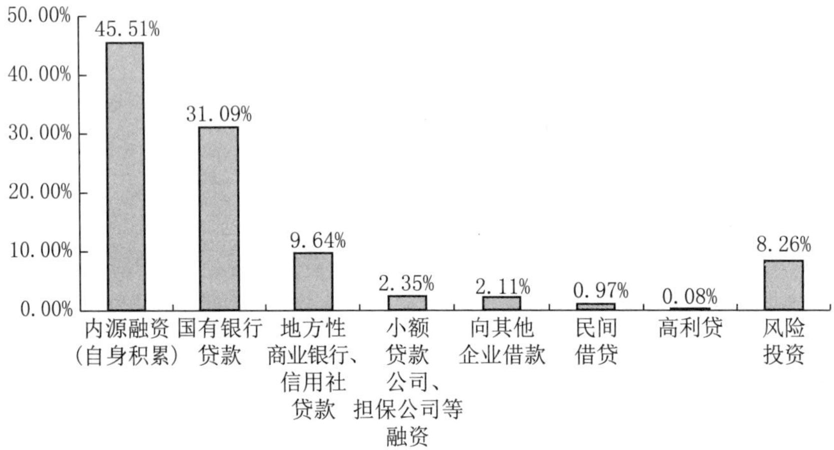

图 5-11　样本企业融资渠道

近三年来，样本企业从银行申请贷款全部获得的占调查总数的19.76%，部分获得的占27.77%，没有获得贷款的占6.56%，并且有

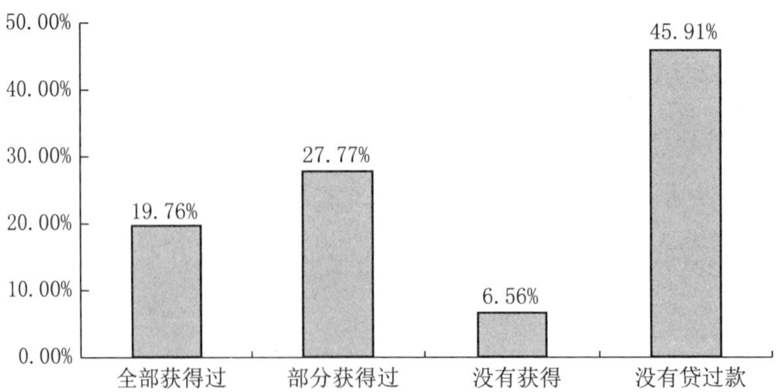

图 5-12　样本企业银行贷款情况

10.53% 的企业表示从银行获得贷款的难度大。说明样本企业从银行贷款还是存在相当难度，尤其是初创企业在上海找到合适的投资不容易。笔者在走访调查中发现，初创样本企业普遍反映缺少投融资渠道信息，难以获得银行贷款，国有投资基金不敢投、市场化基金不好找。

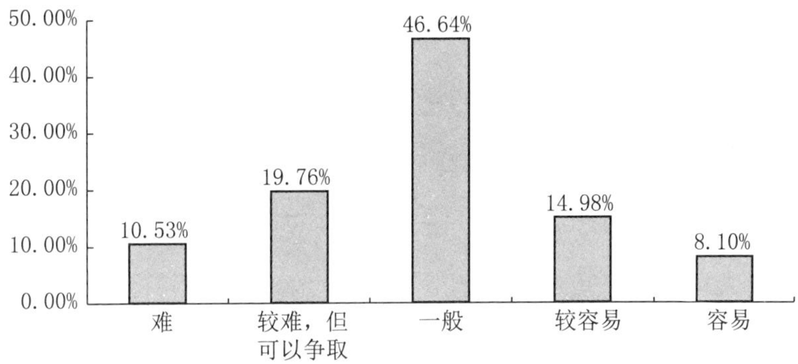

图 5-13 样本企业银行贷款难易程度

样本企业认为融资难的原因中，觉得贷款成本高的占 47.75%，认为贷款手续烦琐的占 36.44%，抵押品要求高的占 26.72%，感到作为中小企业融资渠道少的占 21.78%，认为缺少税收优惠、财政补贴和贷款援助

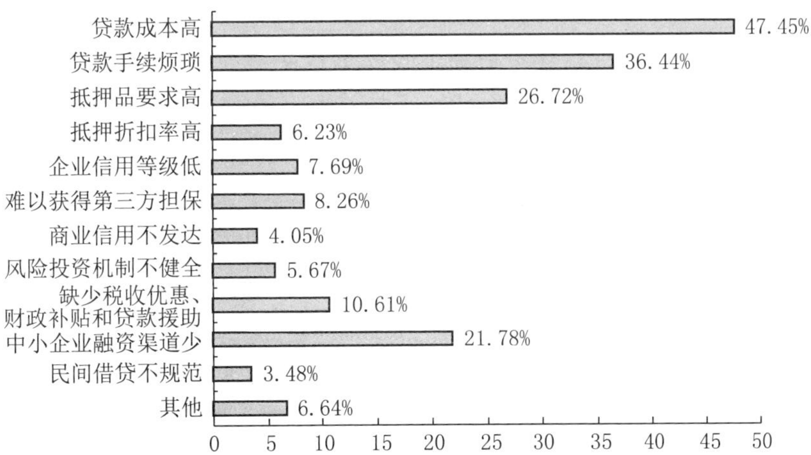

图 5-14 样本企业融资难的原因

的占 10.61%，认为难以获得第三方担保的占 8.26%，部分认为风险投资机制不健全、抵押折扣率高、民间借贷不规范等原因也造成了企业融资困难。

第三节　政府服务环境评价得分

政府服务环境是营商环境的重要基础，是影响营商效率和竞争力的关键因素。近年来，上海市政府服务环境优化已取得明显成效，尤其是聚焦减时间，减环节、减费用，推出了一系列大力度的营商环境改革专项行动，大幅提高了市场主体的营商便利度，在全球营商环境评价中取得显著进步。但对照国际先进水平，上海政府服务环境还存在一定差距，需要不断深化系统性改革，促进环境持续优化。

一、缴纳税款

问卷关于“缴纳税款”的指标数据包括公司缴税次数、公司纳税所需时间、总税率（占商业利润的百分比）以及纳税实务流程评价这四个方面的原始数据进行评价分析，每年缴税次数越少、办理时间越短、总税费越低，则表示政府越高效、开办企业盈利越多。调查结果显示，77.67% 的样本企业纳税所需时间在 50 小时以内，14.64% 的样本企业需要 51—100 小时，仅有 7.7% 的企业纳税所需时间在 100 小时以上。在缴纳税款时间方面，排名第一的迪拜仅为 12 小时，上海市相对来说与排名靠前的全球城市尚有差距。样本企业纳税次数分布较为平均，中位数在 10 次左右，相较于香港的 3 次与新加坡的 5 次，排名最后的东京为 30 次，上海在缴纳税款次数方面具有一定的优势。在缴纳税款总税率方面，样本企业情况差异较大，48.84% 的样本企业缴纳税款的总税率占商业利润的 10% 及以下，而另有 8.24% 的样本企业这一比例达到了 50% 以上，这一项目排名前三的迪拜、新加坡、中国香港样本企业平均法定税费占企业税前利润的比例分别为 15.9%、20.6% 和 22.9%。

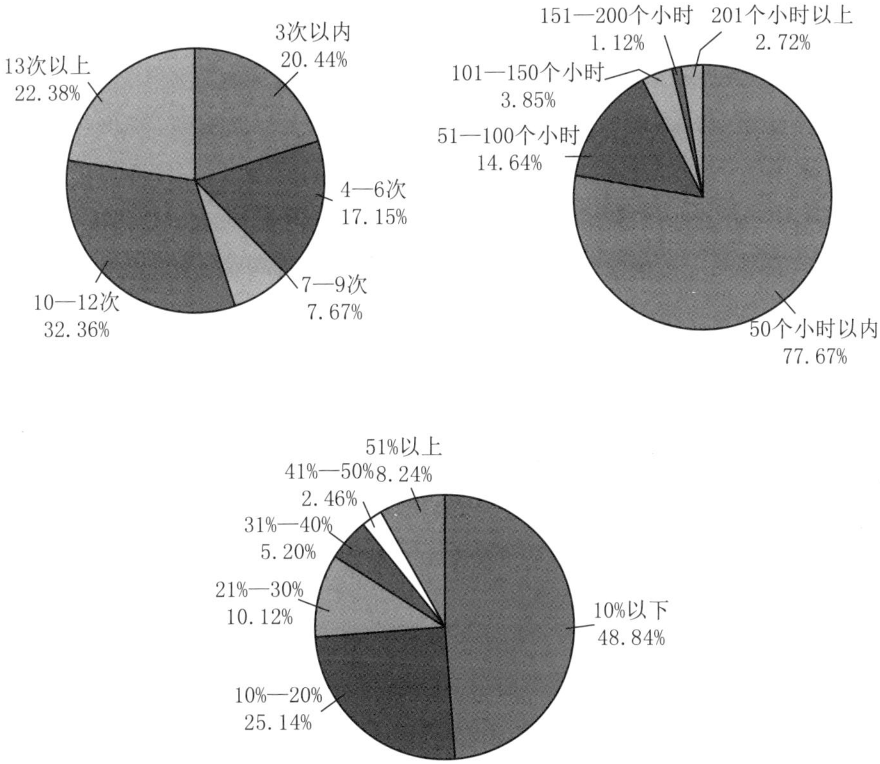

图 5-15　样本企业缴税次数、公司纳税所需时间、法定税费占企业税前利润的比例

根据调查结果，15.14% 的样本企业缴纳了法定税费之外的其他摊派，另有 19.76% 的企业表示“不好说”。绝大多数被调查样本企业（92.79%）对税务部门办事效率和服务态度较为满意。笔者认为，上海市在积极打造社会主义现代化建设引领区进程中，利用好升级扩围的税收优惠政策，积极推进税制改革创新，通过企业所得税减免、进口环节税收减免、增值税优惠等鼓励技术创新，推进高水平开放，服务构建新发展格局。

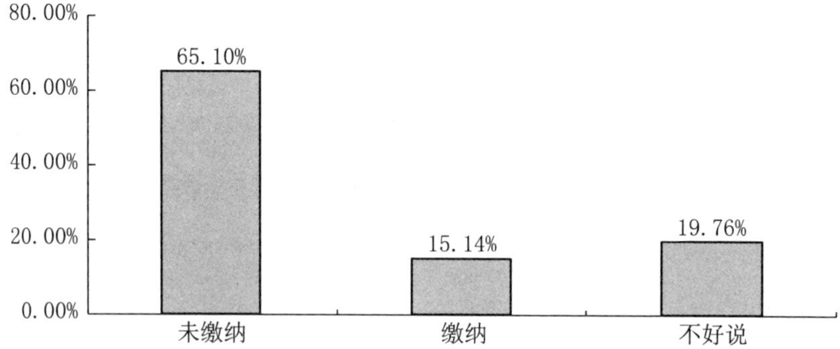

图 5-16　样本企业除税费外摊派缴纳情况

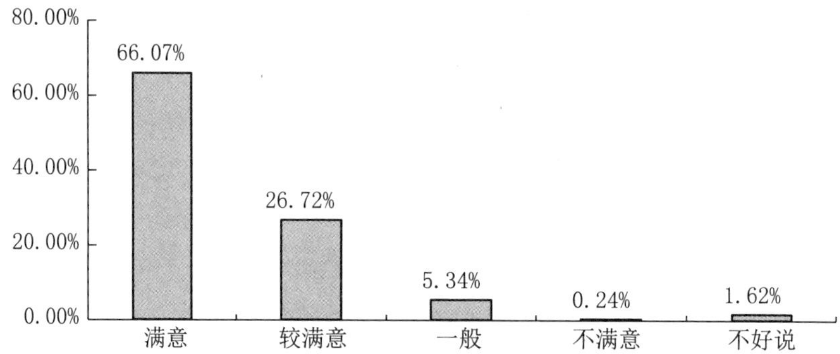

图 5-17　税务服务样本企业满意度

二、扶持政策与行政服务

近年来，尤其是 2020 年新冠肺炎疫情暴发以来，上海市积极支持企业应对疫情带来的生产经营困难，缓解企业资金压力，尤其是面向战略性新兴企业，出台了系列财政扶持政策。根据调查结果，企业了解扶持政策的渠道较为多元，主要依靠政府部门传送（70.04%）、政府网站（37.98%）、网络平台和网络媒体（31.01%）、工商联开会（29.23%）、社区或者街道办有关部门传送（30.93%）途径。样本企业中 40.8% 认为获取扶持政策和投资信息边界有效，33.44% 认为较为便捷，值得注意的是近 21.38% 的企业认为便捷程度一般。

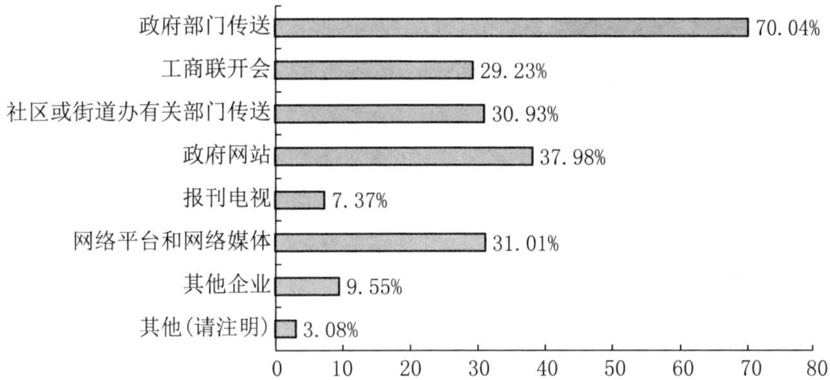

图 5-18　样本企业了解扶持政策的主要渠道

根据调查结果，没有提出过享受扶持政策申请的样本企业占比 45.83%，53.36% 的样本企业没有提出申请的主要原因在于不了解政策，这说明多样化的政策宣传并没有达到应有效果，政策传达并不到位、有效，另有 14.17% 的样本企业认为扶持政策对企业帮助不大，20.57% 的样本企业认为审核条件严苛、过程烦琐。

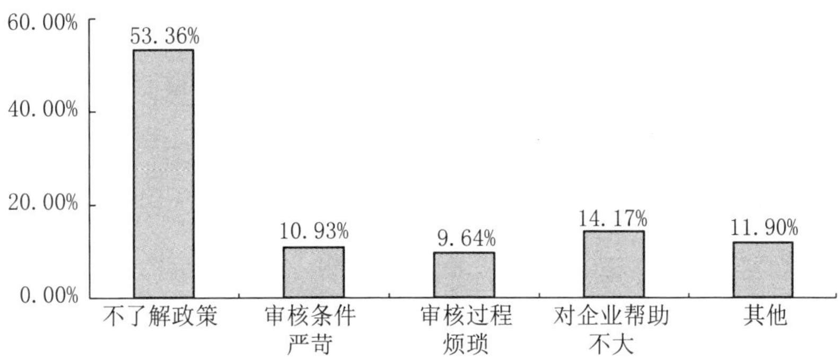

图 5-19　样本企业不申请政策扶持的主要原因

根据调查结果，36.03% 的调查样本企业从未享受过扶持政策。另有 6.64% 的样本企业认为扶持政策条件过高很难享受，在近 53.77% 享受过扶持政策的样本企业中存在 3.56% 的样本企业虽然享受过，但是受到了拖延或增加条件。样本企业在调查中对企业扶持政策评价较高，38.54% 的样本企业认为有很大作用，44.78% 认为具有一定作用。

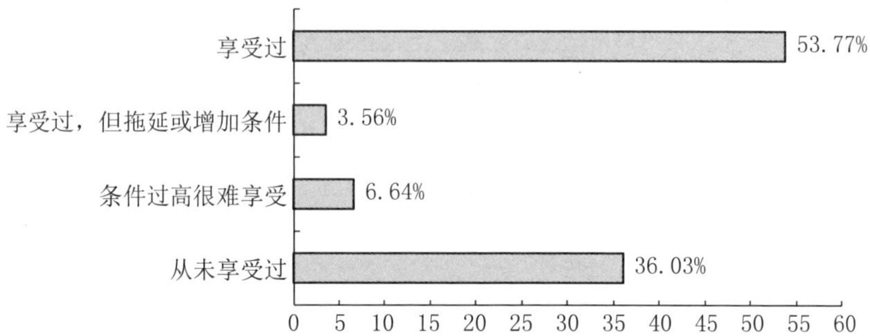

图 5-20　样本企业享受扶持政策情况

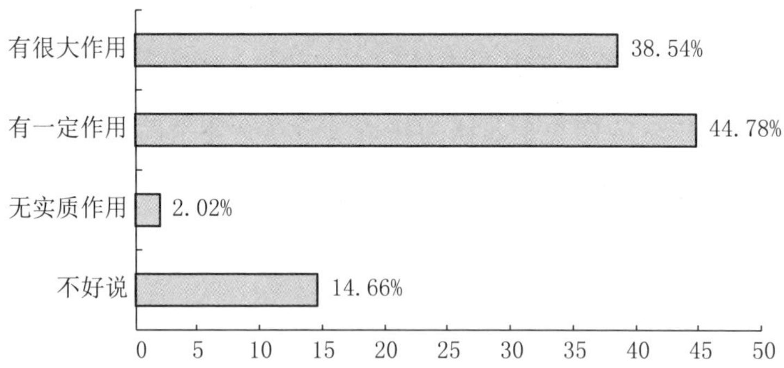

图 5-21　样本企业享受扶持政策评价

近年来，上海市为深入贯彻党的十九大关于建设人民满意的服务型政府的要求，坚持以人民为中心的发展思想，适应政府管理和服务现代化发展需要，刀刃向内自我革命、提升放管服能力，提升群众和企业获得感。根据调查结果，59.19% 的样本企业满意政府部门办事效率和服务态度，31.9% 的样本企业表示较为满意。

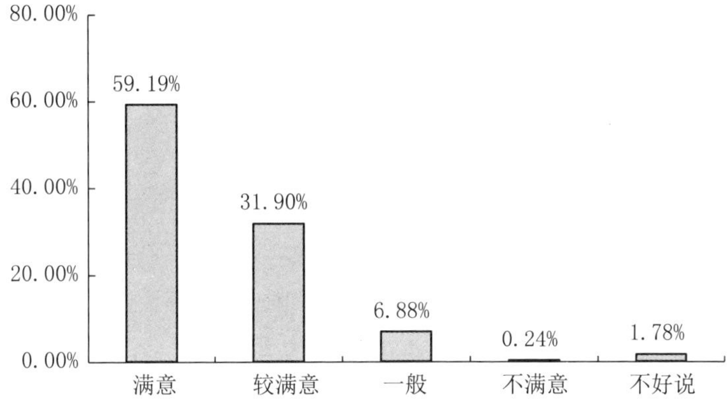

图 5-22　政府部门办事效率、服务态度满意度

上海市近年来政务公开标准化规范化建设，全面推进决策公开、执行公开、管理公开、服务公开、结果公开全覆盖，让公开成为自觉、透明成为常态。62.51% 的受调查样本企业认为政府部门办事流程规范，30.2% 的样本企业认为较为规范，91.25% 的样本企业对政府信息公开评价较好，说明全面推进“一网通办”加快建设智慧政府取得了切实的改革成效。

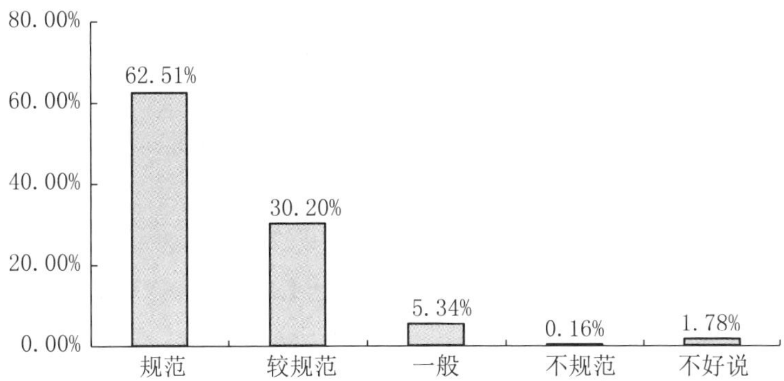

图 5-23　样本企业对政府部门办事流程规范性评价

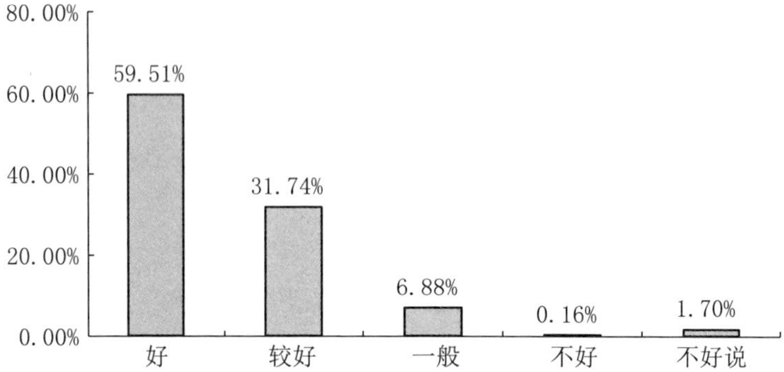

图5-24　样本企业对政府部门信息公开评价

第四节　市场法治环境评价得分

法治是国家治理体系和治理能力的重要依托，是最好的营商环境。市场法治环境是影响企业投资、经营以及退出等环节的重要方面，是营商环境的重要组成部分。良好的市场法治环境有利于稳定企业预期，降低企业风险，维护企业权益，是增强国家或城市营商环境吸引力的重要支撑。近年来，上海市一直致力于优化市场法治环境，以法治建设的新成效提升城市治理现代化水平，在解决发展难题和群众关切中把法治建设落到实处，努力使法治成为上海核心竞争力的重要标志。

一、法治效力

营造一流营商环境必须发挥好法治的保障作用，坚持科学立法、严格执法、公正司法、全民守法，为各类市场主体营造稳定、公平、透明、可预期的良好环境。在本次调查中，样本企业在法治环境各类因素中最为看重的是立法公开（52.07%）、执法程序规范（52.48%）、判决执法力度（46.96%）与法律监管机制公正（26.45%）。

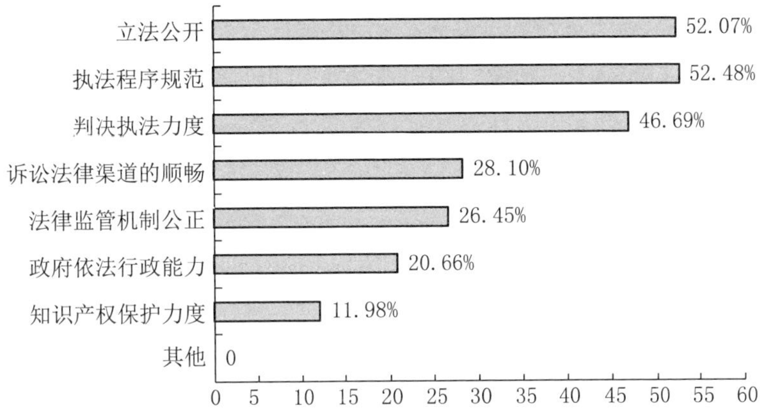

图 5-25　样本企业最为看重的法治环境因素

根据调查，55.37% 的被调查样本企业认为其涉法渠道畅通，33.06% 认为样本企业涉法途径较为畅通，认为涉法渠道顺畅度一般及不顺畅的样本企业占调查样本企业总数的 11.57%。调查样本企业普遍对政府依法行政评价较高，认为政府依法行政好及较好的调查样本企业占 93.2%。调查数据表明，上海法治化营商环境建设以来，企业的切身感受度和获得感提升较快。

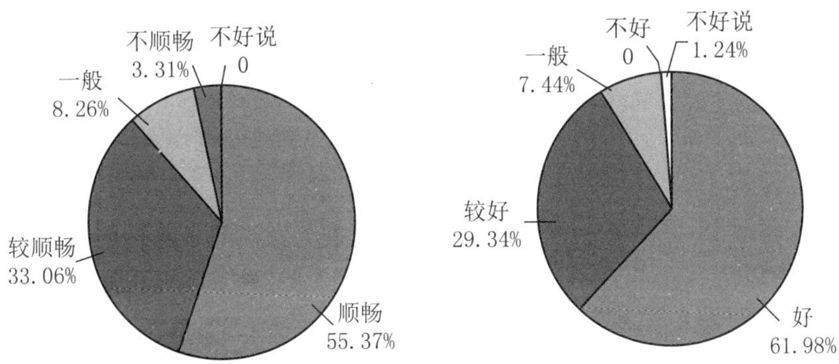

图 5-26　样本企业关于涉法渠道顺畅度与政府依法行政的评价

值得重视的是，根据调查，仅 34.3% 的样本企业认为当企业财产权、经营权等权益受到侵害时，能全部得到有效的法律保护，50% 的样本企业认为多数能得到。其中，35.54% 的被调查样本企业认为一些非市场因素，比如阻工、闹事、纠纷等情况对正常生产经营活动的影响较大。调查结果表明企业在法治实施中的获得感、幸福感、安全感还有待提升。

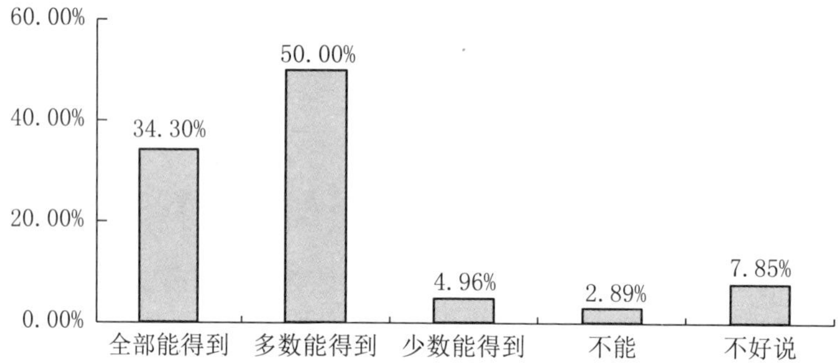

图 5-27　法律保护感受度评价

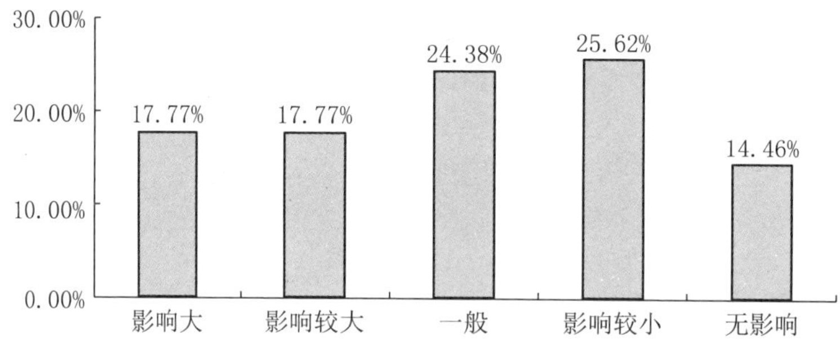

图 5-28　非市场因素（阻工、闹事、纠纷等）对样本企业经验的影响评价

二、执行合同

本次调查中“执行合同”的题项包括解决商业纠纷的时间、解决商业纠纷的成本（占债务）两个指标。解决商业纠纷的时间越短，解决商业纠纷的成本越低，则越有利于样本企业在这个城市长期发展，表明城市有优良的可持续发展的营商环境。调查数据显示，59.48% 的样本企业从提起诉讼到实际付款期间的时间（包括提交和服务案件的时间、审判和获得判决的时间、执行判决的时间）不到 150 天，24.84% 的样本企业需要 150—300 天时间。国际上执行合同时间的最优参照为新加坡创造的 120 天，在缩短争端解决时间上对标国际最优水平还有相当大的空间需要提升。

60.96% 的样本企业在司法程序解决争端所需的会计成本（包括律师费用、庭审费用、执行费用）占索赔额 5% 以内，21.23% 的样本企业会计成本占索赔额 6%—10%。国际上司法程序解决争端所需的金钱成本的最优参照为不丹创造的 0.1%，对标国际最优水平，浦东以及上海在降低执行合同成本上还有相当大的空间需要提升。

第六章　上海优化营商环境政策建议研究

第一节　聚焦企业痛点问题，增强市场主体的获得感

一、聚焦融资难中的中小企业抵押难问题

中小企业融资难，主要是其固定资产少、担保难，继而贷款难。建议一是扩大政策性担保资金规模，同时改革考核机制，落实财政资金允许担保倍数在五倍以上，允许坏账率达 10%。二是落实国家发改委和银保监会《关于深入开展“信易贷”支持中小微企业融资的通知》要求，结合社会信用体系建设，由发改委牵头建设本市“中小企业融资综合信用服务平台”，扩展应用“信易贷”。

二、推进企业税费制度改革

企业整体税费负担重是个不争的事实，鉴于税制是国家事权，建议本市通过全国人大代表议案、代表建议等各种途径，积极向国家建议试点税费制度改革，将社保等“费”纳入税收机制，再对企业整体税制进行改革，降低企业各种税率，切实消除企业税费负担重的痛感。

三、全面深化工程建设项目审批改革

在依托“一网通办”总门户建立统一的工程建设项目审批管理系统

基础上，改革立项、用地、规划、施工、竣工验收等各项审批，加大流程再造力度，将建设项目审批事项纳入各级“一网通办”整体系统，取消审批环节前的“预审”程序，杜绝“时间游戏”，真正实现“一表申请、一口受理、一网通办、限时完成、一次发证”，切切实实提高企业感受度。

四、以企业满意度为重点，进一步优化营商环境指标体系

为了提升营商环境指标体系的科学性、实用性，调查样本的选取、指标权重的设定都要凸显客观性、可操作性，应该重点做好以下几点：

一是按企业生命周期、产业分布与规模特征抽取调查样本。为了体现有效性和代表性，抽取经营企业应选取最近三年能正常开展业务的企业（有业务收入和支出企业），避免僵尸企业。在选取企业过程中应该充分考虑地域特征因地制宜合理安排行业分布，兼顾第一、第二和第三产业；为了保证全面性和客观性，在选取企业过程中应该兼顾大中小不同规模。

二是合理配置客观指标和主观指标权重。建议将主观指标细分为投资贸易满意度类、政府服务满意度类、市场法制满意度类等三大类，调查是用五级量表进行细化，满意度类细分为：非常满意、比较满意、一般、不太满意、非常不满意。新政策感受类指标应细分为将发挥很大作用、发挥一定作用、没有作用 / 很难发挥作用，政策评价类细分为作用明显、有一定作用、无实质作用、不好说。

将客观指标所需时间、审批流程数量等数据直接记录，对于有国家标准和全市标准的（比如，审批时间不能超过 5 个工作日），直接和标准对比，超过标准的得 0 分，低于或者等于标准的得 100 分；对于没

有国家标准的，汇总所有调查数据，进一步细分好（占 30%）、中（占 40%）、差（占 30%）三类，达到“好”标准的得 100 分，达到“中”标准的得 60 分，进入“差”标准的得 0 分。

三是完善评估推进路径，建立营商环境评估后针对结果的一整套完善，整改与复核体系。营商环境优化是一项长期系统的工程，营商环境评价将成为一项持续常规的工作，对于评估流程来说，评估主体的设计、评估对象的确定、评估标准的界定、评估指标的量化、评估方法的选择、评估结果的回应各个环节都很重要。营商环境评估最重要的是对营商环境完善、整改，营商环境的复核以及整改有利于营商环境优化与完善。因此，亟须建立营商环境评估后针对结果的一整套完善，整改与复核体系。

第二节　对标最高标准，营造公正公开公平的营商环境

一、创新监管理念和方式，加强“柔性执法”

继续制定和扩展企业轻微违法经营行为免罚清单，实行包容审慎监管，倡导“7 分服务、2 分管理、1 分执法”的工作方法。监管部门应当加强法规政策解读，采取指导、建议、提醒、劝告等非强制性方法，处理企业初次发生的轻微违法违规经营行为；推广信用监管，更多地发挥行业组织力量加强行业自律。

二、回应外籍人士的普遍关切，营造亲和宜居的生活环境

优化外国人永居证号码设置，固化证件号码，采用类似居民身份证号码的 18 位编码，实现“一人终生一码”，适应国内多场景应用识别功能；税务、人社、医疗、教育、通信等部门要及时更新系统，提升永居

证使用便利度，使线上和线下办理事务等同于境内居民。此外，在外籍人士就医、子女就学、完善公共服务领域外语标识上也要再下深功夫。

三、改革人才政策，打造吸引和留住人才的生态环境

尊重人才规律，改变引进人才唯文凭的现状，给予企业以更多的人才认定权；开设海外高端人才来华绿色通道，对急需紧缺海外人才不设数量和年龄等限制，优先审批。对重点领域特殊人才提供特殊政策：个人所得税超过15%的部分，由市区财政给予适当补贴；提供住房租房补贴或优质的人才公寓、共有产权房等住房资源；探索试点由用人单位购买商业养老和医疗保险；提供就医便利；给予其子女义务教育阶段选择性就读所需的经费补贴。

四、加强知识产权保护，提高市场主体积极性

加快本市知识产权保护综合立法，形成知识产权统一管理和执法的体制机制，完善行政保护与司法保护衔接机制；加强部市合作，建立相关机制，实行知识产权进出境保护和境内保护的协同管理和执法配合；完善知识产权快速审查、确权、维权的工作机制；建立知识产权公益诉讼制度。

第三节　优化“一网通办”服务，推进政府业务流程再造

一、再造“一网通办”业务流程，确保从“能办”向“好办”转变

一是贯彻“以人民为中心”的发展理念，构建实质性的参与机制。

价值取向上，需以提升企业和个人的办事的获得感和满意度为导向，构建民众能够参与界定公共服务的机制，重新划分部门职责，下放和授权或让渡审批权限，确保持续改善“一网通办”质量。

二是精准施策提升网办率。利用大数据技术、人工智能技术和用户电子证照服务技术等，主动归结，甚至研判企业和居民办事诉求和办事难点，有针对性地改善“一网通办”的质量，持续提升居民办事的便利度、体验度和满意度。

三是推进综合窗口服务实现标准化。建议在总结各区综合窗口服务的经验的基础上，推进综合窗口服务标准化建设，把经验转化为标准和固化为工作指南，实现综合窗口服务由“凭经验办”变为“凭标准办”和“依指南办”。如在减材料方面，建议市各条线部门进一步明确相关业务操作规程等，指导对应区级部门切实做好相关材料免交的实施。

四是兼顾窗口的综合性和专业性。建议鼓励各区根据实际情况，借助大数据分析来科学确定无差别受理窗口和分领域综合窗口的数量比例；鼓励各区根据区情建设分领域综合窗口，如黄浦、徐汇等城区可设置社会投资项目审批审查中心、文化旅游综合等主题窗口。

五是在“家门口”上下功夫。丰富和完善上海三级联动政务服务体系，不断提升自助服务，进一步加大改革力度，从企业和群众视角的“一件事”出发，系统重构业务流程，进一步明确办事标准，压减办事期限，实现“一件事、一次办”。

二、完善相关法律法规，为“一网通办”改革保驾护航

一是完善地方立法。《上海市优化营商环境条例》《上海市社会信用条例》等从地方立法的层面为推进“一网通办”工作提供了很好的法治

保障，但随着“一网通办”工作的进一步推进，还需要不断完善地方立法。如一些区反映容缺受理后企业和个人未按照承诺时限补交法定材料的情况时有发生，此间法律风险主要由审批部门承担，缺乏对失信企业和个人的相应制约手段。因此建议市级层面不断完善立法，如通过修改完善《上海市社会信用条例》，将未按时补交法定材料的行为列为失信行为。

二是加大综合窗口法律法规授权。建议通过部门依法委托或授权的方式，在“两集中”（推动部门行政审批事项向一个科室集中、部门审批科室向区行政服务中心办事大厅集中）的基础上再增加“行政审批权力向窗口集中”，在窗口实现“收件＋受理＋审批”功能。

三、进一步加强顶层设计，着力优化体制机制

一是建议从市区两个层面推进体制机制创新。在市级层面，可借鉴学习山东经验，研究在市级层面建立政务服务中心；在区级层面，建议推广浦东经验，设立行政审批局，强化区级行政审批服务机构的工作力量配备。

二是建议建立“一网通办”联席交流机制。由市政府办公厅牵头，各区定期就“一网通办”中的一些好的做法进行交流，共同推动解决“一网通办”工作中所遇到的各种问题。

三是构建政企互动机制。发挥工商联和行业协会的沟通平台作用，充分征求市场主体的意见，在推进整个“一网通办”工作的全过程中加强政企互动。

四是建议着力“办”“管”结合，“两张网”相互赋能。推广浦东新区的“六个双”经验，推进行业监管应用场景建设，强化信用监管，构

建事前信用核查和信用承诺、事中信用分类监管、事后信用联合惩戒的全过程信用监管闭环。在推进“两张网”工作中，大力促进“两张网”相互赋能。如推广普陀区在“智联普陀3.0”平台中设立服务经济模块的经验，依托“一网统管”知晓辖区经济总览，对楼宇（园区）内空置房信息做到实时掌握和对接，更加精准地为企业提供专业政策解答、事项办理等服务。

四、着力推进数据共享与高质量开放，让数据应用更高效

一是加快推进市区两级大数据资源平台建设。不断提升数据汇聚的质量和效率，增强市级大数据平台对区级大数据平台的赋能水平与能级，进一步强化数据安全保障，通过市级制度化推动公共数据整合共享，为区级“一网通办”进一步推进创造良好条件。

二是要切实推进信息资源共享。为实现无差别全科受理，行政服务中心要求各个职能部门开放政务数据信息，并让渡部分行政审批权力，其关键是核心数据的有效共享，不断充实完善全市及各区政务数据信息库。各条线应采用负面清单制度，以共享为原则，不共享为例外，非涉密部门和涉密数据实现全部共享，着力打破部门信息“垄断优势”和“信息孤岛”，努力实现更多政务数据资源的全域共享。

三是提升信息数据归集质量、大力推进数据高水平公开。市区政府相关职能部门要认真梳理、分析数据建设中总量不足、质量不佳的原因，切实解决目前数据归集中存在的问题，为支撑综合监管平台提供基础保障。同时，要尽快将《上海市公共数据开放暂行办法》落实落细，特别是“一网通办”中涉及的企业和商事主体公平竞争的数据，要细化信息公开的力度，形成有效的社会反馈与社会监督。此外，可探索

将《上海市公共数据开放暂行办法》上升到地方法律法规的高度，以制度保障数据公开，激活数据价值，切实营造公平、公开、公正的营商环境。

第四节　推动“刀刃向内”改革，加强法治化营商环境建设

一、各部门应及时清理有关文件

本市各部门要根据国家和本市优化营商环境的有关精神及本市条例的规定，认真、全面地对制定的各类文件进行梳理，对于与优化营商环境要求不一致的规章、文件，要及时修改或者废止，要敢于打破营商环境的“政策潜门槛”。对有关部门执行的涉嫌有违优化营商环境精神的文件，要及时上报市政府办公厅进行协调解决。

二、涉企政策的制定要注重“协同度”“友好度”“知晓度”

各部门、各区在制定涉企政策时，要注重政策间的相互协同；同时，还应以企业体验为视角，改变传统公文写作方法，让政策易读、易懂、易操作；各部门还要谨防制定政策“管出不管用”，注重政策出台后的实操流程问题，加强对窗口服务人员的培训。此外，建议推广市中小企业服务中心的做法，可以采用抖音、微信群等企业喜闻乐见的形式开展政策法规的宣传工作，扩大政策知晓度，使好政策真正惠及广大企业。

三、加强地方立法保障

法治最好的营商环境，鉴于外部环境年年有变化，企业诉求不断有

新需要，《上海市优化营商环境条例》的出台也不会一劳永逸，要根据实际情况，不断更新法规2.0版、3.0版。同时，根据优化营商环境的需要，及时立、改、废有关领域的专业性法规。此外，为保障法规落地，市、区人大还应持之以恒开展《条例》及相关法规的专项监督，在全社会形成优化营商环境的合力。

第五节　以制度型开放促进上海营商环境向更高目标引领

《中共中央国务院关于支持浦东新区高水平改革开放打造社会主义现代化建设引领区的意见》提出，浦东应努力成为更高水平改革开放的开路先锋，从要素开放向制度开放全面拓展制度型开放。从商品和要素流动型开放转型为制度型开放，既是我国推动全方位、高水平对外开放，实现经济高质量发展的内在要求，也是积极应对复杂多变的国际贸易规则、改善营商环境的关键所在。

制度型开放是相对于商品和要素的流动型开放而言的，是通过主动对接国际经贸惯例和领先规则，推进国内制度层面的系统性全面开放。良好的营商环境能将要素禀赋优势转化为参与分工和贸易的现实优势。一个经济体制度环境越优越，对创新要素的吸引和集聚能力就越强。从制度视角来看，优化营商环境，是一个制度性交易成本不断降低，制度型开放水平不断提升的交互过程。对标国际先进水平，深入借鉴国际通行经贸规则和管理制度，优化营商环境成为加快推动规则规制、管理标准等制度型开放的具体实践。

面向未来实现高质量发展、实现长三角一体化国家战略的高度，上海需要在更大范围和更宽领域内，以制度型开放引领营商环境提升。

一是以“上海标准”的制度型开放促进营商环境提升。标准体系作为优化营商环境的支撑和保障，对全面系统地推进营商环境建设有着重要作用。一方面，营商环境标准体系要围绕市场主体的全生命周期，梳理营商环境建设流程，构建包括基础通用标准、社会管理标准、公共服务标准、经营事项管理标准、保障标准等为子体系的营商环境标准体系。另一方面，以标准化和信息化“两化”融合来推动营商环境建设。利用信息化手段建立统筹管理的工作机制，积极探索“互联网＋监管”模式，制定相关标准规范，完善综合执法的标准，加强标准化培训，提升监管的规范化和透明度。

二是构建法制化营商环境，以保证制度开放系统集成的有效运行。系统整合相关的法律、法规和规章制度建设，对现行法律和行政法规进行全面审查，清理不符合市场经济发展的相关法律规范和监管规则，建立更加开放、透明、规范的外资准入、监管和服务框架，在金融、贸易等领域要形成全覆盖的监管模式，建立与系统集成制度创新对应的政府监管机构，确保制度型开放的有效运行。此外，要推动内外衔接的标准质量法律制度和监管体系建设，促进内外贸法律法规、监管体制、经营资质、质量标准、检验检疫、认证认可等相衔接，推进同线同标同质。

三是对标世界银行全球营商环境评价指标体系，构建科学有效的评价标准。在开办企业、办理施工许可、获得信贷、电力、纳税、贸易、执行合同等方面构建规制变化和制度优化的评价体系，主动对接有国际影响力的国际评价机构，引入第三方评估，两相对比并逐一分析政策效果，提高评价体系的透明度和执行的一致性。建立评价和改进的标准化机制，使用统一标准进行营商环境数据采集、数据分析和评价，推动营商环境持续改进和优化。

第六节　加强顶层设计，着力促进长三角营商环境一体化

一、顶层设计构建统一的长三角营商环境制度

加强政策协调，形成统一的长三角区域营商环境制度，在长三角一体化示范区内先行先试，为全国推广创造经验。一是建议成立长三角一体化营商环境建设小组。营商环境建设小组负责各地区立法、司法和执法的协调，对影响一体化发展的法规规章和执法规范进行梳理。二是探索以跨省（域）办成“一件事”为目标的跨省（域）通办服务。推动审批许可事项清单合一，证照资质互认，面向长三角企业和群众的所有办事事项统一设立方式、数据格式、证明材料、办理流程、服务标准。三是构建统一的要素市场，促进市场要素自由流动。在交通、医疗等公共服务领域推进符合联网通用标准的移动支付应用，实现互联互通。在长三角区域推动应收账款票据化，试点推广“贴现通”业务，切实降低中小企业融资成本。

二、率先探索建立长三角营商环境指标体系

一是应对照世界银行营商环境评价指标体系，形成与之相匹配的长三角营商环境指标体系。不断优化实现指标对接、流程相同、要求一样、标准一致的营商环境。在上海、南京圈、苏锡常圈、宁波圈、杭州圈、合肥圈“一核五圈”和“长三角一体化示范区”范围内，结合长三角区域实际，研究制定、分工承担相关的指标体系和评价标准。二是率先试点以企业开办、施工许可、财产登记、信贷获取、投资者保护、税收征管等为重点的市场环境指标体系。三是重点关注产业政策指标的协

同性。建议联合制作、发布推送区域内重点产业、行业、企业发展所需的各类政务商务信息，编印《长三角区域产业政策一本通》等。

三、加快信用长三角建设，实现综合监管和智慧监管

一是合力推进示范区信用平台建设。建立青浦、吴江、嘉善三地共享的信用信息数据库，推动形成统一的企业信用档案和红黑名单，探索建立示范区联合激励惩戒机制，研究信用嵌入环境保护等重点领域的具体实施方案。二是持续推进重点领域跨区域联合惩戒。推动形成区域统一的严重失信企业名单，落地实施授信融资限制、停止享受税收优惠等一批联合惩戒措施，形成可复制可推广的跨区域信用奖惩模式。三是尽快建立数据共享交换体系和数据资源共享清单。健全数据共享的约束机制，运用大数据、人工智能等新兴技术，通过资源共享、数据互通、服务协同，实现办事事项标准化、内容数字化和信息一体化。

第二部分　上海典型区县营商环境报告

本部分选取上海“五大新城”所在区县为典型区县篇，包括浦东新区、嘉定区、青浦区、松江区、奉贤区五个区的营商环境研究报告。

第七章　上海浦东新区营商环境优化研究报告

本次调查实施过程中，浦东新区共有200家样本企业参与本次问卷调查，其中民营企业占比71.5%，样本企业行业以信息传输、软件和信息技术服务业（31.5%）、批发和零售业（16.5%）与制造业（14.5%）为主，样本企业成立时间在15年以上的占38.5%，1到5年、6到10年分别在24%与22.5%，超半数样本企业（58.5%）为知识技术密集型企业，以员工人数在10—50人（26%）、101—500人（22.5%）的小型样本企业（40%）与微型样本企业（27%）为主。

党的十八大以来，我国高度重视营商环境的优化提升。浦东作为我国改革开放的前沿阵地，始终在优化营商环境方面走在全国前列。2021年7月15日，中共中央、国务院正式印发了《关于支持浦东新区高水平改革开放打造社会主义现代化建设引领区的意见》(以下简称《意见》)，支持浦东在改革系统集成和协同高效上率先试、出经验，放大改革综合效应，打造市场化、法治化、国际化的一流营商环境。本节将根据问卷调查结果从投资贸易环境、政府服务环境与市场法治环境三方面分析浦东新区营商环境企业感受度现状。

第一节　浦东投资贸易环境

投资和贸易是企业开展经营活动的重要环节，投资贸易便利度和开放度是营商环境的重要内容。近年来，浦东新区在深化改革开放的过程中，主动对标世界银行《营商环境报告》的评价方法及指标，对照全球最佳实践，实施了以精简企业办事全流程所需的时间、费用，提升营商效率为重点的系列改革，取得了明显成效，有效提升了投资贸易便利化程度，大力优化了投资贸易环境。

一、开办企业方面

本次调查中“开办企业”的题项包括开办企业所需的手续、开办企业的天数和需要“跑”行政服务中心的次数三项指标。办事手续越少，时间越短，次数越少则表示政府越高效，开办企业越便捷，表明地区已经拥有良好的营商环境，对企业的吸引力越大。

调查结果显示，从开办企业手续个数上看，49.39% 的样本企业开办

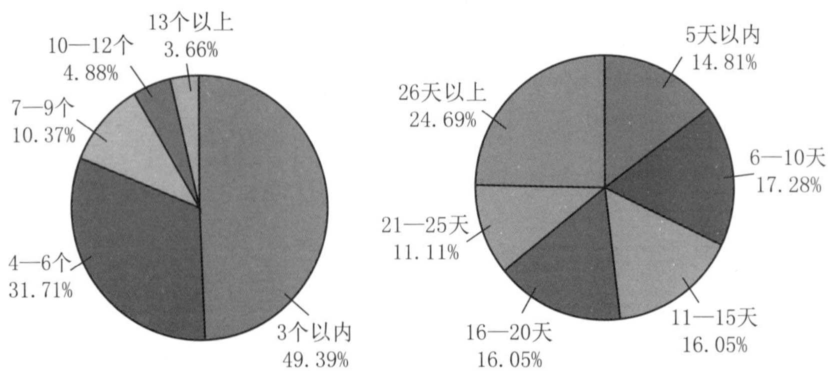

图 7-1　开办企业所需办理的手续数量与所花费的时间

仅需办理 3 个以内的手续，31.71% 的样本企业开办需要办理 4—6 个手续，10.37% 的样本企业开办需要办理 7—9 个手续，而 8.54% 的样本企业开办需要办理 10 个以上的手续。根据世界银行《2020 营商环境报告》，排名前三的新加坡、香港和迪拜所需手续个数均为 2 个，悉尼、巴黎、纽约、洛杉矶、东京与阿姆斯特丹等城市办理手续均在 8 个以内。在开办企业手续上，浦东新区已经取得了很大的进步，与其他城市大致保持在同一水平。

从开办企业时间来看，样本企业开办企业花费时间集中在“26 天以上”，占样本总数的 24.69%，仅 32.09% 的样本企业在 10 天内开办。排名第一的新加坡和香港开办企业所需时间仅为 1.5 天，迪拜、悉尼、伦敦、阿姆斯特丹等城市都能在 5 天内开办完毕，最末的东京为 11.5 天。因此，从开办企业所需时间方面看，浦东新区营商环境亟待进一步改进。

2019 年以来，浦东新区在全市率先实施“一网通办”，聚焦“互联网 + 政务服务”不断大胆创新，53% 的事项实现不见面审批，47% 的事项做到“只跑一次”，实际办理时间比法定时限压缩约 87%。从开办企

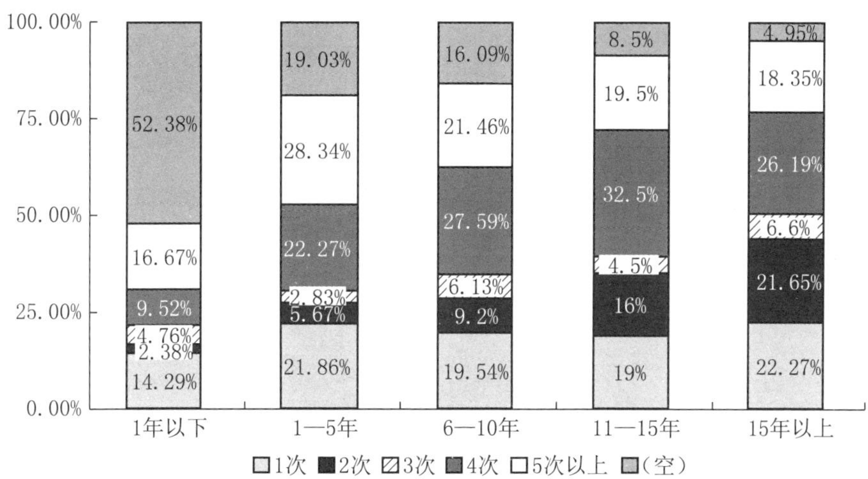

图 7-2　开办企业需要“跑”行政服务中心次数（按成立年限）

业“跑”办事次数来看，52.38% 的成立时间在 1 年以内的样本企业开办企业仅需“跑一次”。可以发现，随着成立年限越久，需要“跑”的次数也越多，这充分说明浦东新区“一网通办”改革取得了显著成就。

二、办理施工许可方面

本次调查中“办理施工许可”的题项包括房屋建筑开工前所有手续办理程序、房屋建筑开工前所有手续办理时间两项指标。办事手续越少，时间越短，成本越低则表示政府越高效，开办企业进展越快。

调查数据显示，浦东新区 62.92% 的样本企业在房屋建筑开工前仅需办理 5 个以内的手续，17.98% 的样本企业需要 6—10 个手续，

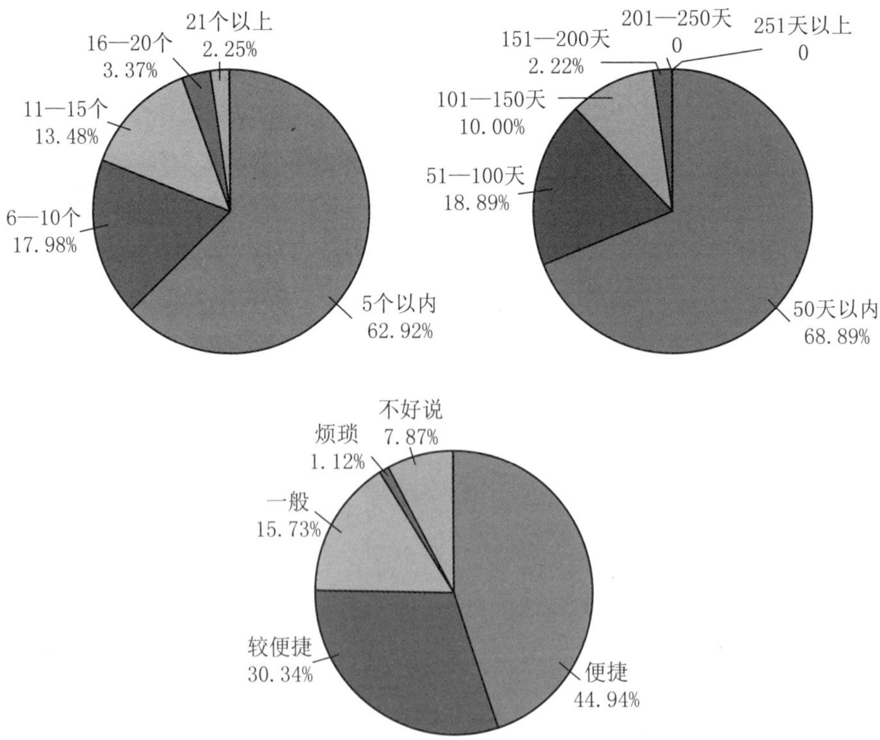

图 7-3　样本企业办理房屋建筑施工手续个数、时间与便捷度评价

13.48% 的样本企业需要 11—15 个手续，仅 2.25% 的样本企业需要 21 个以上的手续。根据世界银行报告，在此项领先的伦敦、巴黎和新加坡均为近 10 个手续。可以发现，在办理施工许可方面，浦东新区取得了长足的进步，已处于世界城市领先水平。在办理施工时间方面，68.89% 的样本企业可以在 50 天内办理完成房屋建筑开工前的所有手续，仅 31.11% 的样本企业办理完结在 50 天以上，浦东新区相较于排名前三的新加坡（41 天）、迪拜（50.5 天）、洛杉矶（68 天）已无甚差距。同时，75.28% 的被调查样本企业认为办理建筑施工许可较为便利，说明浦东新区关于优化施工许可营商环境建设已取得明显的改革成效。

三、获得电力方面

获得电力的指标从接入电网手续、办理接入电网的时间和便捷度进行评价。手续个数越少、时间越短、便捷度评价越高表示电力获得越便捷，整体运营成本越低，表明浦东新区在企业获取和使用电力方面具有优势。调查结果显示，浦东新区 62.92% 的样本企业接入电网仅需办理 5 个以内的手续，17.98% 的样本企业需要 6—10 个手续，13.48% 的样本企业需要 11—15 个手续，仅 2.25% 的样本企业需要 21 个以上的手续。根据世界银行报告，在此项领先的伦敦、巴黎和新加坡近 5 个手续。可以发现，在接入电网方面，浦东新区取得了长足的进步，已接近世界城市领先水平。

85.44% 的样本企业能够在 30 天内完成办理接入电网手续，仅 14.56% 的样本企业需要 50 天以上的时间。从电力接入的时间看，排名前三的迪拜、香港、新加坡分别为 10 天、24 天和 30 天，排名倒数三名的东京、阿姆斯特丹、洛杉矶为 105 天、110 天和 134 天。可见浦东新区在电力接入时间上与排名前列的全球城市进一步对标，相对其他国家全球城市具有相当优势。同时，94% 的被调查样本企业认为对供电部门较为满意，进一步说明浦东新区积极响应《上海市进一步优化电力接入营商环境实施办法》，以提高客户电力接入“获得感”为目标，取得了切实的改革成效，为用电企业创造了优越的用电环境。

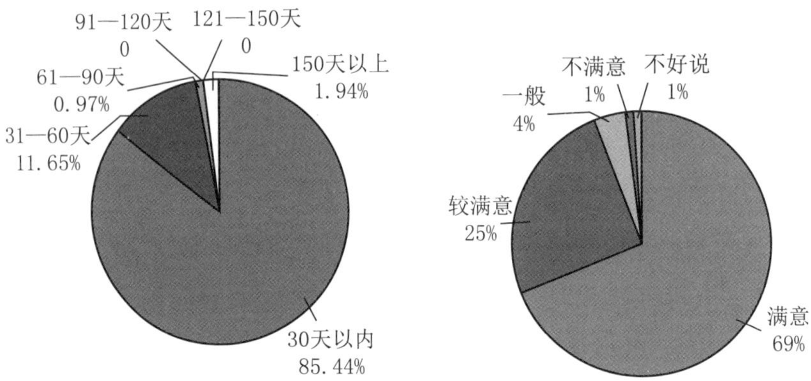

图 7-4　企业办理接入电网时间、满意度

四、登记财产方面

本次调查中“财产登记”的题项包括产权转移登记所需程序、产权转移登记所需时间两项指标。办事手续越少，时间越短表示政府效率越高。根据调查结果，62% 的样本企业办理财产转移登记仅需 5 个以内的程序，25% 的样本企业需要办理 6—10 个程序，其余 13% 的样本企业需要办理 10 个以上的程序。财产登记项目排名第一名的城市为迪拜，其所需手续为 2 个，东京、伦敦、新加坡和巴黎所需手续分别为 6 个、6 个、6 个、8 个，可见浦东新区在登记财产手续方面具备一定优势。

50% 的样本企业能够在 10 天以内办理完成财产转移登记，26.85% 的样本企业需要 11—20 天，近 24% 的样本企业需要 20 天以上的办理时间。从登记财产天数来看，浦东新区与排名前两名的迪拜（1.5 天）和阿姆斯特丹（2.5 天）有一定的差距，但是相比伦敦（21.5 天）、香港（27.5 天）、巴黎（42 天），具有一定的优势。

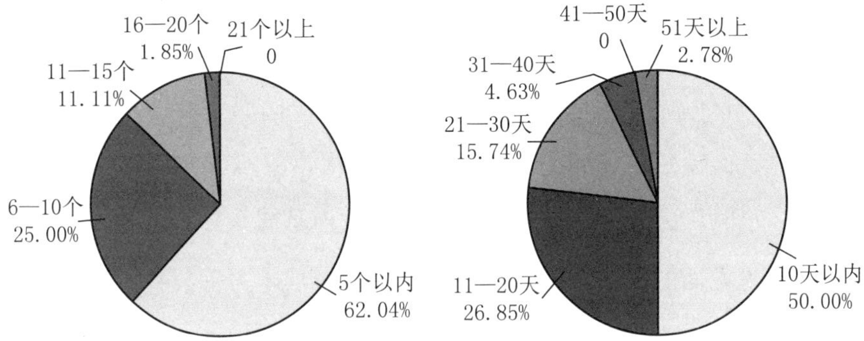

图 7-5　财产登记办理程序、办理时间

五、跨境贸易方面

2021 年 7 月，海关总署出台《关于支持浦东新区高水平对外开放打造社会主义现代化建设引领区的实施意见》，加快以法治方式对改革成果和经验做法予以固化，大力推进浦东跨境贸易大数据平台建设。在本次调研中，浦东新区共有 56 家外贸企业作为调查样本，跨境贸易便利化的指标衡量采用世界银行《2020 年营商环境报告》中出口过境审核时间（小时）、出口过境审核成本（美元）、进口过境审核时间（小时）和进口过境审核成本（美元）四个方面的原始数据。出口过境审核时间越短、出口过境审核成本越低、进口过境审核时间越短、进口过境审核成本越低并且关税税率越低，则越有利于企业在这个城市长期发展。

根据调查结果，就出口而言，样本企业平均出口单证耗时为 24.3 小时，与排名前四的巴黎（0 小时）、阿姆斯特丹（0 小时）、香港（1 小时）、纽约（2 小时）相比差距较大，存在一定的优化空间。平均出口单证费用为 462 美元，而巴黎、香港、阿姆斯特丹的出口过境审核成本都为 0，显然浦东乃至上海与排名前列的国际全球城市差距巨大。

就进口而言，平均进口边界费用为 760 美元，平均进口单证耗时为 49.1 小时，仅高于迪拜的 54 小时，排名前两位的巴黎和阿姆斯特丹都是 0 小时，而排名第三和第四的纽约、洛杉矶均为 2 小时，排名第五的伦敦为 3 小时。因此，进口过境审核时间方面是浦东新区乃至整个上海在跨境贸易方面的最大短板。在进口过境审核成本方面，样本企业平均进口单证费用为 518 美元，同样，巴黎、香港、阿姆斯特丹的出口过境审核成本都为 0，因此在进口过境审核成本方面浦东也与排在前列的国际全球城市差距巨大。

表 7-1　跨境贸易时间与成本

出　口		进　口	
平均出口边界费用（美元）	887	平均进口边界费用（美元）	760
平均出口单证耗时（小时）	24.3	平均进口单证耗时（小时）	49.1
平均出口单证费用（美元）	462	平均进口单证费用（美元）	518

总体而言，企业在浦东乃至上海开展跨境贸易方面仍然面临较烦琐的程序，所耗时间太多、所花成本太高。而全球有将近 30 个经济体货物进出口平均仅耗 1 小时，几乎没有任何花费。

六、获得信贷方面

本次调查中“获得信贷”的题项包括样本企业办结不动产抵押登记

所需时间、申请融资担保年收费率以及权益保障、信用信息系统建设评价等指标。抵押登记时间越短、融资担保成本越低，信用信息系统建设评价越高则说明样本企业获得信贷难度越低，越有利于企业健康发展。

根据调查结果，26.19%的样本企业办结不动产抵押登记需要2个工作日以上时间，所需时间在“半个工作日”的占样本企业的30.95%，所需时间在“1个工作日”“2个工作日”的样本占比均在20%左右；同时，39%的样本企业申请的融资担保年收费率在1%以内，年收费率为“1%—2%”“2%—3%”“3%—4%”“4%—5%”“5%以上”的样本比例均低于20%，相较于其他全球城市具有相当优势。

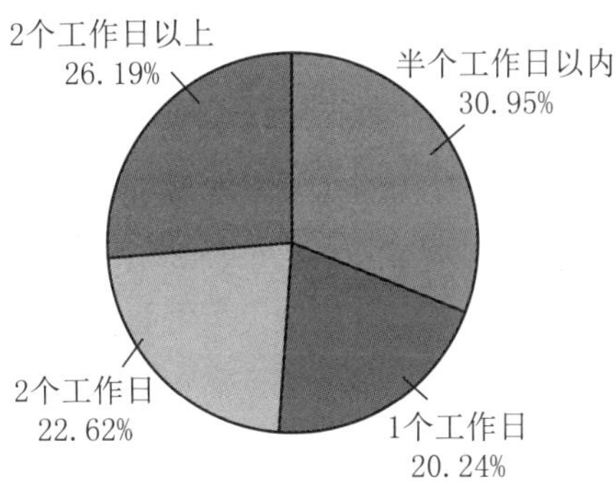

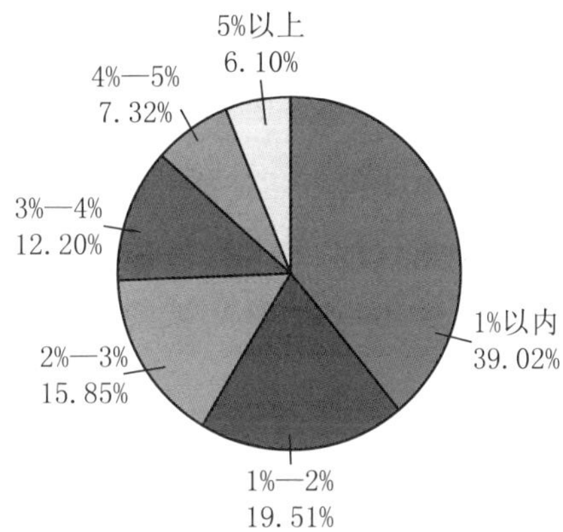

图7-6　不动产抵押登记所需时间、融资担保年收费率

从企业对权益保障与信用信息系统建设评价来看，96.84%的样本企业认为浦东动产抵押登记已经具备较高的信息化水平，92.5%的样本企业认为浦东各项动产担保权益登记系统统一、规范，96.81%的样本企业认为担保协议/合同具有充分的法律效力，94.97%的样本企业认为浦东政策性融资担保体系完善。说明浦东动产登记的信息化水平与政策性融资担保体系建设有待进一步完善与强化。

七、融资途径方面

问卷结果显示，浦东新区被调查的 200 家样本企业中，在融资方式上通过企业内源融资（自身积累）占总数的 43%，其次是国有银行贷款占比 33%，地方性商业银行贷款占比 9%，以风险投资形式融资的创新型企业仅占 12%，采用小额贷款公司、担保公司等融资渠道的企业仅占 2%。可见浦东新区的样本企业融资基本依靠自身积累和银行流动资金贷款方式，融资渠道相对单一，不利于企业快速发展壮大。

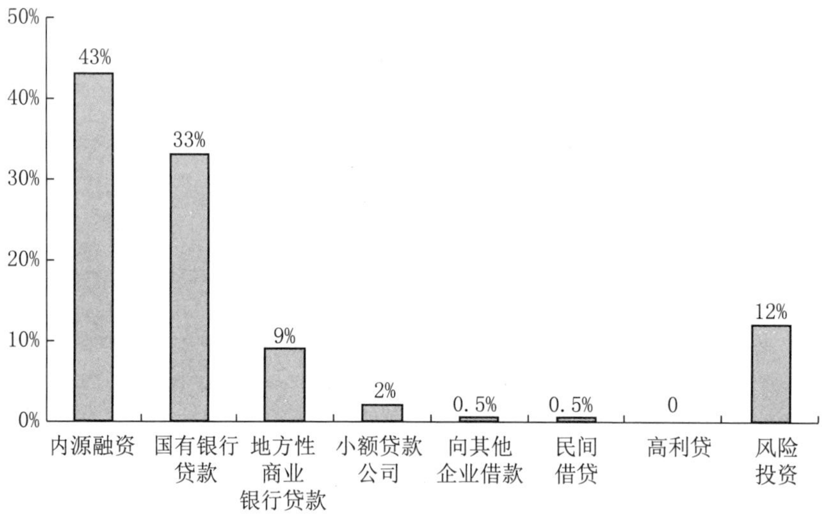

图 7-7　企业融资渠道

近三年来，样本企业从银行申请贷款全部获得的占调查总数的 24.0%，部分获得的占 25.5%，没有获得贷款的占 6.5%。并且有 27% 的企业表示从银行获得贷款的难度大。说明企业从银行贷款还是存在相当难度的，尤其是初创企业在浦东找到合适的投资不容易。

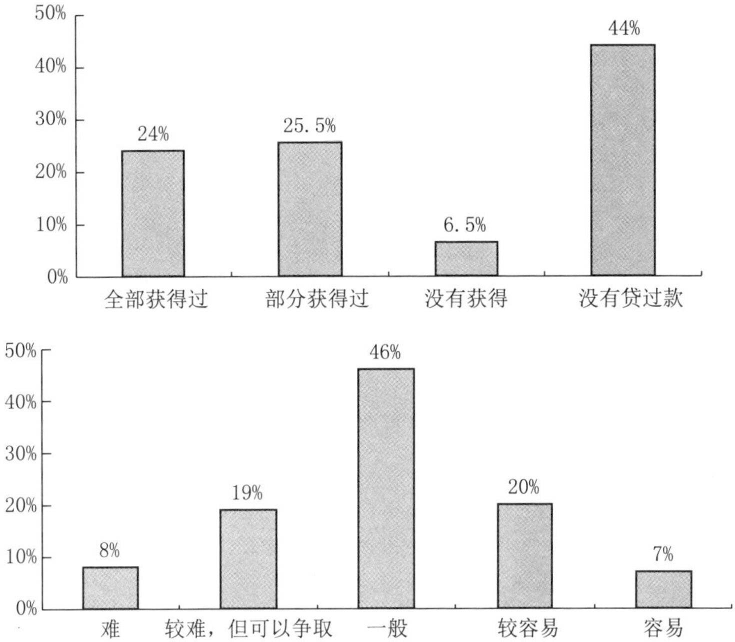

图 7-8　企业银行贷款情况与难易程度

样本企业认为融资难的原因中，觉得贷款成本高的占46%，认为贷款手续烦琐的占36%，抵押品要求高的占27.5%，感到作为中小企业

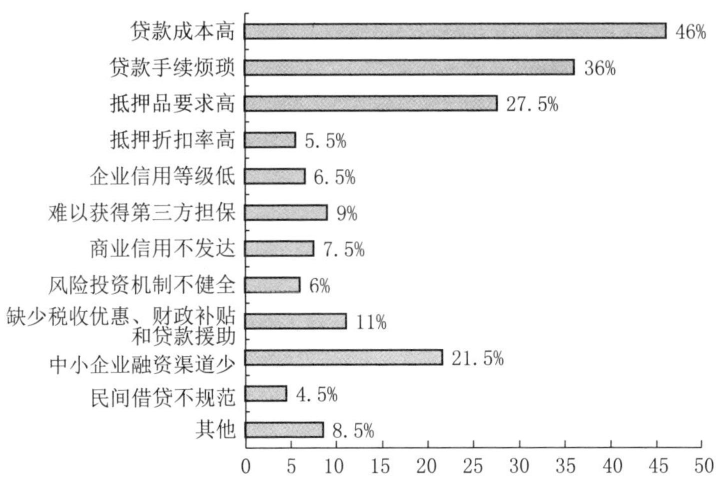

图 7-9　企业融资难的原因

融资渠道少的占21.5%，认为缺少税收优惠、财政补贴和贷款援助的占11%，认为难以获得第三方担保的占9%，部分认为风险投资机制不健全、抵押折扣率高、民间借贷不规范等原因也造成了企业融资困难。

第二节　浦东政府服务环境

政府服务环境是营商环境的重要基础，是影响营商效率和竞争力的关键因素。近年来，浦东新区政府服务环境优化已取得明显成效，尤其是聚焦减时间、减环节、减费用，推出了一系列大力度的营商环境改革专项行动，大幅提高了市场主体的营商便利度，在全球营商环境评价中取得显著进步。

一、缴纳税款方面

问卷关于“缴纳税款”的指标数据包括：公司缴税次数、公司纳税所需时间、总税率（占商业利润的百分比）以及纳税实务流程评价四个方面的原始数据，并对其进行评价分析，每年缴税次数越少、办理时间越短、总税费越低，则表示政府越高效、开办企业盈利越多。调查结果显示，75.19%的样本企业纳税所需时间在50小时以内，18.05%的样本企业需要51—100小时，仅有6.76%的样本企业纳税所需时间在100小时以上。在缴纳税款时间方面，排名第一的迪拜仅为12小时，浦东相对来说与排名靠前的全球城市尚有差距。样本企业纳税次数分布较为平均，中位数在10次左右，相较于香港的3次与新加坡的5次、排名最后的东京的30次，上海浦东新区在缴纳税款次数方面具有一定的优势。在缴纳税款总税率方面，样本企业情况差异较大，47.17%的样本企业缴纳税款的总税率占商业利润的10%及以下，而另有10.38%的样本企业这一比例达到了50%以上，这一项目排名前三的迪拜、新加坡、中国香港企业平均法定税费占样本企业税前利润的比例分别为15.9%、20.6%和22.9%。

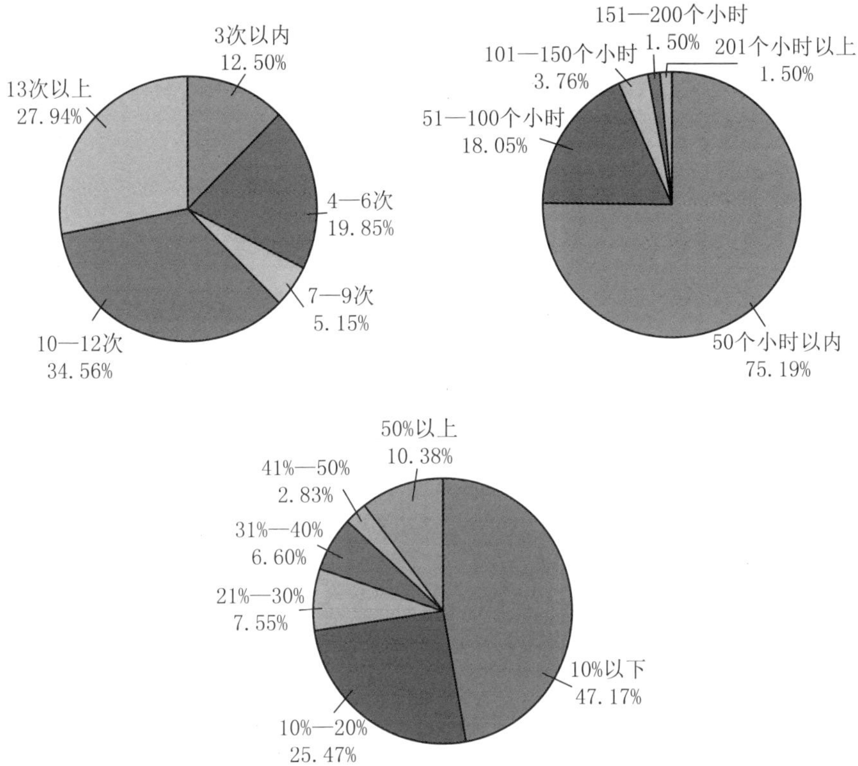

图7-10　样本企业缴税次数、公司纳税所需时间、法定税费占企业税前利润的比例

根据调查结果，11.5%的样本企业缴纳了法定税费之外的其他摊派，另有24.5%的企业表示“不好说”。绝大多数被调查样本企业（95.5%）对税务部门办事效率和服务态度较为满意。笔者认为，浦东新区在积极打造社会主义现代化建设引领区的进程中，利用好升级扩围的税收优惠政策，积极推进税制改革创新，通过企业所得税减免、进口环节税收减免、增值税优惠等鼓励技术创新，推进高水平开放，服务构建新发展格局。

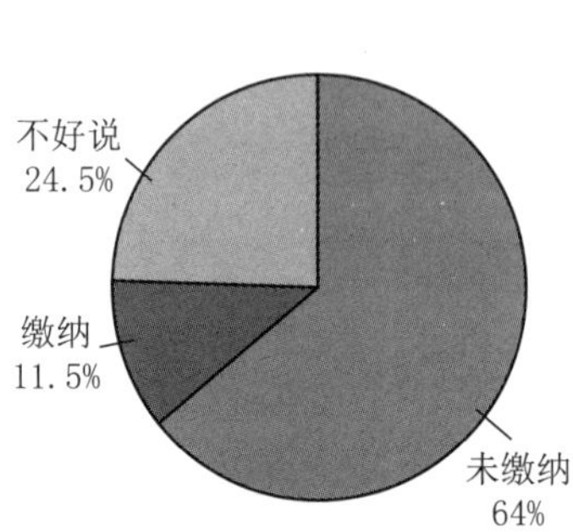

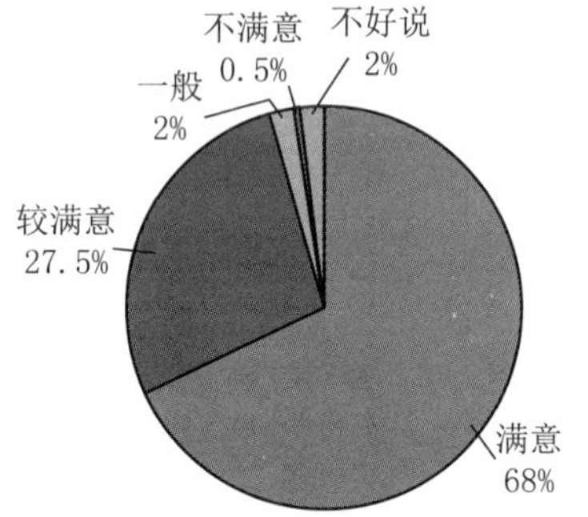

图 7-11　除税费外摊派情况、税务服务满意度

二、扶持政策与行政服务

近年来，尤其是2020年疫情暴发以来，浦东新区积极支持企业应对疫情带来的生产经营困难，缓解企业资金压力，尤其是面向战略性新兴企业出台了系列财政扶持政策。根据调查结果，样本企业了解扶持政策的渠道较为多元，主要依靠政府部门传送（73.5%）、政府网站（48%）、网络平台和网络媒体（40.5%）、工商联开会（23.5%）、社区或者街道办有关部门传送途径（20%）。样本企业中40%的企业认为获取扶持政策和投资信息边界有效，35.5%的企业认为较为便捷，值得注意的是近21%的企业认为便捷程度一般。

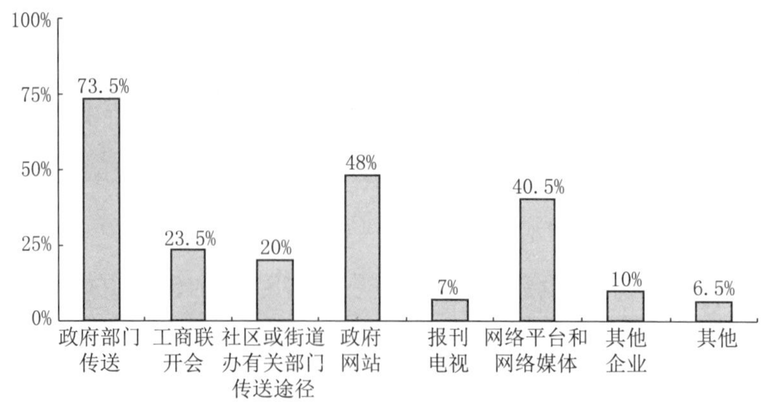

图 7-12　企业了解扶持政策的主要渠道

根据调查结果，没有提出过享受扶持政策申请的样本企业占比44%，53% 的企业没有提出申请的主要原因在于不了解政策，这说明多样化的政策宣传并没有达到应有效果，政策传达并不到位、有效。另有14% 的样本企业认为扶持政策对企业帮助不大，20% 的样本企业认为审核条件严苛、过程烦琐。

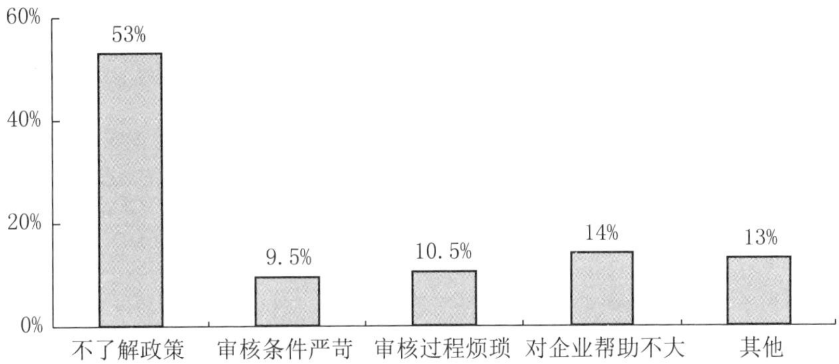

图 7-13　样本企业不申请政策扶持的主要原因

根据调查结果，36% 的调查样本企业从未享受过扶持政策。另有4.5% 的样本企业认为扶持政策条件过高很难享受，在近 60% 享受过扶持政策的样本企业中存在 1.5% 的企业虽然享受过，但是受到了拖延或

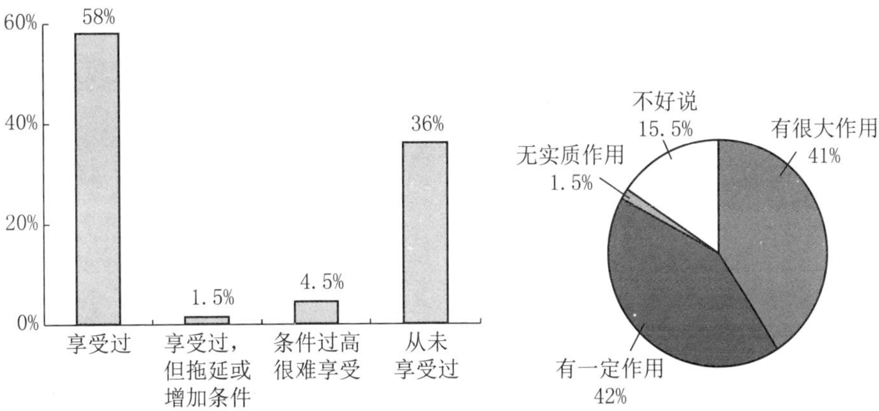

图 7-14　样本企业享受扶持政策的情况与政策评价

增加条件。样本企业在调查中对企业扶持政策评价较高，41% 的样本企业认为有很大作用，42% 的样本企业认为具有一定作用。

近年来，浦东新区为深入贯彻党的十九大关于建设人民满意的服务型政府的要求，坚持以人民为中心的发展思想，适应政府管理和服务现代化发展需要，“刀刃向内”自我革命、提升放管服能力，提升群众和企业获得感。根据调查结果，62% 的样本企业满意政府部门办事效率和服务态度，33.5% 的样本企业表示较为满意。

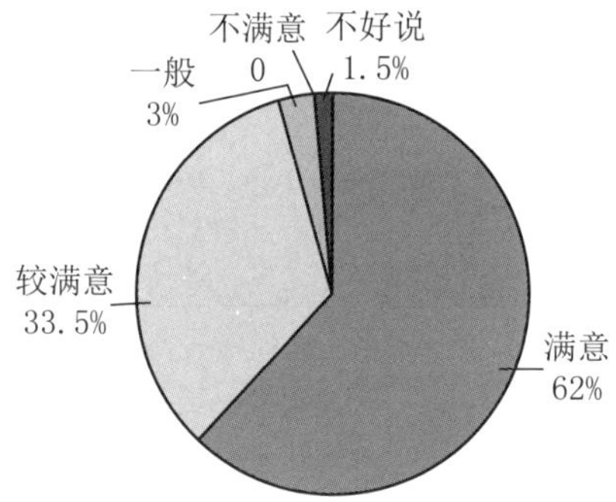

图 7-15　政府部门办事效率、服务态度满意度

浦东新区近年来政务公开标准化规范化建设，全面推进决策公开、执行公开、管理公开、服务公开、结果公开全覆盖，让公开成为自觉、

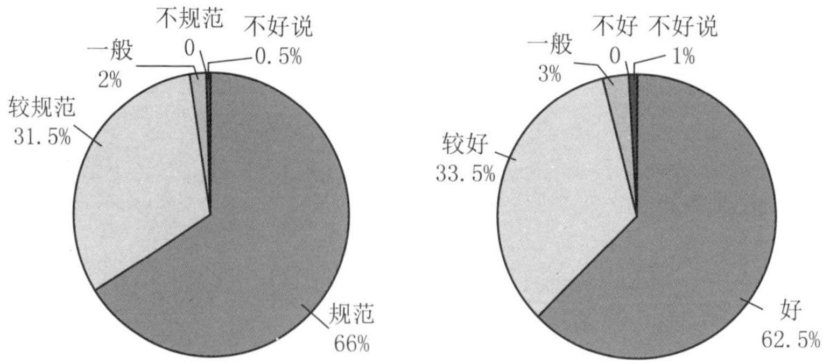

图 7-16　样本企业对政府部门办事流程规范性、政府部门信息公开的评价

透明成为常态。66%的受调查样本企业认为政府部门办事流程规范，31.5%的企业认为较为规范，96%的样本企业对政府信息公开评价较好，说明全面推进“一网通办”加快建设智慧政府取得了切实的改革成效。

第三节　浦东市场法治环境

市场法治环境是影响企业投资、经营以及退出等环节的重要方面，是营商环境的重要组成部分。良好的市场法治环境有利于稳定企业预期，降低企业风险，维护企业权益，是增强国家或城市营商环境吸引力的重要支撑。浦东新区以上海自贸试验区为战略平台，围绕打造国际一流的法治化营商环境率先进行探索，勇当标杆、敢为闯将，在国家和上海的大力支持下，坚持以制度创新为主线，始终在法治的轨道上推进各项改革，充分发挥法治在推进营商环境建设中的引领、规范和保障作用，用健全的制度体系构建良好的营商环境，开创了新时代探索如何处理“重大改革于法有据”与“法治引领重大改革”的生动实践。

本次“执行合同”的题项包括解决商业纠纷的时间、解决商业纠纷的成本（占债务）两个指标。解决商业纠纷的时间越短，解决商业纠纷的成本越低，则越有利于企业在这个城市长期发展，表明城市有优良的可持续发展的营商环境。调查数据显示，52.38%的样本企业从提起诉讼到实际付款期间的时间（包括提交和服务案件的时间、审判和获得判决的时间、执行判决的时间）不到150天，38.1%的样本企业需要150—300天时间，9.52%的样本企业所需时间大于450天。国际上执行合同时间的最优参照为新加坡创造的120天，在缩短争端解决时间上对标国际最优水平还有相当空间需要提升。

55% 的样本企业在司法程序解决争端所需的会计成本（包括律师费用、庭审费用、执行费用）占索赔额 5% 以内，25% 的样本企业会计成本占索赔额 6%—10%，15% 的样本企业会计成本超出索赔额 20%。国际上司法程序解决争端所需的金钱成本的最优参照为不丹创造的 0.1%，对标国际最优水平，上海在降低执行合同成本上还有相当大的空间需要提升。

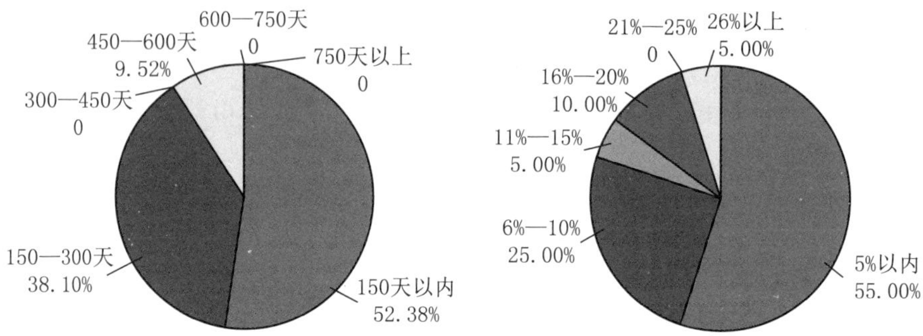

图 7-17　执行合同成本、时间

根据调查结果，被调查样本企业在法治环境各类因素中，最为看重的是立法公开（52.94%）、执法程序规范（47.06%）、判决执法力度（47.06%）与法律监管机制公正（38.24%）。

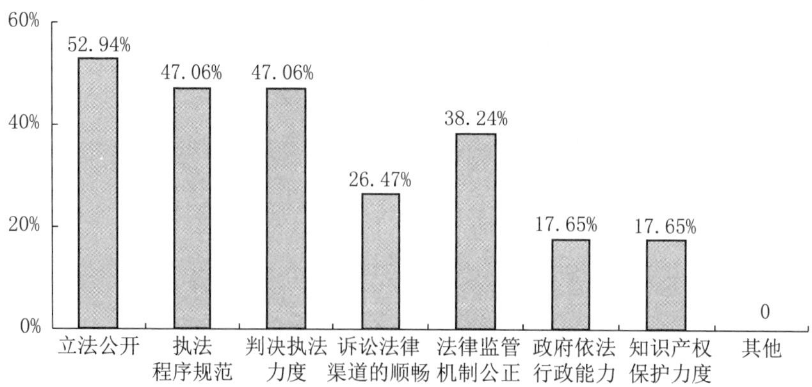

图 7-18　样本企业最为看重的法治环境因素

值得重视的是，根据调查，仅35.29%的样本企业认为当企业财产权、经营权等权益受到侵害时，能全部得到有效的法律保护，61.76%的样本企业认为多数能得到。大多数样本企业（94.11%）对政府依法行政评价较高。

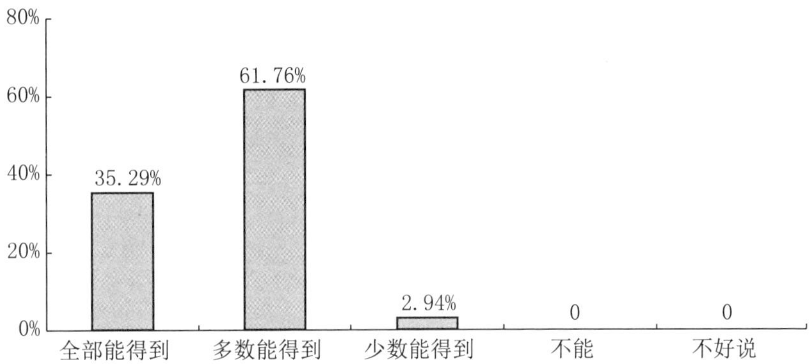

图7-19 法律保护感受度评价

第八章　上海嘉定区营商环境优化研究报告

本次调查实施过程中，嘉定区共有182家样本企业参与本次问卷调查，其中民营企业占比79.67%，样本企业行业以制造业（51.1%）、批发和零售业（13.19%）与信息传输、软件和信息技术服务业（9.34%）为主，样本企业成立时间在15年以上的占36.81%，1年—5年、6年—10年分别在18.68%与25.27%，近一半（44.51%）为劳动密集型企业，近四成（41.21%）为知识技术密集型企业，以员工人数在10—50人（35.16%）、101—500人（29.67%）的小型企业（49.45%）与微型企业（29.67%）为主。

党的十八大以来，我国高度重视营商环境的优化提升。2019年嘉定区召开进一步优化营商环境工作会议，并新增10项优化营商环境举措。为深入贯彻习近平总书记“上海要瞄准最高标准、最高水平，打造国际一流营商环境”的总体要求，全面落实《上海市全面深化国际一流营商环境建设实施方案》工作任务，大力提升嘉定城市能级和核心竞争力，依据《上海市全面深化国际一流营商环境建设实施方案》和《2020年上海市深化“一网通办”改革工作要点》（沪委办〔2020〕12号），嘉定区结合实际制定了2020年嘉定区优化营商环境工作要点。本章将根据问卷调查结果从投资贸易环境、政府服务环境与市场法治环境三方面分析嘉定区营商环境企业感受度现状。

第一节　嘉定投资贸易环境

投资和贸易是企业开展经营活动的重要环节，投资贸易便利度和开放度是营商环境的重要内容。近年来，嘉定区主动对标世界银行《营商环境报告》的评价方法及指标，对照全球最佳实践，实施了以精简企业办事全流程所需的时间、费用，提升营商效率为重点的系列改革，取得了明显成效，有效提升了投资贸易便利化程度，大力优化了投资贸易环境。

一、开办企业方面

本次调查中“开办企业”的题项包括开办企业所需的手续、开办企业的天数和需要“跑”行政服务中心的次数三项指标。办事手续越少，时间越短，次数越少则表示政府越高效，开办企业越便捷，表明地区已经拥有良好的营商环境，对企业的吸引力越大。

调查结果显示，从开办企业手续个数上看，38.85% 的样本企业开办

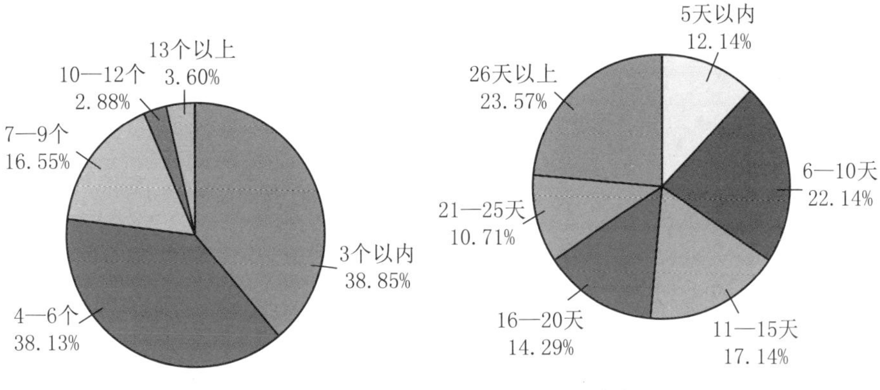

图 8-1　开办企业所需办理的手续数与所花费的时间

仅需办理 3 个以内的手续，38.13% 的样本企业开办需要办理 4—6 个手续，16.55% 的样本企业开办需要办理 7—9 个手续，而 2.88% 的企业开办需要办理 10 个以上的手续。根据世界银行《2020 营商环境报告》，排名前三的新加坡、香港和迪拜所需手续办理时间均为 2 个月，悉尼、巴黎、纽约、洛杉矶、东京与阿姆斯特丹等城市办理手续均在 8 个月以内。在开办企业手续上，嘉定区已经取得了很大的进步，与其他城市大致保持在同一水平。

从开办企业时间来看，样本企业开办企业花费时间在“26 天以上”占样本总数的 23.57%，仅 34.29% 的样本企业在 10 天内开办。排名第一的新加坡和香港开办企业所需时间仅为 1.5 天，迪拜、悉尼、伦敦、阿姆斯特丹等城市都能在 5 天内开办完毕，最末的东京为 11.5 天。因此，从开办企业所需时间方面看，嘉定区营商环境亟待进一步改进。

2019 年以来，嘉定区通过推进“一网通办”提升审批效率，各职能部门简化审批环节，各街镇、委办局通过各类技术手段逐步推行“不见面审批”，调查数据显示 15.60% 的事项做到“只跑一次”，说明嘉定区“一网通办”改革取得了一定的成绩，需继续深化“一网通办”改革。

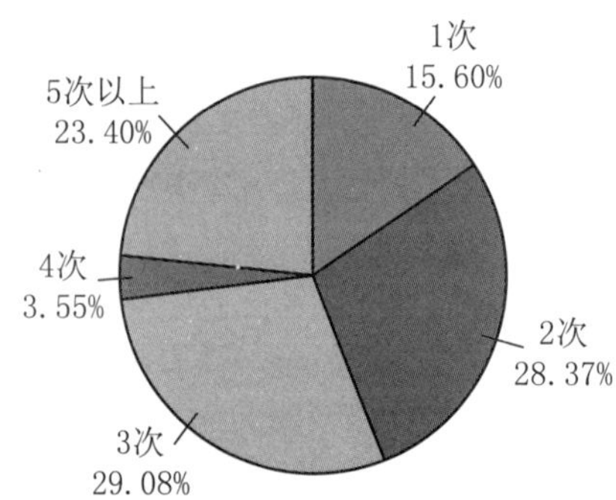

图 8-2　开办企业需要“跑”行政服务中心次数

二、办理施工许可方面

本次调查中“办理施工许可”的题项包括房屋建筑开工前所有手续办理程序、房屋建筑开工前所有手续办理时间两项指标。办事手续越少，时间越短，成本越低则表示政府越高效，开办企业进展越快。

调查数据显示，嘉定区49.28%的样本企业在房屋建筑开工前仅需办理5个以内的手续，27.54%的样本企业需要6—10个手续，8.70%的样本企业需要11—15个手续，仅2.9%的样本企业需要21个以上的手续（如图8-3）。根据世界银行报告，在此项领先的伦敦、巴黎和新加坡均为近10个手续。可以发现，在办理施工许可方面，嘉定区取得了长

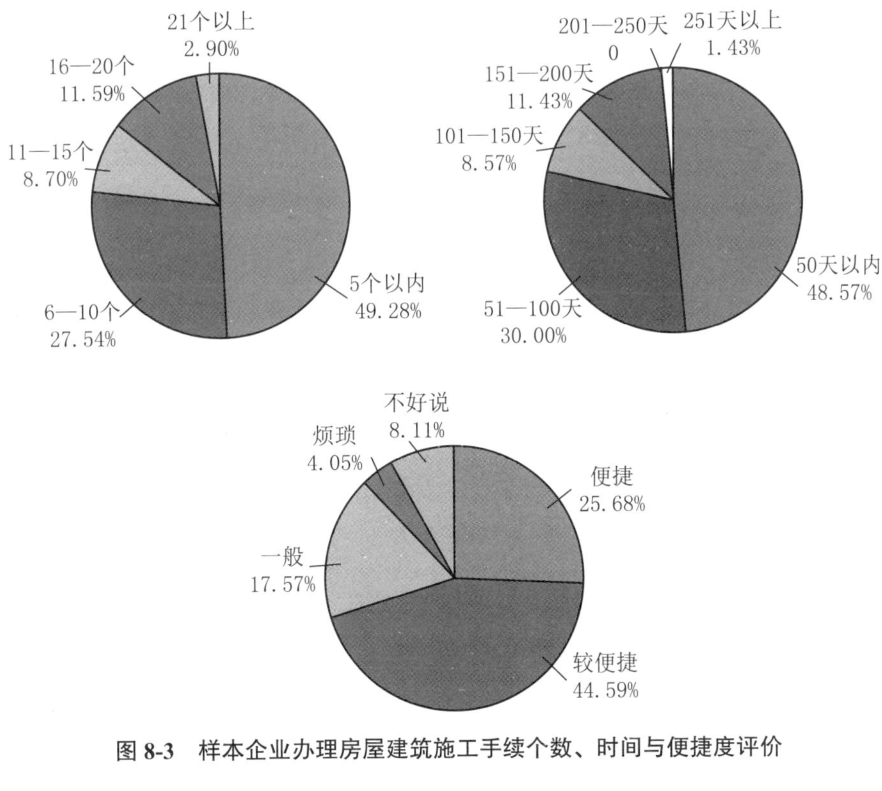

图8-3　样本企业办理房屋建筑施工手续个数、时间与便捷度评价

足的进步，已处于世界城市领先水平。在办理施工时间方面，48.57% 的样本企业可以在 50 天内办理完成房屋建筑开工前所有手续，有半数（51.43%）企业办理完结在 50 天以上，嘉定区相较于排名前三的新加坡（41 天）、迪拜（50.5 天）、洛杉矶（68 天）差距在慢慢缩小。同时，70.27% 的被调查企业认为办理建筑施工许可较为便利，说明嘉定区关于优化施工许可营商环境建设取得了较明显的改革成效。

三、获得电力方面

获得电力的指标从接入电网手续、办理接入电网的时间和便捷度进行评价。手续个数越少、时间越短、便捷度评价越高表示电力获得越便捷，整体运营成本越低，表明嘉定区在企业获取和使用电力方面具有优势。调查结果显示，79.52% 的样本企业能够在 30 天内完成办理接入电网手续，仅 8.43% 的样本企业需要 60 天以上时间。从获取电力的时间看，排名前三的迪拜、香港、新加坡分别为 10 天、24 天和 30 天，排名后三名的东京、阿姆斯特丹、洛杉矶为 105 天、110 天和 134 天。可见嘉定区在获得电力时间上与排名前列的全球城市进一步对标，相对其他

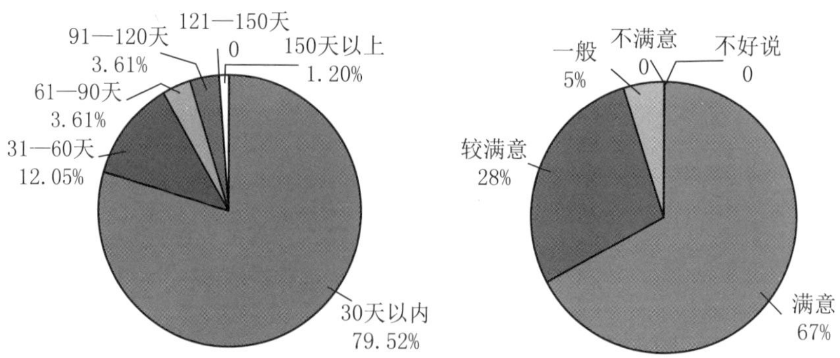

图 8-4　样本企业办理接入电网时间、满意度

国家全球城市具有相当优势。同时，95.51% 的样本企业认为对供电部门较为满意，进一步说明嘉定区积极响应《上海市进一步优化电力接入营商环境实施办法》，以提高客户电力接入“获得感”为目标，取得了切实的改革成效，为用电企业创造了优越的用电环境。

四、登记财产方面

本次调查中“财产登记”的题项包括产权转移登记所需程序、产权转移登记所需时间两项指标。办事手续越少，时间越短表示政府效率越高。根据调查结果，65.88% 的样本企业办理财产转移登记仅需 5 个以内的程序，22.35% 的样本企业需要办理 6—10 个程序，其余 11.76% 的企业需要办理 10 个以上的程序。财产登记项目排名第一名的城市为迪拜，其所需手续为 2 个，东京、伦敦、新加坡和巴黎所需手续分别为 6 个、6 个、6 个、8 个，可见嘉定区在登记财产手续方面具备一定优势。

54.12% 的样本企业能够在 10 天以内办理完成财产转移登记，21.18% 的样本企业需要 11—20 天，24.71% 的样本企业需要 20 天以上

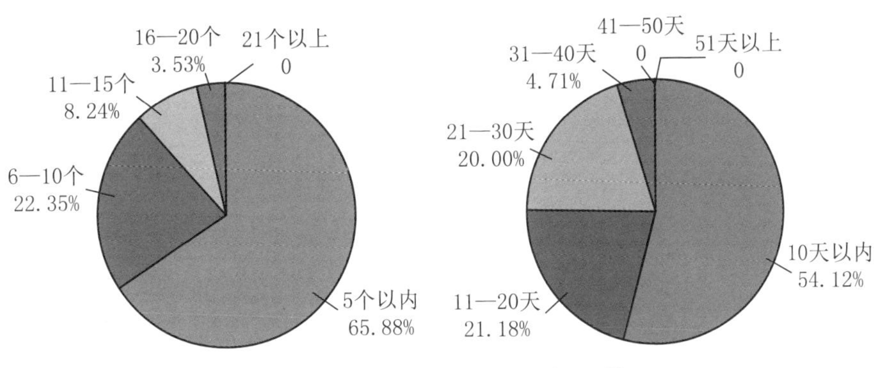

图 8-5　财产登记办理程序、办理时间

的办理时间。从登记财产天数来看，嘉定区与排名前两名的迪拜（1.5 天）和阿姆斯特丹（2.5 天）有一定的差距，但是相比伦敦（21.5 天）、香港（27.5 天）、巴黎（42 天），具有一定的优势。

五、获得信贷方面

本次调查中“获得信贷”的题项包括企业办结不动产抵押登记所需时间、申请融资担保年收费率以及权益保障、信用信息系统建设评价等指标。抵押登记时间越短、融资担保成本越低，信用信息系统建设评价越高则说明企业获得信贷难度越低，越有利于企业健康发展。

根据调查结果，办结不动产抵押登记所需时间在“半个工作日”的样本占比为 35.71%，时间在“1 个工作日”的样本企业占比为 27.14%，剩下的“2 个工作日”及以上的样本企业占比在 37.15%；同时，55.38% 的样本企业申请的融资担保年收费率在 1% 以内，年收费率为“1%—2%”“2%—3%”“3%—4%”“4%—5%”“5% 以上”的样本比例均低于 13%，相较于其他全球城市具有相当优势。

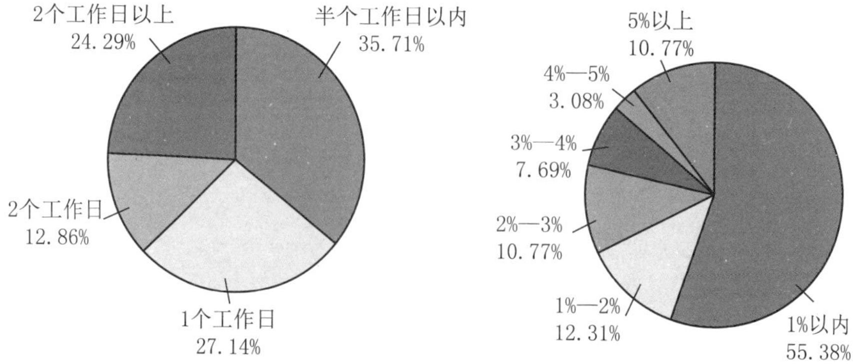

图 8-6　不动产抵押登记所需时间、融资担保年收费率

从企业对权益保障与信用信息系统建设评价来看，90.41% 的样本企业认为嘉定动产抵押登记已经具备较高的信息化水平，91.89% 的样本企业认为嘉定各项动产担保权益登记系统统一、规范，97.34% 的样本企业认为担保协议 / 合同具有充分的法律效力，95.05% 的样本企业认为嘉定政策性融资担保体系完善。说明嘉定动产登记的信息化水平与政策性融资担保体系建设有待进一步完善与强化。

六、融资途径方面

问卷结果显示，嘉定区被调查的 182 家样本企业中，在融资方式上通过企业内源融资（自身积累）占总数的 42.86%，其次是国有银行贷款占比 31.32%，地方性商业银行贷款占比 11.54%，以风险投资形式融资的创新型企业仅占 6.59%，采用小额贷款公司、担保公司等融资渠道的企业仅占 3.3%（如图 8-7）。可见嘉定区企业融资基本依靠自身积累和银行流动资金贷款方式，融资渠道相对单一，不利于企业快速发展壮大。

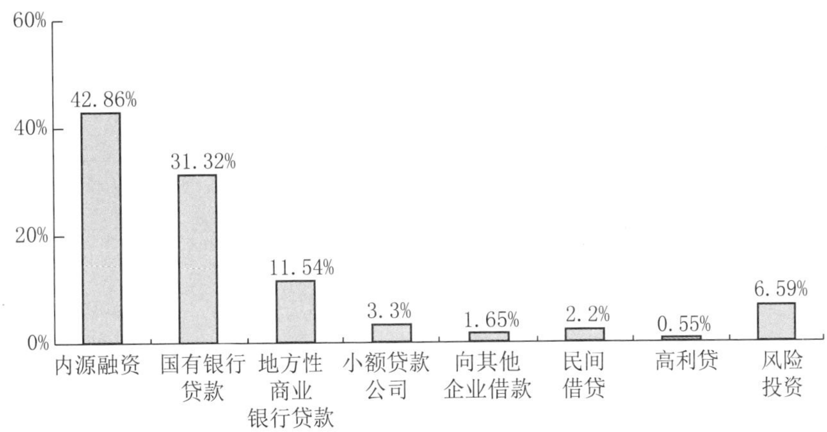

图 8-7 样本企业融资渠道

近三年来，样本企业从银行申请贷款全部获得的占调查总数的 19.78%，部分获得的占 32.42%，没有获得贷款的占 8.24%。并且有 29.12% 的企业表示从银行获得贷款较难。说明企业从银行贷款还是存在难度，尤其是初创企业在嘉定找到合适的投资不容易。

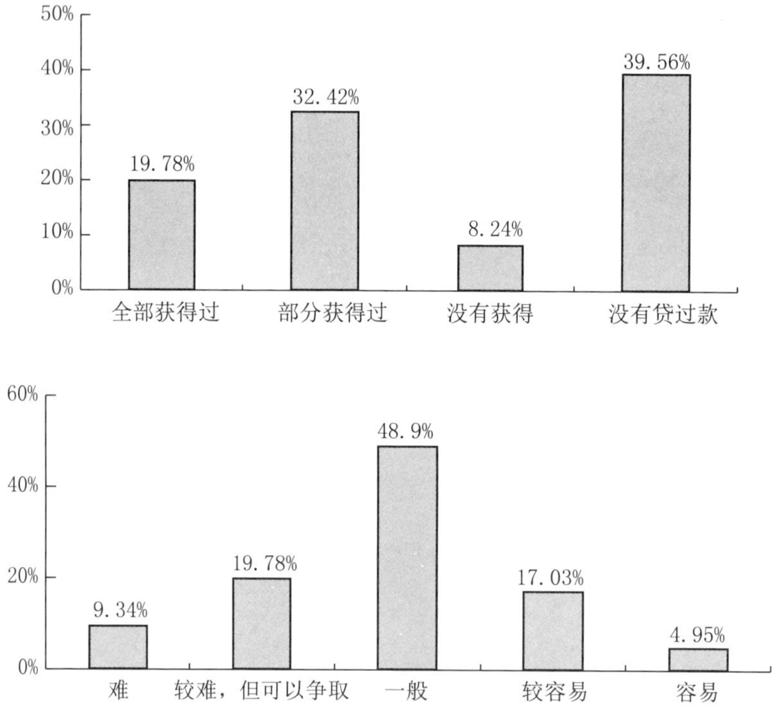

图 8-8　样本企业银行贷款情况与难易程度

样本企业认为融资难的原因中，觉得贷款成本高的占 48.9%，认为贷款手续烦琐的占 37.91%，抵押品要求高的占 26.92%，感到作为中小企业融资渠道少的占 15.38%，认为企业信用等级低的占 10.44%，认为缺少税收优惠、财政补贴和贷款援助的占 9.34%，认为难以获得第三方担保的占 6.04%，部分认为风险投资机制不健全、抵押折扣率高、民间借贷不规范等原因也造成了企业融资困难（如图 8-9）。

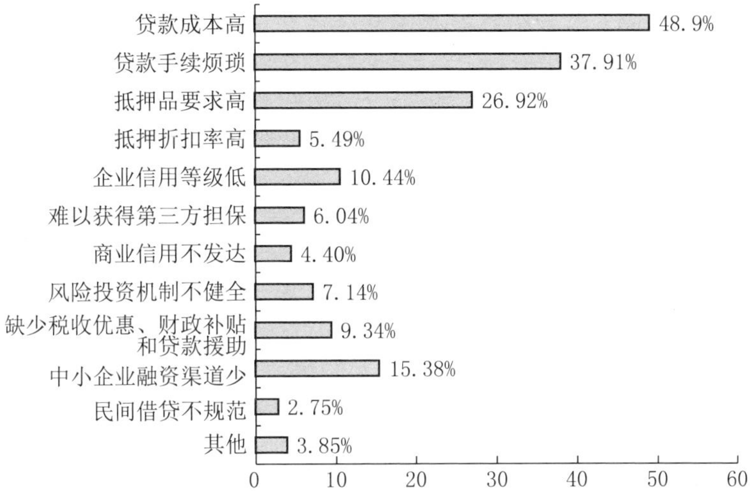

图 8-9　样本企业融资难的原因

第二节　嘉定政府服务环境

政府服务环境是营商环境的重要基础，是影响营商效率和竞争力的关键因素。近年来，嘉定区政府服务环境优化已取得明显成效，嘉定全区上下提高思想认识，强化任务担当，坚持问题导向，坚持服务企业为上，不断提高服务水平和服务效能，推出了一系列大力度的营商环境改革专项行动，大幅提高了市场主体的营商便利度，在全球营商环境评价中取得显著进步。

一、缴纳税款方面

问卷关于“缴纳税款”的指标数据包括公司缴税次数、公司纳税所需时间、总税率（占商业利润的百分比）以及纳税实务流程评价四个方面的原始数据，并对其进行评价分析，每年缴税次数越少、办理时间越短、总税费越低，则表示政府越高效、开办企业盈利越多。调查结果显示，81.03% 的样本企业纳税所需时间在 50 小时以内，10.34% 的样本企业需要 51—100 个小时，仅有 8.62% 的企业纳税所需时间在 100 个小时以上。在缴纳税款时间方面，排名第一的迪拜仅为 12 个小时，上海市嘉定区相对来说与排名靠前的全球城市尚有差距。样本企业纳税次数分布较为平均，中位数在 10 次左右，相较于香港的 3 次与新加坡的 5 次、排名最后的东京的 30 次，嘉定区在缴纳税款次数方面具有一定的优势，但仍有进步空间。在缴纳税款总税率方面，样本企业情况差异较大，51.46% 的样本企业缴纳税款的总税率占商业利润的 10% 及以下，而另

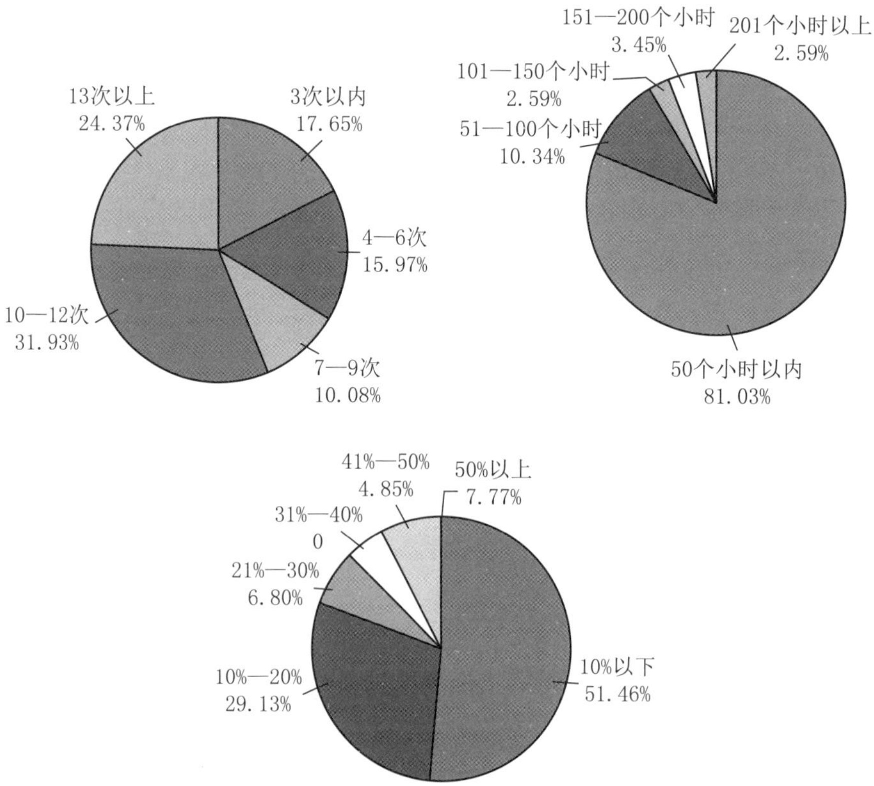

图 8-10　样本企业缴税次数、公司纳税所需时间、法定税费占企业税前利润的比例

有 7.77% 的企业这一比例达到了 50% 以上，这一项目排名前三位的迪拜、新加坡、中国香港样本企业平均法定税费占企业税前利润的比例分别为 15.9%、20.6% 和 22.9%。

根据调查结果，15.38% 的样本企业缴纳了法定税费之外的其他摊派，另有 16.48% 的样本企业表示“不好说”。绝大多数样本企业（95.05%）对税务部门办事效率和服务态度较为满意。笔者认为，嘉定区在积极打造社会主义现代化建设引领区的进程中，利用好升级扩围的税收优惠政策，积极推进税制改革创新，通过企业所得税减免、进口环节税收减免、增值税优惠等鼓励技术创新，推进高水平开放，服务构建新发展格局。

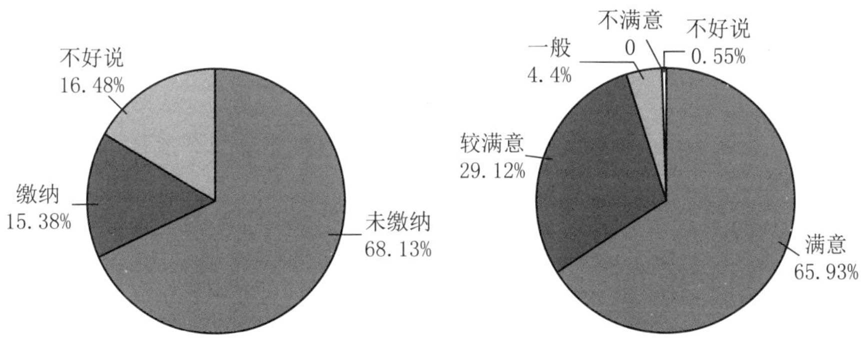

图 8-11　除税费外摊派情况、税务服务满意度

二、扶持政策与行政服务

近年来，尤其是 2020 年新冠肺炎疫情暴发以来，嘉定区积极支持企业应对疫情带来的生产经营困难，缓解企业资金压力，尤其是面向战略性新兴企业，出台了系列财政扶持政策。根据调查结果，企业了解扶持政策的渠道较为多元，主要依靠政府部门传送（75.82%）、政府网站

（37.91%）、社区或者街道办有关部门传送途径（29.12%）、网络平台和网络媒体（27.47%）、工商联开会（26.37%）。39.01% 的样本企业认为较为便捷，值得注意的是 21.98% 的企业认为便捷程度一般。

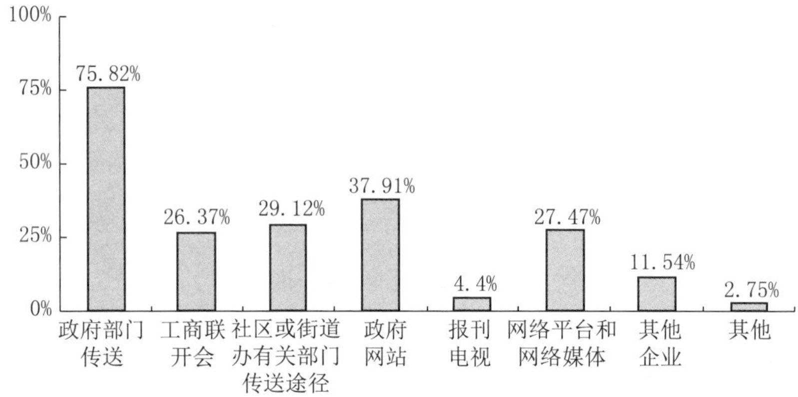

图 8-12　样本企业了解扶持政策的主要渠道

根据调查结果，没有提出过享受扶持政策申请的样本企业占比 32.97%，51.1% 的样本企业没有提出申请的主要原因在于不了解政策，这说明多样化的政策宣传并没有达到应有的效果，政策传达并不到位、有效。另有 10.44% 的样本企业认为扶持政策对企业帮助不大，17.58% 的样本企业认为审核条件严苛，6.56% 的样本企业认为过程烦琐。

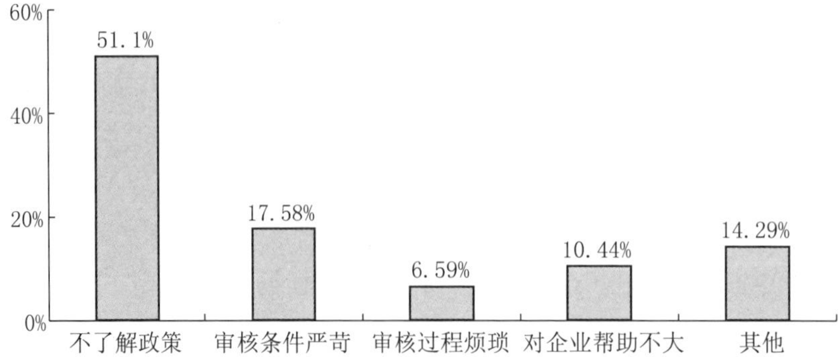

图 8-13　样本企业不申请政策扶持的主要原因

根据调查结果，28.02% 的样本企业从未享受过扶持政策。另有 7.69% 的样本企业认为扶持政策条件过高很难享受，在 64.29% 享受过扶持政策的样本企业中存在 2.75% 的样本企业虽然享受过，但是受到了拖延或增加条件。样本企业在调查中对企业扶持政策评价较高，41.76% 的样本企业认为有很大作用，46.7% 认为具有一定作用。

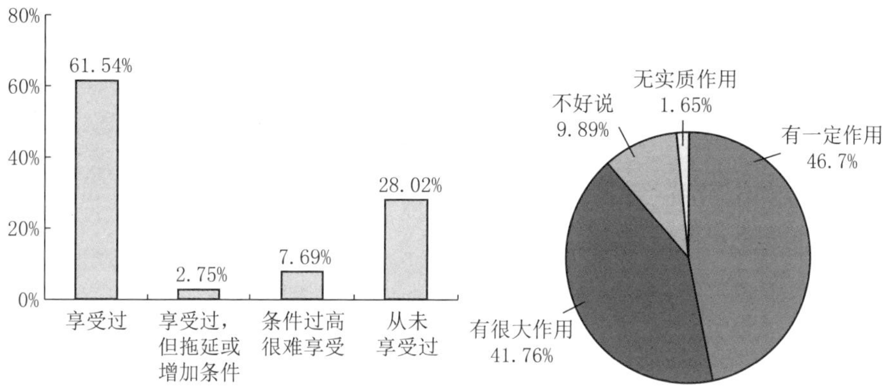

图 8-14　样本企业享受扶持政策的情况与政策评价

近年来，嘉定区为深入贯彻党的十九大关于建设人民满意的服务型政府的要求，坚持以人民为中心的发展思想，适应政府管理和服务现代化发展需要，“刀刃向内”自我革命、提升放管服能力，提升群众和企

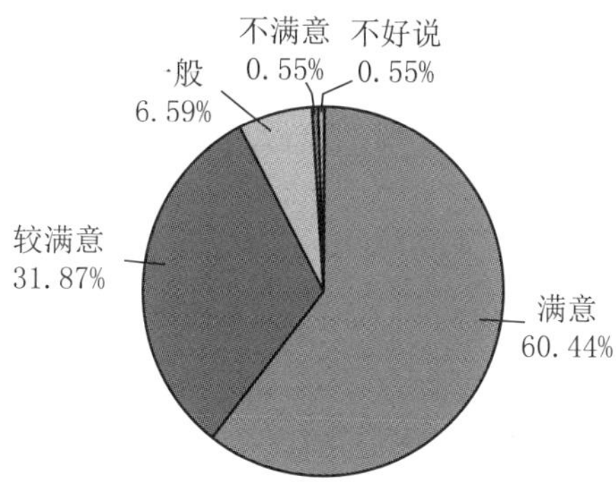

图 8-15　政府部门办事效率、服务态度满意度

业获得感。根据调查结果，60.44% 的样本企业满意政府部门办事效率和服务态度，31.87% 的样本企业表示较为满意。

嘉定区近年来政务公开标准化规范化建设，全面推进决策公开、执行公开、管理公开、服务公开、结果公开全覆盖，让公开成为自觉、透明成为常态。61.54% 的样本企业认为政府部门办事流程规范，34.07% 的样本企业认为较为规范，92.86% 的样本企业对政府信息公开评价较好，说明全面推进“一网通办”加快建设智慧政府取得了切实的改革成效。

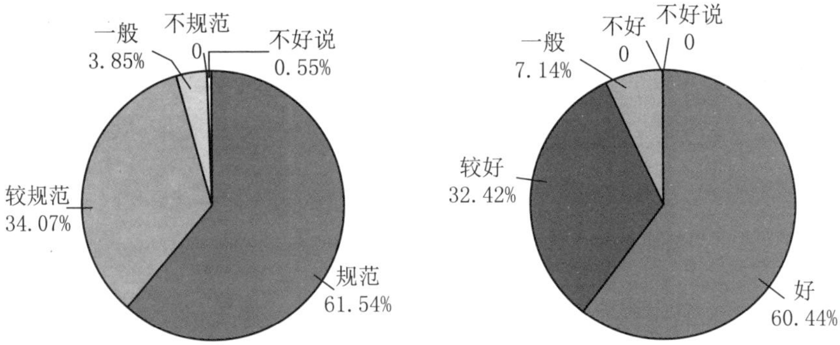

图 8-16　样本企业对政府部门办事流程规范性、政府部门信息公开的评价

第三节　嘉定市场法治环境

市场法治环境是影响企业投资、经营以及退出等环节的重要方面，是营商环境的重要组成部分。良好的市场法治环境有利于稳定企业预期，降低企业风险，维护企业权益，是增强国家或城市营商环境吸引力的重要支撑。近年来，嘉定区以提升效率为核心优化执行合同，进一步完善透明高效的政府采购和招投标制度规范，全面加强对中小投资者的保护，建立公平公正的市场监管体系等举措加强构建法制化、国际化营商环境。

本次调查中“执行合同”的题项包括解决商业纠纷的时间、解决商业纠纷的成本（占债务）两个指标。解决商业纠纷的时间越短，解决商业纠纷的成本越低，则越有利于企业在这个城市长期发展，表明城市有优良的可持续发展的营商环境。调查数据显示，62.5% 的样本企业从提起诉讼到实际付款期间的时间（包括提交和服务案件的时间、审判和获得判决的时间、执行判决的时间）不到 150 天，25% 的样本企业需要 150—300 天时间，6.25% 的样本企业所需时间大于 450 天。国际上执行合同时间的最优参照为新加坡创造的 120 天，在缩短争端解决时间上对标国际最优水平还有相当大的空间需要提升。

72.22% 的样本企业在司法程序解决争端所需的会计成本（包括律师费用、庭审费用、执行费用）占索赔额 5% 以内，22.22% 的样本企业会计成本占索赔额 6%—10%，5.56% 的样本企业会计成本超出索赔额 26%。国际上司法程序解决争端所需的金钱成本的最优参照为不丹创造的 0.1%，对标国际最优水平，嘉定以及上海在降低执行合同成本上还有相当大的空间需要提升。

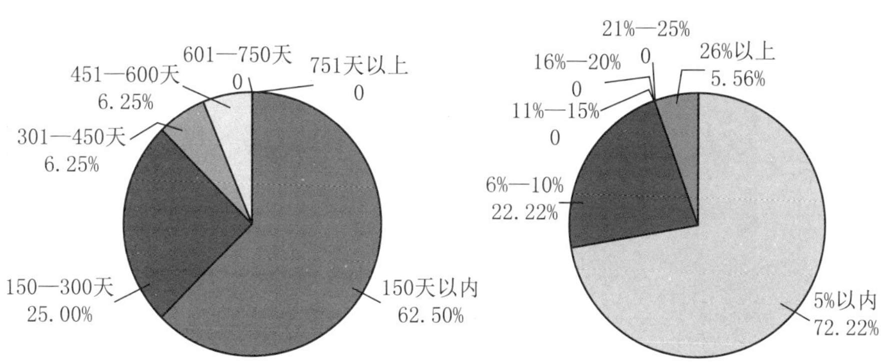

图 8-17　执行合同成本、时间

根据调查结果，被调查样本企业在法治环境各类因素中，最为看重的是执法程序规范（58.06%）、立法公开（54.84%）、判决执法力度（54.84%）与诉讼法律渠道的顺畅（25.81%）。

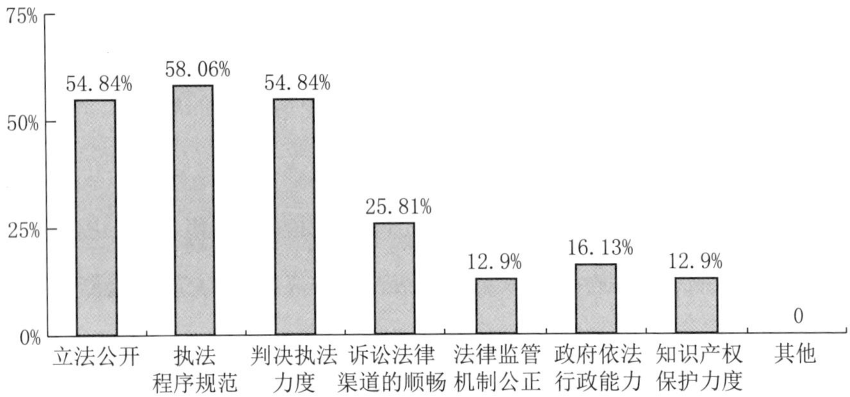

图 8-18　样本企业最为看重的法治环境因素

值得重视的是，根据调查，仅 51.61% 的样本企业认为当企业财产权、经营权等权益受到侵害时，能全部得到有效的法律保护；45.16% 的样本企业认为多数能得到；大多数样本企业（96.77%）对政府依法行政评价较高。

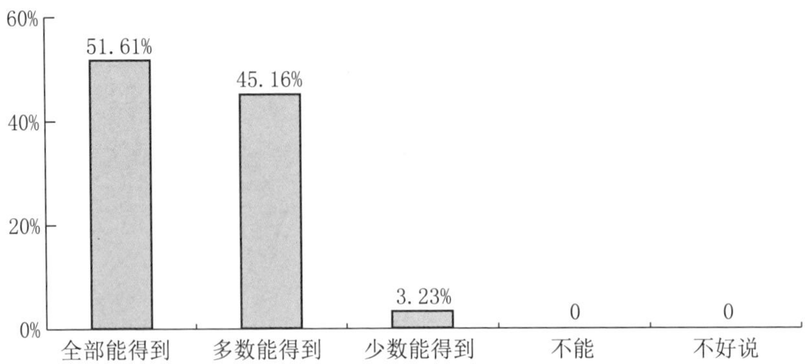

图 8-19　法律保护感受度评价

第九章　上海青浦区营商环境优化研究报告

本次调查实施过程中，青浦区共有46家样本企业参与本次问卷调查，其中民营样本企业占比91.3%，样本企业行业以制造业（28.26%）、建筑业（15.22%）、批发和零售业（8.7%）与信息传输、软件和信息技术服务业（6.52%）为主，样本企业成立时间在15年以上，1年—5年、6年—10年的均占26.09%，11年—15年的占21.74%，超半数样本企业（52.17%）为劳动密集型企业，资源密集型企业和知识技术型企业分别占23.91%、21.74%，以员工人数在10—50人（41.3%）、10人以下（26.09%）的小型样本企业（45.65%）与微型样本企业（34.78%）为主。

党的十八大以来，我国高度重视营商环境的优化提升。在连续三年优化提升营商环境的基础上，2021年青浦区继续发力优化营商环境，打造长三角最具制度竞争力的营商环境，共提出25项重点任务，105条举措。

第一节　青浦投资贸易环境

投资和贸易是企业开展经营活动的重要环节，投资贸易便利度和开放度是营商环境的重要内容。青浦区主动对标世界银行《营商环境报告》的评价方法及指标，对照全球最佳实践，实施了以精简企业办事全流程所需的时间、费用，提升营商效率为重点的系列改革，取得了明显成效，有效提升了投资贸易便利化程度，大力优化了投资贸易环境。

一、开办企业方面

本次调查中“开办企业”的题项包括开办企业所需的手续、开办企业的天数和需要“跑”行政服务中心的次数三项指标。办事手续越少，时间越短，次数越少则表示政府越高效，开办企业越便捷，表明地区已经拥有良好的营商环境，对企业的吸引力越大。

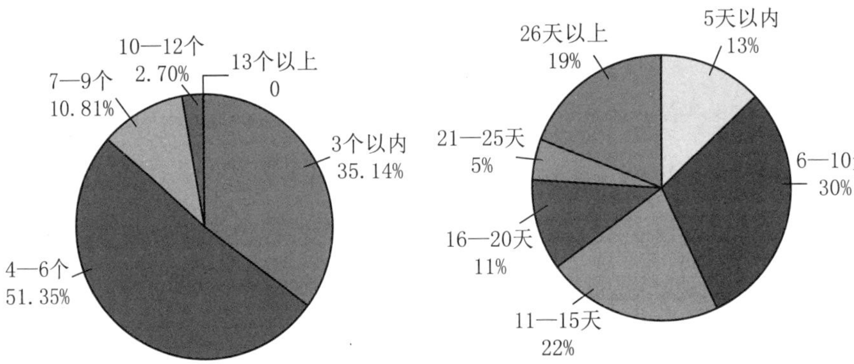

图 9-1　开办企业所需办理的手续数量与所花费的时间

调查结果显示，从开办企业手续个数上看，35.14% 的样本企业开办仅需办理 3 个以内的手续，51.35% 的样本企业开办需要办理 4—6 个手续，10.81% 的企业开办需要办理 7—9 个手续，而 2.7% 的企业开办需要办理 10 个以上的手续。根据世界银行《2020 营商环境报告》，排名前三的新加坡、香港和迪拜所需手续个数均为 2 个，悉尼、巴黎、纽约、洛杉矶、东京与阿姆斯特丹等城市办理手续均在 8 个以内。在开办企业手续上，青浦区已经取得了较大的进步，与其他城市大致保持在同一水平。

从开办企业时间来看，有 43.24% 的样本企业在 10 天内开办。排名第一的新加坡和香港开办企业所需时间仅为 1.5 天，迪拜、悉尼、伦敦、阿姆斯特丹等城市都能在 5 天内开办完毕，排名最后的东京为 11.5 天。因此，从开办企业所需时间方面看，青浦区营商环境亟待进一步改进。

2019 年以来，青浦区在全市率先实施“一网通办”，聚焦“互联网 + 政务服务”不断大胆创新，10.81% 的事项做到“只跑一次”。说明嘉定区“一网通办”改革取得的成就已经渐渐显现，但仍需继续深化“一网通办”改革。

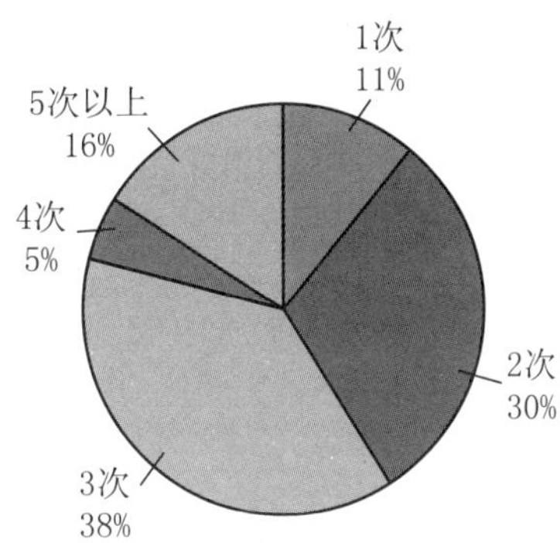

图 9-2　开办企业需要“跑”行政服务中心次数

二、办理施工许可方面

本次调查中“办理施工许可”的题项包括房屋建筑开工前所有手续办理程序、房屋建筑开工前所有手续办理时间两项指标。办事手续越少，时间越短，成本越低则表示政府越高效，开办企业进展越快。

调查数据显示，青浦区 43.48% 的样本企业在房屋建筑开工前仅需办理 5 个以内的手续，30.43% 的样本企业需要 6—10 个手续，17.39% 的样本企业需要 11—15 个手续，仅 4.35% 的样本企业需要 21 个以上的手续。根据世界银行的报告，在此项领先的伦敦、巴黎和新加坡均为近 10 个手续。可以发现，在办理施工许可方面，青浦区取得了长足的进步，已处于世界城市领先水平。在办理施工时间方面，34.78% 的样本企业可以在 50 天内办理完成房屋建筑开工前所有手续，51—100 天的样本企业占 39.13%，还有 26.09% 的样本企业办理完结在 100 天以上，青浦区相较于排名前三的新加坡（41 天）、迪拜（50.5 天）、洛杉矶（68 天）还有一定的差距。同时，52.38% 的样本企业认为办理建筑施工许可较为便利，说明青浦区关于优化施工许可营商环境建设还需进一步深化改革。

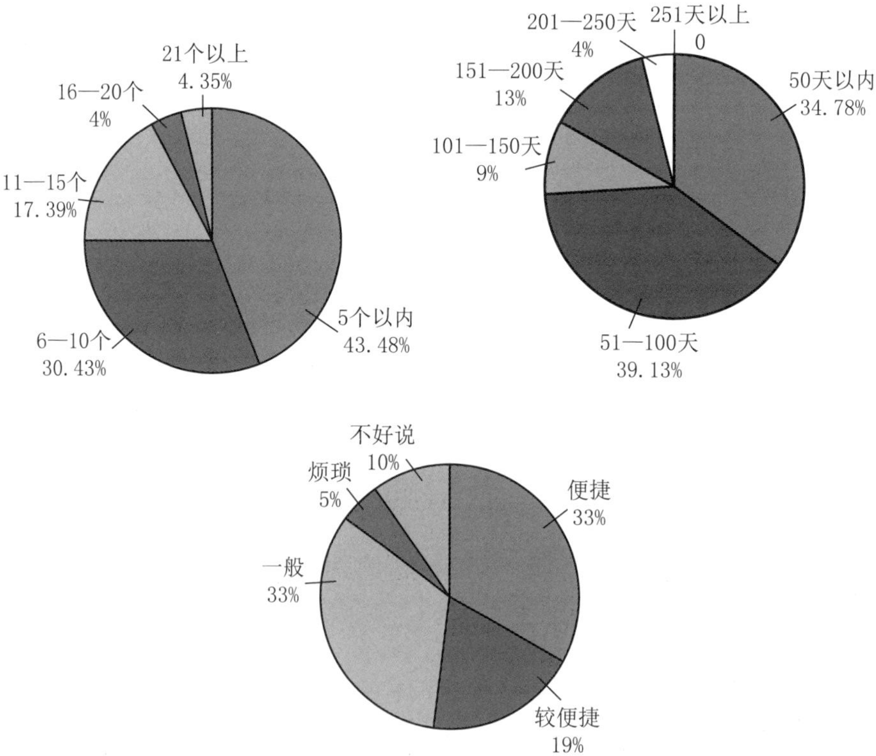

图 9-3　样本企业办理房屋建筑施工手续个数、时间与便捷度评价

三、获得电力方面

获得电力的指标从接入电网手续、办理接入电网的时间和便捷度进行评价。手续个数越少、时间越短、便捷度评价越高表示电力获得越便捷，整体运营成本越低，表明青浦区在企业获取和使用电力方面具有优势。调查结果显示，青浦区 81.82% 的样本企业能够在 30 天内完成办理接入电网手续，18.18% 的样本企业需要 30 天以上时间。从获取电力的时间看，排名前三的迪拜、香港、新加坡分别为 10 天、24 天和 30 天，排名后三名的东京、阿姆斯特丹、洛杉矶为 105 天、110 天和 134 天。可见青浦区在获得电力时间上与排名前列的全球城市进一步对标，相对其他国家全球城市具有相当优势。同时，64% 的样本企业认为对供电部门较为满意，进一步说明青浦区积极响应《上海市进一步优化电力接入营商环境实施办法》，以提高客户电力接入“获得感”为目标，取得了切实的改革成效，为用电企业创造了优越的用电环境。

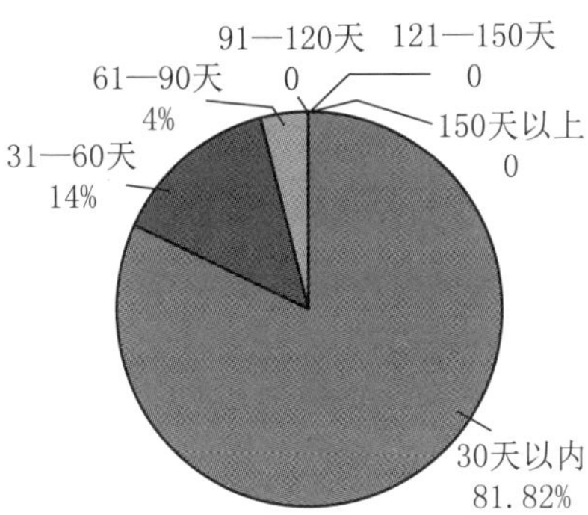

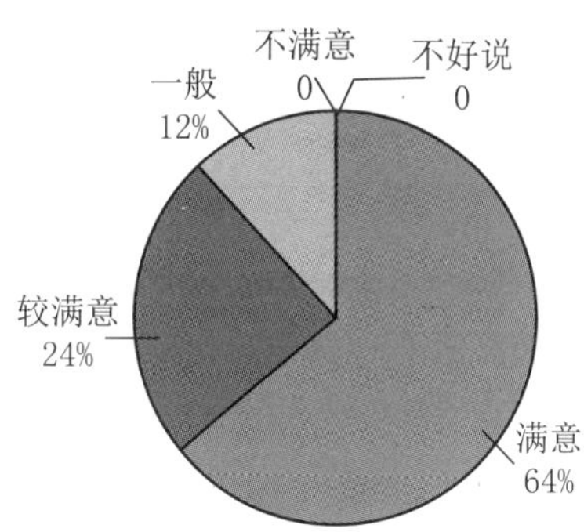

图 9-4　样本企业办理接入电网时间、满意度

四、登记财产方面

本次调查中“财产登记”的题项包括产权转移登记所需程序、产权转移登记所需时间两项指标。办事手续越少，时间越短表示政府效率越高。根据调查结果，48% 的样本企业办理财产转移登记仅需 5 个以内的程序，36% 的样本企业需要办理 6—10 个程序，其余 16% 的企业需要办理 10 个以上的程序。财产登记项目排名第一名的城市为迪拜，其所需手续为 2 个，东京、伦敦、新加坡和巴黎所需手续分别为 6 个、6 个、6 个、8 个，可见青浦区在登记财产手续方面具备一定优势，但仍有进步空间。

44% 的样本企业能够在 10 天以内办理完成财产转移登记，16% 的样本企业需要 11—20 天，还有 40% 的样本企业需要 20 天以上的办理时间。从登记财产天数来看，青浦区与排名前两名的迪拜（1.5 天）和阿姆斯特丹（2.5 天）有比较大的差距，但是与伦敦（21.5 天）、香港（27.5 天）、巴黎（42 天）相当。

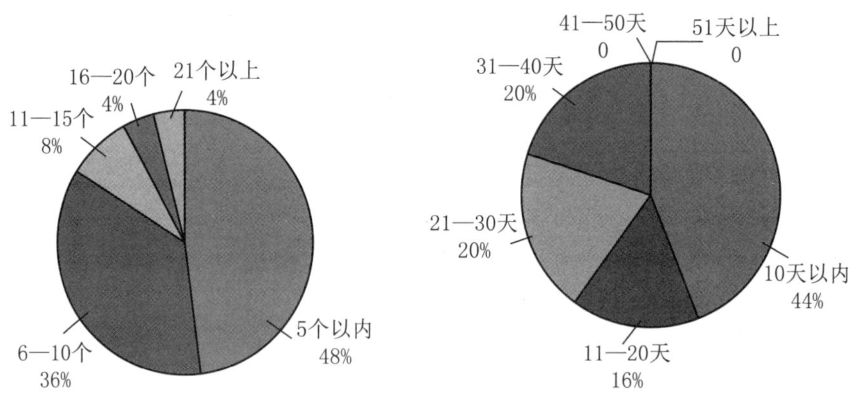

图 9-5　财产登记办理程序、办理时间

五、获得信贷方面

本次调查中“获得信贷”的题项包括企业办结不动产抵押登记所需

时间、申请融资担保年收费率以及权益保障、信用信息系统建设评价等指标。抵押登记时间越短、融资担保成本越低，信用信息系统建设评价越高则说明企业获得信贷难度越低，越有利于企业健康发展。

根据调查结果，18.18%的样本企业办结不动产抵押登记需要2个工作日以上时间，所需时间在“半个工作日”的占样本企业的27.27%，时间在“1个工作日”的样本企业占36.36%、“2个工作日”的样本企业占比均在18.18%；同时，47.37%的样本企业申请的融资担保年收费率在1%—2%，年收费率为“1%以内”“2%—3%”“3%—4%”“4%—5%”“5%以上”的样本比例均低于16%，相较于其他全球城市具有相当优势。

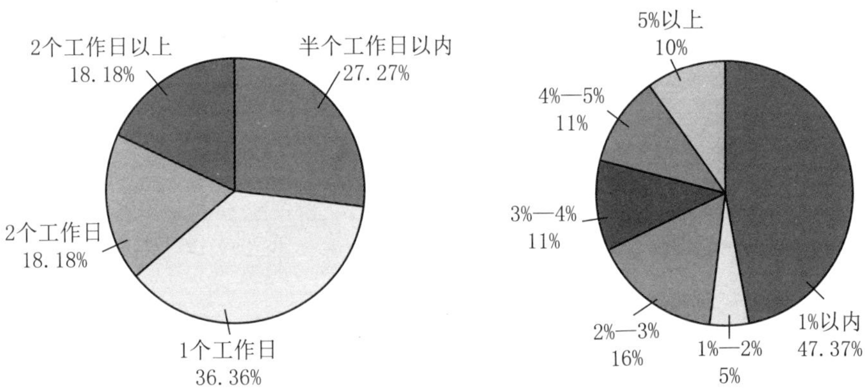

图9-6　不动产抵押登记所需时间、融资担保年收费率

从企业对权益保障与信用信息系统建设评价来看，89.47%的样本企业认为青浦区动产抵押登记已经具备较高的信息化水平，90%的样本企业认为青浦区各项动产担保权益登记系统统一、规范，100%的样本企业认为担保协议/合同具有充分的法律效力，95.65%的样本企业认为青浦区政策性融资担保体系完善。

六、融资途径方面

问卷结果显示，青浦区被调查的 46 家企业中，在融资方式上通过企业内源融资（自身积累）占总数的 36.96%，其次是国有银行贷款占比 26.09%，地方性商业银行贷款占比 17.39%，以风险投资形式融资的企业占 13.04%，向其他企业借款的占 4.35%，采用小额贷款公司、担保公司等融资渠道的企业仅占 2.17%（如图 9-7）。可见青浦区的样本企业融资基本依靠自身积累和银行流动资金贷款方式。

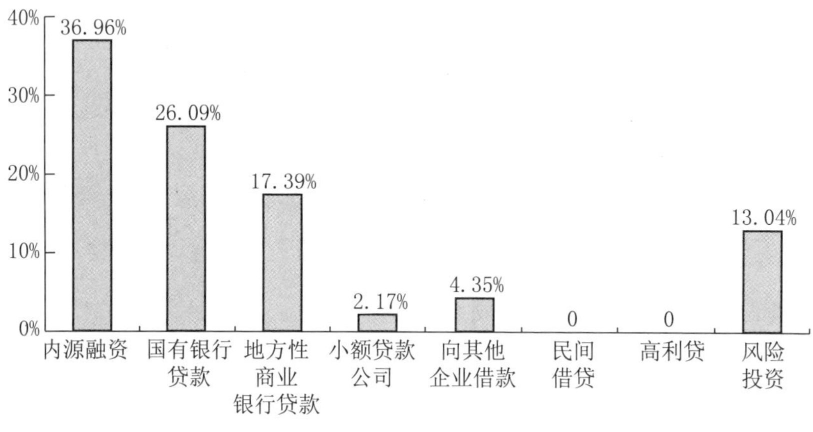

图 9-7　企业融资渠道

近三年来，样本企业从银行申请贷款全部获得的占调查总数的 13.04%，部分获得的占 45.65%，没有获得贷款的占 10.87%。并且有 43.47% 的样本企业表示从银行获得贷款较难。说明企业从银行贷款还是存在相当难度，尤其是初创企业在青浦以至上海找到合适的投资不容易。

样本企业认为融资难的原因中，觉得贷款成本高的占 50%，认为贷款手续烦琐的占 52.17%，抵押品要求高的占 34.78%，感到作为中小企

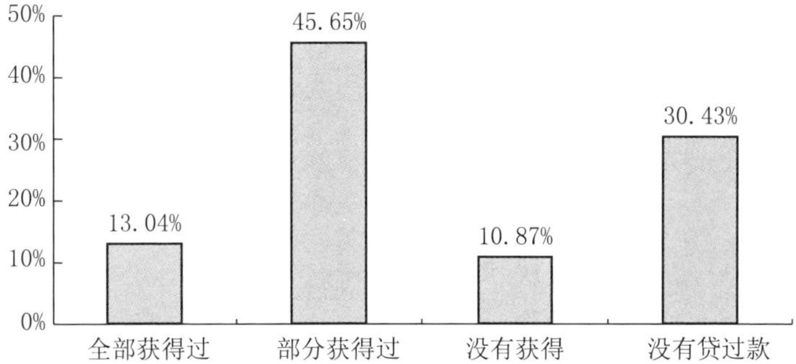

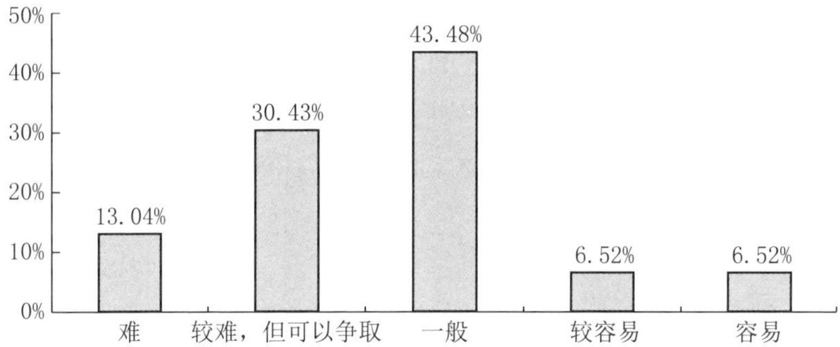

图 9-8　样本企业银行贷款情况与难易程度

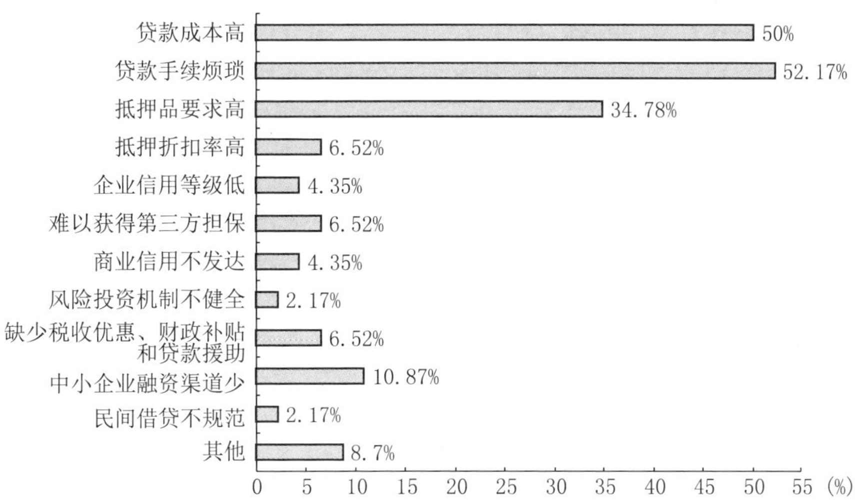

图 9-9　样本企业融资难的原因

业融资渠道少的占 10.87%，还有部分样本企业认为缺少税收优惠、财政补贴和贷款援助、难以获得第三方担保、风险投资机制不健全、抵押折扣率高、民间借贷不规范等原因也造成了企业融资困难。

第二节　青浦政府服务环境

政府服务环境是营商环境的重要基础，是影响营商效率和竞争力的关键因素。近年来，青浦区深化业务流程再造，打造政府服务“升级版”、聚焦市场主体关切，打好服务企业“组合拳”，努力实现更高质量、更有效率、更加公平、更可持续的发展，政府服务环境优化已取得明显成效。

一、缴纳税款方面

问卷关于“缴纳税款”的指标数据包括公司缴税次数、公司纳税所需时间、总税率（占商业利润的百分比）以及纳税实务流程评价四个方面的原始数据，并对其进行评价分析，每年缴税次数越少、办理时间越短、总税费越低，则表示政府越高效、开办企业盈利越多。调查结果显示，76.67% 的样本企业纳税所需时间在 50 小时以内，20% 的样本企业需要 51—100 个小时，仅有 3.3% 的样本企业纳税所需时间在 100 个小时以上。在缴纳税款时间方面，排名第一的迪拜仅为 12 个小时，青浦区相对来说与排名靠前的全球城市尚有差距，但改革成效显著。样本企业纳税次数分布较为平均，中位数在 7 次左右，相较于香港的 3 次与新加坡的 5 次、排名最后的东京的 30 次，青浦区在缴纳税款次数方面具有一定的优势。在缴纳税款总税率方面，样本企业情况差异较大，52% 的样本企业缴纳税款的总税率占商业利润的 10% 及以下，其余样本企业都在10—40间，这一项目排名前三位的迪拜、新加坡、中国香港样本企业平均法定税费占企业税前利润的比例分别为15.9%、20.6%和22.9%。

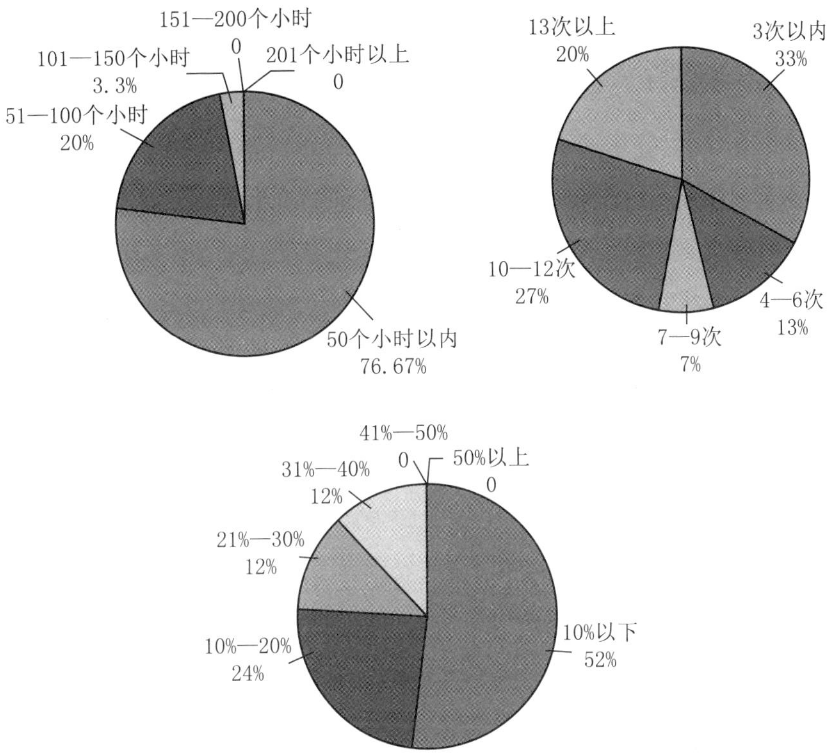

图 9-10　样本企业缴税次数、公司纳税所需时间、法定税费占企业税前利润的比例

根据调查结果，19.57%的样本企业缴纳了法定税费之外的其他摊派，另有19.57%的企业表示“不好说”。绝大多数样本企业（91.3%）对税务部门办事效率和服务态度较为满意。笔者认为，青浦区在积极打造社会主义现代化建设引领区的进程中，利用好升级扩围的税收优惠政策，积极推进税制改革创新，通过企业所得税减免、进口环节税收减免、增值税优惠等鼓励技术创新，推进高水平开放，服务构建新发展格局。

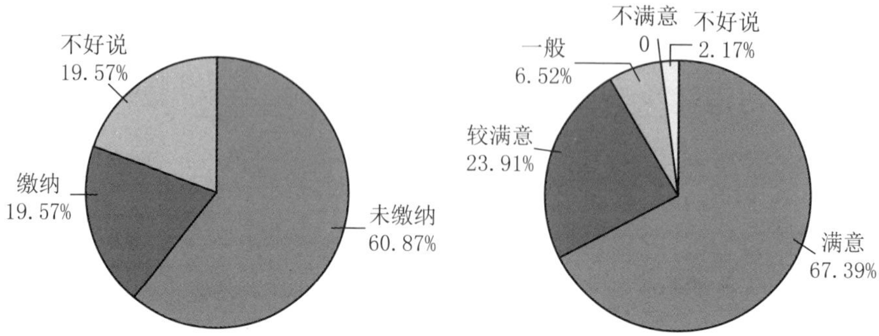

图 9-11　除税费外摊派情况、税务服务满意度

二、扶持政策与行政服务

近年来，尤其是2020年新冠肺炎疫情暴发以来，青浦区积极支持企业应对疫情带来的生产经营困难，缓解企业资金压力，尤其是面向战略性新兴企业，出台了系列财政扶持政策。根据调查结果，企业了解扶持政策的渠道较为多元，主要依靠政府部门传送（58.7%）、政府网站（34.78%）、社区或者街道办有关部门传送途径（30.43%）、网络平台和网络媒体（28.26%）、工商联开会（17.39%）。43.48%的样本企业认为获取扶持政策和投资信息便捷有效，32.61%认为较为便捷，值得注意的是近

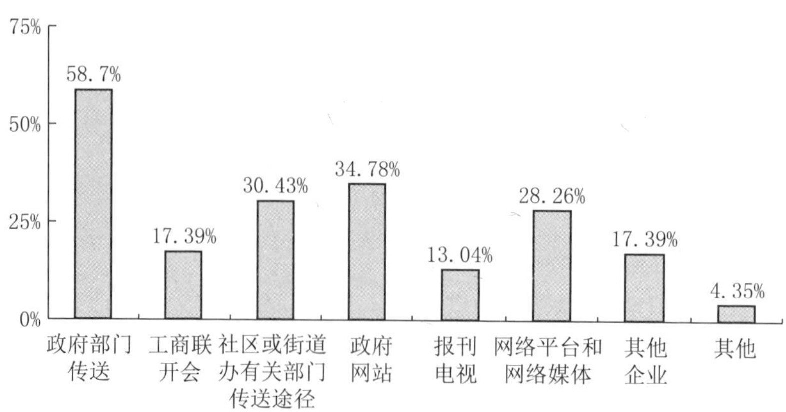

图 9-12　样本企业了解扶持政策的主要渠道

21.74% 的样本企业认为便捷程度一般，2.17% 的样本企业认为不便捷。

根据调查结果，没有提出过享受扶持政策申请的样本企业占比 50%，54.35% 的样本企业没有提出申请的主要原因在于不了解政策，这说明多样化的政策宣传并没有达到应有的效果，政策传达并不到位、有效。另有 13.04% 的样本企业认为扶持政策对企业帮助不大，10.87% 的样本企业认为审核条件严苛，8.7% 的样本企业认为过程烦琐。

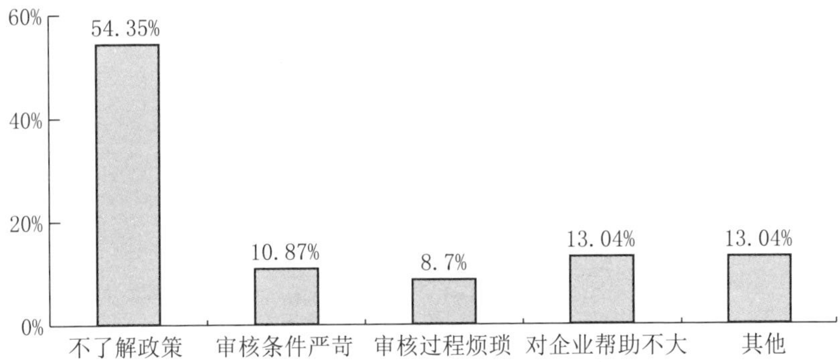

图 9-13　样本企业不申请政策扶持的主要原因

根据调查结果，34.78% 的样本企业从未享受过扶持政策。另有 8.7% 的样本企业认为扶持政策条件过高很难享受，56.52% 的样本企业

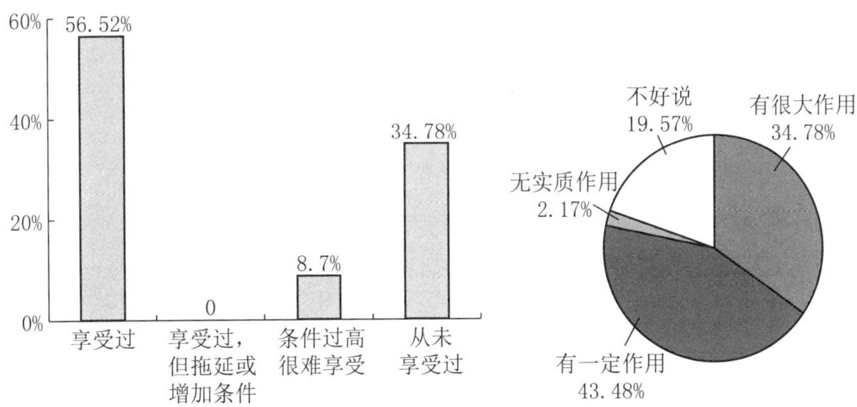

图 9-14　样本企业享受扶持政策的情况与政策评价

享受过扶持政策。样本企业在调查中对企业扶持政策评价较高，34.78% 的样本企业认为有很大作用，43.48% 的样本企业认为具有一定作用。

近年来，青浦区为深入贯彻党的十九大关于建设人民满意的服务型政府的要求，坚持以人民为中心的发展思想，适应政府管理和服务现代化发展需要，“刀刃向内”自我革命、提升放管服能力，提升群众和企业获得感。根据调查结果，63.04% 的样本企业满意政府部门办事效率和服务态度，23.91% 的样本企业表示较为满意。

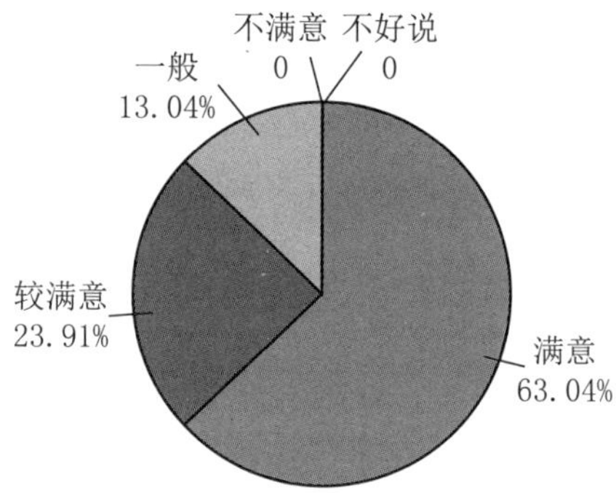

图 9-15　政府部门办事效率、服务态度满意度

青浦区近年来政务公开标准化规范化建设，全面推进决策公开、执行公开、管理公开、服务公开、结果公开全覆盖，让公开成为自觉、透

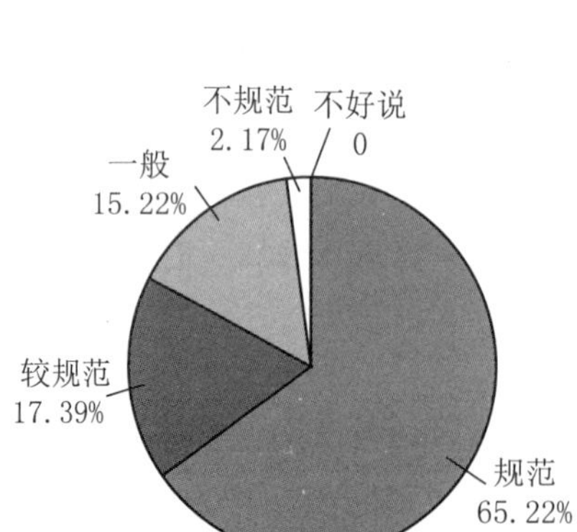

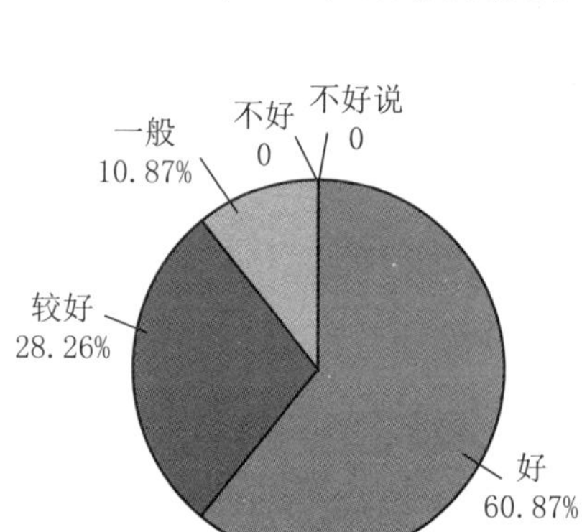

图 9-16　企业对政府部门办事流程规范性、政府部门信息公开的评价

明成为常态。65.22% 的样本企业认为政府部门办事流程规范，17.39% 的样本企业认为较为规范，89.13% 的样本企业对政府信息公开评价较好，说明全面推进“一网通办”加快建设智慧政府取得了切实的改革成效。

第三节　青浦市场法治环境

市场法治环境是影响企业投资、经营以及退出等环节的重要方面，是营商环境的重要组成部分。良好的市场法治环境有利于稳定企业预期，降低企业风险，维护企业权益，是增强国家或城市营商环境吸引力的重要支撑。近年来，青浦区一直致力于优化市场法治环境，紧盯最高标准、最高水平，持续推进法治政府建设，打出市场环境“法治牌”，着力构建一流的法治化、国际化营商环境。

本次调查中“执行合同”的题项包括解决商业纠纷的时间、解决商业纠纷的成本（占债务）两个指标。解决商业纠纷的时间越短，解决商业纠纷的成本越低，则越有利于企业在这个城市长期发展，表明城市有优良的可持续发展的营商环境。调查数据显示，50% 的样本企业从提起诉讼到实际付款期间的时间（包括提交和服务案件的时间、审判和获得判决的时间、执行判决的时间）不到 150 天，33.33% 的样本企业需要 300—450 天时间。国际上执行合同时间的最优参照为新加坡创造的 120 天，在缩短争端解决时间上对标国际最优水平还有相当大的空间需要提升。

40% 的样本企业在司法程序解决争端所需的会计成本（包括律师费用、庭审费用、执行费用）占索赔额 5% 以内，20% 的样本企业会计成本占索赔额 6%—10%，还有 40% 的样本企业会计成本占索赔额 11%—

15%。国际上司法程序解决争端所需的金钱成本的最优参照为不丹创造的 0.1%，对标国际最优水平，青浦以及上海在降低执行合同成本上还有相当大的空间需要提升。

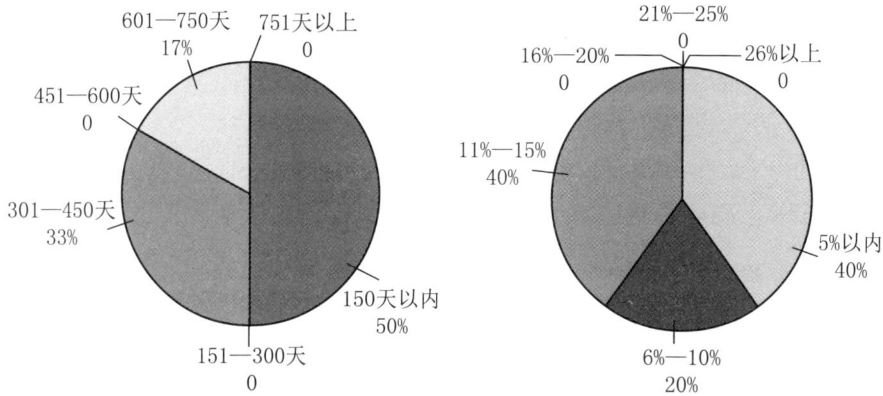

图 9-17　执行合同成本、时间

根据调查结果，被调查企业在法治环境各类因素中，最为看重的是执法程序规范（57.14%）、诉讼法律渠道的顺畅（57.14%）、立法公开（28.57%）、判决执法力度（28.57%）、知识产权保护力度（28.57%）与法律监管机制公正（28.57%）。

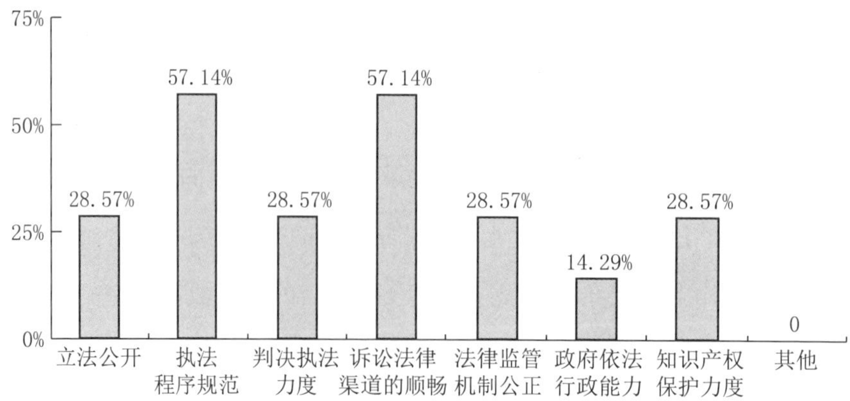

图 9-18　法治环境因素

值得重视的是，根据调查，仅28.57%的样本企业认为当企业财产权、经营权等权益受到侵害时，能全部得到有效的法律保护，57.14%的样本企业认为多数能得到。大多数样本企业（85.71%）对政府依法行政评价较高。

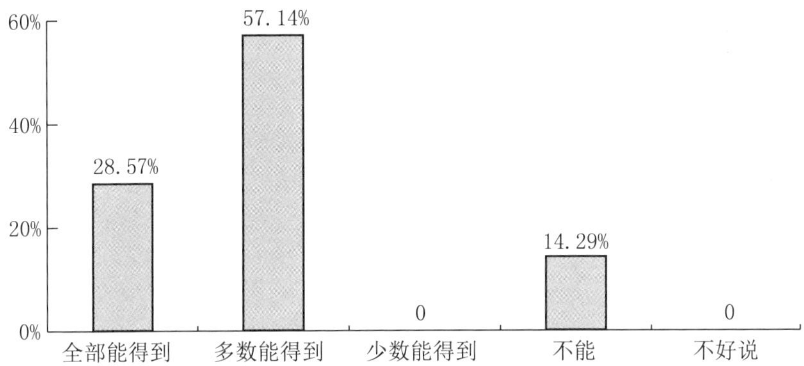

图9-19　法律保护感受度评价

第十章　上海松江区营商环境优化研究报告

本次调查实施过程中，松江区共有112家样本企业参与本次问卷调查，其中民营企业占比65.18%，样本企业行业以信息传输、软件和信息技术服务业（10.71%）、批发和零售业（15.18%）与制造业（50.00%）为主，企业成立时间在15年以上的占36.61%，1年—5年、6年—10年分别在22.32%与16.96%，近半数企业（48.21%）为知识技术密集型企业，以员工人数在10—50人（26.79%）、101—500人（33.04%）的小型企业（49.11%）与微型企业（27.68%）为主。

党的十八大以来，我国高度重视营商环境的优化提升。近年来，长三角G60科创走廊被写入国家“十四五”规划和2035年远景目标纲要，松江新城被赋予独立的综合性节点城市定位，松江区立足新发展阶段，秉持“法治是最好的营商环境”理念，立足营商环境新变化，坚持服务导向，制定松江政法工作服务保障长三角G60科创走廊建设30条措施，全力打造法治化营商环境新高地，有效激发市场主体活力、动力和潜力，为打造具有全球影响力的长三角G60科创走廊提供了更加优质的法治服务和保障。本节将根据问卷调查结果从投资贸易环境、政府服务环境与市场法治环境三方面分析松江区营商环境企业感受度现状。

第一节　松江投资贸易环境

投资和贸易是企业开展经营活动的重要环节，投资贸易便利度和开放度是营商环境的重要内容。近年来，松江区始终把优化营商环境作为工作的重中之重，从优化营商环境改革1.0到4.0版，松江区形成了全程服务的“店小二”代办服务模式，“十三五”期间累计服务重点项目115个，助力企业节约大量时间和成本，切实解决了企业在运营过程中的堵点、难点，不断提升企业服务品质和实效，进一步发扬好企业至上、精诚服务的“店小二”精神，无事不扰、有求必应，巩固常态化的企业走访联系机制，想企业之所想、急企业之所急，在服务中展现长三角G60科创走廊先进制造业高地的“店小二”服务速度、温度和质量，取得了明显成效，有效提升了投资贸易便利化程度，大力优化了投资贸易环境。

一、开办企业方面

本次调查中“开办企业”的题项包括开办企业所需的手续、开办企业的天数和需要“跑”行政服务中心的次数三项指标。办事手续越少，时间越短，次数越少则表示政府越高效，开办企业越便捷，表明地区已经拥有良好的营商环境，对企业的吸引力越大。

调查结果显示，从开办企业手续个数上看，33.33%的样本企业开办仅需办理3个以内的手续，35.42%的样本企业开办需要办理4—6个手续，25%的企业开办需要办理7—9个手续，而6.25%的样本企业开办需要办理10个以上的手续。根据世界银行《2020营商环境报告》，排名前三的新加坡、香港和迪拜所需手续个数均为2个，悉尼、巴黎、纽

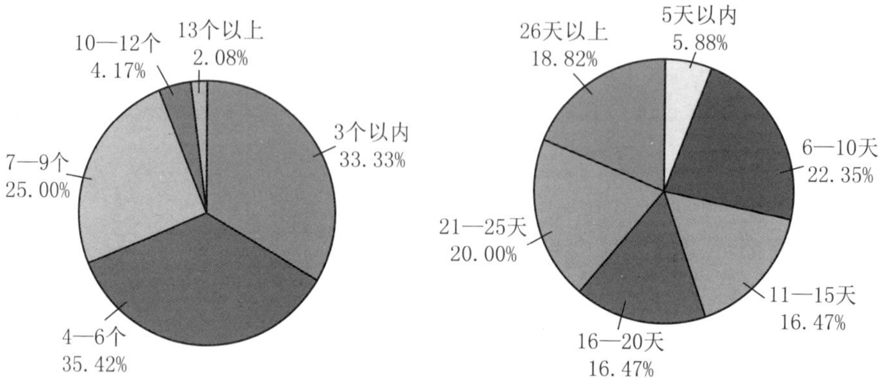

图 10-1　开办企业所需办理的手续数量与所花费的时间

约、洛杉矶、东京与阿姆斯特丹等城市办理手续均在 8 个以内。在开办企业手续上，松江区已经取得了很大的进步，与其他城市大致保持在同一水平。

从开办企业时间来看，样本企业开办企业花费时间集中在“6—10 天”，占样本总数的 22.35%，仅 5.88% 的样本企业在 5 天内开办。排名第一的新加坡和香港开办企业所需时间仅为 1.5 天，迪拜、悉尼、伦敦、阿姆斯特丹等城市都能在 5 天内开办完毕，排名最后的东京为 11.5 天。因此，从开办企业所需时间方面看，松江区营商环境亟待进一步改进。

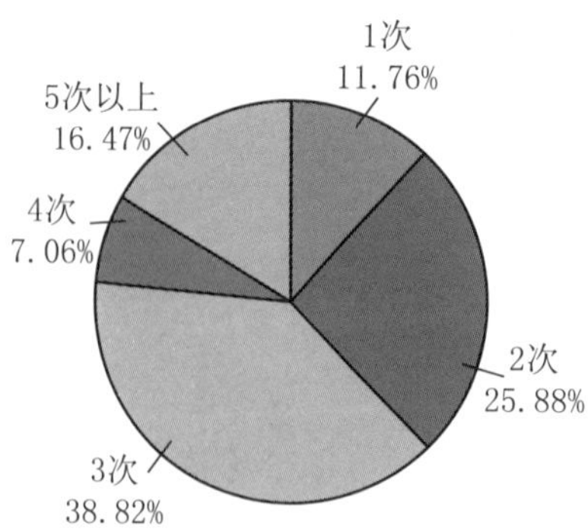

图 10-2　开办企业需要“跑”行政服务中心次数

2019年以来，松江区在全市率先实施“一网通办”，聚焦“互联网+政务服务”不断大胆创新，数据显示11.76%的事项做到“只跑一次”，说明松江区“一网通办”改革取得了显著成就。

二、办理施工许可方面

本次调查中“办理施工许可”的题项包括房屋建筑开工前所有手续办理程序、房屋建筑开工前所有手续办理时间两项指标。办事手续越少，时间越短，成本越低则表示政府越高效，开办企业进展越快。

调查数据显示，松江区48.00%的样本企业在房屋建筑开工前仅需办理5个以内的手续，26.00%的样本企业需要6—10个手续，12.00%

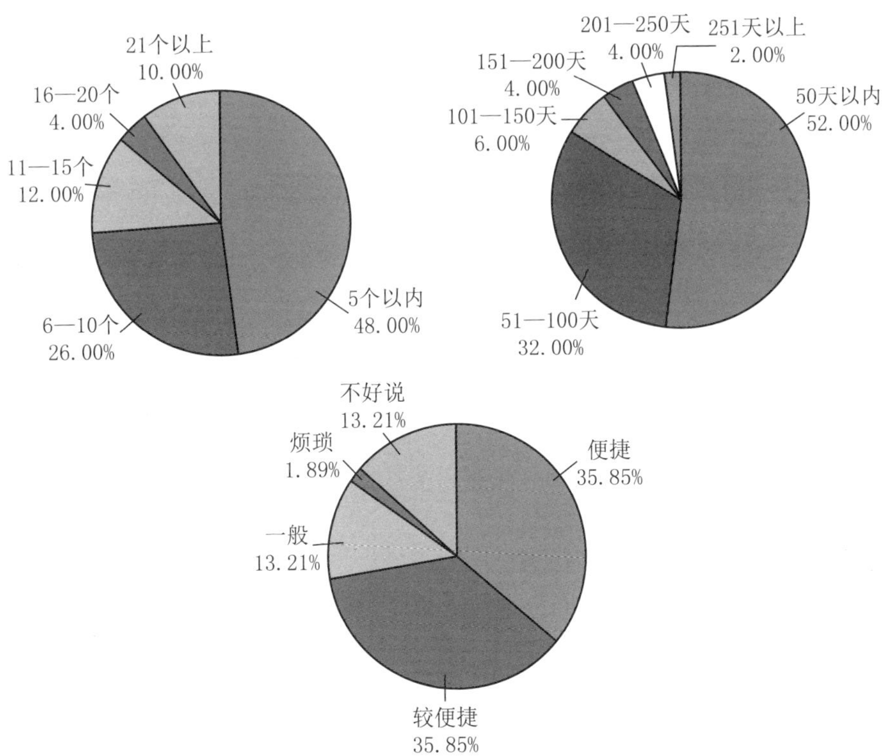

图10-3　样本企业办理房屋建筑施工手续个数、时间与便捷度评价

的样本企业需要 11—15 个手续，仅 10.00% 的样本企业需要 21 个以上的手续。根据世界银行报告，在此项领先的伦敦、巴黎和新加坡均为近 10 个手续。可以发现，在办理施工许可方面，松江区取得了长足的进步，已处于世界城市领先水平。在办理施工时间方面，52.00% 的样本企业可以在 50 天内办理完成房屋建筑开工前所有手续，仅 48.00% 的样本企业办理完结在 50 天以上，松江区相较于排名前三的新加坡（41 天）、迪拜（50.5 天）、洛杉矶（68 天）已无甚差距。同时，71.70% 的被调查企业认为办理建筑施工许可较为便利，说明松江区关于优化施工许可营商环境建设取得了明显的改革成效。

三、获得电力方面

获得电力的指标从接入电网手续、办理接入电网的时间和便捷度进行评价。手续个数越少、时间越短、便捷度评价越高表示电力获得越便捷，整体运营成本越低，表明松江区在企业获取和使用电力方面具有优势。调查结果显示，83.10% 的样本企业能够在 30 天内完成办理接入电网手续，仅 16.90% 的样本企业需要 30 天以上时间。从获取电力的时间看，排名前三的迪拜、香港、新加坡分别为 10 天、24 天和 30 天，排名后三名的东京、阿姆斯特丹、洛杉矶为 105 天、110 天和 134 天。可见松江区在电力接入时间上与排名前列的全球城市进一步对标，相对其他国家全球城市具有相当优势。同时，94% 的样本企业认为对供电部门较为满意，进一步说明松江区积极响应《上海市进一步优化电力接入营商环境实施办法》，从提高客户电力接入“获得感”为目标，取得了切实的改革成效，为用电企业创造了优越的用电环境。

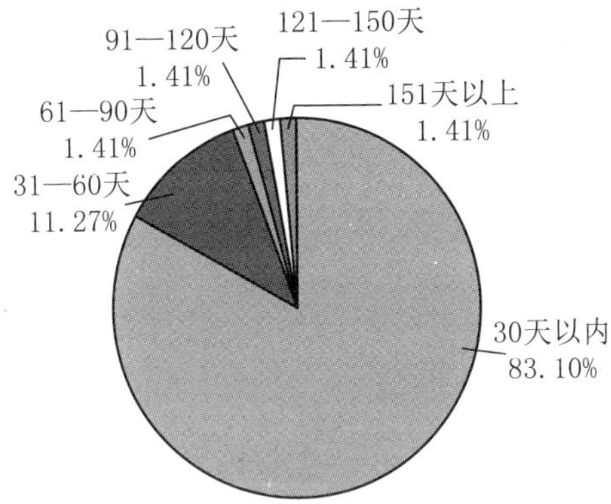

图 10-4　企业办理接入电网时间

四、登记财产方面

本次调查中“财产登记”的题项包括产权转移登记所需程序、产权转移登记所需时间两项指标。办事手续越少，时间越短表示政府效率越高。根据调查结果，50.00% 的样本企业办理财产转移登记仅需 5 个以内的程序，32.86% 的样本企业需要办理 6—10 个程序，其余 17.14% 的样本企业需要办理 10 个以上的程序。财产登记项目排名第一名的城市为迪拜，其所需手续为 2 个，东京、伦敦、新加坡和巴黎所需手续分别为 6 个、6 个、6 个、8 个，可见松江区在登记财产手续方面具备一定优势。

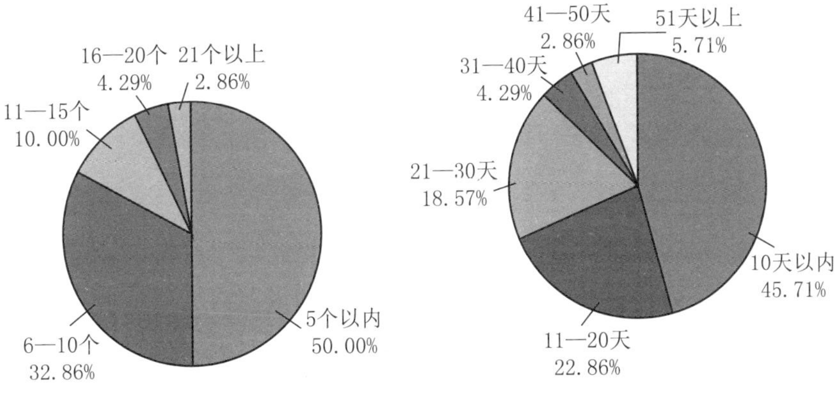

图 10-5　财产登记办理程序、办理时间

45.71%的样本企业能够在10天以内办理完成财产转移登记，22.86%的样本企业需要11—20天，近31.43%的样本企业需要20天以上的办理时间。从登记财产天数来看，上海市松江区与排名前两名的迪拜（1.5天）和阿姆斯特丹（2.5天）有一定的差距，但是相比伦敦（21.5天）、香港（27.5天）、巴黎（42天），具有一定的优势。

五、获得信贷方面

本次调查中“获得信贷”的题项包括企业办结不动产抵押登记所需时间、申请融资担保年收费率以及权益保障、信用信息系统建设评价等指标。抵押登记时间越短、融资担保成本越低，信用信息系统建设评价越高则说明企业获得信贷难度越低，越有利于企业健康发展。

根据调查结果，34.92%的样本企业办结不动产抵押登记需要2个工作日以上时间，所需时间在“半个工作日”的占样本企业的20.63%，时间在“1个工作日”“2个工作日”的样本企业占比分别为33.33%和11.11%；同时，40.32%的样本企业申请的融资担保年收费率在1%以内，年收费率为“2%—3%”“3%—4%”“4%—5%”“5%以上”的样本比例均低于12%，相较于其他全球城市具有相当优势。

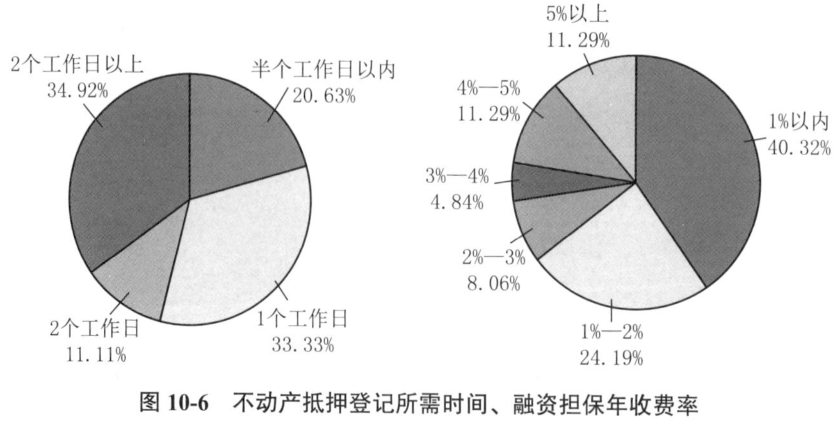

图10-6　不动产抵押登记所需时间、融资担保年收费率

从企业对权益保障与信用信息系统建设评价来看，92.50% 的样本企业认为松江区动产抵押登记已经具备较高的信息化水平，94.97% 的样本企业认为松江区各项动产担保权益登记系统统一、规范，100.00% 的样本企业认为担保协议 / 合同具有充分的法律效力，90.18% 的样本企业认为松江区政策性融资担保体系完善。

六、融资途径方面

问卷结果显示，松江区被调查的 112 家企业中，在融资方式上通过企业内源融资（自身积累）占总数的 47.32%，其次是国有银行贷款占比 33.04%，地方性商业银行贷款占比 8.93%，以风险投资形式融资的企业仅占 7.14%，采用小额贷款公司、担保公司等融资渠道的企业仅占 1.79%。可见松江区的样本企业融资基本依靠自身积累和银行流动资金贷款方式。

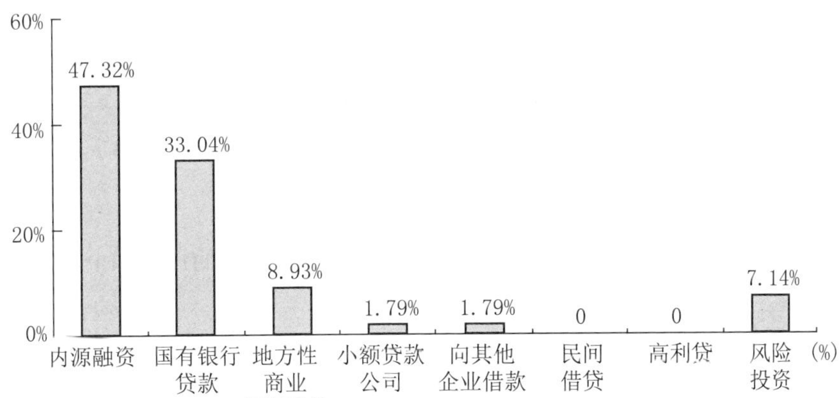

图 10-7　样本企业融资渠道

近三年来，样本企业从银行申请贷款全部获得的占调查总数的 21.43%，部分获得的占 18.75%，没有获得贷款的占 7.14%。并且有

8.93%的样本企业表示从银行获得贷款的难度大。说明企业从银行贷款还是存在相当难度，尤其是初创企业在松江以至上海找到合适的投资不容易。在笔者走访调查中发现，初创企业普遍反映缺少投融资渠道信息，难以获得银行贷款，国有投资基金不敢投、市场化基金不好找。

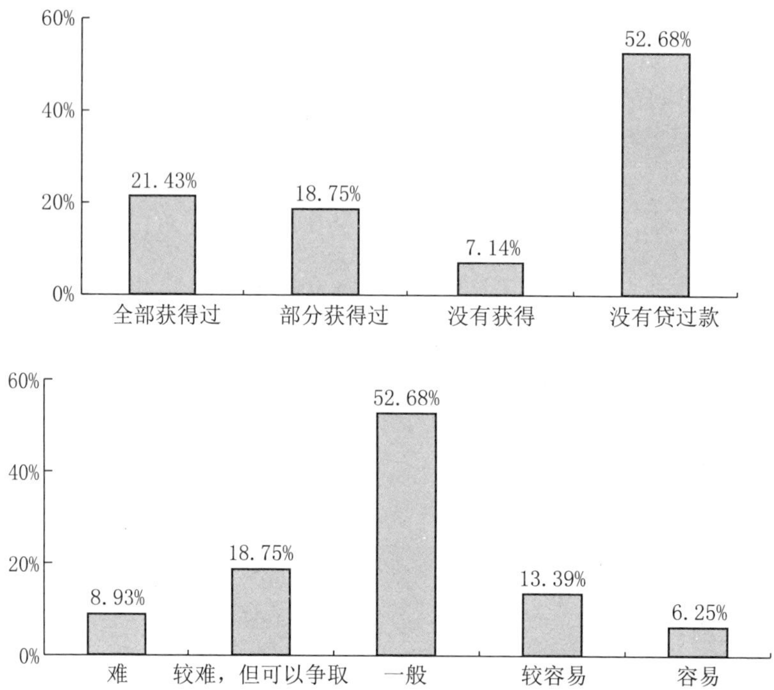

图10-8　样本企业银行贷款情况与难易程度

样本企业认为融资难的原因中，觉得贷款成本高的占57.14%，认为贷款手续烦琐的占42.86%，抵押品要求高的占33.93%，感到作为中小企业融资渠道少的占19.64%，认为缺少税收优惠、财政补贴和贷款援助的占16.07%，认为难以获得第三方担保的占7.14%，部分认为风险投资机制不健全、抵押折扣率高、民间借贷不规范等原因也造成了企业融资困难。

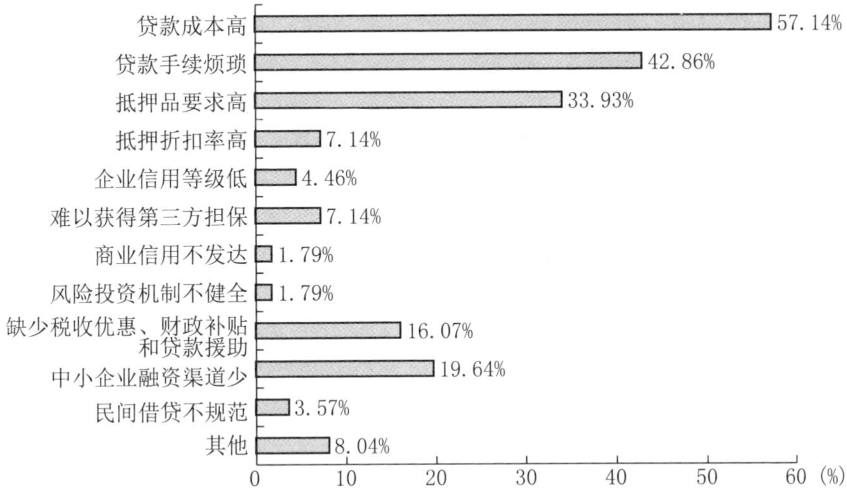

图 10-9　样本企业融资难的原因

第二节　松江政府服务环境

政府服务环境是营商环境的重要基础，是影响营商效率和竞争力的关键因素。近年来，松江区政府发扬“店小二”精神，主动了解企业的需求、困难和问题，高效精准做好企业服务工作，切实解决企业的难点、难点、痛点，急企业所急、想企业所想，推出了一系列大力度的行政服务改革专项行动，大幅提高了市场主体的营商便利度，在全球营商环境评价中取得显著进步。

一、缴纳税款方面

问卷关于“缴纳税款”的指标数据包括公司缴税次数、公司纳税所需时间、总税率（占商业利润的百分比）以及纳税实务流程评价四个方面的原始数据，并对其进行评价分析，每年缴税次数越少、办理时间越短、总税费越低，则表示政府越高效、开办企业盈利越多。调查结果显示，74.32% 的样本企业纳税所需时间在 50 小时以内，13.51% 的样本企业需要 51—100 个小时，仅有 12.16% 的企业纳税所需时间在 100 个小时以上。在缴纳税款时间方面，排名第一的迪拜仅为 12 个小时，松江相对来说与排名靠前的全球城市尚有差距。样本企业纳税次数分布较为平均，中位数在 10 次左右，相较于香港的 3 次与新加坡的 5 次、排名最后的东京的 30 次，松江区在缴纳税款次数方面具有一定的优势。在缴纳税款总税率方面，样本企业情况差异较大，31.94% 的样本企业缴纳税款的总税率占商业利润的 10% 及以下，而另有 9.72% 的企业这一比例达到了 50% 以上，这一项目排名前三位的迪拜、新加坡、中国香港样本企业平均法定税费占样本企业税前利润的比例分别为 15.9%、20.6% 和 22.9%。

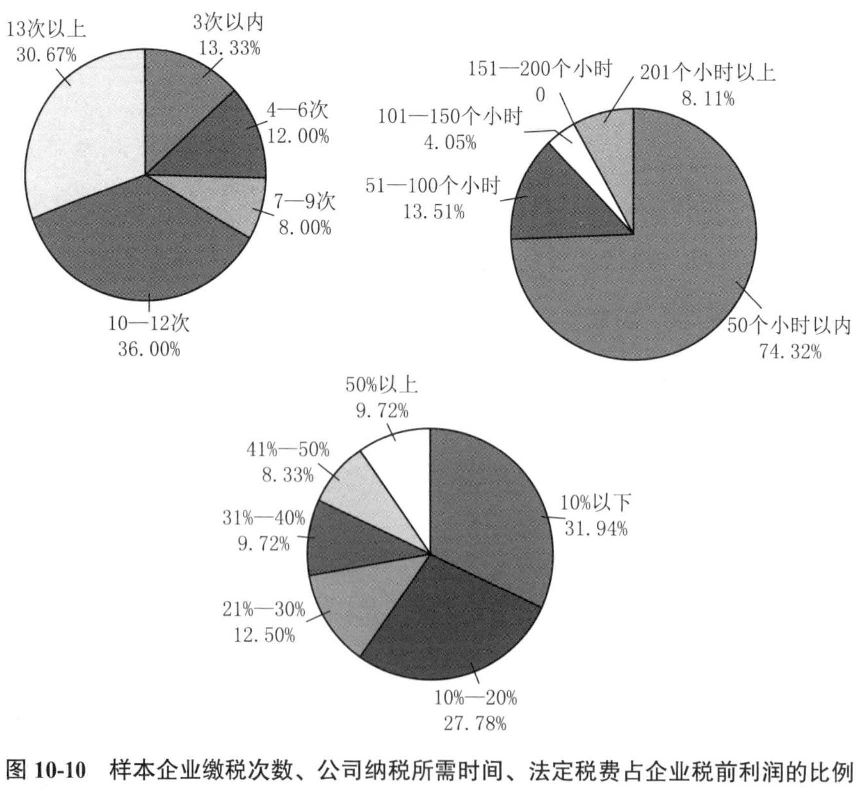

图 10-10　样本企业缴税次数、公司纳税所需时间、法定税费占企业税前利润的比例

根据调查结果，16.07%的样本企业缴纳了法定税费之外的其他摊派，另有16.07%的样本企业表示“不好说”。绝大多数样本企业（90.18%）对税务部门办事效率和服务态度较为满意。笔者认为，松江区在积极打造社会主义现代化建设引领区的进程中，利用好升级扩围的税收优惠政策，积极推进税制改革创新，通过企业所得税减免、进口环节税收减免、增值税优惠等鼓励技术创新，推进高水平开放，服务构建新发展格局。

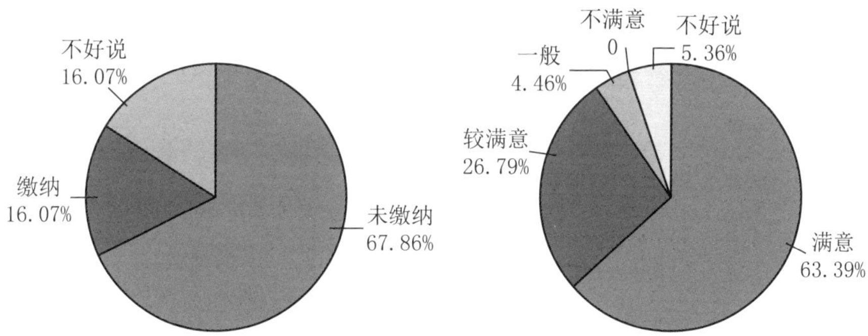

图10-11　除税费外摊派情况、税务服务满意度

二、扶持政策与行政服务

近年来，尤其是2020年新冠肺炎疫情暴发以来，松江区积极支持企业应对疫情带来的生产经营困难，缓解企业资金压力，尤其是面向战略性新兴企业，出台了系列财政扶持政策。根据调查结果，样本企业了解扶持政策的渠道较为多元，主要依靠政府部门传送（66.96%）、政府网站（41.96%）、网络平台和网络媒体（35.71%）、工商联开会（22.32%）、社区或者街道办有关部门传送途径（42.86%）。49.11%的样本企业认为获取扶持政策和投资信息边界有效，39.29%认为较为便捷，值得注意的是近 21.43% 的样本企业认为便捷程度一般。

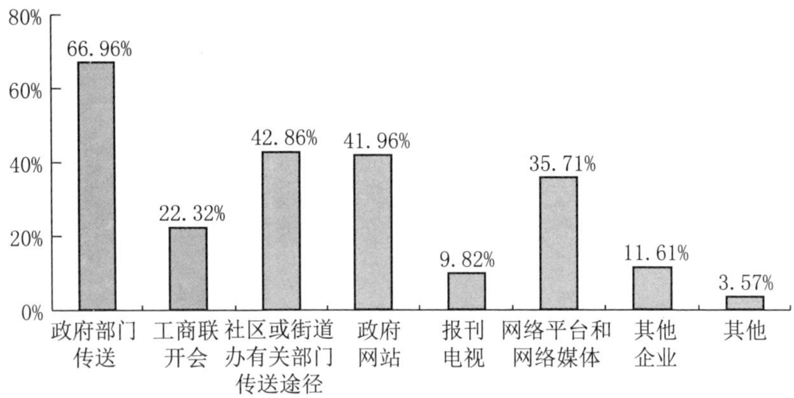

图 10-12　样本企业了解扶持政策的主要渠道

根据调查结果，没有提出过享受扶持政策申请的样本企业占比 35.71%，58.04% 的样本企业没有提出申请的主要原因在于不了解政策，这说明多样化的政策宣传并没有达到应有的效果，政策传达并不到位、有效。另有 11.61% 的样本企业认为扶持政策对企业帮助不大，18.75% 的样本企业认为审核条件严苛、过程烦琐。

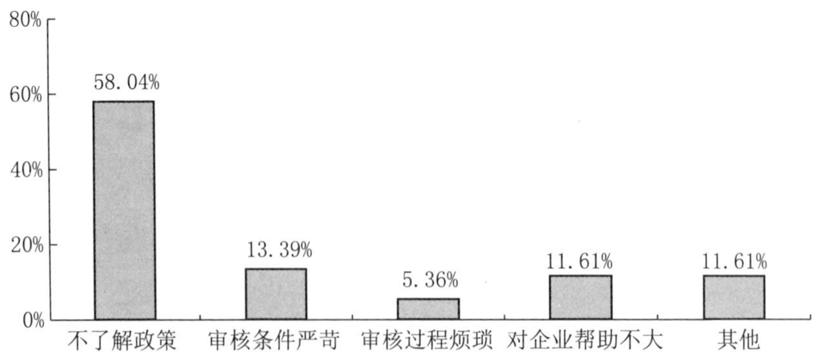

图 10-13　样本企业不申请政策扶持的主要原因

根据调查结果，27.68% 的样本企业从未享受过扶持政策。另有 5.36% 的样本企业认为扶持政策条件过高很难享受，在近 66.96% 享受过扶持政策的样本企业中存在 0.89% 的企业虽然享受过，但是受到了拖延或增加条件。样本企业在调查中对企业扶持政策评价较高，49.11% 的样本企业认为有很大作用，37.5% 的样本企业认为具有一定作用。

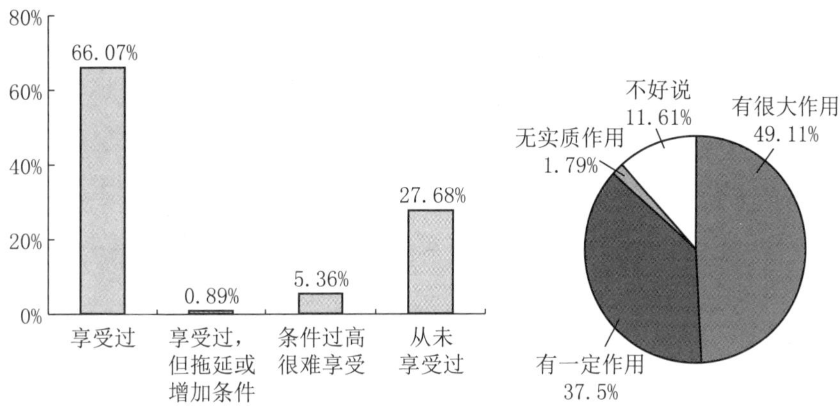

图 10-14　样本企业享受扶持政策的情况与政策评价

近年来，松江区为深入贯彻党的十九大关于建设人民满意的服务型政府的要求，坚持以人民为中心的发展思想，适应政府管理和服务现代化发展需要，“刀刃向内”自我革命、提升放管服能力，提升群众和企业获得感。根据调查结果，65.18% 的样本企业满意政府部门办事效率和服务态度，27.68% 的样本企业表示较为满意。

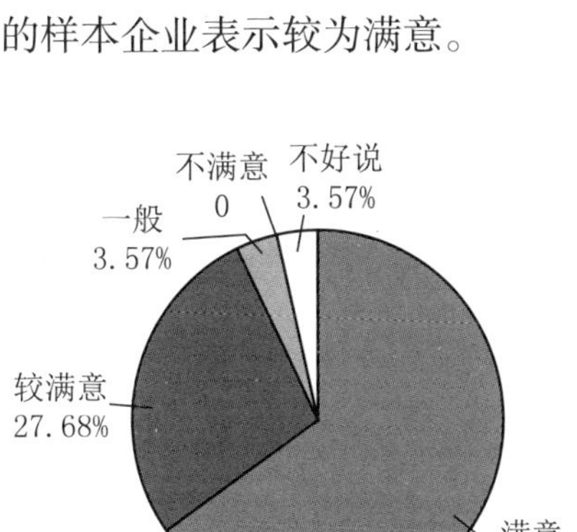

图 10-15　政府部门办事效率、服务态度满意度

松江区近年来政务公开标准化规范化建设，全面推进决策公开、执行公开、管理公开、服务公开、结果公开全覆盖，让公开成为自觉、透明成为常态。64.29% 的样本企业认为政府部门办事流程规范，28.57% 的样本企业认为较为规范，90.18% 的样本企业对政府信息公开评价较好，说明全面推进"一网通办"加快建设智慧政府取得了切实的改革成效。

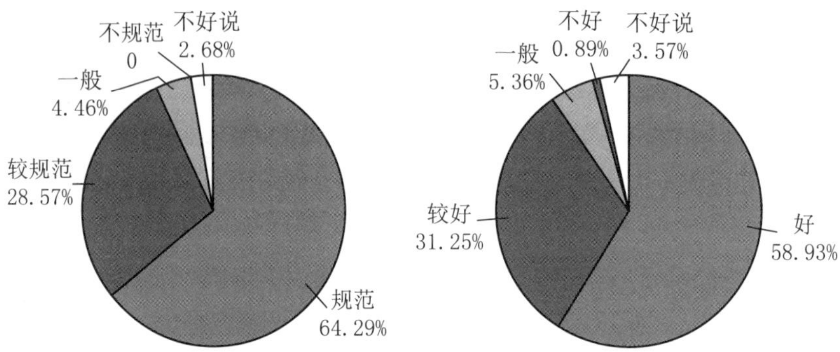

图 10-16　样本企业对政府部门办事流程规范性、政府部门信息公开的评价

第三节　松江市场法治环境

市场法治环境是影响企业投资，经营以及退出等环节的重要方面，是营商环境的重要组成部分。良好的市场法治环境有利于稳定企业预期，降低企业风险，维护企业权益，是增强国家或城市营商环境吸引力的重要支撑。近年来，松江区转变工作思路，紧扣优化营商环境的主线，将执法服务端口前移，全力打造法治化营商环境新高地，有效激发市场主体活力、动力和潜力，为打造具有全球影响力的长三角 G60 科创走廊提供了更加优质的法治服务和保障。

本次调查中"执行合同"的题项包括解决商业纠纷的时间、解决商业纠纷的成本（占债务）两个指标。解决商业纠纷的时间越短，解决商业纠纷的成本越低，则越有利于企业在这个城市长期发展，表明城市有优良的可持续发展的营商环境。调查数据显示，65.00% 的样本企业从提起诉讼到实际付款期间的时间（包括提交和服务案件的时间、审判和获得判决的时间、执行判决的时间）不到 150 天，25.00% 的样本企业需要 150—300 天时间，10.00% 的样本企业所需时间大于 300 天。国际上执行合同时间的最优参照为新加坡创造的 120 天，在缩短争端解决时间上对标国际最优水平还有相当空间需要提升。

70% 的样本企业在司法程序解决争端所需的会计成本（包括律师费用、庭审费用、执行费用）占索赔额 5% 以内，15% 的样本企业会计成本占索赔额 6%—10%，15% 的样本企业会计成本超出索赔额 10%。国际上司法程序解决争端所需的金钱成本的最优参照为不丹创造的 0.1%，对标国际最优水平，松江以及上海在降低执行合同成本上还有相当大的空间需要提升。

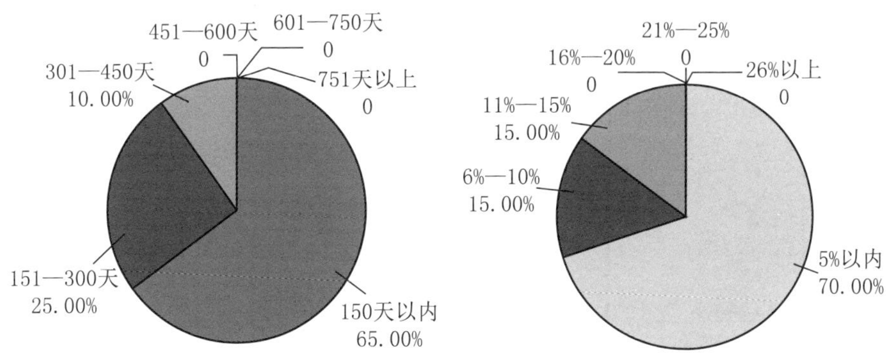

图 10-17　执行合同成本、时间

根据调查结果，被调查样本企业在法治环境各类因素中，最为看重的是立法公开（38.46%）、执法程序规范（65.38%）、判决执法力度

（53.85%）与诉讼法律渠道的顺畅（46.15%）。

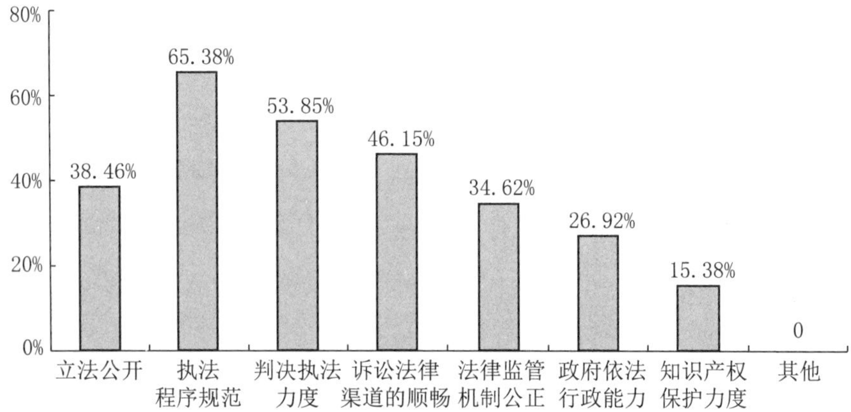

图 10-18　样本企业最看重的法治环境因素

值得重视的是，根据调查，仅 30.77% 的样本企业认为当企业财产权、经营权等权益受到侵害时，能全部得到有效的法律保护，46.15% 的样本企业认为多数能得到。大多数企业（92.31%）对政府依法行政评价较高。

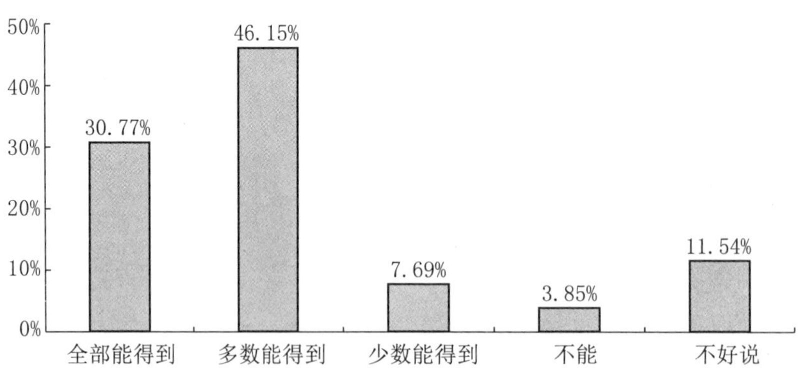

图 10-19　法律保护感受度评价

第十一章　上海奉贤区营商环境优化研究报告

本次调查实施过程中，奉贤区共有42家样本企业参与本次问卷调查，其中民营企业占比85.71%，样本企业行业以制造业（47.62%）、科学研究和技术服务业（11.9%）、批发和零售业（7.14%）与水利、环境和公共设施管理业（7.14%）为主，样本企业成立时间在15年以上的占45.24%，1年—5年、6年—10年、11年—15年分别在21.43%、14.29%与19.05%，超半数企业（57.14%）为劳动密集型企业，以员工人数在10—50人（38.1%）、101—500人（28.57%）的小型企业（54.76%）、微型企业（19.05%）与中型企业（21.43%）为主。

党的十八大以来，我国高度重视营商环境的优化提升。近年来，奉贤区市场监管局紧紧围绕深化“放管服”改革、优化营商环境等重点工作，聚焦企业难点堵点，坚持多点多线发力，全力当好优化营商环境的“店小二”，推动市场主体健康发展，为奉贤经济发展注入源源不断的活力和动力。本节将根据问卷调查结果从投资贸易环境、政府服务环境与市场法治环境三方面分析奉贤区营商环境企业感受度现状。

第一节　奉贤投资贸易环境

投资和贸易是企业开展经营活动的重要环节，投资贸易便利度和开放度是营商环境的重要内容。近年来，奉贤区主动对标世界银行《营商环境报告》的评价方法及指标，对照全球最佳实践，实施了以精简企业办事全流程所需的时间、费用，提升营商效率为重点的系列改革，取得了明显成效，有效提升了投资贸易便利化程度，大力优化了投资贸易环境。

一、开办企业方面

本次调查中“开办企业”的题项包括开办企业所需的手续、开办企业的天数和需要“跑”行政服务中心的次数三项指标。办事手续越少，时间越短，次数越少则表示政府越高效，开办企业越便捷，表明地区已经拥有良好的营商环境，对企业的吸引力越大。

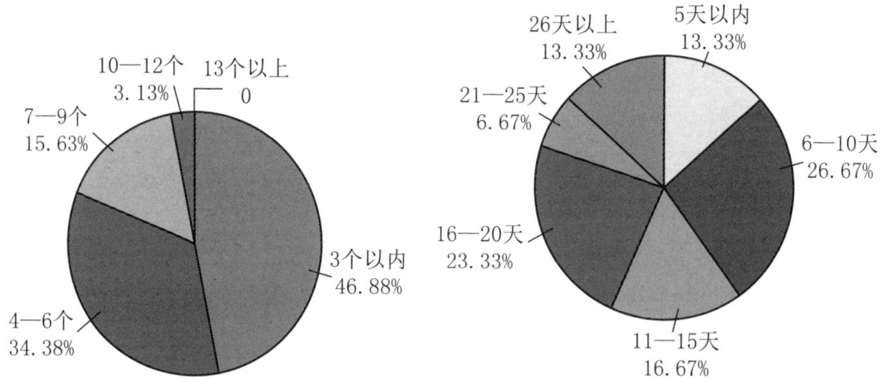

图 11-1　开办企业所需办理的手续数量与所花费的时间

调查结果显示，从开办企业手续个数上看，46.88% 的样本企业开办仅需办理 3 个以内的手续，34.38% 的样本企业开办需要办理 4—6 个手续，15.63% 的样本企业开办需要办理 7—9 个手续，而 3.13% 的样本企业开办需要办理 10 个以上的手续。根据世界银行《2020 营商环境报告》，排名前三的新加坡、香港和迪拜所需手续个数均为2个，悉尼、巴黎、纽约、洛杉矶、东京与阿姆斯特丹等城市办理手续均在8个以内。在开办企业手续上，奉贤区已经取得了很大的进步，与其他城市大致保持在同一水平。

从开办企业时间来看，开办企业花费时间在“6—10天”和“16—20天”的样本企业分别占样本总数的26.67%和23.33%，仅13.33%的样本企业在5天内开办。排名第一的新加坡和香港开办企业所需时间仅为1.5天，迪拜、悉尼、伦敦、阿姆斯特丹等城市都能在5天内开办完毕，排名最后的东京为11.5天。因此，从开办企业所需时间方面看，奉贤区营商环境亟待进一步改进。

2019年以来，奉贤区通过推进“一网通办”提升审批效率，各职能部门简化审批环节，各街镇、委办局通过各类技术手段逐步推行“不见面审批”，调查数据显示26.67%的样本企业做到“只跑一次”，说明奉贤区“一网通办”改革取得了一定的成就。

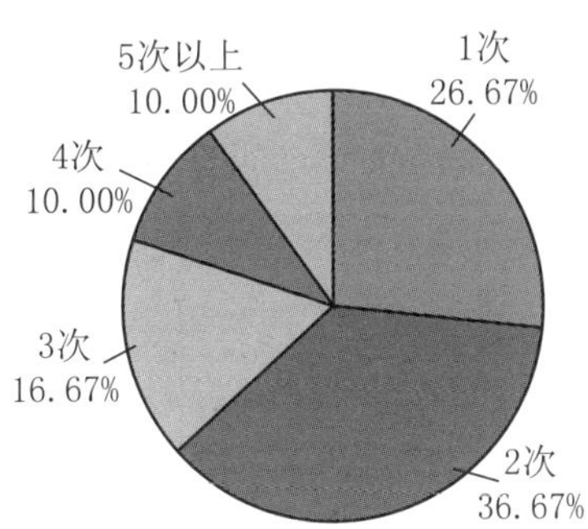

图11-2　开办企业需要“跑”行政服务中心次数

二、办理施工许可方面

本次调查中“办理施工许可”的题项包括房屋建筑开工前所有手续

办理程序、房屋建筑开工前所有手续办理时间两项指标。办事手续越少，时间越短，成本越低则表示政府越高效，开办企业进展越快。

调查数据显示，奉贤区 42.86% 的样本企业在房屋建筑开工前仅需办理 5 个以内的手续，38.1% 的样本企业需要 6—10 个手续，14.29% 的样本企业需要 11—15 个手续，仅 4.76% 的样本企业需要 16—20 个手续。根据世界银行的报告，在此项领先的伦敦、巴黎和新加坡均为近 10 个手续。可以发现，在办理施工许可方面，奉贤区取得了长足的进步。在办理施工时间方面，60% 的样本企业可以在 50 天内办理完成房屋建筑开工前所有手续，25% 的样本企业办理完结在 51—100 天，需要 100 天以上的样本企业只占 15%。奉贤区相较于排名前三的新加坡（41 天）、

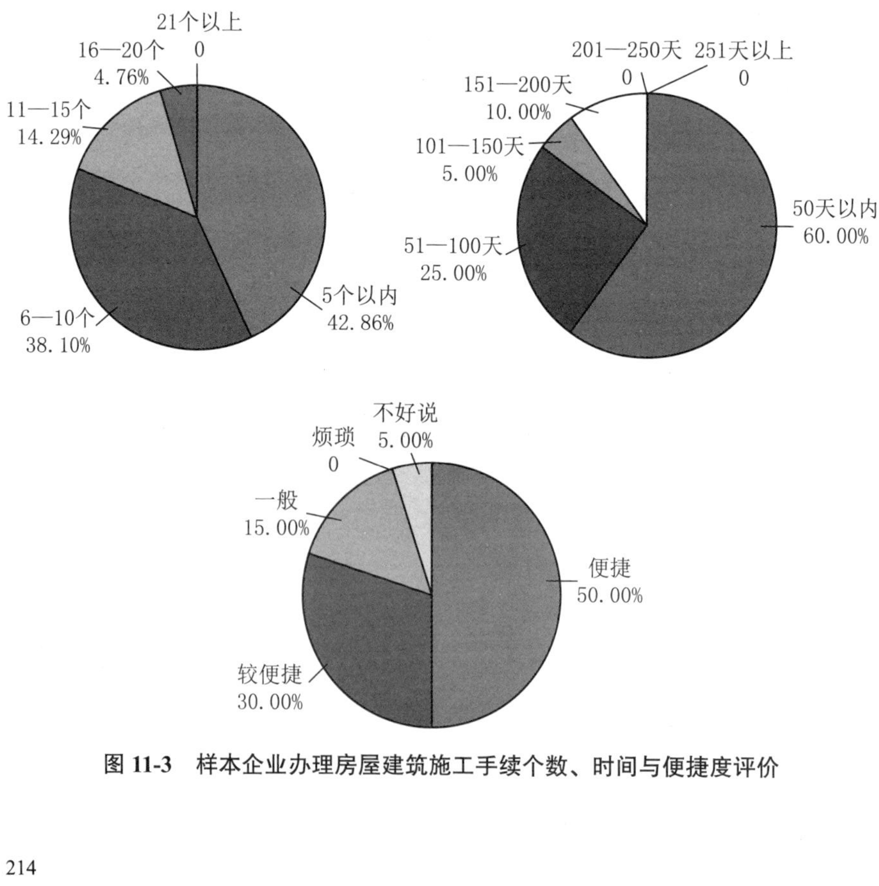

图 11-3　样本企业办理房屋建筑施工手续个数、时间与便捷度评价

迪拜（50.5 天）、洛杉矶（68 天）已无甚差距。同时，80% 的样本企业认为办理建筑施工许可较为便利，说明奉贤区关于优化施工许可营商环境建设取得了明显的改革成效。

三、电力接入方面

电力接入的指标从接入电网手续、办理接入电网的时间和便捷度进行评价。手续个数越少、时间越短、便捷度评价越高表示电力获得越便捷，整体运营成本越低，表明奉贤区在企业获取和使用电力方面具有优势。调查结果显，76.19% 的样本企业能够 30 天内完成办理接入电网手续，仅 23.81% 的样本企业需要 30 天以上时间。从电力接入的时间看，排名前三的迪拜、香港、新加坡分别为 10 天、24 天和 30 天，排名后三名的东京、阿姆斯特丹、洛杉矶为 105 天、110 天和 134 天。可见奉贤区在电力接入时间上与排名前列的全球城市进一步对标，相对其他国家全球城市具有相当优势。同时，90% 的样本企业认为对供电部门较为满意，进一步说明奉贤区积极响应《上海市进一步优化电力接入营商环境实施办法》，以提高客户电力接入“获得感”为目标，取得了切实的改革成效，为用电企业创造了优越的用电环境。

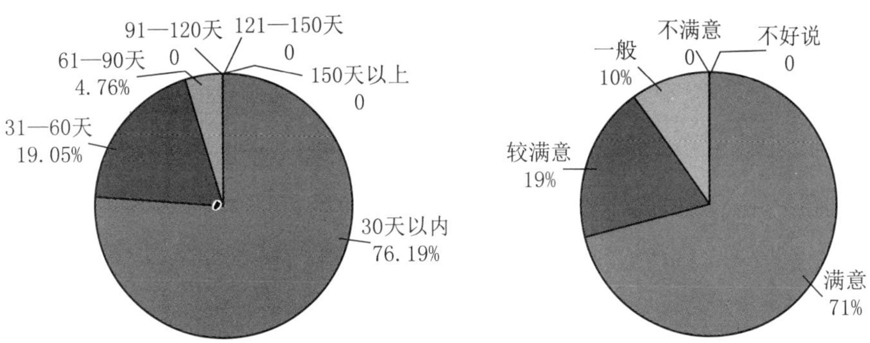

图 11-4　样本企业办理接入电网时间、满意度

四、登记财产方面

本次调查中“财产登记”的题项包括产权转移登记所需程序、产权转移登记所需时间两项指标。办事手续越少，时间越短表示政府效率越高。根据调查结果，59.09% 办理财产转移登记仅需 5 个以内的程序，27.27% 办理 6—10 个程序，其余 13.64% 要办理 10 个以上的程序。财产登记项目排名第一名的城市为迪拜，其所需手续为 2 个，东京、伦敦、新加坡和巴黎所需手续分别为 6 个、6 个、6 个、8 个，可见奉贤区在登记财产手续方面具备一定优势。

45% 的样本企业能够在 10 天以内办理完成财产转移登记，30% 的样本企业需要 11—20 天，25% 需要 20 天以上的办理时间。从登记财产天数来看，上海市奉贤区与排名前两名的迪拜（1.5 天）和阿姆斯特丹（2.5 天）有一定的差距，但是相比伦敦（21.5 天）、香港（27.5 天）、巴黎（42 天），具有一定的优势。

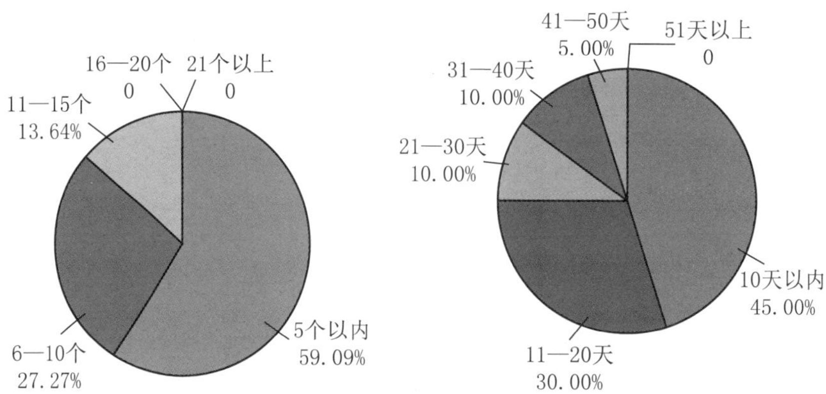

图 11-5　财产登记办理程序、办理时间

五、获得信贷方面

本次调查中“获得信贷”的题项包括企业办结不动产抵押登记所需时间、申请融资担保年收费率以及权益保障、信用信息系统建设评价等指标。抵押登记时间越短、融资担保成本越低，信用信息系统建设评价越高则说明企业获得信贷难度越低，越有利于企业健康发展。

根据调查结果，33.33% 的样本企业办结不动产抵押登记需要 2 个工作日以上时间，所需时间在“半个工作日”的占样本企业的 22.22%，时间在“1 个工作日”“2 个工作日”的样本企业占比分别为 11.11% 和 33.33%；同时，25% 的样本企业申请的融资担保年收费率在 1% 以内，年收费率为“1%—2%”同样占 25%，“2%—3%”“3%—4%”“4%—5%”“5% 以上”的样本比例均低于 20%，相较于其他全球城市具有相当优势。

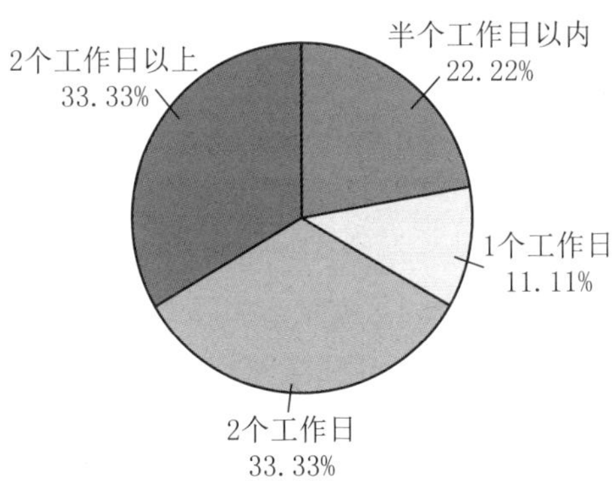

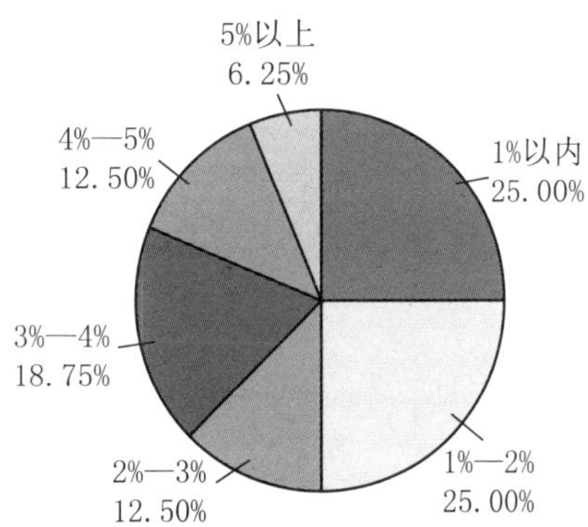

图 11-6　不动产抵押登记所需时间、融资担保年收费率

从企业对权益保障与信用信息系统建设评价来看，94.12% 的样本企业认为奉贤区动产抵押登记已经具备较高的信息化水平，94.12% 的样本企业认为奉贤区各项动产担保权益登记系统统一、规范，100% 的样本企业认为担保协议 / 合同具有充分的法律效力，88.1% 的样本企业认为奉贤区政策性融资担保体系完善。

六、融资途径方面

问卷结果显示，奉贤区被调查的 42 家样本企业中，在融资方式上通过企业内源融资（自身积累）占总数的 28.57%，其次是国有银行贷款占比 33.33%，地方性商业银行贷款占比 21.43%，以风险投资形式融资的样本企业仅占 7.14%，向其他企业借款与民间借贷各占 4.76%。可见奉贤区的样本企业融资基本依靠自身积累和银行流动资金贷款方式，融资渠道单一、平均融资成本较高，极不利于企业快速发展壮大。

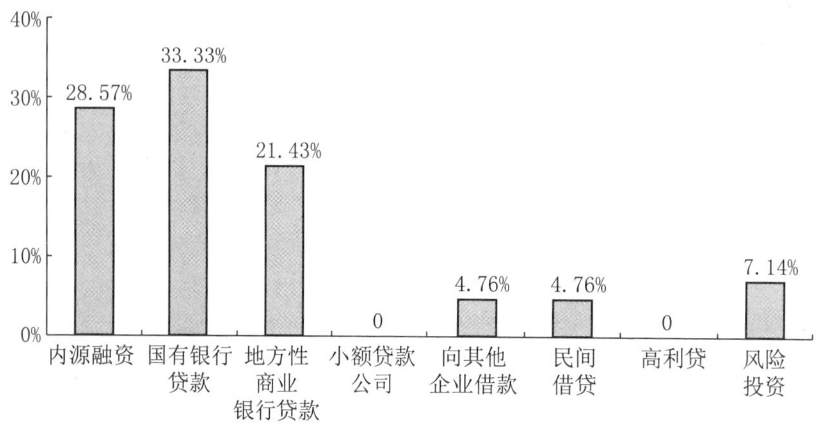

图 11-7　样本企业融资渠道

近三年来，样本企业从银行申请贷款全部获得的占调查总数的 33.33%，部分获得的占 38.1%，没有获得贷款的占 9.52%。并且有 38.09% 的样本企业表示从银行获得贷款的难度较大。说明企业从银行贷款还是存在相当难度，尤其是初创企业在奉贤以至上海找到合适的投资不容易。在笔者走访调查中发现，初创企业普遍反映缺少投融资渠道信息，难以获得银行贷款，国有投资基金不敢投、市场化基金不好找。

样本企业认为融资难的原因中，觉得贷款成本高的占 50%，认为贷

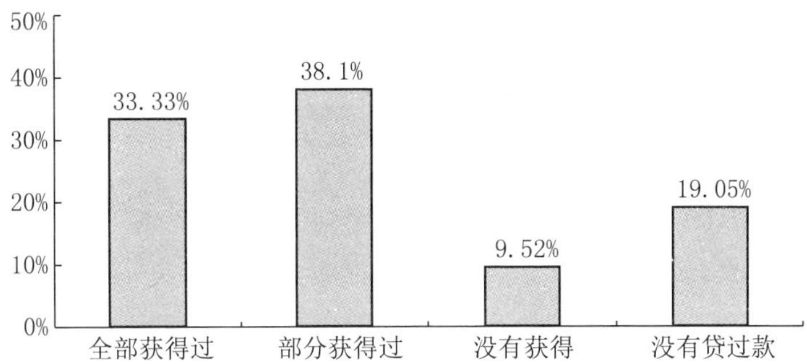

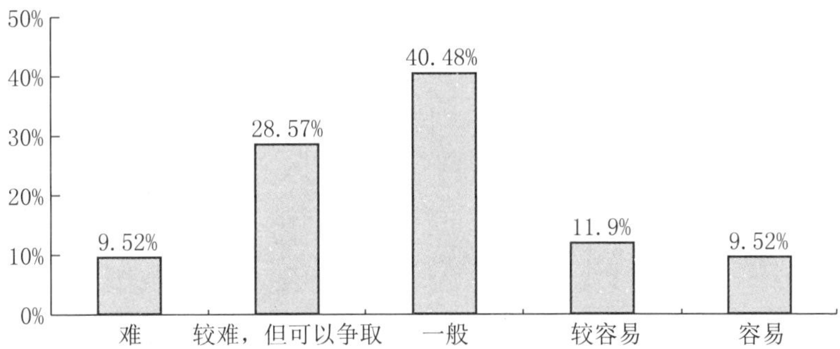

图 11-8　样本企业银行贷款情况与难易程度

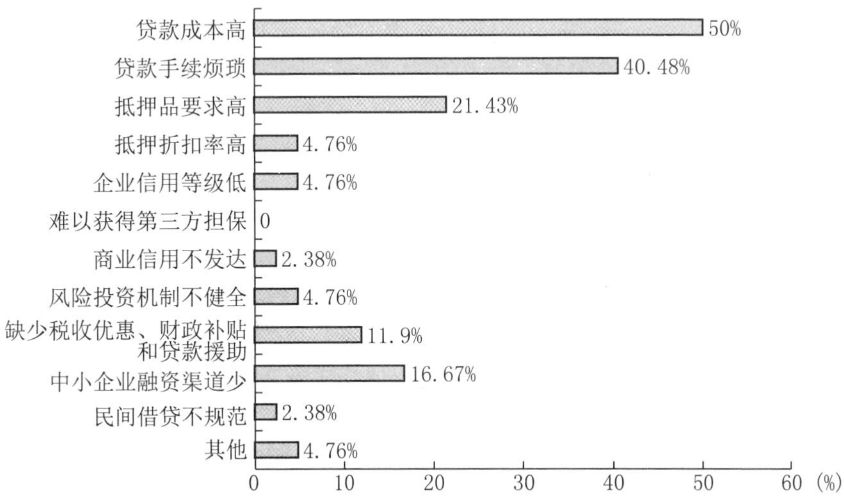

图 11-9　样本企业融资难的原因

款手续烦琐的占40.48%，抵押品要求高的占21.43%，感到作为中小企业融资渠道少的占16.67%，认为缺少税收优惠、财政补贴和贷款援助的占11.9%，部分认为企业信用等级低、风险投资机制不健全、抵押折扣率高、民间借贷不规范等原因也造成了企业融资困难。

第二节　奉贤政府服务环境

政府服务环境是营商环境的重要基础，是影响营商效率和竞争力的关键因素。近年来，奉贤区政府坚持自我革新，促进办事简便快捷；坚持惠企利民，深化准入审批改革；坚持服务导向，坚定企业发展信心等，服务环境优化已取得明显成效。

一、缴纳税款方面

问卷关于“缴纳税款”的指标数据包括公司缴税次数、公司纳税所需时间、总税率（占商业利润的百分比）以及纳税实务流程评价这四个方面的原始数据，并对其进行评价分析，每年缴税次数越少、办理时间越短、总税费越低，则表示政府越高效、开办企业盈利越多。调查结果显示，73.08%的样本企业纳税所需时间在50个小时以内，19.23%的样本企业需要51—100个小时，仅有7.69%的企业纳税所需时间在200个小时以上。在缴纳税款时间方面，排名第一的迪拜仅为12个小时，奉贤相对来说与排名靠前的全球城市尚有差距。样本企业纳税次数分布较为平均，中位数在10次左右，相较于香港的3次与新加坡的5次、排名最后的东京的30次，奉贤区在缴纳税款次数方面具有一定的优势。在缴纳税款总税率方面，样本企业情况差异较大，38.89%的样本企业缴纳税款的总税率占商业利润的 10% 及以下，而另有 38.89% 的样本企业这一比例达到了 10%—20%，这一项目排名前三的迪拜、新加坡、中国香港样本企业平均法定税费占样本企业税前利润的比例分别为 15.9%、20.6% 和 22.9%。

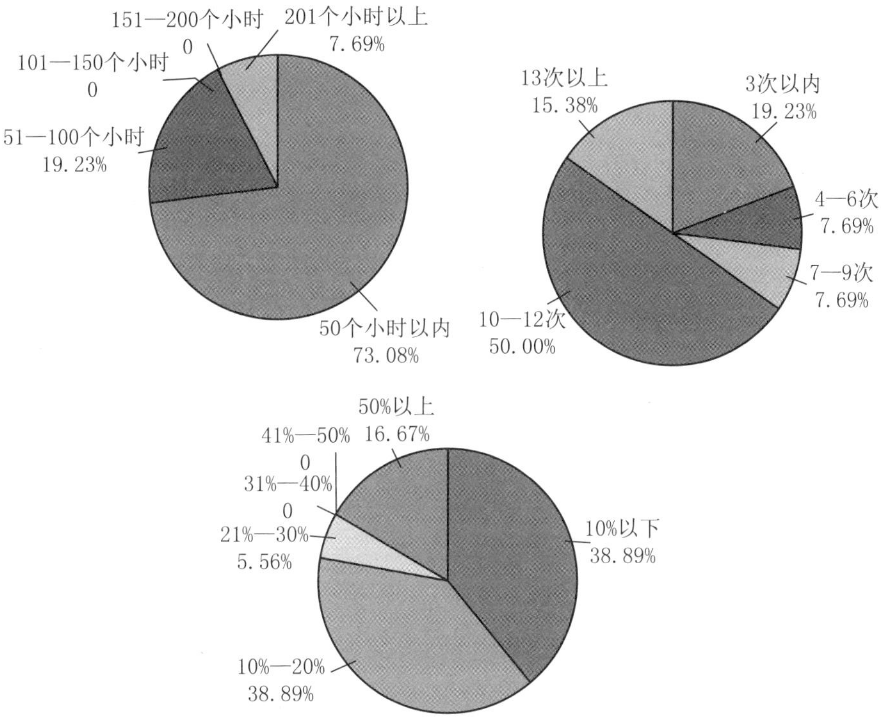

图 11-10　样本企业缴税次数、公司纳税所需时间、法定税费占样本企业税前利润的比例

根据调查结果，14.29% 的样本企业缴纳了法定税费之外的其他摊派，另有 28.57% 的企业表示“不好说”。绝大多数被调查企业（92.86%）对税务部门办事效率和服务态度较为满意。笔者认为，奉贤区在积极打造社会主义现代化建设引领区进程中，利用好升级扩围的税收优惠政策，积极推进税制改革创新，通过企业所得税减免、进口环节税收减免、增值税优惠等鼓励技术创新，推进高水平开放，服务构建新发展格局。

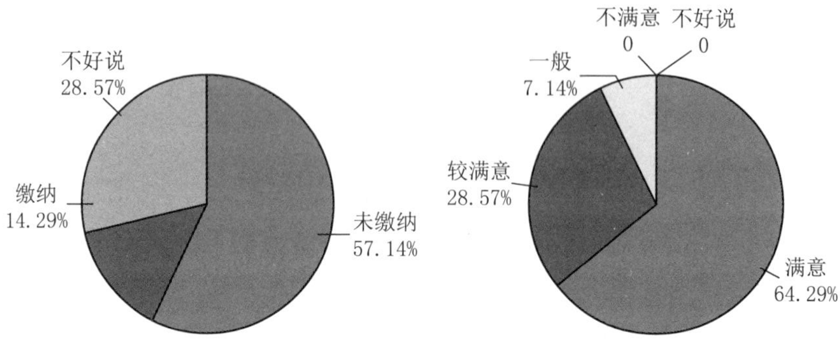

图 11-11　除税费外摊派情况、税务服务满意度

二、扶持政策与行政服务

近年来，尤其是2020年新冠肺炎疫情暴发以来，奉贤区积极支持企业应对疫情带来的生产经营困难，缓解企业资金压力，尤其是面向战略性新兴企业，出台了系列财政扶持政策。根据调查结果，样本企业了解扶持政策的渠道较为多元，主要依靠政府部门传送（64.29%）、工商联开会（45.24%）、政府网站（26.19%）、网络平台和网络媒体（26.19%）、社区或者街道办有关部门传送途径（23.81%）。45.24%的样本企业认为获取扶持政策和投资信息便捷有效，23.81%认为较为便捷，

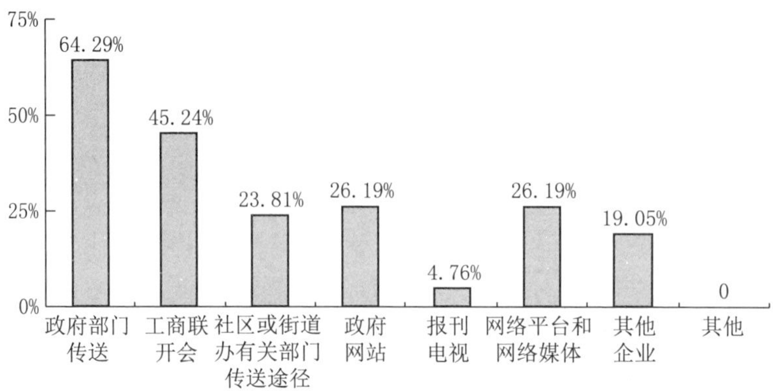

图 11-12　样本企业了解扶持政策的主要渠道

值得注意的是近 28.57% 的企业认为便捷程度一般。

根据调查结果，没有提出过享受扶持政策申请的样本企业占比 52.38%，52.38% 的样本企业没有提出申请的主要原因在于不了解政策，这说明多样化的政策宣传并没有达到应有的效果，政策传达并不到位、有效。另有 11.9% 的样本企业认为扶持政策对企业帮助不大，11.9% 的样本企业认为审核条件严苛、7.14% 的企业认为过程烦琐。

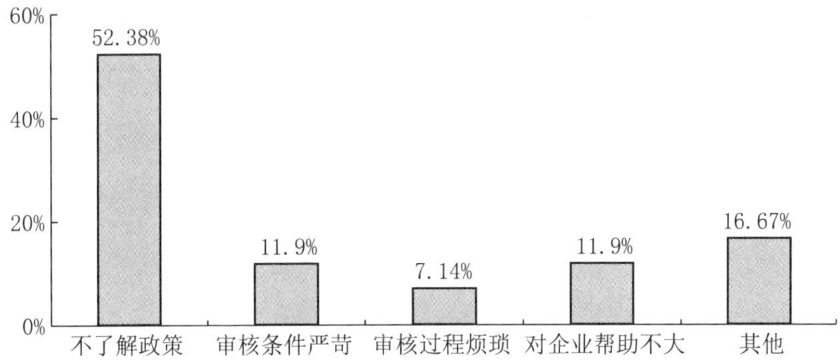

图 11-13　样本企业不申请政策扶持的主要原因

根据调查结果，38.1% 的样本企业从未享受过扶持政策。另有 7.14% 的样本企业认为扶持政策条件过高很难享受，在超半数（54.76%）享受过

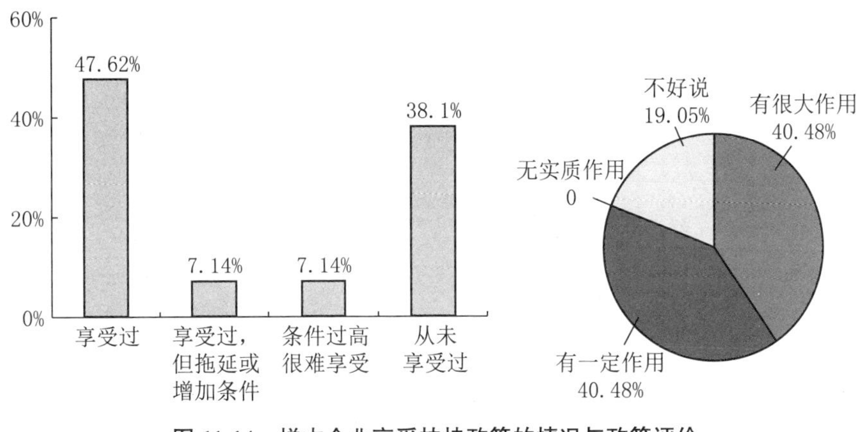

图 11-14　样本企业享受扶持政策的情况与政策评价

扶持政策的样本企业中存在7.14%的样本企业虽然享受过，但是受到了拖延或增加条件。样本企业在调查中对企业扶持政策评价较高，40.48%的样本企业认为有很大作用，40.48%的样本企业认为具有一定作用。

近年来，奉贤区为深入贯彻党的十九大关于建设人民满意的服务型政府的要求，抓紧补短板、强弱项，如加强惠企政策及政企沟通机制完善，提升群众和企业获得感。根据调查结果，64.29%的样本企业满意政府部门办事效率和服务态度，19.05%的样本企业表示较为满意。

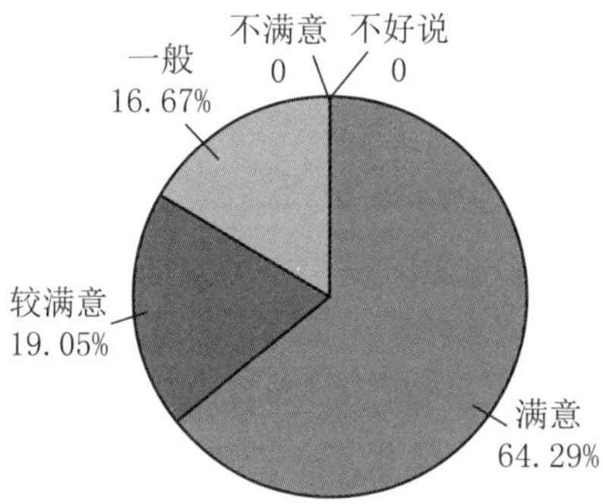

图11-15　政府部门办事效率、服务态度满意度

奉贤区近年来政务公开标准化规范化建设，全面推进决策公开、执行公开、管理公开、服务公开、结果公开全覆盖，让公开成为自觉、透

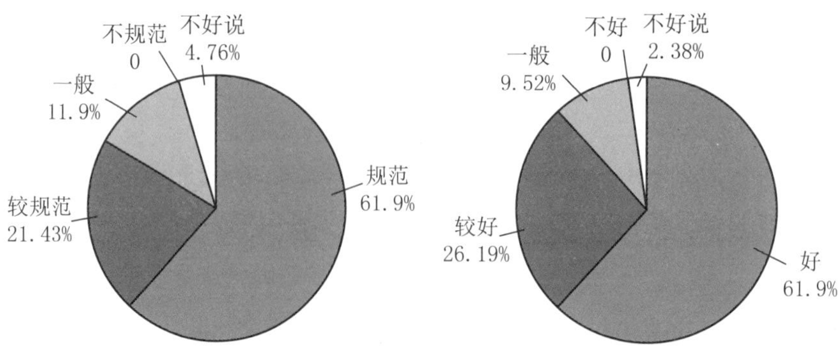

图11-16　样本企业对政府部门办事流程规范性、政府部门信息公开的评价

明成为常态。61.9% 的样本企业认为政府部门办事流程规范，21.43% 的样本企业认为较为规范，88.09% 的样本企业对政府信息公开评价较好，说明全面推进“一网通办”加快建设智慧政府取得了切实的改革成效。

第三节　奉贤市场法治环境

市场法治环境是影响企业投资、经营以及退出等环节的重要方面，是营商环境的重要组成部分。良好的市场法治环境有利于稳定企业预期，降低企业风险，维护企业权益，是增强国家或城市营商环境吸引力的重要支撑。近年来，奉贤区一直致力于优化市场法治环境，坚持依法监管，维护市场公平有序：加强集中登记管理、深化事中事后监管、增强信用监管效能。同时，奉贤区人民检察院发布了《上海市奉贤区知识产权检察白皮书（2020）》，提供企业迫切需要的法治保障和服务措施。

本次调查中“执行合同”的题项包括解决商业纠纷的时间、解决商业纠纷的成本（占债务）两个指标。解决商业纠纷的时间越短，解决商业纠纷的成本越低，则越有利于企业在这个城市长期发展，表明城市有优良的可持续发展的营商环境。调查数据显示，60% 的样本企业从提起诉讼到实际付款期间的时间（包括提交和服务案件的时间、审判和获得判决的时间、执行判决的时间）不到 150 天，20% 的样本企业需要 300—400 天时间，20% 的样本企业所需时间大于 750 天。国际上执行合同时间的最优参照为新加坡创造的 120 天，在缩短争端解决时间上对标国际最优水平还有相当空间需要提升。

60% 的样本企业在司法程序解决争端所需的会计成本（包括律师费用、庭审费用、执行费用）占索赔额 5% 以内，20% 的样本企业会计成本占索赔额 6%—10%，20% 的样本企业会计成本占索赔额 21%—25%。国际上司法程序解决争端所需的金钱成本的最优参照为不丹创造的 0.1%，对标国际最优水平，奉贤以及上海在降低执行合同成本上还有相当大的空间需要提升。

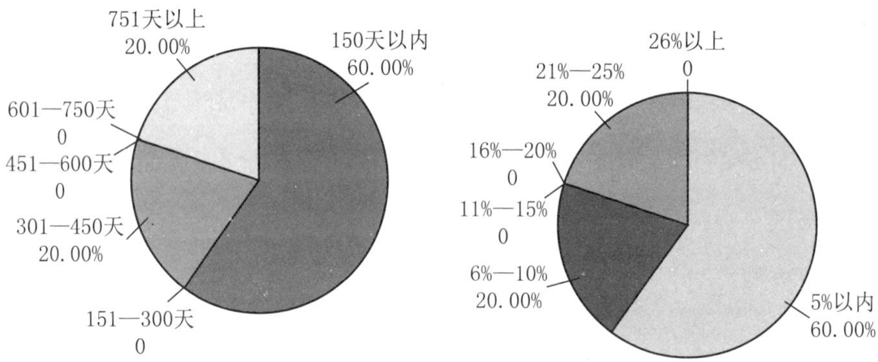

图 11-17　执行合同成本、时间

根据调查结果，被调查企业在法治环境各类因素中，最为看重的是立法公开（66.67%）、执法程序规范（66.67%）、判决执法力度（50%）和诉讼法律渠道的顺畅（25%）。

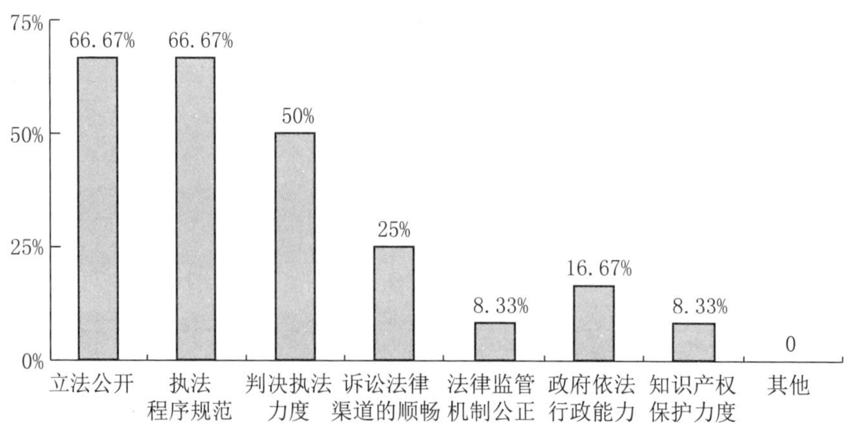

图 11-18　企业最看重的法治环境因素

值得重视的是，根据调查，仅 33.33% 的样本企业认为当企业财产权、经营权等权益受到侵害时，能全部得到有效的法律保护，50% 的样本企业认为多数能得到。大多数样本企业（91.67%）对政府依法行政评价较高。

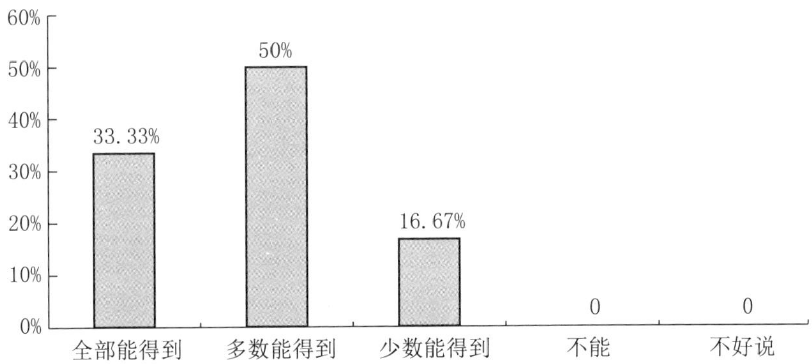

图 11-19　法律保护感受度评价

第三部分　热点专题报告

结合上海营商环境研究中心2021年研究热点选题，汇编“上海进一步优化跨境贸易营商环境研究”“长三角G60科创走廊财税营商环境优化研究”“优化长三角G60科创走廊金融环境研究”“上海优化数字化财税营商环境问题研究”“上海营商环境法治化建设研究”五个热点专题报告。

第十二章　上海进一步优化跨境贸易营商环境研究①

2018 年 10 月，国务院印发《国务院关于印发优化口岸营商环境促进跨境贸易便利化工作方案》。2020 年 1 月，市商务委等七部门出台《上海口岸进一步深化跨境贸易营商环境改革若干措施》。2021 年 3 月，市商务委等九部门联合印发《上海口岸 2021 年深化跨境贸易营商环境改革若干措施》，不断优化上海跨境贸易营商环境。

2018—2020 年间，上海实施货物预申报、港口基础设施升级、海关管理优化和公布收费标准等措施，使进出口贸易更加便利。推进口岸通关提速降费，实现跨境贸易无纸交接、跨境通关作业一体化。落实口岸降费、规范收费政策，收费查询"一站式"平台与"单一窗口"对接办理。提升口岸物流作业质效，打造无纸化交接单物流平台，推广"两步申报"和"提前申报"机制，对货物出口开展"抵港直装"和进口"船边直提"试点。经过几年的持续努力，上海跨境贸易营商环境得到了市场主体的广泛认可，改革效果显著。世界银行《营商环境报告》显示，2018—2020 年，跨境贸易得分由 69.91 分升至 2020 年的 86.5 分，提高 16.58 分；排名由第 97 位上升至第 56 位，提升 41 位。但在可圈可点的同时还要清醒地看到，跨境贸易指标是上海营商环境最薄弱的指标之

① 基金项目：（1）上海市人民政府决策咨询研究重点招标课题（编号 2020-A-027）。
（2）2021 年上海营商环境研究中心（智库）课题。

一，与国际先进水平相比，在实际操作层面仍存在较大差距，上海应在减环节、减时间、减成本等方面持续优化跨境贸易营商环境。

第一节　上海跨境贸易指标得分情况及对标分析

一、跨境贸易指标得分情况

（一）我国跨境贸易总体得分与排名情况

世界银行营商环境报告显示，2015—2018 年，我国跨境贸易便利度水平得分与排名止步不前。2018—2020 年，跨境贸易得分由 69.91 分升至 2020 年的 86.5 分，提高 16.58 分；排名由第 97 位上升至第 56 位，提升 41 位（图 1-1）。跨境贸易便利度排名逐年提升，已成为营商环境改善最为显著的经济体之一，我国的改革举措取得了显著成效。

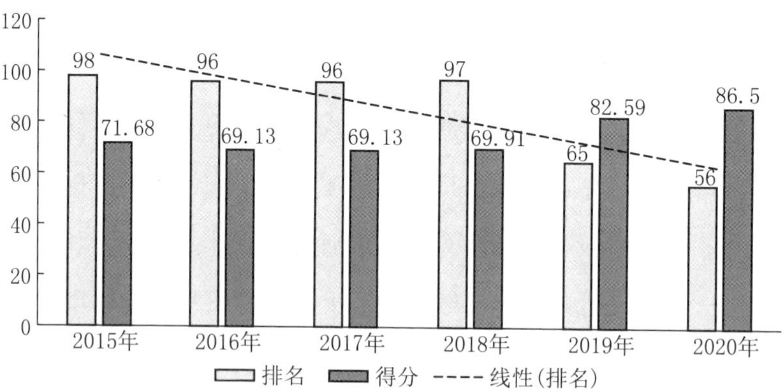

图 12-1　2015—2020 年中国跨境贸易便利度排名

资料来源：根据 2015—2020 年《营商环境报告》整理。

报告显示，我国进出口通关单证合规和边界合规消耗的时间与费用，进口通关时间明显大于出口通关时间，在进口边界合规方面耗时最长。此外，进出口耗费也处于较高水平。

（二）上海跨境贸易指标得分情况

《2020 营商环境报告》显示，上海跨境贸易指标得分 87.2 分。其中，在耗时方面，出口单证合规表现最优，进口边界合规表现相对欠佳；在耗费方面，进口单证合规耗费表现最佳，出口边界合规耗费得分较低（表 12-1）。

表 12-1　上海跨境贸易指标得分情况

一级指标	二级指标	得分
跨境贸易	出口时间：单证合规	96.2
	出口时间：边界合规	89.3
	出口费用：单证合规	82.5
	出口费用：边界合规	76.5
	进口时间：单证合规	95.8
	进口时间：边界合规	87.1
	进口费用：单证合规	89.3
	进口费用：边界合规	80.8

资料来源：根据《2020 营商环境报告》整理。

（三）上海跨境贸易指标值变动情况

上海作为参评权重达到 55% 的中国样本城市，代表中国最先进发展水平，在全国起到示范引领作用。通过三轮改革，上海优化跨境贸易营商环境成效显著，进出口时间成本均呈下降趋势，提速降费情况良好（表 12-2）。

表 12-2　2017 年—2020 年上海跨境贸易各项指标对比

年　　份	2017	2018	2019	2020	趋势图
出口时间：单证合规（小时）	21	21	9	8	
出口时间：边界合规（小时）	26	26	26	18	
出口费用：单证合规（美元）	85	85	74	70	

（续表）

年　　份	2017	2018	2019	2020	趋势图
出口费用：边界合规（美元）	522	484	314	249	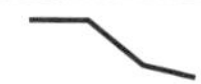
进口时间：单证合规（小时）	66	66	24	11	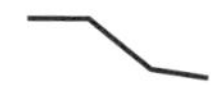
进口时间：边界合规（小时）	92	92	48	37	
进口费用：单证合规（美元）	171	171	122	75	
进口费用：边界合规（美元）	777	745	326	230	

资料来源：根据 2017—2020 年《营商环境报告》整理。

二、上海跨境贸易指标对标分析

（一）对标世界最优水平

《2020 营商环境报告》显示，上海在跨境贸易领域仍落后于其他先进经济体，上海在跨境贸易出口和进口耗费的边界合规和单证合规指标得分偏低，与世界最优水平差距最为显著；出口和进口耗时的边界合规和单证合规指标得分相对较低，与世界最优水平也存在较大差距（表 12-3）。

表 12-3　2016—2020 年上海跨境贸易指标对标情况

一级指标	二级指标	计算方式	上海	最优水平经济体	
跨境贸易	出口耗时（边界合规）	小时数	18	加拿大 / 波兰 / 西班牙	1
	出口耗时（单证合规）	小时数	249	奥地利 / 比利时 / 丹麦	1
	出口耗费（边界合规）	美元	8	匈牙利 / 卢森堡 / 挪威	0
	出口耗费（单证合规）	美元	70	法国 / 荷兰 / 葡萄牙	0
	进口耗时（单证合规）	小时数	27	韩国 / 拉脱维亚 / 新西兰	1
	进口耗时（边界合规）	小时数	230	爱沙尼亚 / 法国 / 德国	1
	进口耗费（边界合规）	美元	11	冰岛 / 拉脱维亚 / 英国	0
	进口耗费（单证合规）	美元	75	比利时 / 丹麦 / 爱沙尼亚	0

资料来源：根据世界银行《2020 营商环境报告》整理。

（二）对标经合组织

世界“富人俱乐部”经合组织有 38 个成员国，产品和服务占世界总量的 2/3。经合组织高收入经济体优化营商环境表现突出，因而成为世界银行报告中的主要对标经济体。综合考虑城市规模、人口、收入等因素，选择经合组织中新西兰、日本、新加坡、美国 4 个高收入经济体的代表性城市作为上海跨境贸易营商环境对标对象。

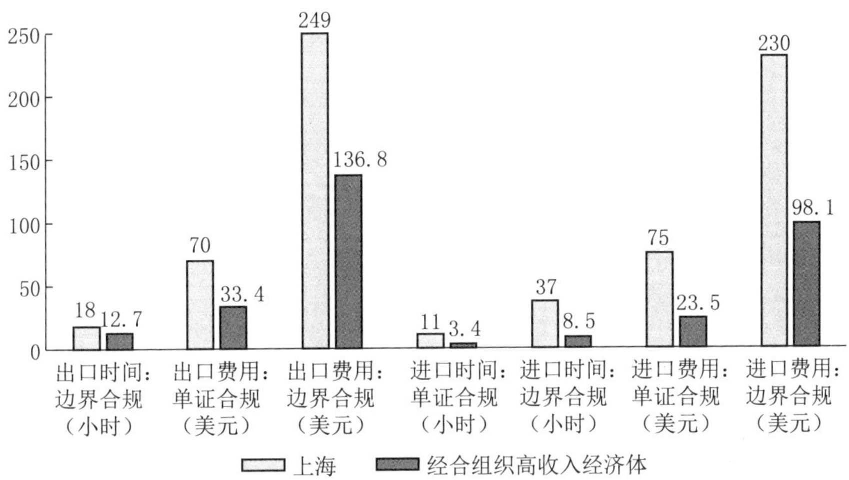

图 12-2　上海与经合组织高收入经济体指标数据对比

资料来源：根据《2020 营商环境报告》整理。

图 12-2 显示，中国与经合组织高收入经济体相比，在进出口时间和费用方面均有明显差距。表 1-4 显示，在进出口耗时方面，4 个对标经济体进口单证合规耗时最快的新西兰奥克兰只需 1 小时；出口单证合规耗时最少的新加坡和纽约只需 2 小时，进出口边界合规耗时最少的纽约只需 2 小时，而上海进口和出口单证合规耗时均需要 8 小时以上，进口边界合规耗时更是高达 37 小时，说明上海进口海关的清关和检查、其他机构的检查、在港口或边境进行的处理和检查整体要求严格、繁

琐，耗时长。在进出口费用方面，出口和进口单证合规耗费最少的是新加坡，分别为 37 美元和 40 美元；出口和进口边界合规最佳表现城市纽约，均为 175 美元。在进出口费用方面，通关成本高，上海的差距更大。

表 12-4　上海与代表性经合组织高收入经济体数据对比

国家—城市	上海	奥克兰	东京	新加坡	纽约	欧盟
营商环境排名	31	1	29	2	6	
跨境贸易指标排名	56	63	57	47	39	
出口时间：单证合规（小时）	8	3	3	2	2	1
出口时间：边界合规（小时）	18	37	27	10	2	1
出口费用：单证合规（美元）	70	67	54	37	60	0
出口费用：边界合规（美元）	249	337	241	335	175	0
进口时间：单证合规（小时）	11	1	3	3	8	1
进口时间：边界合规（小时）	37	25	48	33	2	1
进口费用：单证合规（美元）	75	80	107	40	100	0
进口费用：边界合规（美元）	230	367	275	220	175	0

资料来源：根据各国《2020 营商环境报告》整理。

（三）跨境贸易差距指标分析

课题组将《2020 营商环境报告》10 个一级指标 46 个二级指标按照程序、时间、成本、制度、其他分为 5 大类。其中，程序类 5 个、时间类 11 个、成本类 11 个、制度类 13 个、其他 3 个。另外，抽离出 3 个难以量化的二级指标。从跨境贸易 8 个二级指标分布来看，时间和成本类指标各有 4 个，对标国际前沿水平，上海进出口通关时间与费用均存在较大差距。

1. 上海跨境贸易营商环境最大差距指标分析

从跨境贸易 4 个成本类指标看，上海进出口边界合规耗费为 479 美元，其中，出口边界合规耗费 249 美元，分别为出口清关和检查 23 美元、港口或边境处理 226 美元；进口边界合规耗费 230 美元，分别为进口清关和检查 30 美元、港口或边境处理 200 美元。进出口单证合规耗费为 145 美元，其中，出口边界单证合规耗费 70 美元，进口单证合规耗费 75 美元（图 12-3）。跨境贸易指标排名并列第一的 16 个国家均为欧盟成员国，欧盟市场统一、内部通关一体化，跨境贸易阻力相对较小，具有特殊性，对标不具代表性。除欧盟国家外，跨境贸易指标得分最优的经济体为圣马力诺（面积仅有 60 平方公里，对标时不予考虑）、挪威和塞尔维亚。塞尔维亚进出口边界耗费仅需 99 美元，其中，出口清关和检查 47 美元、港口或边境处理 0 美元，进口清关和检查 52 美元、港口或边境处理 0 美元（表 12-5）。全球有将近 30 个经济体的货物进出口边界几乎没有任何费用。可见，上海跨境贸易指标与国际一流水平差距突出，进出口边界和单证合规耗费成本有较大的降低空间。

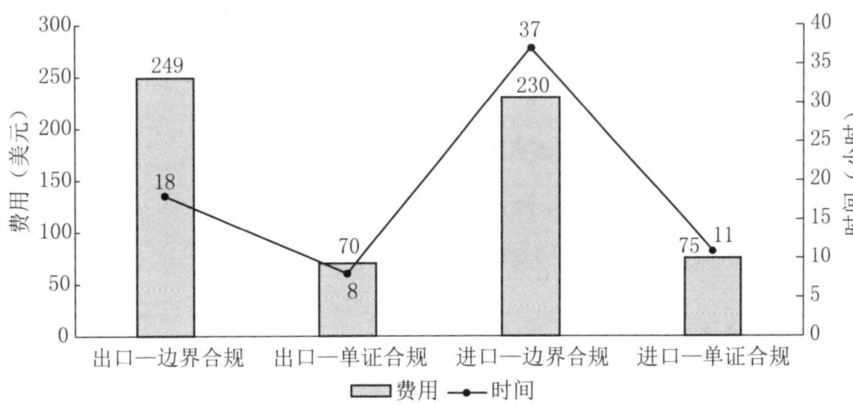

图 12-3　上海进出口通关时间与费用

资料来源：根据《2020 营商环境报告》整理。

表 12-5　上海跨境贸易营商环境（耗费）对标情况

二级指标		上　海		挪威	塞尔维亚	巴黎	阿姆斯特丹	计算单位
		2020 世界银行报告数据	2021 验核数据					
出口耗费	边界合规	249	122.1	125	47	0	0	美元
	单证合规	70	61	0	35	0	0	美元
进口耗费	边界合规	230	129	125	52	0	0	美元
	单证合规	75	55	0	35	0	0	美元

资料来源：根据《2020 营商环境报告》整理。

2. 较大差距指标分析

除了差距最大的 4 个成本类二级指标以外，上海跨境贸易 4 个时间类二级指标较前沿水平相比也存在较大差距（见表 1-6）。从边界耗时来看，上海进出口边界耗时需 64 小时。其中，出口总耗时为 26 小时，比最高水平高出 24 小时；进口总耗时为 38 小时，比最高水平高出 36 小时。出口清关和检查 6 小时、港口或边境处理 18 小时，进口清关和检查 4 小时、港口或边境处理 36 小时。单证耗时 19 小时。而挪威进出口边界耗时仅需 8 小时，其中，进出口清关和检查、港口或边境处理均只需 2 小时；单证耗时需 4 小时（表 12-6）。全球有将近 30 个经济体的货物

表 12-6　上海跨境贸易营商环境（耗时）对标情况

二级指标		上　海		挪威	塞尔维亚	巴黎	阿姆斯特丹	计算单位
		2020 世界银行报告数据	2021 验核数据					
出口耗时	边界合规	18	8	2	4	0	0	小时
	单证合规	8	1	2	2	1	1	小时
进口耗时	边界合规	37	11	2	5	0	0	小时
	单证合规	11	1.5	2	3	1	1	小时

资料来源：根据《2020 营商环境报告》整理。

进出口平均耗时仅有1小时，部分欧盟或其他关税同盟成员国家仅需2小时，其他如纽约、洛杉矶进出口平均耗时均为2小时，伦敦为3小时。

第二节　上海跨境贸易存在问题及瓶颈

上海优化跨境贸易营商环境的努力得到了世界银行测评的认可，但与全球领先经济体相比仍有不少差距，从企业实际感受度来看，仍需加大改革力度。企业反映，优化跨境贸易营商环境出台了很多好的政策，但企业感受度不高，获得感不强，很多时候发现出台的政策好像跟企业无关，有关的政策又不落地。企业反映较多的问题主要体现在以下六个方面：

一、串联作业环节多，耗时较长

（一）货物审批流转部门多

企业反映，在跨境贸易实际操作层面，上海贸易体量大，跨境贸易营商环境监管机构众多，货物入关后，由线上海关先进行查验，稽查处、加工贸易监管处等各职能部门再次查验，从口岸外港、洋山机场到保税区入关，货物审批经过多部门流转，大大增加了进口边界合规时间。

（二）口岸各单位串联作业环节多

船公司、报检报关代理、货代、车队习惯按照串联作业流程办理业务，许多能够同步操作的事项仍旧在排队，单一环节发生问题往往造成后续环节难以推进，人为延长了口岸通关时间。部门间的数据传输依然是单向的，仍未形成“双向”“多向”的信息传输回路，影响企业信息归集的完整性、准确性、及时性，难以对后续流程办理形成支撑。跨境贸易耗时有较大的压缩空间，例如货物港区堆存时间具有较大弹性，每个环节耗时没有统一标准，企业缺乏相对稳定的时间预期。

（三）现代信息技术没有得到有效运用

口岸涉及各类跨境许可证由各部门分别审批，码头作业信息由各家掌握，多数不联网。口岸各部门无纸化作业程度低，各部门间几乎都采取纸质单证传递、人工逐票核对签发的方式交换信息，造成换单环节耗时长。

二、货代行业监管不规范，收费标准不统一

（一）收费定价不透明

企业反映，政府降价，企业感受不到。市级层面没有公共服务平台提供服务信息，货代行业监管不规范，缺乏统一收费标准指导。不同船公司收费标准各不相同；同一条航线提供服务、报价各不相同；船公司甩柜普遍超售，VIP客户临增；报关转人工审核，超过72小时必查验，带有很大的不确定性；集装箱码头查验信息不公开；外高桥提箱有没有、有多少不清楚，明明有但说没有，要收调箱费；自新冠肺炎疫情暴发以来，有些航线运价涨价幅度很大，例如中美航线价格涨了五六倍；报关行收费无统一标准，市场价从几十到几百元都有；借用箱子在归还时，根据有无油漆、破损或损坏、污点等，船公司要收取坏污箱费（由货代公司垫付，向外贸企业收取），没有统一标准，从几百到几千不等，一个脚印也要收费；除运输新加坡有限公司外，各船公司都规定不能选择外港、洋山港或其他堆场的提箱点，且不公开透明，各船公司收取的提箱费也各不相同。

（二）收费名目繁多

企业反映，跨境贸易各类收费名目繁多，且费用较高。进口边界费用包括集装箱码头装卸作业费 650 元—1200 元、集装箱封志费 30 元—50 元 / 个、集装箱设备交接单费 30 元—50 元 / 单、舱单费 50 元—100 元。订箱后，船开前取消订单，不分大小柜，要收取 350 元—500 元 / 箱退关费；有企业报关 3 单，拼箱时增加 1 单，但海关只出具 3 个退关单，因码头只认海关证明，海关与码头相互之间不沟通，耗时数月，造成滞箱费 1 万多元人民币；洋山港调箱费 300 元 / 个。还有企业反映，上海的码头费用比集装箱费用还要高，到日本就要 300 美元。

三、双重标准叠加管理，监管太严

（一）政策理解存在偏差

目前，国家层面还没有建立适用于自贸区的法律，只有《中国（上海）自贸试验区条例》地方性法规，相比发达国家完整的法律监管体系，存在着不小差距。有些政策内容笼统，解释含糊不清，地方理解存在偏差。比如，自 2019 年第 170 号的海关总署公告《中华人民共和国海关对洋山特殊综合保税区监管办法》出台以来，至今还未出现细则解释，给执法监管和业务部门带来很多不便。在跨部门流转过程中，上海海关各部门对政策解读不一致，执行标准不统一，在不确定的情况下，会尽可能从严监管，缺乏强有力的统一领导机构去协调不同部门之间合作和协调。例如，一跨境电商企业进口日本药妆，该产品是一种通过纳米技术达到干燥、防霉、防虫效果的新型家用商品，可归类为家用日化品，然而在上海海关部门流转过程中，有部门认为该产品有杀虫功能，按照传统贸易标准应归类到农药范畴算杀虫剂，不能进口，最终货物被扣。但与此同时，天猫商城上同款产品在外地口岸却能顺利通行，在网站上畅销。

（二）双重标准叠加监管

上海作为先行试点城市，由于其特殊地位，海关总署对上海执行比国家法律更为严格的监管标准，以确保合规性不出差错。合规性标准一旦提高，势必会影响跨境贸易便利化程度。跨境电商作为集上海“五个中心”优势与融合科技手段的一种新型贸易方式，在上海有良好的发展基础，但因上海的监管条件更为严格，发展程度不如宁波、广州、杭州、郑州等拥有互联网特性的城市。政府对新业态往往采用先实践后立法的方式，规范市场秩序，虽然立法更具实际意义，但没有制定完整的法律规范基本程序，使地方政府裁定不规范，自由裁量权过大，各地监管标准各异。

（三）监管存在“一刀切”现象

企业反映，监管还存在“一刀切”的现象。例如，缺少基于风险的分类监管机制，跨境贸易对研发用品监管太严，查验率太高。在跨境贸易中，申请一般认证或者是 A 类企业认证，海关有一定的免检情形，港口商检查验率虽有所降低，但每次仍要检查三四遍。科研用品仍难以实现快速通关，包括化学品在内的商检查验率都是 100%。国内海关检验检疫制度规定，不管用于研发还是生产用，只要与药品或者危化品相关的货物进口都要查验，企业反映，检查有数量要求（如 10 克），进口量根本不够检验用，增加了企业研发成本。

四、协调机制不健全，政企沟通渠道不畅

（一）海关事务缺少协调和申诉机制

企业反映，海关事务无协调机制、申诉机制，缺乏海关与其他委办局的协调机制。例如，对商品品名、品牌、数量等检验检疫由口岸改为

目的地（属地）检验。洋山、外港在推行属地检验的同时，口岸也可以检验，但机场作为目的地（属地）时，会出现检查不专业、不清楚怎么出证书、让企业传话、相互推诿，特别是节假日、周末，企业很难应对。海关对同样的货物不同时段货物品名的界定标准不同、政策解读不一样，凭主观理解，自由裁量权较大。

（二）中小企业与政府部门之间沟通渠道少

企业反映，海关是推动跨境贸易营商环境进一步优化的主体，其他部门则是配套执行，在政策制定中占据主导地位。在政策执行中，相较于其他企业，国企和大型企业更有话语权，可以将自身情况作为业界问题的代表反映到相关的政策制定部门，尽可能将政策制度偏向自身企业，中小型企业与政府部门之间的沟通渠道则较少。比如，上海跨境电商目前只有行业协会负责开展企业交流活动，并没有特定的政府部门征询意见，因此政策制定部门无法了解企业的情况及诉求，集装箱定损标准不明确、超过有效期管理的商品处置标准不明晰等问题无从反映。

五、基础设施建设不完善，线上线下成本高

2015 年被业内人士称为跨境电商元年，至今已走过六个年头，但据跨境电商协会统计，上海从事跨境贸易进口的企业数量逐年减少，其重要原因便是企业要负担高昂的线上线下基础设施建设成本。

（一）搭建线上平台合规性成本高昂

从线上来看，搭建线上平台产生的高昂合规性成本使得大多数跨境电商进口企业望而却步。一跨境电商企业反映，为打造基础平台，投入 3000 万元建设信息化平台，以解决跨境电商进口业务通关需要的“三单对碰”问题——电商订单、物流订单、支付订单，前两者耗时 1.5 年

解决，而金融支付方面耗时3年仍未得到解决。具体来说，企业向国外供应商订购货物，供应商需要提前备货、报关备案，此时需要国内电商企业预付订金来保证会实际购买货物，但这一过程并没有发生实质性销售，目前尚无相应政策执行标准，合规性不配套，导致外汇管理局和银行不认可，企业的订金无法对外支付。

（二）口岸配套基础性设施建设不完善

从线下来看，上海口岸配套基础性设施建设不完善，仅提供给企业毛坯仓库，给予免租1—2个月的优惠政策，装修等成本要企业自行承担，之后再由海关验库，对于投入设施的合规与否没有明确标准，大部分新企业因此打消入驻的想法。

六、缺乏“店小二”精神，企业办事难

有企业反映，在海关查验中，外港周末不接受查验，法定节假日以海关排班为准，一般要0.5—1个工作日。洋山港每天9点前要交报关资料，超过9点当天不受理，还需要0.5—1个工作日安排好查验时间。超期用箱费一般1—7天收取100元/天，超过7天收取200元/天。遇到节假日，超期更长，费用更高，时间和成本都会大幅增加。海关查验一般是隔天查验，即第2天查验，查验过程快的要4小时，上午没查验完，海关11:30—13:30为休息时间，下午一般14:00后才开始。

第三节　上海进一步优化跨境贸易营商环境的政策建议

一、统一监管标准，简化海关程序

（一）统一监管标准

学习新加坡经验，明晰自贸区行政机关的职权、可开展的经营活

动，规定违法行为惩罚程序，为各相关方提供有力保障。统一解读政策，在各部门形成统一的执行标准，形成公平公正的市场秩序。考虑到制定法律设立需要漫长的时间，可以先放宽特殊综合保税区的监管标准，减少地方政府的掣肘，为自贸试验区发展提供最宽松的外部环境。比如，取消对跨境电商采用更严格的双重标准管理办法，执行个人自用进境物品监管方式，建立容错机制，在特殊综合保税区内先行先试，再辐射到其他自贸区。

（二）简化海关程序

借鉴迪拜与鹿特丹港经验做法，采用统一的自由便捷海关监管模式、作业流程、操作规范和信息化管理系统，形成海关监管、企业自律、政府支持和社会参与的治理大格局，最大限度减少不必要的海关干预。借鉴广州“智慧海关”建设经验，运用现代科技手段，在船边分流环节，机器自动识别集装箱号并快速理货，已提前申报无须查验的货物可直接提离，需查验的货物移到查验区。在查验环节，运用查验辅助机器人在海关非工作时间把查验准备、数据采集比对这些前期工作提前进行，缩短查验时间，提升通关效率。

二、形成良性竞争机制，降低耗时耗费

（一）明确设定跨境贸易每个环节所需时间

对标跨境贸易最高水平 1 小时耗时，借鉴广州“智慧海关”“智慧港口”建设的做法，推进 24 小时全天候智能通关，推动“码头即刻收到调柜信息、即刻将被查验货柜就位、海关即刻安排查验”“三个即刻”无缝衔接，检验检疫证书审核自动比对，智慧拟证审证，提高口岸无纸化作业程度，实现无纸化通关通检，大幅缩减单环节耗时。降低企业自住

预留船期时间，大幅缩减堆存时间。

（二）引入“自动舱单系统”

借鉴欧美在货物报关中引入“自动舱单系统”（AMS）的做法，缩短国际中转集拼和离岸贸易业务提交舱单完成电子舱单申报装船的提前时间。推动口岸各单位按照并联作业流程办理业务，码头作业实现信息共享，对各类跨境许可证进行联合审批，形成“双向”“多向”信息传输回路，确保及时、准确、完整归集企业信息，对后续流程办理形成支撑。

（三）规范口岸收费

推动“单一窗口”与更多船代、货代、报关、运输、检疫处理和仓储企业的网上收费系统深度融合，形成良性竞争机制，提升信息电子化、智能化水平，高效合理配置资源，进一步降低企业报关费、港口货代操作费等各类口岸费用。强化目录清单管理，实施“阳光价格”，依法查处乱收费行为，协调船公司和接受船公司委托修葺、清洗的堆场，统一并降低坏污箱费标准，大幅降低本地码头费和退关费。由政府出面与船公司协调，参照 MCC 运输新加坡有限公司，企业可以自主选择提箱点，以节省拖车成本和时间。政府出面协调船公司并接受船公司委托修葺、清洗的堆场，统一降低坏污箱费标准。

三、构建多方协作机制，简化流转程序

（一）各方形成通力协作机制

推动海关、港口、船公司、堆场等各方形成通力协作机制，发挥“店小二”精神，强化“以企业为中心”理念，由政府出面协调海关，提高其内部协作性和运转时效，建立一个更为细化的规范、标准。由政府出面协调船公司，参照 MCC 船公司的做法，允许货代公司选择提箱

点，并制定统一的提箱费标准。推广机检做法，无需开箱门、查验放行记录后流转到通关科，提高查验科、检验检疫科、通关科等各部门协同效率，加快流转速度。

（二）简化部门流转程序

借鉴美国经验，各行政区域由各自海关管理中心管理，负责向口岸海关提供各类政策与业务指导。海关内部提高监察自身行政效能，外界可以确保监督海关执法的准确性和公正性。口岸海关内各部门订立明确的业务清单，按照清单有序开展工作，部门之间引入现代信息与通信手段建立一个信息交互平台，使信息跨部门充分共享、互认统一。数据交互平台应由专业的第三方技术团队开发并由技术保障团队进行维护升级，实现平台上各部门权责清晰、执法任务明确，改善同一批货物的重复录入、申报、查验等现象，从而提高监管效率。

（三）畅通企业反映问题通道

不同性质、不同规模的企业碰到的问题各不相同，海关在制定监管政策时，除了向行业领军企业征求意见外，还应广泛地征集意见，尽可能地覆盖所有层级的监管对象，使所有类别的企业主体受惠。在微观管理上，应设立公平有效的问题反映通道，由政府围绕自贸试验区发展需求，推广以服务为主的政府管理服务模式，定期开展企业座谈，及时了解各类企业在创新改革路上遇到的困难，并给予指导和帮助。注重制定政策的公开和透明性，正在拟议的法规应由相关机构负责公开，给所有利益方和公众提建议的渠道。

四、加大基础设施建设，提高通关效率

义乌综合保税区采用“筑巢引凤”模式吸引企业的做法值得借鉴。

建议上海扶持互联网和商业地产企业建设跨境电商线上线下基础设施，降低企业前期投入成本和基础投入，简化监管方式，吸引跨境电商企业落户上海。有针对性地加强不同领域的基础设施建设，留住并推动跨境电商行业发展。帮助跨境电商企业切实解决线上线下平台搭建过程中碰到的金融支付问题，加快合规保税仓库等仓储设施建设，满足客户需求，扶持跨境电商企业发展。借鉴深圳口岸“MCC 前海”新物流模式，使抵达口岸的进出口货物、国际中转货物能根据其物流或贸易安排重新进行分拨、拼箱，将海、陆、空、铁的各类货物重新拼集再发往全球各地，实现基础设施建设转型升级。

五、建立公共服务平台，形成行业标准

（一）建立一批试点公共服务平台

借鉴新加坡建立全国性贸易及物流 IT 平台（Trade X-change）做法，为进驻企业提供在自由港区存放货物、批准作业费用、消费税优惠、转口费用、临时拖运等多项免费优惠措施的做法，选择信誉良好的报关、订舱、拖车、查验等企业作为战略合作伙伴，为外贸企业提供服务，在不同时期有针对性地为平台企业提供优惠措施，平台企业不再向外贸企业收取港口建设费等费用，并逐步实现零收费。

（二）形成行业标准和运价指数

对接航运中心运价指数，形成行业标准和运价指数，让外贸企业了解航线、船期、价格、仓位、堆场、船公司有无集装箱，可以进行物流追踪。

（三）持续建立公开透明的价格体系

借鉴天津“阳光价格”行动做法，国有企业带头率先降费，在官网

上公布“价格不能超标、控制总额”“标价明确，透明公开”的“阳光一站式标价”，联合多家进出口企业签订协议，倒逼相关配套企业降费，并加大政府支持力度，由政府牵头各类船公司及市场化配套企业成立维护公平竞争的平台，进一步降低企业合规成本，稳定市场价格。在各大园区内设立“阳光物流”直营加盟店，企业可享受优惠的价格。针对加大船公司集装箱定损没有明确统一的标准、价格浮动大的问题，加大监管力度。

第十三章　长三角 G60 科创走廊财税营商环境优化研究

——基于对上海松江 557 家企业调查

为了对长三角 G60 科创走廊财税营商环境作微观的了解，本课题组对松江区 557 家样本企业进行了财税营商环境的调查，样本企业覆盖了传统行业与战略性新兴产业、大企业与中小企业、新办企业与老企业等不同特征，从企业自身感受角度和纳税方面对 G60 科创走廊的税收营商环境，从利润税费率、增值税纳税时间、所得税纳税时间、财产行为税和社保税纳税时间、退税申请到账时间、“银税互动”信用贷使用情况、减税降费需求、纳税服务建议等多个角度对企业进行调查了解。

第一节　长三角 G60 科创走廊财税营商环境基本情况分析

一、样本企业行业及规模分布

为从微观上了解长三角 G60 科创走廊企业所处的财税营商环境如何，笔者选择长三角 G60 科创走廊策源地松江的企业发放关于财税营商环境的问卷进行调查，共发放问卷 575 份，收回 570 份，有效问卷 557 份。

（一）样本企业行业分布

问卷发放时选择了在长三角 G60 科创走廊松江注册成立的战略性新兴

产业、传统生产加工以及商贸企业，其中战略性新兴产业企业 128 家。战略性新兴产业企业中新材料产业企业 19 家、新能源和网联汽车生产企业 13 家、生物医药企业 13 家、人工智能制造企业 52 家、智能驾驶生产设计企业 12 家、半导体及电子元器件生产设计企业 19 家（具体见图 13-1）。

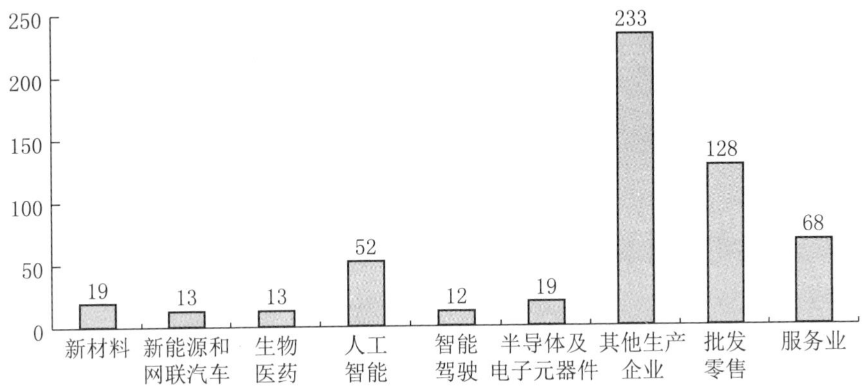

图 13-1　长三角 G60 科创走廊财税营商环境调查样本企业行业分布

（二）样本企业以从业人数划分的规模分布

对被调查的样本企业按从业人员数量进行规模分析，长三角 G60 科创走廊松江样本企业从业人员不超过 100 人的小企业有 351 家（274+77），占据了样本量的 63.01%（具体见图 13-2）。

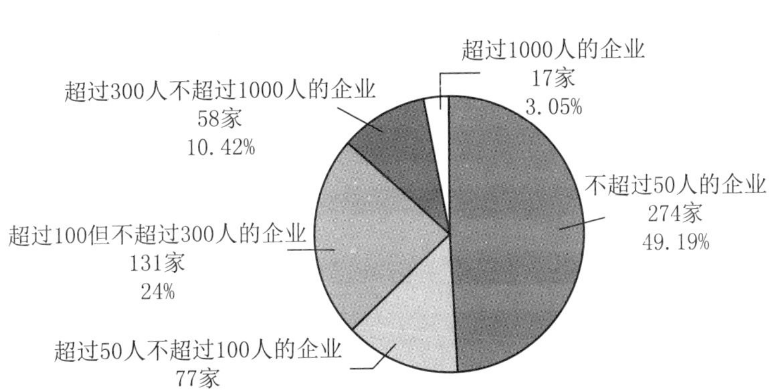

图 13-2　长三角 G60 科创走廊财税营商环境调查样本企业从业人数分布

二、样本企业利润税负率分析

通过对长三角科创走廊松江样本企业调查 2020 年税前利润和全年实缴税费额（含增值税、附加税、所得税、财产行为税和社会保险费），并将全年实缴税额与税前利润相比，得到利润税负率的样本值。

557 家样本企业利润税负率不超过 60% 的企业共计 335 家，占总样本量的 60%。由此可见，经过 2020 年政府降低小微企业税负，降低企业社保费率，实行疫情期间复产复工的税收优惠，着实降低了企业的税收负担，减税降费为经济和企业复苏提供了一定量的周转资金（具体见图 13-3）。

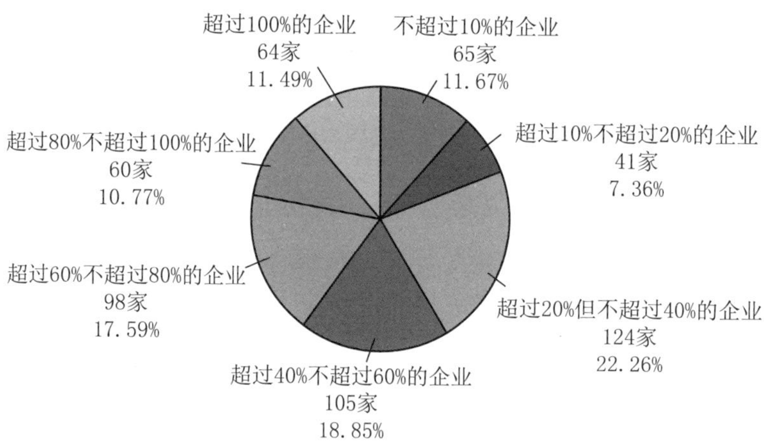

图 13-3　长三角 G60 科创走廊松江样本企业利润税负率

三、样本企业纳税时间分析

对长三角科创走廊松江样本企业调查 2020 年纳税申报时间调查，包括报税是否方便，是否需要去纳税服务大厅，增值税及附加税纳税申报时间、企业所得税纳税申报时间、财产行为税和社会保险费纳税申报时间。

针对“报税是否需要去纳税服务大厅”这一问题，557 家被调查的样本企业有 543 家企业都回答“一次不用跑，网上办结”，只有 12 家企业反映“有一次去纳税服务大厅的经历”，2 家企业反映“有 2 次去纳税服务大厅的经历”。“一次不用跑、网上办结”的企业有 543 家，比例达近 98%（具体见图 13-4）。

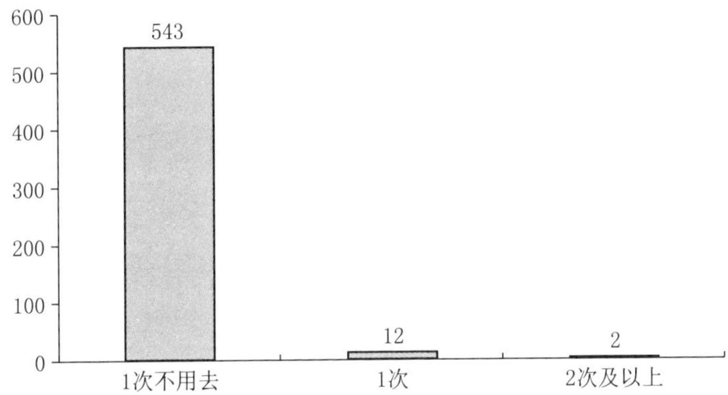

图 13-4　长三角 G60 科创走廊松江样本企业“一次不用跑，网上办结”

针对“增值税及附加税纳税申报从准备到交完税款大约需要多长时间”这一问题，60% 以上的企业可以在 2 个小时以内完成增值税及附加税申报和线上缴纳税款的工作，折合 0.5 个工作日就可以完成，充分体现了网上申报的便捷与效率（具体见图 13-5）。

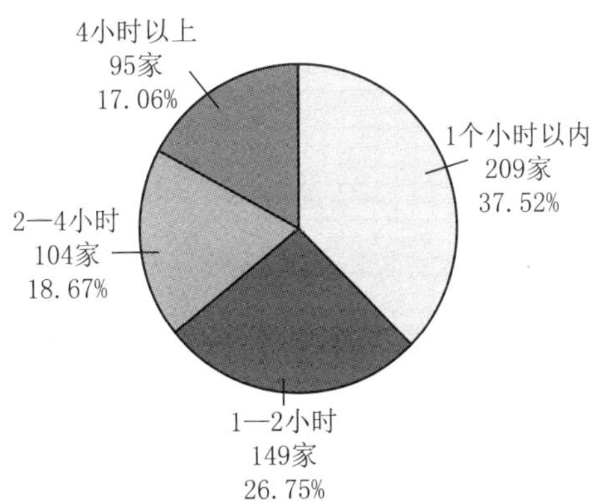

图 13-5　长三角 G60 科创走廊松江样本企业增值税纳税申报缴纳所需时间及分布

针对“企业所得税纳税申报从准备到交完税款大约需要多长时间”这一问题，60% 以上的企业可以在 48 个小时以内完成增值税及附加税申报和线上缴纳税款的工作，折合 6 个工作日就可以完成，得益于在税务局推行的大数据下预填报功能节约了纳税人计算和填报时间（具体见图 13-6）。

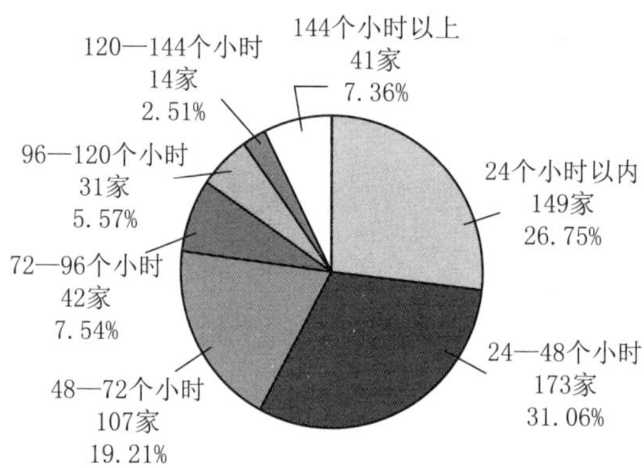

图 13-6　长三角 G60 科创走廊松江样本企业所得税纳税申报缴纳所需时间及分布

自从实行财产行为税合并申报后，纳税人只需一张报表就可以申报多个税种，大大减轻了纳税过程所需填表格的时间成本，缩短了整体纳税时间。针对“财产行为税及社保费纳税从准备申报到交完税款大约需要多长时间”这一问题，近 80% 的纳税人可以在 2 小时内完成纳税申报缴纳（具体见图 13-7）。

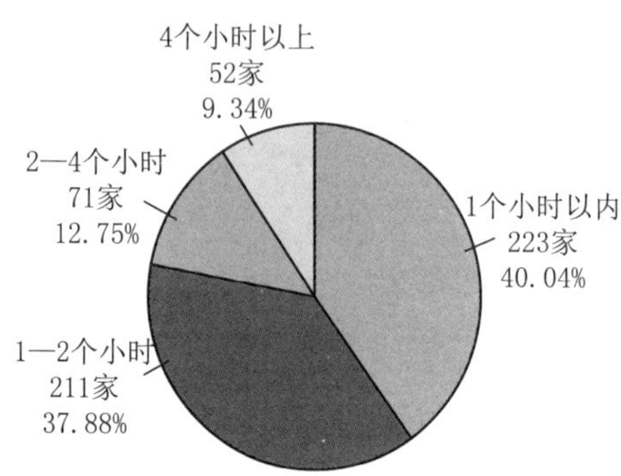

图 13-7　长三角 G60 科创走廊松江样本企业财产行为社保费纳税申报所需时间及分布

四、样本企业税费后流程分析

所谓税费后流程是指纳税人在申报缴纳税款之后，是否存在重新核实纳税人正确纳税义务的过程，包括增值税是否有留抵，留抵是否可以退税；所得税缴税之后是否有核实，看纳税人是否有少交或错漏之处，是否方便纳税人更正错漏。

对G60科创走廊松江样本企业申请退税情况进行调查，557家企业中有298家企业申请过增值税退税，因此再对298家申请过退税的企业进一步询问关于退税申请到税款到账的时间。根据调查结果，1/3的企业可以在1周以内获得退税，接近2/3的企业可以在2周内获得退税，剩下不到1/3的企业需要3周以上才能获得退税。这是企业对2020年退税效率的反映，2021年后纳税人申请时系统内有了更多的预填报信息和相关资料佐证，获得退税的速度将更快（具体见图18）。

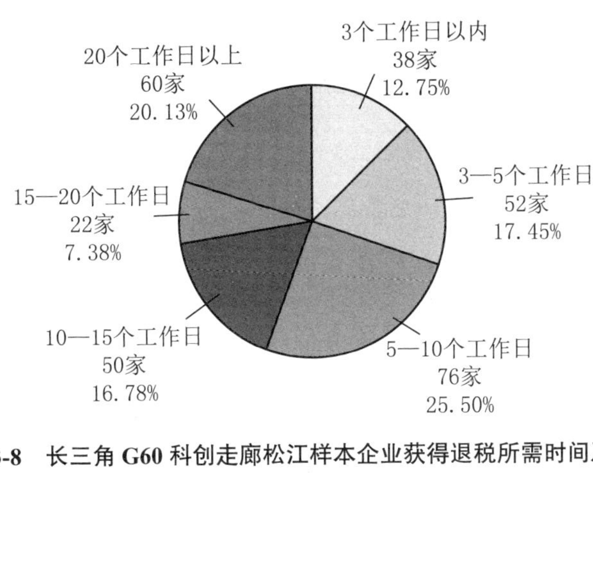

图13-8　长三角G60科创走廊松江样本企业获得退税所需时间及分布

第二节　长三角 G60 科创走廊财税营商环境评价

一、世界银行财税营商环境评价指标体系及评价方法

世界银行营商环境报告其评价一级指标共 11 项、二级指标 50 项。其中关于纳税的指标用来衡量一国税收方面的营商环境，主要通过测量纳税和缴费的行政管理负担、记录企业在一年内纳税和强制性缴费以及报税后流程指数来衡量。

1. 纳税次数：指纳税人缴纳增值税、企业所得税、社会保险费等各税费所需的次数。具体计算方式为税费的种类数乘以每一税费的缴纳（或预扣）频率。

2. 纳税时间：指纳税人每年累计准备、申报和缴纳主要税种（增值税、企业所得税、代扣代缴个人所得税）和代扣代缴社会保险费及公积金所需要的时间总和，包括准备时间、申报时间和缴纳时间，不包括财务人员在办税过程中因自身原因而中断或延误的时间。按每年的纳税时间累计小时数计。

3. 总税收和缴费率：指企业实际承担的总税额（包括税款额和政府性收费缴费额）占企业税前商业利润的份额，反映企业的税费成本。计算公式：总税率等 = 实际承担的税费总额 / 商业利润。

4. 报税后流程指数：指纳税人办理增值税退税和更正企业所得税申报错误两方面情况。

（1）增值税留抵退税。是指企业就增值税留抵税额，向税务机关申请退税和获得退税全过程消耗的时间。

（2）企业所得税更正申报。是指企业由于企业所得税计算错误、少

缴税款，向税务机关提出更正申报，以及如果由此引发税务审计、配合完成税务审计所需时间。

5. 评价和计算方法：世界银行营商环境报告中计算分数时采用前沿距离得分法确定各指标的分值，每一指标得分计算公式为：DTF =（Min－d）/（Max－Min）。DTF 为前沿距离值，Min 为该指标的最差值数据，d 为被评对象实际值，Max 为最优值。每个指标 DTF 分数计算出来之后进行简单平均即可。

二、长三角 G60 科创走廊财税营商环境评价

本节采取世界银行税收营商环境指标和评价方法，对 2020 年长三角 G60 科创走廊财税营商环境进行预评价，即按照纳税次数、纳税时间、利润税费率、报税后流程四个一级指标和其下二级指标进行评价，评价方法仍然是前沿距离法。

1. 纳税次数及得分。长三角 G60 科创走廊城市已经全面实行财产行为税合并申报，因此企业只需就增值税及附加、企业所得税、社会保险费、财产行为税作 4 次申报。按照世界银行《营商环境报告 2020》中所述，纳税次数方面表现最佳的为 3 次，最差的为 63 次。因此，长三角 G60 科创走廊该指标得分 DTF =（63 – 4）/（63 – 3）× 100 = 98.33。

2. 纳税时间及得分。受限于调查范围，此处以松江调查结果来粗略估算 G60 科创走廊城市纳税时间上的得分。以前述松江 557 家企业增值税纳税时间以调查区间平均值和企业数量加权平均得到 2.02 个小时，企业所得税纳税时间以调查区间平均值和企业数量加权平均得到 55.39 个小时，财产行为税社保费纳税时间以调查区间平均值和企业数量加权平均得到 1.72 个小时，三个税种纳税时间加总为 59.13 个小时，按 1 个工

作日 8 小时折算，相当于 7.39 个工作日。

由于样本企业在填写问卷时没有受到专门的指导，可能会导致填写者对于纳税时间理解为填报申报表及网上报税时间，从而忽略了平时会计账簿记载信息或者电子账务处理的时间，又或者有些企业无法清晰计算本企业每个税种纳税时间，只能凭借模糊的印象填写问卷，因此此处将纳税时间人为进行调节，以 59.13 × 1.5 来模糊估计纳税时间，暂且定为 88.70 小时，约等于 89 个小时。按照世界银行《营商环境报告 2020》中所述，纳税时间方面表现最佳的为 49 个小时，最差的为 696 小时。因此，长三角 G60 科创走廊该指标得分 DTF =（696 – 89）/（696 – 49）× 100 = 93.82。

3. 利润税费率。以前述松江样本企业填报的总税收及社会保费缴款加总数据比上样本企业总商业利润来算出样本企业综合税收及缴款率为 43.80。按照世界银行《营商环境报告 2020》中所述，该指标 190 个经济体表现最佳的为 26.1，最差的为 84。因此，长三角 G60 科创走廊该指标得分 DTF=（84 – 43.8）/（84 – 26.1）=0.6943。另外，为削弱在税率上的微弱差异造成的巨大差距，按照世界银行提供的平滑方法，对利润税费率指标进行非线性处理，以 0.6943 的 0.8 次方即 0.7469，作为 G60 科创走廊城市该指标基础值，得分为 74.69 分。

4. 报税后流程。增值税税后流程包括申请增值税退税的时间和获得退税的时间两个二级指标，申请增值税退税时间目前 G60 科创走廊城市基本上可以做到不花费额外的时间就可以完成，因此这个二级指标可以获得 100 分；获得增值税退税时间，按前述样本企业调查数据，计算增值税退税时间为 5.57 日，按照世界银行营商环境报告中该指标应为星期数，将其折算为 1.11 周。该指标 2020 年 190 个经济体表现最佳的为 3.2，最差的为 55。长三角 G60 科创走廊该指标表现已经超过 190 个经济体中最佳，可以直接得 100 分。

企业所得税税后流程指标分为申请所得税更正时间和完成所得税更正申报时间，上海在 2020 年税收营商环境报告中申请所得税更正时间为 1 个小时，完成所得税更正申报时没有税务检查，可以立即得到更正，因此这两个指标中国都是世界最好水平，此指标可以得 100 分。

5. 综合得分。综上四个指标，纳税次数得分 98.33 分，纳税时间得分 93.82 分，利润税费率估算得分 74.69 分，税后流程得分 100 分，平均分为 91.71 分。G60 科创走廊（松江）税收营商环境粗略评估下来 91.71 分。

第三节　长三角 G60 科创走廊财税营商环境问题分析

一、与世界最优营商环境相比，企业税费负担相对偏重

（一）制造业增值税税率相对较高，增量留抵退税未完全退税

1. 增值税税率相对较高。与最初 17% 的税率相比，制造业增值税税率降了 4 个点，但是纳税人还是觉得税收负担重，最主要的原因是增值税是流转税，而非所得税，对流转征税意味着企业可能即便没有利润也要缴纳税收，容易引起抵触情绪；其次，与新加坡增值税 7%、香港未实行增值税等相比，增值税税负仍然算高；最后，从税收行为心理学角度讲，制造业 13% 的税率与原有 17% 相比税负是低了很多，但随着时间推移，制造业 13% 与服务业 9% 的差距更为显眼。

2. 增值税留抵退税未实现完全退税。目前增值税留抵退税是与 2013 年 12 月 31 日相比的增量留抵退税，增量留抵额为正要连续保持 6 个月以上，纳税人纳税信用不能有税务部门规定的瑕疵问题，不能享受过即

征即退、先征后退等退税方式，且如果不是先进制造业，一般纳税人的增值税进项留抵税额只能按特定专用抵扣凭证上注明的进项税额的增量部分抵扣 60%。所以，增值税留抵退税有增量、连续 6 个月、信用不能有瑕疵、不能享受过其他退税、抵扣 60% 这五个方面的限制条件，还可以进一步放宽增值税留抵退税的条件。

（二）社保费缴款比例偏高，企业压力大

被调查企业普遍反映，社会保险费缴款比例有些偏高，企业压力大。上海市 2020 年度全口径城镇单位就业人员平均工资为 124056 元（10338 元 / 月），2021 年 7 月 1 日起，本市社保缴费基数的上限调整为 31014 元 / 月。社保缴费基数下限应为全口径城镇单位就业人员平均工资的 60%。考虑到新冠肺炎疫情对经济社会发展的影响，为减轻企业负担，社保缴费基数的下限将分两年过渡到位，自 2021 年 7 月 1 日起调整为 5975 元 / 月。按照上海目前社保缴费比例和最低基数缴费，公司为雇用一个员工一年就要负担社保费 5975 × 27.16% × 12 = 19473.72（元），以 50 人的小企业为例，公司一年负担社保费 = 19473.72 × 50 = 973686（元）；如果是科创企业，员工是高学历高工资的科研人员，就不能按照最低基数来缴社保，假设按照该类型员工月平均工资 20000 元来计算，拥有 50 名研发人员的科创企业一年要负担超过 300 万元的社保（20000 × 27.16% × 12 × 50 = 3259200）。

比较参与营商环境排名的部分经济体其社会保险缴费比例①，我国企业缴纳社保比例要高于这些国家和地区，主要是养老 / 医疗保险缴费比例要明显偏高（具体见表 13-1）。

① 荷兰财政文献局：《2019 年全球税收手册》（Global Tax Handbook），IBFD 出版社，2020 年 1 月出版。

表 13-1　其他国家或地区社会保险缴费比例

国家 / 地区	缴费类别	公司缴款比例	个人缴款比例
美国	养老	6.2%	6.2%
	医疗	1.45%	1.45%
	失业	6%	—
	总计	13.65%	7.65%
英国	工薪税	0.5%	—
	全民保险缴款	13.8%	免税额之上 12%
	总计	14.3%	—
德国	养老	9.3%	9.3%
	医疗	7.3%	7.3%
	失业	1.25%	1.25%
	残疾及老年险	1.525%	1.525%
	总计	19.375%	19.375%
丹麦	社保	每个员工每年 8000 元—10000 元	8%
新加坡	国家强制储蓄基金	17%	17%
澳大利亚	年金	9.5%	—
中国香港	强制储蓄基金	5%	5%
	工伤保险	每个员工每年 500 港元	—

（三）小微企业优惠门槛和增值税起征点容易造成临界点税负激增

目前小微企业受到国家税收优惠政策照顾较多，但是小微企业有严格的门槛，资产规模、从业人数以及应纳税所得额三个指标必须符合税法中对于小微企业设定的条件，符合的可以享受较低的税收优惠，不符合条件的企业则按照一般情况纳税。在这个优惠门槛之上的企业与符合条件的企业之间税负差别比较明显，容易在临界点造成税负激增。小规模纳税人增值税每月 15 万元销售额的起征点也存在同样的问题。因此，为了享受小微企业的低税负，有些企业就会将企业拆分，将企业规模做小来享受税收优惠。

（四）初创期科创企业难以真正享受到所得税优惠

科创企业初期投入大，有些是厂房投资大，有些是人才支出投资大，往往在初创期很难有盈利，基本上处于亏损状态。处于亏损的企业本身就不用缴纳税收，因此所得税上即便有优惠也很难享受到政策的红利。问卷调查中设计了问题“还需要降低哪些税费以减轻企业负担”，样本企业也反映初创期的企业经常处于亏损状态，需要政府给予其他形式的优惠和更多的支持。

（五）财产行为税和其他政府或行业性收费多且杂

目前财产行为税税种较多，对于新办企业，前期投入成本较大，但是房产税、城镇土地使用税、印花税等小税种在没有收入的情况下仍然要按时缴纳，对企业来说负担也不小，以及其他政府或行业性收费，如残疾人就业保障金、生产用车年检费用、高新技术企业协会会费、公证费、守合同重信用费、特种设备检测费、水利基金、专利维持费，等等，甚至还有开发园区管理费，都是被调查企业希望能够在税费之外尽量减少收取的杂费。

二、个人所得税边际税率高，不利于高端科创人才获得感

长三角G60科创走廊致力于引进高质量的企业和高学历高技能专家和人才，甚至是境外高端人才，而优秀人才的薪酬一般较高，我国现行个人所得税边际税率较高，高收入优秀人才的收入将近一半交了税，人才在G60科创走廊定居的吸引力就被大大削弱。多家样本企业共同反映个人所得税税负需要降低，另外优秀人才在长三角G60科创走廊获得的各种奖励和补贴也需要给予一定的优惠，以提高个人纳税人在长三角

G60 科创走廊创业工作生活的满意度和获得感。

（一）纳税信用管理缺乏弹性，小问题即影响大信用

目前纳税信用管理缺乏弹性，没有针对问题严重程度设置不同级别的预警机制，例如，企业存在一些零星开支，销售方或服务方是个体户或自然人个人的情形下，销售方或者服务方无法自行开具发票，会帮企业经办人员从其他单位取得发票。经办人员如果不能取得发票，这些零星开支将无法得到报销，所以经办人员通常不拒绝这类有瑕疵的发票。但是一旦开票方爆雷，受票方受牵连，也被定性为虚开增值税发票，将影响企业纳税信用，从而影响增值税留抵退税或者凭纳税信用才能办理的其他业务。企业反映的零星开支的开票和受票问题比较普遍，是否可以考虑按照严重程度来判定企业纳税信用。

（二）“银税互动”信用贷宣传不够，能够为企业提供的融资有限

由于“银税互动”属于小企业信用贷，课题组通过对从业人员不超过 50 人的小企业进行调查，询问“是否使用过银税互动进行信用贷款”。274 家小企业反馈中只有 19 家使用过“银税互动”信用贷，其他 256 家小企业没有使用过。在 256 家未使用过的小企业中，询问未使用的原因，有 159 家反映没有听说过这样的活动，听说过的企业未使用的大多数目前不需要信用贷，还有一部分是受制于贷款利率、办理渠道、额度少、不符合条件等原因而未能获得信用贷。

（三）开票报税系统相对复杂，纳税服务有待精细化

通过此次营商环境问卷调查，很多企业在新开办企业、开票、报税、使用电子税务局、提供资料等方面希望能更多改进，反映了较多的纳税服务细节上的需求，如下表 13-2 所示：

表 13-2　G60 科创走廊松江企业调查纳税服务需求

序号	需求反映
1	希望报表和纳税申报数据进一步互通，电子发票与报表及纳税互通。
2	申报软件界面显示比例无法调节、填报时用眼吃力。
3	遇到系统问题寻求帮助时找专管员或服务大厅两边无法给予帮助。
4	开具居民税收证明需要去大厅拿取，比较不方便。
5	发票升级到百万元版，流程复杂。
6	办理各种事项需要提交的资料多，手续还不够简洁。
7	税务政策变化大，申报时时常有变化，申报时常感觉边学习边申报有点吃力。
8	外籍人员开具完税凭证比较费时。
9	新设立的公司需要税务提供一份流程清单供财务使用，网上办理纳税过程希望能有流程图。
10	纳税过程中碰到的问题需要有比较专业的人员答疑。
11	外出经营证明作废需要去大厅，无法在网上办税厅作废。
12	税务局开展的一些线上培训，结束后有回放就更好了。
13	离线开票金额，可否依据月开票总量予以适当的提高。目前每月离线仅能开 5 张票，遇系统升级无法正常开票。
14	汇算清缴退税，超过 200 万需要进行纳税评估，对于有研发费用的企业，这个概率是很大的，评估过程复杂要求资料多。
15	社保由税务局征收之后，社保明细不好打印。
16	希望降低申请发票开票额度变更条件，减少提交的资料。
17	金税系统里带清单的发票最好也能直接导出，而不是再单独导清单。
18	增值税发票认证系统里的发票认证页面希望显示待认证发票的状态（比如 : 作废与否 / 红冲与否）。
19	如果有发票导入申报系统就好了，核对工作量太大。

第四节　长三角 G60 科创走廊财税营商环境完善建议

一、进一步降低企业税费负担

（一）降低增值税税率，提高直接税所占比重

我国税制改革的方向是简并税制，降低增值税税率，提高直接税所

占比重，这不仅仅是改革的方向，也是目前企业亟须解决的问题。企业希望能够进一步降低增值税税率，希望降低生产制造业企业的税负，认为企业前期投入大，风险高，需要多些现金流。降低增值税税率，就是降低暂时未能获得净利的企业税负。

由于增值税收入现在是我国税收收入第一大来源，降低增值税税率将大大影响政府公共财力，所以需要从其他方面开拓税源，弥补增值税降低税率后的收入损失。直接税，包括所得税、财产税、资本利得税或其他形式的财富税，随着我国国民收入提升，都可以成为新的主体税种，尤其是针对社会上财富集中度较高的人群或行为，如演艺明星、网红主播、网络作家、股权转让所得、财富继承等课以相对较高的税收，也是缩减贫富差距的重要利器。

（二）降低企业社保缴款的比例，逐步降到与个人缴款比例相等

为保持市场主体的经济活力，帮助企业在复杂的国际形势和疫情防控下生存下来并获得成长机会，降低企业社保费缴款比例是众多企业的诉求。建议借鉴其他国家的做法，将企业社保缴款的比例逐步降低，最终降到与个人缴款比例相等。降低社保缴款比例，也要同时降低社保支付水平，否则将入不敷出。我国面临着老龄化和少子化的双重难题，有些地方的社会保障基金已经存在空转现象，社保支出的速度超过了缴费入账的速度。在此情形下，要降低企业负担，又要维持社保支出，必须改变看待国家社会保障的逻辑。社会保障替代水平应处于保障型，而非福利型水平。社会保障的功能是托底，是帮助人们在年老、失业、生病时获得最基本的生活费保障，追求的是社会公平和社会托底，而不是凭借社保获得相当体面的生活。

（三）以免税额代替小微企业认定门槛和增值税起征点

现有小微企业认定所适用的门槛标准相当于增值税小规模纳税人起

征点，未达到门槛不征税或少征税，达到门槛的全部征税，这种制度不能对企业一视同仁，也容易造成临界点税负激增，还会“鼓励”拆分企业的投机行为。如果以免税额来取代门槛制度，每年给予所有企业一定的免税额度，额度内免税，超出额度的部分征税。这也许能解决小微企业认定标准和拆分行为，同时也能惠及更多的企业。

（四）对初创期企业增加更多税收优惠

初创期科创企业如果没有营业收入或者没有盈利，无法实质性享受税收优惠的红利，最直接是缺少支持资金维持企业生存下来。政府扶持性基金和税收优惠如果能在初创期发挥作用，就是雪中送炭胜过锦上添花，企业能有资金支持就能活过最初难熬的阶段。因此，对初创期科创企业甚至所有初创期企业增加更多的税收优惠，如初创期3年内企业应纳的财产行为税减半征税或者免税，企业购置厂房允许加速折旧等，配合增值税免税额，应能降低初创企业税负。

（五）进一步简并财产行为税收，清理政府性收费

目前G60科创走廊城市都全面推行简并财产行为税申报表，大大减少了企业纳税次数和纳税时间，但是财产行为税税种繁多，且存在对同一对象多次征税的情况，所以应进一步简并财产行为税。同时还应清理政府性收费，政府行政服务的支出理应由税收覆盖，非必要不收费。

二、实行高端人才所得税封顶制度或补贴所得免税制度

高端人才的高收入与流量明星、网红主播代言做广告获得的报酬不同，与资本市场的股权转让所得、不劳而获的继承所得等被动所得有本质上区别，是属于勤劳所得。要鼓励“卡脖子”行业的发展，就要允许这部分高智力劳动者的收入高出其他人，同时允许他们保留更多的税后

收入。因此，对于高端人才所得税问题，可以借鉴粤港澳大湾区和海南自贸区经验，对于G60科创走廊城市给予优秀人才的高收入超过个人税负15%的部分予以免征或是财政补贴，其技术转让所得、获得的人才奖励、科研资助、租房补贴、购房补贴等个人所得予以地方分成部分免税或返还。

三、纳税信用管理应按情节严重程度给企业定性

纳税信用管理的本质是鼓励纳税人遵守税法，对于不遵守税法的纳税人在信用记录上予以分级和限制，以此惩罚不遵从行为。但是纳税信用管理也应允许一定的容错空间，如零星开支开票问题由于自然人不便开票导致小额虚开，情节不严重，累计金额在一定比例以内的，可以给予黄牌警告，从而不影响企业当年度纳税信用和其他税收优惠。另外，从征管技术手段上尽快突破和解决自然人开票问题，让自然人开票在证明真实业务基础之上快速便捷地实现，最好在移动端就能完成，这样可以大大减少零星支出虚开发票的风险和问题。

四、提高“银税互动”信用贷精准推送，与更大范围银行合作

“银税互动”是税务部门在小微企业融资上的创新举动，从被调查企业反馈来看，使用过这一功能的企业觉得非常方便，但是目前使用过的企业比较少，有些不知道怎么办理，有些觉得额度太少。建议“银税互动”信用贷可以由税务部门像推送纳税申报和税收政策一样，对于小微企业直接推送到其纳税申报软件或登录电子税务局时的首页上，微信公众号或者邮箱推送都容易淹没在众多信息中。同时也应扩大与银行的合作，很多小微企业开户行并非国有大银行，而是一些城市银行或信

用社。税务部门可以主动与小银行联系并合作，这样让更多企业看到纳税信用可以切实帮助部分解决融资难题，会更加注意维护自己的纳税信用，也就更乐于遵从税法。

五、在申报软件内设置征集意见窗口，快速提高纳税服务质量

优良的税收营商环境不仅体现在办税流程和效率提升，还体现在纳税人出现不知所措的问题时知道如何向专业人士求助或者提出改进意见。G60 科创走廊城市大多设置了营商环境测评师、体验官等类似的角色，让专业人士来担任纳税服务改进的挑刺者，税务管理部门在改进纳税服务方面确实做了很多创新型举措。实际上纳税人本身就是体验者，建议在开票或申报软件内以及电子税务局登录首页设置征集意见的窗口，允许纳税人随时就自己的疑问或困难提出改进建议，这样可以更加快速地提高纳税服务质量。

第十四章　优化长三角 G60 科创走廊金融环境研究

作为来自基层的生动实践，长三角 G60 科创走廊先后纳入国家发展战略和“十四五”发展规划，致力于瞄准国际先进科创能力和产业体系，提高长三角地区配置全球资源能力和辐射带动全国发展能力。发挥 G60 科创走廊的产业集群效应，助力解决“卡脖子”技术，离不开金融的精准支持和良好的金融环境。结合 G60 科创走廊九城市的发展实践，从优化区域营商环境出发，提升区域投融资环境，推进信用一体化建设，具有重要的实践意义。本章基于长三角 G60 科创走廊的发展现状出发，对优化长三角 G60 科创走廊投融资环境、信用一体化、绿色金融环境进行了系统分析，提出了相关政策建议。

第一节　优化长三角 G60 科创走廊的投融资环境

一、长三角 G60 科创走廊融资发展现状

（一）信贷融资

表 14-1　2020 年地区社会融资规模增量统计表　　（单位：亿元）

地区	地区社会融资规模数量	其中							
		人民币贷款	外币贷款	委托贷款	信托贷款	未贴现银行承兑汇票	企业债券	政府债券	非金融企业境内股票融资
上海	10916	6896	373	–272	–1746	679	1603	1180	1508
江苏	33611	21082	356	–355	379	1581	5861	2376	870

（续表）

地区	地区社会融资规模数量	其中							
		人民币贷款	外币贷款	委托贷款	信托贷款	未贴现银行承兑汇票	企业债券	政府债券	非金融企业境内股票融资
浙江	32155	21772	95	–143	–722	1375	5193	2285	953
安徽	9251	7236	5	–384	–349	–333	604	1655	179
合计	85933	56986	829	–1154	–2438	3302	13261	7496	3510

数据来源：中国人民银行。

如表 14-1 所示，2020 年，在一市三省的社会融资增量中，上海、江苏和浙江的人民币贷款占社会融资总额比重的 65% 左右，而安徽接近 80% 贷款的为银行贷款，表明银行贷款依然占据长三角地区社会融资的主导渠道。

（二）股票融资

表 14-2　2019 年和 2020 年长三角地区 IPO 数量及募集资金

地　区	2019		2020	
	数量	金额（亿元）	数量	金额（亿元）
上海	22	208	40	1151
安徽	3	12	19	119
浙江	25	317	62	393
江苏	30	249	60	496
合计	80	786	181	2159

数据来源：清科研究、CV Source 投中数据等。

如表 14-2 所示，近两年长三角地区上市企业数量和融资金融稳步增长。2020 年，一市三省上市企业数量达到 181 家，融资总额为 2159 亿元。其中，融资规模相对较少的安徽也超过百亿元，且其增速显著，从2019年的12亿元增加到2020年的119亿元，股权融资效果显著。G60科创走廊九城市结合地缘优势和科创产业集群优势，不断为产融结合工作提质增效，积极谋划科创板上市融资。近两年，九城市的科创板上市企业储备梯队的不断壮大，科创板共受理了九城市企业106家、发行上市55家，数量均占全国的1/5，较上线发布日分别增长32.42%、47.70%，增幅明显高于中证500指数和长三角一体化发展主题指数。

（三）**债券基金**

第一，债券发行。G60科创走廊积极推进“双创债”发行，截至2021年7月6日，共发行“双创债”19单，发行企业合计20家，融资总额136.1亿元，约占全国“双创债”融资总额的七分之一。在已发行的19单“双创债”中，苏州、嘉兴、合肥、杭州、上海（松江区）分别已发行10单、4单、2单、3单、1单，审核待发行1单。例如，在已发行“双创债”的企业中，苏州银行率先发行了全国银行类机构关于抗疫主题的“双创金融债”，累计发行金额15亿元等。

第二，基金发行。2018年2月，松江区、上海双创、启迪控股和上海银行签署战略合作协议，共同出资20.1亿元，成立G60科创走廊母基金。基金按照市场化导向，严格基金风控，进行专业化管理，促进传统制造业转型升级。同年9月和12月，又陆续成立“G60科创走廊人工智能产业”基金、“长三角协同优势产业”基金。2019年6月，长三角G60科创走廊联席会议启动了一批科创和产业合作平台，设立科创走廊集成电路产业基金。2021年6月，浙江华策影视股份有限公司和上海松江创业投资管理有限公司共同出资设立5亿元影视投资基金，拓宽基金覆盖行业范围，具体如表14-3所示。

表 14-3　长三角 G60 科创走廊基金发行历程

时　间	基金名称	规模（亿元）
2018年2月	长三角 G60 科创走廊母基金	20.1
2018年9月	长三角 G60 科创走廊人工智能产业基金	100
2018年12月	长三角协同优势产业基金	1000
2019年6月	长三角 G60 科创走廊集成电路产业基金	2192
2021年6月	长三角 G60 科创走廊影视产业投资基金	5

数据来源：根据公开资料整理所得。

二、优化 G60 科创走廊投融资环境的政策建议

（一）标准化科创产业的融资服务

降低区域制度性交易成本，协同创新政府服务机制，以科创产业为突破口，深化“一网通办”，先行标准化融资服务：第一，深入实施“互联网 + 政务服务”，加强政务数据的互联互通，深度共享一体化发展成果。深化“放管服”改革，核心在于服务流程再造、标准互信互认、数据汇聚共享，打造区域一体化企业服务平台。第二，便利化融资服务。试行商事主体登记确认制，尊重市场主体民事权利，对申请人提交的文件实行形式审查。建立 G60 科创走廊产权交易市场，推进市场主体事中事后监管制度创新，营造规则统一、公开透明的监管。第三，提升“一网通办”运营质量。为提升企业的获得感，积极收集用户反馈，从硬件技术层面解决好“页面内容显示不全”等“小”问题。加强推广“一网通办”平台的使用范围，覆盖更多城市，实现更多业务的跨区域统一受理，为各政府的督查、授信、审计等工作提供平台。

九城市协同创新机制，规范化标准化融资服务。在 G60 科创走廊已具备多样化的融资方式下，综合运用各类融资产品或采用区块链技术等

金融科技，进一步解决企业融资存在的问题，共同推进规范统一的融资服务标准。加速审批机制改革和金融监管机制创新，深化融资服务平台登记业务，打破区域市场准入壁垒和节省办事成本，便利化企业融资。在财政资金允许下，九城市可协同探索金融创新激励机制，鼓励商业银行等金融机构进行业务创新，放大“G60 科创贷”等创新产品的外溢效应，有效满足科创企业和小微企业的融资需求。

（二）强化政府引导作用撬动社会资本

G60 科创走廊已有发展引导基金、指数基金、产业发展基金等，取得了积极效果。接下来，注重发挥基金的引导作用，可考虑增设子基金，发挥基金外溢效应和优化区域金融生态环境。同时，完善备选项目储备，发挥不同部门的专业优势，精心组织备选项目库建设。政府部门提供的项目库，只是投资备选项目，具体操作完全由基金管理机构按照企业内部管理程序自主决策，让市场在资源配置中发挥决定性作用。

强化创新政策设计，撬动更多社会资本。在有政府参与的投资基金中，为了吸引私人资本的进入，可对其进行补偿，如英国贸工部规定，当基金发生亏损时，政府的投资份额先损失，而对符合标准的私人投资者的资本提供 20% 的资本损失保证。基金投资要突出政策导向，积极对接国家中小企业发展基金，着力引导社会资本投向经济社会发展的关键领域和薄弱环节，重点支持初创期中小微企业发展，使政府基金的投向更加精准、使用更加高效、作用更加明显。

（三）打造科创产业的全生命周期金融服务

创新一体化合作机制，协同优化融资担保体系。优化顶层设计，明确跨区域融资担保的利益分享和风险分担机制，落实责任制和明确目标，完善融资担保机制。发挥融资担保基金作用，协同扩大政府性融资担保范围，降低担保业务费用，减轻企业负担。九城市协同优化融资环境法治建设，规范银行业金融机构和融资担保、再担保机构的收费行为，出台统一的监管规定。操作上，从供应链金融入手，明晰协同担保的责任范围和监管要求，发挥产业链龙头企业的带动作用，让商业银行等金融机构在供应链金融发展上形成合力，降低银行跨区域信贷的风险。

第二节　推进长三角G60科创走廊信用一体化

一、长三角G60科创走廊信用一体化发展现状

G60科创走廊九城市积极推进信用体系建设，在政务诚信、商务诚信、社会诚信和司法公信等多个方面取得了成效。如表14-4所示，根据信用中国发布的省会及副省级以上城市和地级市综合信用排名，九城市综合排名在全国整体靠前，信用环境建设成效显著。

表14-4　2019年G60科创走廊九城市的城市综合信用排名[①]

城市	得分	排名
省会及副省级城市		
杭州	87.96	8
上海	87.65	11
合肥	87.61	12
地级市		
苏州	89.12	1
湖州	87.59	6
嘉兴	87.5	8
芜湖	86.34	18
宣城	84.73	35
金华	84.44	40

数据来源：信用中国。

① 共36个省会及副省级城市，261个地级市。

如表 14-5 所示，从 2004 年起长三角开始探索区域信用合作。2005 年到 2017 年，信用合作涉及范围不断拓展，开通“信用长三角”平台，信用合作涉及行业不断拓展，包括信用联动、联合惩戒、失信名单互认等。2018 年后，长三角洲区域一体化发展纳入国家战略，上海、江苏、浙江和安徽的跨区域要素市场流动、民间经济活动与日俱增，逐步推进信用一体化建设。2021 年 2 月，长三角征信机构平台开始试点应用，截至 7 月长三角征信链上链企业户突破 1000 万，上链信用信息近亿条，已有近 500 多家金融机构查询使用，开通查询用户 5000 多户。2021 年 7 月，三省一市信用办联合发布《2021 年长三角区域信贷合作工作方案》，提出了“深化长三角信贷平台建设”等九个方面的具体部署——“持续推进生态环境领域跨区域合作”和“持续推进文化旅游领域跨区域合作”等。

表 14-5　长三角信用一体化建设的主要事件

发展阶段	年份	政策制度及主要内容
探索合作发展	2004	《共建信用长三角宣言》，旨在长三角内推进社会信用环境建设。
		《江苏省、浙江省、上海市信用体系建设合作备忘录》，开启“信用长三角”建设。
区域协作发展	2005	《上海市、江苏省、浙江省信用体系建设区域合作推进方案》，进一步明确工作计划和时间表。
	2006	《“信用长三角”徐汇宣言》，开通了“信用长三角”信息共享平台。
	2008	《共建“信用长三角”合作备忘录》，旨在打破行政区域界限、促进区域经济金融协调发展。
	2010	《长三角区域社会信用体系合作与发展规划纲要（2010—2020 年）》《长三角区域社会信用体系建设“十三五”重点工作方案》，为长三角区域社会信用体系合作与发展提供中长期指导。
	2012	《上海、江苏、浙江信用服务机构备案互认协议书》《长三角地区信用服务机构规范服务倡议书》，“信用长三角”建设又迈出了一大步。

（续表）

发展阶段	年份	政策制度及主要内容
区域协作发展	2017	《长三角区域食品药品安全领域信用联动奖惩合作备忘录》《长三角食药严重失信名单互认协议》《长三角区域食品药品安全领域“数据清单”和“应用清单”》，深化推进食品药品安全领域信用联动奖惩。《长三角地区信用专家库建设方案》，注重人才的培养。
	2018	《长三角区域环境保护领域信用联动奖惩合作备忘录》《长三角区域环境保护数据清单、行为清单和应用清单》，深化推进环境保护领域信用联动奖惩。
	2019	《长三角地区产品质量领域守信联合激励和失信联合惩戒管理办法》《长三角区域产品质量领域信用联动奖惩工作方案》，深化推进产品智联领域信用联动奖惩。
一体化发展	2018	《长三角地区深化推进国家社会信用体系建设区域合作示范区建设行动方案（2018—2020 年）》，进一步深化长三角社会信用体系建设合作。
	2019	建成长三角地区数据共享交换平台，初步实现“一网通办”。
		上海市颁布国内首部公共数据开放的地方规章制度《上海市公共数据开放暂行办法》。
		三省一市的旅游协会和税务部门分别签订了信用合作框架协议。
		企业跨省迁移税收业务办理在青浦、嘉善、吴江三地合力打造的示范区率先落地。
		青浦、嘉善、吴江三地共同推出 4 类 15 项涉税事项跨区域通办清单。
		《长三角生态绿色一体化发展示范区银行业金融机构同城化建设指引（试行）》。
		长三角征信机构联盟成立。
		《长三角区域食品安全领域严重违法生产经营者黑名单互认合作协议》。
	2021	《2021 年长三角区域信用合作工作计划》，实现长三角区域信用高质量一体化发展。
		《长三角旅行社综合信用评价指引（2021 版）》。
		《长三角区域药品安全信用体系建设》。

（续表）

发展阶段	年份	政策制度及主要内容
一体化发展	2021	《长三角一体化苏滁跨区域金融服务战略合作协议》，打造更好营商环境。
		长三角资本市场服务基地从 7 座城市拓展到 35 座，实现长三角中心区城市全覆盖，此外，基地联盟成员总数增加到 136 家。
		长三角征信链已完成了长三角地区 8 个城市 11 个节点的铺设，已有 277 家金融机构开户，其中 65 家已查询使用长三角征信链，累计完成了 789 万余份征信报告的上链共享，其中通过长三角征信链的放款金额约达 13 亿元。

数据来源：公开资料整理。

二、信用一体化发展存在的问题

第一，信用一体化进展相对缓慢。一是信用合作的范围有待拓宽。当前，长三角地区的信用合作多是在两个地方政府或行业协会、部门等之间，以“点对点”形式进行。例如，2020 年 1 月南通市发改委与上海市黄浦区发改委，签订信用合作协议。2019 年 9 月和 12 月，三省一市的旅游协会和税务部门分别签订了信用合作框架协议。这种“点对点”的信用合作，难以满足长三角信用一体化发展的现实需求，信用合作范围亟须拓宽。二是信用合作的深度、宽度不足。长三角地区的信用合作多集中于信用宣传、多地信用联合惩戒、“黑名单”共享和部分信用信息共享等，信用共享的广度和深度尚需进一步拓展。例如，对统一公共信用信息整合归集、企业和个人信用信息整合以及信用信息标准、技术和风险管理等方面的合作，无法满足企业和个人跨区域的信用需求，需要进行跨区域、宽领域的信用信息整合共享。

第二，公共数据共享不足阻碍信用一体化发展。长三角地区在政务数据共享上进行初步尝试，2019 年 5 月建成长三角地区数据共享交换平台，初步实现互联互动，首批 51 个政务事项实现“一网通办”。长三角在跨地区公共数据共享上取得了阶段性成果，同时存在一些现实问题，如地区间数据共享的顶层设计相对滞后、数据交换深度不足和公共数据共享的供给和需求模糊等。例如，在办理企业注册中，需在各地区分别进行登记申请，重复提供同一材料等，未能实现“一次录入、反复使用”，凸显了数据交换的广度和深度不足、标准不统一等问题。

三、推进长三角 G60 科创走廊信用一体化发展的政策建议

（一）融合公共数据和产业链信息推进联合授信

以供应链融资为基础，商业银行取得企业授权后，跨区域取得企业的相关公共数据，实现公共数据和社会数据融合，全面了解企业的产业链上下游信息，继而运用金融科技手段进行综合评价，实现“精准画像”，从而有针对性地进行信贷支持。同时，也可引入担保机构或保险公司等，利用大数据对企业进行增信和保险服务，建立跨省市联合授信机制。具体操作上，依据《长三角一体化发展规划纲要》中强化区域优势产业协作和引导产业合理布局的要求，结合三省一市优势产业协同发展规划，对重要产业链上的企业进行资金倾斜。当下，可结合产业链发展实践，通过大数据分析，进行精准信贷支持，或者商业银行与出口信用保险公司、出口再保险公司、担保公司和三家政策性银行等合作，联合进行信用评级、增信和授信，实现信贷资源跨区域高效配置，缓解企业资金压力。

（二）借助大数据推进信用信息共享

利用大数据推进信用信息共建共享，建立长三角区域与各省市统一的信用数据库。借力央行对长三角信用一体化发展和 G60 科创走廊的金融支持，充分发挥大数据优势，建立健全数据开放共享机制和信用信息

安全管理体制，在尊重信用主体隐私保护的前提下，共建共享金融信用信息和市场信用信息，丰富信用信息数据和完善信用信息评价，精准刻画信用主体，降低信用信息收集和信用评价成本。在具体操作上，可循序渐进，发挥G60联席会议制度的组织协调作用，基于社会对公共数据开放共享的需求，对从公共数据信用信息共享开始，逐步吸引长三角地区其他城市加入公共数据共享中心，提升城市之间的协同发展效应。

（三）打造信用一体化发展的闭环机制

信用一体化发展的重点是形成闭环，建立长效机制，促进信用信息的动态更新和应用。推进信用数据共享，激活数据共享的内生驱动力，需积极引导企业和居民重视信用数据，实现数据价值，反过来进一步推动政府部门和企业数据的更新开放，形成完整的闭环机制。金融活，全盘兴。长三角一体化，金融需要率先一体化，可优先推动信用数据的发展应用，例如信用评级、联合授信、绿色金融发展、科创企业融资等，引导金融机构进行数据应用和产品研发，积极推进“信易贷”，服务小微企业信用融资，提供精准金融服务。

第三节 优化长三角G60科创走廊绿色金融环境

一、长三角G60科创走廊绿色金融的发展状况

（一）绿色金融发展快

绿色经济快速发展下，各地绿色金融发展迅速，绿色信贷、绿色债券等快速增长。以绿色债券为例，截至2020年底，长三角地区绿色债券合计发行金额518.69亿元，占全国绿色债券发行总量的24.61%。绿色信贷发展，截至2020年末，上海市辖内银行业绿色信贷余额4288亿

元，同比增长 22.24%，远超其他贷款增速。同时，绿色金融市场建设取得积极进展，2021 年 7 月 16 日，全国碳排放权交易市场上线，上海成为全国碳排放权交易市场交易中心，进一步完善了绿色金融发展的基础设施。浙江绿色金融发展起步早，增长迅速，根据浙江省 2021 年 5 月发布的《关于金融支持碳达峰碳中和的指导意见》，2021 年预计新增绿色贷款力争超 4000 亿元，绿色债券发行会同比增长 50% 以上。

（二）绿色金融竞争力持续提升

根据复旦大学绿金研究中心发布的《长三角“40+1”城市群绿色金融发展竞争力研究》，G60 科创走廊九城市中，2019 年湖州和上海均为 A+，到 2020 年又新增杭州为 A+，其他城市的绿色金融竞争力评级也有不同程度的提升。在绿色金融发展评分上，如表 14-6 所示，作为国家首批绿色金融发展改革试验区的湖州排名第一，苏州和杭州并列第二，上海位居第三。同时，从绿色金融发展评分来看，九城市的绿色金融发展空间较大，城市之间的绿色金融发展存在不平衡问题。

表 14-6　G60 科创走廊九城市金融发展评分

排　名	城市名	绿色金融发展评分（满分：100）
1	湖州	51
2	苏州	32
	杭州	32
3	上海	27
4	合肥	24
5	嘉兴	20
	金华	20
6	芜湖	15
7	宣城	9

数据来源：《长三角“40+1”城市群绿色金融发展竞争力研究（2019）》。

（三）区域协同创新取得初步成效

为推进金融资源跨区域流动，加快金融一体化和金融同城化发展，长三角生态绿色一体化发展示范区突出“跨域、绿色、创新、共享”的理念，结合“示范区金融16条”，在金融监管支持下部分金融机构开始在示范区设置分支机构，鼓励交通银行、浦东发展银行等制定长三角跨省联合授信和贷款的专门制度等一系列举措，已成功落地长三角一体化专项授信业务、绿色保险、长三角生态绿色贷等业务。2021年7月，示范区发布一系列制度创新成果，其中包括2项联合生态保护和5项建立要素自由流动制度（如表14-7所示），为今后长三角地区一体化创新协同起到了良好的示范效应。

表14-7　长三角生态绿色一体化发展示范区部分制度创新成果

领　域	一体化制度
联合生态保护	“一河三湖”等主要水体的环境要素功能目标、污染防治机制以及跟踪评估制度
	生态环境首批统一标准
建立要素自由流动制度	示范区银行业金融机构同城化建设机制
	示范区数字人民币试点工作机制
	示范区知识产权跨区域联保共治和管理服务一体化机制
	长三角科技创新券通用通兑试点工作机制
	示范区联合职称评定机制

资料来源：根据公开资料整理。

二、G60科创走廊绿色金融发展存在的问题

（一）区域协同不足

九城市绿色金融发展迅速，各地绿色金融发展不均衡，且区域政策协同不足。绿色金融发展涉及自然资源、生态环境、信贷资源和区域经

济发展等现实问题，区域间的利益错综复杂。在我国既有的行政区划分割下，因地区间利益诉求不同，金融发展基础不同，各城市间的绿色金融政策制定、市场活力、保障措施等有着较大差异，协同发展和交流合作需进一步提升。当前，长三角绿色金融协同发展处于起步阶段，局限于重大项目的绿色融资等，多由顶层推动，可复制性不强。长三角一体化示范区正在积极探索一体化绿色金融体系，意欲打破行政区划限制，试行共建共管，取得了一定的成效，然而其辐射范围相对有限，需要进一步扩大绿色金融一体化发展的试点范围。

（二）绿色金融标准有待统一

世界各地，包括我国金融监管部门均出台了不同类型的绿色项目、绿色企业、绿色信贷、绿色债券等标准，但是在各地在绿色金融标准上尚未统一，比如湖州率先制定地方绿色金融体系标准等，但并没有拓展到浙江省内其他城市和长三角地区，影响力有待提升。G60 科创走廊九城市，在绿色基础设施、绿色项目、绿色认证和绿色金融信用评估等方面，应积极协同共建绿色金融标准，引领全国乃至世界的绿色金融标准。

三、促进 G60 科创走廊绿色金融发展的政策建议

（一）协同绿色金融支持政策

G60 科创走廊九城市应借助已有的联席工作机制，明确跨区域的绿色金融重点事项协调和责任分工，在绿色金融地方法规、财税激励、信息披露等方面，协同创新政策制度：第一，协同制定《绿色金融条例》。2021 年 3 月，深圳市已实施《深圳市经济特区绿色金融条例》，是我国首部绿色金融法规。推进绿色金融协同发展，发挥长三角地区的龙头示

范作用，九城市应探索协同制定区域绿色金融制度体系，从制度上规范绿色金融发展。第二，创新跨区域财税激励机制。借鉴长三角绿色一体化示范区的利益共享和风险共担机制，九城市发挥科创产业集群效应，针对特定产业和产业链，探索跨区域的财税激励和市场激励。例如，利用绿色发展基金的杠杆作用，发挥各级政府融资性担保基金的风险补偿作用，撬动社会资本支持绿色科创发展。共同制定金融支持政策，引导金融机构创新碳金融产品和金融衍生品，参与到碳金融交易市场建设。

（二）联合制定区域绿色金融标准

目前，国际上有赤道原则、IFC 绩效标准等，我国国家层面有中国绿色金融信贷统计制度等，而地方层面上仅有绿色金融改革创新实验区推出绿色企业、绿色项目的分类标准，地方之间的绿色标准有待统一。具体建议包括：第一，探索“科创＋绿色协调发展”的金融标准体系。在我国绿色信贷和绿色债券统一标准基础上，及时借鉴上海和湖州等地在绿色金融发展的经验，根据 G60 科创走廊产业集群特征，九城市对相应标准进行增减，突出科创特色，可先从绿色项目标准开始，制定符合区域经济发展特色绿色金融标准体系。第二，强化与金融机构合作，协同绿色金融标准。在绿色金融标准发展上，许多金融机构制定自己的绿色金融标准体系。例如中国工商银行，从客户、项目和贷款维度等制定了十二级绿色信贷标准，具有较好的识别度。九城市在制定绿色金融标准时，应强化与金融机构的沟通交流，强化对绿色信贷和绿色债券的统一识别，也可借助金融机构的金融科技，提高绿色金融分类的精度。第三，注重绿色金融标准的国际合作。对于绿色金融标准的一些国际准则，如可持续银行原则、欧盟可持续金融分类方案等，有望成为全球标准，制定区域绿色金融标准时，应强化对国际标准的借鉴和合作，推动标准的一致性和可比性，以促进绿色资金的跨境流动。

（三）分步推进绿色金融信息互联互通

第一，组建绿色金融联盟。借助已有联席工作机制，深化绿色金融发展的协调沟通机制，明确跨区域的绿色金融重点事项协调和责任分工。具体操作上，可借鉴 G60 科创走廊的产业联盟模式，探索组建绿色金融联盟或者试点绿色金融投融资联盟，吸引政府机构、金融机构、交易所和民营企业等积极参与，深化一体化协同发展。

第二，构建绿色金融项目库。从重大基础设施项目、重点科创项目等入手，借鉴湖州和上海的绿色标准评价体系，统一构建易量化、可操作性强的绿色项目认定评价标准。利用 G60 科创走廊联席办进行统筹协调，创新合作机制，联合不同科研院所、金融机构和第三方机构等共同制定相关标准，搭建跨区域的绿色金融项目库，吸引区域内各类金融机构积极对接。

第三，搭建绿色金融信息一体化平台。利用 G60 科创走廊金融服务平台，在绿色金融标准认定协同下，推进绿色金融发展信息公开化，推进银企的跨区域精准对接，推进可持续跟踪评级机制建设。更为重要的是，通过信息化平台，强化社会沟通，及时回应社会对环境和社会风险相关的诉求，尤其是涉及跨区域的项目和生态发展等问题，保护利益相关方的正当权益，及时提升完善营商环境。

第十五章　上海优化数字化财税营商环境问题研究

加快数字经济发展，建设数字中国，是新时代构筑国家竞争新优势、加快建成社会主义现代化强国的必然要求，是贯彻新发展理念、推动高质量发展的战略举措。根据国家互联网信息办公室发布的《数字中国发展报告（2020年）》，2020年，数字中国建设质量效益加快提升，数字经济核心产业增加值占GDP比重已达到7.8%。我国数字经济总量已跃居世界第二，成为引领全球数字经济创新的重要策源地。

作为国际化城市和国内经济中心，上海明确提出了建设国际数字之都的目标。《上海市国民经济和社会发展第十四个五年规划和二〇三五年远景目标纲要》明确提出，大力发展数字经济，抢抓数字化发展先机，要求到2025年数字经济增加值占全市生产总值比重超过60%。建设国际数字之都必然要求构建国际一流的营商环境。对于上海而言，客观需要对标最高标准、最高水平，打造贸易投资便利、行政效率高效、政务服务规范、法治体系完善的国际一流营商环境，这对上海优化数字化营商环境特别是数字化财税营商环境提出了更高要求。因此，上海如何提升数字政府服务效能，营造数字化营商环境是应该考虑的重要问题，而优化数字化财税营商环境则是重中之重。

第一节　上海推进数字化财税营商环境建设的成效

近年来，上海市财政局、税务局等聚焦实施优化营商环境行动，积极融入上海“一网通办”建设，从平台建设、业务流程优化、基础支撑、组织保障等不同维度着手加快推进上海“数字＋财政”“数字＋税收”建设，不断提高上海财税的数字化、智能化和便利化水平，助推财税服务水平和治理效能提升，为营造稳定、公平、良好的营商环境提供上海思路。

一、积极对接“一网通办”建设，推进财税数字化平台建设与融合升级

为探索超大城市社会治理的新路子，回应人民对美好生活的新期待，近年来，上海市积极推进政务服务“一网通办”体系建设和城市运行“一网统管”体系建设，为上海全面推进数字化转型，促进城市治理能力提升奠定了基础。在此背景下，上海市财政局、税务局等纷纷加快推进数字化财税建设，将数字化财税建设作为适应城市数字化转型、深化财税改革以及优化营商环境的重要切入点。对上海推进财税数字化建设的实践与成效进行梳理发现，在此过程中，上海财税部门积极融入与对接政务服务“一网通办”建设，加快推进财税数字化平台融合升级，为促进财税治理效能提升与财税营商环境的改善优化提供了平台支撑与保障。

其一，加强数字化财税平台建设。为加快推进上海数字化财税建设，上海市财税部门积极推进数字化财税平台建设。一方面，上海市财

政局、税务局积极主动融入与对接上海“一网通办”服务平台，逐步将一些财税事项接入“一网通办”平台，有效推进财税部门业务系统与“一网通办”系统的互联互通，实现平台间的对接联动。另一方面，通过系统整合、数据共享、业务协同，积极构建技术融合、业务融合与数据融合的一体化大平台。以业务融合为例，上海财税部门在推进数字化财税平台建设的过程中，以财税核心业务为主要内容，对相关业务系统进行整合，逐步推进财税核心业务集中融合，实现一体化系统运行。例如，上海市财政局逐步将政府采购、资产管理、绩效评价等信息系统衔接现有财政预算管理系统，加快完善覆盖预算管理全过程的财政预算信息综合管理平台，以实现财政信息系统的互联互通、业务协同和信息共享。①

其二，逐步推进实体政务大厅与网上服务平台融合发展。为持续优化营商环境，实现财税服务事项的“一窗受理”与“一网通办”，财税部门进一步升级实体政务大厅功能，促进实体政务大厅服务效率和服务能力的提升。如上海市静安区办税服务厅成立“毛琦敏创新工作室”，以专业化团队化的方式不断创新服务方式，助力消除办税的痛点、堵点和难点问题，为全面提高窗口服务质效提供了“毛琦敏方案”。除此之外，为提高财税服务水平与效能，上海市财税部门还积极推动实体政务大厅与网上服务平台的融合发展，逐步深化线上线下跨部门政务服务融合，分类分级为企业提供创新涉财税事项的个性化服务。例如，为缩减

① 上海市财政局：《牢牢把握推进国家治理体系和治理能力现代化的总体要求，坚持以法治思维推进财政监管和服务体系建设，不断提升财政管理的科学化、精细化、规范化和信息化水平》，http://www.czj.sh.gov.cn/zys_8908/zt/rmzt/czgzbg_9338/2018nczgzbg/2018nczgzrw/201802/t20180209_177067.html，最后访问日期：2021 年 7 月 28 日。

企业开办的环节与时间，上海市税务局协同市场监管、公安、经信委等部门不断优化企业开办全程网上办理的服务，同时，依托各区行政服务中心设立的开办企业“一窗通”服务专区，企业开办实现“统一提交、一天批准、当天领取”。

二、依托财税数字化建设，助推财税业务流程优化和服务水平提升

在推进上海财税数字化转型的过程中，上海市财税部门按照“让数据多跑路、用户少跑路”的要求，逐步推进“数字化＋财政”与“数字化＋税收”建设，以财税大数据为基础，以数字化技术为支撑，不断促进财税业务流程优化、审批环节缩减以及服务水平提升，推进财税营商环境不断优化。具体来说，这种助推作用主要体现为以下几个方面：

其一，促进财税业务流程优化完善。在推进财税数字化转型的过程中，上海市财政局、税务局通过积极融入“一网通办”建设，不断拓展“一网通办”涉财税事项，推进财税事项网上办、掌上办，促进财税业务办理的时间减少、跑动减少，使个人与企业的办事、办税体验度全面提升。此外，上海在推进财税数字化建设的过程中，对财税核心业务进行大力整合，财税核心业务的集中化、一体化运行，进一步促进了财税业务流程优化。以预算管理一体化为例，伴随上海财政数字化建设的推进，各财政部门、各机构间的信息共享与互联互通得以加强，由此可以真正站在预算管理全流程、全周期的维度，重新部署与安排财政预算编制、执行、监督、评价等各个环节，促进财政管理流程优化完善。

其二，推进财税服务能力与水平提升。在推进财税数字化转型的过程中，上海市财政局、税务局以“数字化财政”“数字化税收”建设为契

机，聚焦“高效办成一件事”“高效处置一件事”，不断提升政务服务能力与服务水平，推动营商环境优化。具体来说，上海市财政局在推进数字化财政建设的过程中，结合深化“放管服”改革，进一步精简审批环节、优化审批流程。同时，依托数字支付技术与“一网通办”公共支付平台，逐步推进非税收入线上线下服务一体化，以及推动电子化政府采购发展，这些举措，都见证和推动着财政部门服务能力和治理水平的提升。此外，上海市税务部门也积极推进数字化转型，推进涉税事项网上办理，不断优化网上办税功能，同时，打造智慧办税体系，促进办税效能提升①，进一步推动税收营商环境优化。从 2018 年开始，上海市税务局便着力打造“智慧化 + 智能化”的电子税务局，实现线上线下融通、信息共享共联的现代化税收征管方式，助推税收管理和服务水平全面提升，同时，推出智能咨询、智能预约、智能申报等手段，促进办税效能进一步提升。

三、注重财税大数据应用，推进上海财税治理效能提升

梳理上海财税数字化转型创新实践可知，上海在推进财税数字化建设与转型的过程中，还特别注重财税大数据在监督管理、决策制定、政策推送等领域的应用，进而有利地推动上海财税管理改革向前推进，以及财税治理效能不断提升，由此，进一步优化财税营商环境。

其一，注重财政大数据的应用，促进财政管理效能提升。在推进财政数字化转型的过程中，上海市财政局不仅通过平台建设的升级融合、支撑基础的夯实等举措来加快财政数字化转型的进度，还注重利用数字

① 上海市税务局：《优化营商环境　提升纳税便利度实施方案》，https：//www.taxhu.com/index.php?m=article&f=view&t=mhtml&id=112295，最后访问日期：2021 年 7 月 29 日。

化技术和财政大数据，让其为财政管理、资金分配、政策制定等提供技术与数据支撑，促进财政管理规范化、精准化、科学化水平提升。具体来说，上海市财政局将数字化技术运用于财政管理、财政监督等过程中，通过信息共享与互联互通，既有助于提高财政管理的效率，也有助于了解预算执行的动态与风险，促进风险识别和预警能力提升，从而为防范市场风险、分散地方政府债务风险、增强政府决策的科学性等奠定基础。同时，上海市财政局还利用数字化技术将财政数据与各类宏观数据结合考察，对其进行深入分析，并将其用于财政政策制定、财政资金分配过程中，以确保财政政策的科学性和财政资金精准投放、合理分配。如自新冠肺炎疫情暴发以来，上海市财政局通过财政大数据分析，精准定位上海市受疫情冲击最大的企业、群众等，在此基础上，对相关企业与群众进行财政支持与补贴等，确保财政资金精准用在刀刃上。

其二，拓展税收大数据应用，提升数字赋能企业服务水平。在推进数字化建设的过程中，上海市税务局重视税收数据的收集与积累，并注重挖掘数据价值、拓展数据应用，让其为政府相关决策、政策推送等提供支撑，进而为企业生产与发展提供更高水平的服务。如自 2020 年新冠肺炎疫情暴发以来，上海市税务局基于税收大数据形成专题分析报告，为市委、市政府在评估疫情影响、制定提振经济发展的决策与举措提供了数据支撑；此外，上海市税务局还依托大数据，对全市范围内的重点行业、特定对象进行精准分析，并以此为基础，向相关企业推送税收优惠政策，确保政策红利惠及相关企业；同时，还利用税收数据，主动帮助企业打通产业供应链等。① 由此，有效推动营商环境进一步优化。

---

① 《2020 上海税收营商环境白皮书》，http://shanghai.chinatax.gov.cn/xwdt/ztzl/zhl/yhysgj/gzbs/202104/P020210507558884609455.pdf，最后访问日期：2021 年 7 月 29 日。

第二节　上海推进数字化财税营商环境建设的不足

从实践上看，当前上海积极推进财税数字化建设与转型，并以财税数字化建设为契机，促进财税治理方式深刻变革与治理效能全面提升，进而助推财税营商环境的改善与优化。但总体来看，上海财税数字化建设尚处于起步阶段，在诸多方面仍存在一些不足，制约了财税营商环境的建设效果，具体来说，这些不足主要体现为以下几个方面：

一、财税数字化建设的理念和理论支撑不足

理念和理论是行动的指南，财税数字化转型也不例外。[①] 梳理上海财税数字化建设的实践发现，财税数字化转型在理念、理论等层面上仍存在一些挑战与不足，具体来说，主要体现为：

其一，财税数字化建设的理念尚未普及。数字财税不是简单的“数字 + 财政”或“数字 + 税收”[②]，不是简单地将新兴信息技术手段运用于财税领域，而是一种先进的治理理念，是以数字化技术为支撑，将数字化技术与财政、税收业务进行深度融合，实现对财政体系、税收体系的重构，对财政收入与支出的组织方式、使用效能的重构，或是对整个财政、税收的组织架构的重塑等。但在上海推进财税数字化建设的实践中，这一理念尚未普及，一些部门将财税数字化建设视为数字化技术在财税领域中的简单运用，制约了财税数字化建设效果与深入推进，进而

① 赵斌、陈成天、孙倩：《数字财政：转型制约因素与全面数字化对策》，载《地方财政研究》2020 年第 10 期。

② 张经纬：《数字财税：数字时代财税改革的必然选择》，载《地方财政研究》2021 年第 4 期。

影响营商环境的持续优化。

其二，财税数字化建设的理论基础支撑不足。财税数字化转型作为重构财税管理体系、提升财税管理效能的重要举措，需要系统完善的理论的支撑和指引，但目前财税数字化建设的理论基础较为薄弱，对实践的支撑不足。一方面，没有厘清数字政府、数字财政、数字税收等概念的内涵与外延，使得大家在谈到这些概念时，各自的理解和认识不同。而对这些概念的把握是推进财税数字化建设的重要前提，对概念理解的千差万别，必然会对数字财税建设的推进和效果产生影响。另一方面，在数字化革命背景下，工业时代形成的诸多财政、税收理论与概念也存在不适用的情形，需进行更新，如“按照当前定义，直接税与间接税的界限越来越模糊”。[①] 而概念与理论的界定不同，会带来不同口径的数据，这必然会对数据的整合与共享带来不利影响，从而影响财税数字化建设实践的深入推进。

二、财税数字化转型要素支撑不够完善

财税数字化转型的推进离不开人才、技术、数据、制度、管理等关键要素的支撑与保障，核心要素齐全完善，财税数字化转型才能深入推进。上海在推进财税数字化转型的过程中，注重制度建设、平台搭建、技术应用、安全夯实等，但在实践中，仍然存在人才、制度等关键要素对财税数字化建设支撑不够的问题，制约了财税数字化建设的推进。

其一，财税数字化建设需要的复合型人才不足。财税数字化建设是一项复杂的系统工程，是一项长期性的工作，需要既懂数字信息技术，

---

① 任焱、刘尚希：《建设“数字财政”需完成三项任务》，载《中国财经报》2020 年第 7 期。

又熟悉财税领域工作，且具备财税数字化理念的复合型人才。而在当前环境下，信息技术更新速度快，财税业务越来越复杂，既懂数字化技术，又懂财税知识与业务的专业型复合人才较为缺乏，并成为财税数字化建设的重要短板。上海在推进财税数字化转型的过程中也面临复合型人才不足的问题，尤其是在基层财税部门，这一问题更为突出，影响了数字化技术与财政、税收业务的深度融合发展。

其二，财税数字化建设的制度保障有待进一步强化。通过财税数字化转型来驱动财税治理方式变革以及营商环境建设的优化，由此，相关的政策制定、顶层设计等是必不可少的。为推进城市数字化建设，上海在国民经济和社会发展第十四个五年规划中，对推进城市化数字转型做了宏观部署，同时，制定了《关于全面推进上海城市数字化转型的意见》等指导性意见，这些都为财政局、税务局加快推进财税数字化转型提供了指导，但梳理上海财税数字化建设的实践可知，上海财税数字化建设的制度保障仍待进一步强化，财税数据产权界定、财税数据信息安全保障、财税数字建设过程中的数据平台搭建、数据汇聚与共享的标准、电子证照与签章等的效力、财税数字化建设过程中各部门与主体的责权利关系等都需要从法律、制度或政策层面予以规定，此外，与财税数字化建设不适应的政策规定也需要修订，总之，财税数字化建设的制度保障仍待进一步强化。

三、财税数字化转型统筹协调和业务协同不足

财税数字化建设的推进不单纯是上海财政局、税务局等部门的事情，建设过程中所涉及的数据平台搭建、数据的汇聚与共享、管理与运行、资金拨付与使用等不同环节与维度会涉及市、区、街道等不同层级

政府，财政、税务等业务部门与网信、电子政务、大数据、智慧城市等信息化管理部门，以及政府与市场等不同主体。概言之，财税数字化的推进，需要各层级政府、各部门、各主体间的统筹协调与协同合作，需要明确各单位、各部门的职责，需要分工明确、协调有力的工作机制的保障等。但在上海推进财税数字化转型的过程中，由于各单位、各部门间的权力、责任边界缺乏明确的规定，使得各级政府、各部门、各主体间在推进数字化财税建设过程中统筹协调和业务协同仍然不够，尚未形成高效协作的格局，从而制约了财税数字化转型的推进和营商环境的优化。以财政数据的整合汇聚为例，资产信息、政府债务信息、采购信息、支出标准等财政业务数据的汇聚，既需要财政部门的主导，也需要政府其他各部门、各层级的协同支持，但受部门利益分割、数据产权不清晰、数据标准不统一等因素的作用，使得财政数据采集与汇聚过程中政府各部门、各层级间的协同合作不足，制约了财政数据的整合汇聚，进而影响财税数字化建设的推进。

四、财税数据共享机制不健全

财税数字化建设的推进，离不开财税数据的采集、整合、应用、共享、管理等。换言之，财税数据的汇聚共享、互联互通是财税数字化转型的关键，但在上海推进财税数字化转型的过程中，存在财税数据共享统筹机制的不健全、一体化政务数据共享服务体系不完善等问题，在一定程度上制约了财税数字化转型的深化，也影响了财税营商环境的优化。具体来说，上海财税数字化建设的推进，不仅需要汇聚上下级财税系统间、不同财税业务系统间的财税信息数据，还需要各类宏观经济数据、社会数据的支撑，这就需要健全的数据共享机制予以支撑，让各部门可以实现数据打通和共享，避免数据采集、加工的重复化。但在上海推进财税数字化建设的实践中，由于数据安全保护有待夯实、数据共享依据缺乏、数据共享通道不畅通，或是受到数据共享过程中各个部门的权责利边界不清晰等多种因素的综合影响，使得数据共享中缺少信任机制，一些单位、部门不愿意将数据拿出来共享，造成数据共享壁垒高、难度大以及数据共享不足，使得财税数据呈现出碎片化，部门化、单位化较为突出，制约了财税数字化转型的进一步发展。

第三节　上海优化数字财税营商环境的措施和建议

一、强化财税数字化建设的理念和理论支撑

在上海以财税数字化建设推动营商环境优化的进程中，财税数字化建设在理念、理论等层面存在挑战与不足，因此，亟须强化财税数字化建设的理念、夯实财税数字化建设的理论基础，确保从理念、理论层面为财税数字化建设提供支撑与保障。

其一，以财政数字化建设为契机，加大财税数字化改革理念的培育与普及。财税数字化理念的培育与普及，既离不开相关理论研究的支持，也需要现实实践的助推。因此，可从理论、实践等层面共同推动财税数字化理念的普及。一方面，在开展财税数字化相关理论研究的过程中，通过教育引导、强化宣传等途径，不断加强财税数字化理念的培育，引导财税活动主体在观念上发生转变。另一方面，充分发挥财税数字化建设实践的示范作用，以财税数字化实践所展现出的优势、效能助推财税数字化改革理念的培育与普及，让各单位、各部门全面拥抱财税数字化理念。而在这过程中，需要充分发挥各级政府的强大动员和组织

能力，并充分利用各类新兴信息技术的优势来传播和普及财税数字化理念。

其二，加强理论研究，强化财税数字化建设的理论支撑。财税数字化建设的深入推进，需要对财税数字化的概念、内涵、本质等有深刻的理解与认识，需要区分传统财税与数字财税的不同，还需要更新与当前现实实践不相符的财税概念与理论等，而这些都离不开财税数字化建设相关理论研究的加强。因此，推进财税数字化建设深入，还需加强财税数字化相关的理论研究，通过理论支撑作用的强化，夯实财税数字化建设的基础。一方面，厘清财税数字化建设的概念与内涵，要弄清财税数字化的概念与传统的财政信息化、税收信息化等的区别，要认识到财税数字化不是简单的应用数字化技术来加强财政、税收治理，而是以数据整合共享为基础，对财政、税收原有运行方式、管理模式的根本变革，实现财税业务协同、组织运作、治理模式等的创新发展。另一方面，要根据现实情况的变化，及时更新相关财政、税收的概念与理论，避免因概念、理论没有及时更新而造成数据统计口径不同，使得一些数据信息被屏蔽，进而制约财税数字化建设效果。

二、增强财税数字化建设的核心要素的保障

为推进上海财税数字化建设向纵深推进，除从理念、理论层面着手之外，还需加大财税数字化建设的核心要素的保障，从人才、制度、管理等不同方面着手，大力推进上海财税数字化建设走深走实，进而有效推进财税营商环境持续优化。

其一，加快培育专业型复合人才。一方面，作为复合型人才的重要提供者，高校要加强培养数字化财税复合型人才的培养，可以通过教学

理念、教学内容以及教学方式等的改革和调整，培养出更多数字财税复合型人才。另一方面，财税部门自身也要通过多样化的途径来提升财税部门人员在数字化思维、数字技术应用等方面知识储备不足的问题，如采用教育培训学习、经验交流与业务研讨等方式，支持财税部门人才学习新知识、新技能，为推进数字化财税建设提供充分的人才支撑与保障。

其二，完善财税数字化建设的制度保障。上海财税数字化建设的有序推进，离不开健全的制度体系的保障和支撑，因此，需健全与完善财税数字化建设制度体系。要加快建立数据产权制度，“通过一系列规则，明确数据市场主体在数据生成、挖掘、加工、交易、应用以及监督等方面的权责利”①，使数据产权主体的各项权力能够有所保障，由此，促进财税数字化建设进程中一些单位、部门不愿意共享数据的问题得以缓解。同时，要加强财税数字建设的整体谋划，制定财税数字化建设相关的标准规范，从制度层面明确财税数字化建设各方面、各环节中不同主体的责权利。

其三，进一步夯实财税数字化建设的安全基础。安全对财税数字化建设至关重要，是财税数字化建设必须守住的底线，因此，要健全财税数字化建设安全保障体系，明确财税数字化建设中各平台、各系统的安全管理主体责任，加强对财税数字化转型过程中重要系统和关键环节的安全监控，深化各类安全防护技术应用，加大数据安全保护力度，筑牢数据安全底线，为财税数字化建设的有序推进提供保障，为财税营商环境的优化提供支撑。

---

① 参见刘尚希、王文京：《2020年中国数字财政年度报告》，经济科学出版社2021年版。

三、强化部门协同，推进上海财税数字化

财税数字化转型是涉及面广泛的重大改革和创新，而解决跨部门、跨区域、跨层级协同是实现财税数字化的重要支撑。当前上海市数字财税营商环境建设中面临财税数字化转型统筹协调和业务协同不足的难题。优化上海财税营商环境，推进财税数字化建设亟待解决财税部门和其他部门之间、不同地区之间、不同管理层级之间的协同。广东省财税数字化建设中也面临各地财政系统和部门之间各自为政，部门之间无法有效协同的问题。自2019年以来，广东省通过横向到边、纵向到底的系统建设有效解决上述问题。借鉴广东省经验，建议上海市推进财税数字化从以下几个方面着手：

其一，推进财税部门与其他部门协同。积极探索财政部门、税务部门与其他部门间的合作机制，共同促进政府服务数字化。在社保缴费层面，财政部门与社保、医保、银行之间建立有效的合作机制，解决社保费征缴中的“瓶颈”问题。通过部门间协同合作，减少线下业务流程，降低企业成本，便捷企业缴纳社保费。财政、审计、监察部门之间的协同和配合，对于报销凭证形成有效监督。借鉴浙江省“税金银企”四方合作机制经验，利用企业税收信用信息和数据，联合金融部门，为企业提供更加优质高效的智慧服务。此外，财政和税收部门的协同往往被忽略，在数字化、信息化背景下，加强上海市财政部门、税收部门协同有利于提升上海财政预算、税收收入等方面的规划水平。

其二，加强各层级财税部门之间协同。优化上海财税营商环境，推进财税数字化建设需加强上海各层级财税部门之间协同合作，覆盖各层级财税部门。上海市财税系统建设覆盖市、区、镇（街），财税数字化

建设应注重统筹发展、全局规划以及各层级财税部门协同。各层级财税部门协同数字化建设，在一级政府一级财税的基础上，强化顶层设计。

其三，缩小部门差异，建立财税数字化标准。上海市各财税部门目前财税数字化标准和进展尚未统一，不利于全市财税数字化统筹发展。建议全市各区、各级财税管理业务规范和标准统一，提高各部门财税管理水平，缩小全市财税信息化管理的数字鸿沟。

四、完善财税数据共享机制，助力数字化财税营商环境

财税数据、企业信息数据共享与开放是财税数字化的基础与前提。而当前上海市财税数据治理体系和共享机制不健全，在一定程度上制约了财税数字化进展。建议按照“财税信息共享体系”的架构，从信息共享内容、平台建设、系统保障几个方面建立和完善上海财税数据共享机制，推进跨层级、跨地域、跨部门数据融合和共享，打破财税数据的信息壁垒。

其一，扩大信息共享范围，建立跨部门、行业、地区信息共享机制。一方面，打破部门之间数据壁垒，在不同部门之间实现数据共享。借鉴广东税务部门针对国际贸易经济活动，推出“国际汇税通”，融合企业端、税务部门、外汇管理部门、银行金融机构四方面数据经验，结合上海当前数据共享基础助力国际贸易，提升上海财税营商环境。另一方面，在管理的层级上层层突破，强化地区内和地区之间信息共享和合作。上海市是国际经济、金融、贸易、科技创新中心，与安徽、江苏、浙江共同构成了长江三角洲城市群。共同推进上海财税数字化，亟待构建地区之间、财税部门各层级之间信息合作共享机制。

其二，财税信息共享系统平台建设与保障。财税信息共享依托于财

税信息共享体系系统平台，建议上海市构建财税信息共享平台和体系，并建立相应的管理程序。因此，需要加强系统的信息安全事件预警、反馈、分析和处置能力，提高系统信息安全事件的防范能力，建立较为完善的财政数据安全保障机制。具体工作中，采取部署防火墙等安全设备防护、漏洞扫描等安全技术防护、与共享部门签订保密协议，明确各方职责。

其三，上下联动，实现财税信息共享共用。当前上海市以及全国各地财税部门信息共享面临数据落地应用欠缺，上下级部门联动进行数据分析不到位。为解决这一问题，可以借鉴浙江省税务部门经验，在数据共享过程中重视共享数据的落地应用，聚焦营商环境优化，最大程度发挥共享数据价值。通过数据共享助推商事登记流程再造，让不同部门间的诸多事项汇聚为群众眼中的“一件事”，有效避免相同信息在多个部门间重复提供。具体建议包括：一是上海市形成财税信息动态信息库，一方面解决月度数据、季度数据财税信息不能有效实时传递问题，另一方面解决工商、银行等其他部门与财税信息不同步问题。再次，降低由于数据量巨大导致的财税信息导入错误问题。二是建立上下联动的数据分析利用机制。当前财税大数据的分析和应用集中于上级部门，并取得一定的成效，但是在数据终端的个性化分析、利用不足，基层财税部门对财税大数据的利用有待提高。建议建立上下联动的数据分析机制，合并和归总大数据平台，减少数字化建设各自为政重复建设问题。

第十六章　上海营商环境法治化建设研究

法治是最好的营商环境。应该说，我国营商环境法治化体系已然建成。上海市在营商环境法治创新方面，更是形成了一系列行之有效的成果。如以上海第二中级人民法院为代表推进智慧法院建设，便利当事人，提高诉讼效率。2020 年上海各法院完成庭审 6.7 万场，审结一审商事案件 22.4 万件，同比上升 7.6%。又如，上海市检察院认真贯彻《上海市优化营商环境条例》，开展专项检察行动，有力维护了上海良好的营商环境。对合同诈骗、损害商品信誉等扰乱市场秩序犯罪批准逮捕 917 人、提起公诉 1469 人，依法起诉涉税犯罪 1190 人、走私犯罪 409 人。起诉知识产权犯罪 1289 人，同比上升 85%。当然，上海营商环境建设仍然存在一定的不足，面临着一定的挑战。比如在立法上存在立法针对性不高、浦东新区授权立法权力尚未展开行使等问题；在执法上面临行政执法规范化、精细化有待进一步加强等挑战；在司法上存在以上海二中院为代表的司法成果尚未推行等问题。

第一节　上海营商环境法治化建设成绩

上海市近年来为了优化营商环境，采取了系列的法治化举措。为提高我国在世界银行指标排名方面作出了重大贡献。

一、行政立法工作质效不断提升

上海市营商环境建设第一部综合性、基础性法规《上海市优化营商环境条例》已经出台。《上海市外商投资条例》《上海市促进中小企业发展条例》《上海市反不正当竞争条例》《上海市知识产权保护条例》《上海市会展业条例》等相关法规、规章相继颁布，为深化国际一流营商环境建设提供坚实的法律制度支撑。

二、行政执法逐步规范

一是深入推进综合行政执法改革。深入推进本市市场监管、生态环境保护、交通运输、文化市场、农业农村等领域综合行政执法改革，市区两级综合行政执法机构基本组建完成。研究推进应急综合行政执法改革。

二是持续推进行政执法“三项制度”。印发《关于 2020 年进一步推进行政执法“三项制度”的通知》，明确推进工作重点和措施。各区构建了行政执法“三项制度”协调机制，出台了区政府重大行政执法决定法制审核目录清单。主要市级执法部门均制定行政执法“三项制度”实施细则，进一步细化任务措施和明确责任分工，同时制定本部门重大行政执法决定法制审核目录清单，并完成行政执法装备配备工作。组织开展行政执法“三项制度”落实情况自查并做好整改工作。

三是不断完善行政处罚裁量基准制度。市级主管部门不断优化、完善行政处罚裁量基准，规范行政处罚裁量权行使。

四是深入推进行刑衔接工作。市级层面行政执法与刑事司法衔接工作稳步推进，相关部门出台了《上海市安全生产行政执法与刑事司法衔接工作实施办法》《关于加强我市农地产品和农资生产经营领域行政执法与刑事司法衔接配合工作的实施意见》《关于加强文化市场综合行政执法与刑事司法衔接工作的意见》等文件，进一步明确了移送标准和移送程序。

五是持续推进政务公开、规范完善重大行政决策程序、依法开展行政应诉工作。制定实施《上海市行政应诉规定》《关于进一步加强和改进本市行政机关负责人出庭应诉和旁听审理工作的意见》。

三、司法营商环境持续优化

从对最近一期的世界银行营商环境指标排名的分析中可以发现，上海市法院系统围绕国家和上海发展大局，推出了包括强化产权司法保护、维护市场交易秩序、助力企业规范发展、平衡用工双方利益、降低企业诉讼成本、提升司法服务效率、努力实现胜诉权益等八项举措，为我国营商环境指标排名提升作出主要贡献。比如，中国执行合同领域，位于全球最佳时间的前沿，上海权重为55%，主要得益于上海市法院系统在大力推进网上立案、电子送达、随机分案等方面的工作，缩短了诉讼周期，提升了审判质量，降低了当事人的诉讼时间和成本。其中，上海二中院在被称为“司改2.0版”基础上推进的“司改3.0版”是核心，它的“标配”是“新型办案模式+新型审判团队+新型管理方式”。核心内容包括：第一，明确职责、提高工作效率。法官的职责为阅卷、开庭、研究案情及思考法律、合议、作出裁判；法官助理的职责为在法官指导下完成全部辅助事务工作；书记员的职责为法庭记录及电子卷宗归档。与此同时，上海二中院推出《关于进一步加强法官助理调研工作管理的若干意见（试行）》，政治部和研究室将共同负责推进法官助理调研导师工作，挑选出具有 7 年以上工作经历、热爱调研工作并取得较好成绩的资深调研骨干，指导具有较好调研潜力和成绩的法官助理，辅导期为 1—2 年。第二，专门设计了一套法官助理的考核管理办法和档案，提高了法官工作积极性。其中法官助理考核采取量化积分制，按照基本工作量占 40%、选择工作量占 20%、工作评价占 20%、调研综合占 20% 来计算。第三，电子法庭改革。音字转换系统深入人心，电子卷宗深度运用，高科技已悄悄改变了法院的审判生态，运用迭代更新的技术，让庭审记录更加完整客观。比如，如果律师在诉讼前就可以按照法院规范来准备材料，那他（她）就可以通过网上立案把材料发往法院，法院将迅速生成电子卷宗，这既为当事人缩短了诉讼时间和成本，也让无纸化办案形成了闭环。

第二节　上海营商环境法治化建设不足与挑战

尽管上海市在优化营商环境法治化方面已经取得了很大的成就，但是仍然存在一定的不足，面临着一定的挑战。

一、"法律特区"权力尚未得到突破性进展

2021 年 4 月 23 日，《中共中央国务院关于支持浦东新区高水平改革开放打造社会主义现代化建设引领区的意见》正式出台。主要法治内容体现在第 26 条和第 27 条。其中第 26 条规定强化法治保障；第 27 条规定完善实施机制。2021 年 6 月 10 日，十三届全国人大常委会第二十九次会议作出《关于授权上海市人民代表大会及其常务委员会制定浦东新区法规的决定》。全国人大授权后，上海就拥有了两类立法，一类是依

职权的省级人大立法，即一般的地方性法规，适用于全上海；一类是根据全国人大授权，专门为浦东制定的法规，适用于浦东。为了及时贯彻落实中央和市委重要决策，通过地方权力机关履行法定职责，转变为普遍约束性的法律性决定。2021 年 6 月 23 日，上海市十五届人大常委会第三十二次会议表决通过了《上海市人民代表大会常务委员会关于加强浦东新区高水平改革开放法治保障制定浦东新区法规的决定》，对本市制定浦东新区法规的相关要求以及浦东先行制定管理措施等法治保障工作加以明确。但是，由于时间关系，浦东的这方面的授权尚未得到突破性进展。

二、立法针对性、适用性、可操作性有待增强

目前上海市立法的针对性、适用性、可操作性有待进一步增强，与新业态新模式相关的法律制度还存在空白点。对于一些新业态，以宣誓性的文件居多，法治化文件仍然较少，这导致实践中未能压实责任主体，务虚比较多，务实比较少。以金融服务碳中和为例，在缺乏全国统一的绿色金融法时期，为了吸引绿色投资，深圳市已经出了全国第一部针对绿色金融的地方性法规，而作为金融重镇的上海市，仍然没有推出。再以金融科技为例，金融科技已经成为全球各国际金融中心的核心竞争力，上海市也尚未推出金融科技的地方性法规。

当然，这里面也有客观原因，主要是部分立法权限超出了上海市的权限范围。以“办理建筑许可”指标的法治化保障为例，该指标的优化往往涉及国家上位法的修订。比如，取消社会投资项目的备案要求，涉及修改《企业投资项目核准和备案管理条例》第 3 条、《企业投资项目核准和备案管理办法》第 4 条。北京和上海作为指标城市，通过研判提

出了多个修法建议，2019年4月23日的第十三届全国人大常委会第十次会议也通过了对相关法律的修订对指标城市的修法动议做了很大程度上的回应，上海市也在非世界银行指标方面进行了自主改革措施。但是，“办理建筑许可”的营商环境变革永远在路上，根据建筑物的风险程度高低实施分类监管，既属于法理正当，又合乎技术理性，而如何平衡法益价值，将是一个永恒的话题，挑战永远存在。

三、行政执法差距明显

一是监管能力有待进一步加强。部分领域监管能力不足，还习惯于人海战术，“数据壁垒”“信息孤岛”等制约了“互联网+监管”的运用和“智慧监管”的开展。

二是重大行政决策程序相关规定执行还不到位。少数单位政务公开工作的主动性积极性不够。行政机关负责人出庭应诉率偏低，区政府、市级行政机关负责人均存在出庭应诉率比较低的情况。

三是行政执法规范化、精细化有待进一步加强。综合行政执法体制改革还需深化，部分单位执法事项尚未移交，相关管理和执法职能还未有效衔接，有些领域还存在不同执法部门多头执法。行政执法精细化水平仍需提高，裁量基准执行不到位等问题时有发生，专项执法整治行动容易发生“一刀切”等执法简单化问题，行政执法和刑事司法证据标准对接有待进一步完善。个别部门和地区行政执法“三项制度”执行还不到位，存在执法公示信息更新不及时、执法全过程记录装备配备不到位、未明确法制审核机构等问题。

四是基层法治建设力度有待进一步加大。行政诉讼败诉案件主要集中在街镇层面。街镇执法属地兜底责任与执法权限及能力不相匹配，执法力量及资源下沉需进一步落实落地。基层执法人员的法律素质、司法所法制审核专业能力和队伍建设，与街镇行政执法体制改革的新要求还存在一定的差距。

四、司法领域仍有提升空间

一是以上海二中院为代表的优化营商环境司法水准方面的成功措施尚未在全市得到推广。主要原因在于每个法院有共同的任务，也有自身的特色专长。

二是仲裁较为落后，尚未充分利用国家赋予临港新片区仲裁立法权的优势。现阶段，我国《仲裁法》的现代化、国际化水平均不高。尽管在新片区构建良好仲裁法治环境已获明确的司法政策支持和指引，但契合全新仲裁实践探索尝试相适应的法律调整、制度供给和机制创新还有待推进。

第三节　进一步优化上海营商环境法治化建设的建议

一、坚持习近平法治思想推进上海法治改革

2020 年 11 月召开的中央全面依法治国工作会议，确立了习近平法治思想在全面依法治国工作中的指导地位。习近平同志围绕法治与改革关系发表了一系列重要讲话，深刻揭示出在全面深化改革和全面依法治国形势下改革与法治的内在关系，为保证改革的合法性与法治的现代性提供了重要理论支撑。他指出，全面深化改革和全面依法治国如“鸟之两翼、车之双轮”。改革和法治的关系，集中体现为在法治下推进改革、在改革中完善法治。上海市营商环境的法治化建设，必然包含了一系列

法治改革的行动，因此，我们要把习近平法治思想贯穿上海营商环境法治化水准提高的全过程中。

二、加强针对性立法并加速浦东立法

现阶段上海市营商环境的法治化建设，应当集中在加强自贸试验区临港新片区建设、长三角区域一体化发展、上海虹桥国际开放枢纽建设、科创中心建设、深化法治化营商环境、浦东新区高水平改革开放、人民城市建设等重点工作法治保障上。近期的重要任务应当在金融科技立法和绿色金融立法方面有所突破。

此外，为了贯彻落实《关于授权上海市人民代表大会及其常务委员会制定浦东新区法规的决定》中“可以对法律、行政法规、部门规章作出变通规定”这一来自中央的大力度支持，充分调研浦东新区的立法需求，以浦东为法治改革重心全面推进“先行先试”。

三、持续优化行政执法环境

一是要强化跨部门综合执法，提高监管执法规范性和透明度。推动全区严格规范公正文明执法。完成全区首批街镇行政执法目录清单。更新行政执法综合管理监督信息系统，公开相关行政执法信息。开展执法案例征集评选活动，加大宣传力度。

二是进一步提高上海行政机关及基层组织法律能力培养。充分发挥上海高校和智库在法治方面的人才力量，借鉴上海市行政机关民法典学习的经验，全面开展上海市行政机关及基层组织法律素养提高。

三是在“跨境贸易”指标的优化方面，争取国家事权。比如，争取海关总署支持，在外高桥港实行出口提前申报模式；再比如，争取国家发改委、交通运输部、市场监管总局支持，进一步规范和公开船公司的海运集装箱收费项目、标准和服务内容，对照港务作业包干费、引航费等的降低，相应调减 THC 费用、换单费、文件费等，降低上海口岸码头操作总收费水平。

四、进一步完善司法环境

第一，全面开展上海二中院经验的全市推广。要求各法院立足自身特色，对上海二中院优化营商环境的举措进行吸收、借鉴，全面优化上海市法院系统共同提高司法水准。

第二，创造“仲裁友好型”司法环境。仲裁从程序启动到裁决作出及执行，均离不开法院的司法监督，主要包括对仲裁协议效力的认定，在仲裁前或仲裁中应当事人的申请或按仲裁庭的决定采取临时措施，应当事人的申请或主动依职权按法定事由对裁决进行审慎监督等。对接国际规则和实践，在临港新片区强化支持、弱化审查，打造“仲裁友好型”司法环境，当是构建新片区良好仲裁法治环境的题中之义和必由之路。此外还要大力推广“互联网 + 仲裁”，拓展网上开庭、网上送达功能，提高仲裁效率。

第四部分　营商环境案例篇

本部分主要对近年来上海减税降费和优化纳税服务、提高企业信贷可得性、深化放管服改革、推进长三角地区政务服务的“同事同标”的主要做法进行总结，对其中的一些典型进行分析。

在减税降费和优化纳税服务方面，上海一直走在全国的前列，一方面，上海积极贯彻落实国家各项减税降费和优化纳税服务政策；另一方面，主动谋划地方权限内的减税降费措施和优化纳税服务举措。第十六章对近年来上海以“民营经济27条”为抓手推进对民营企业减税降费、加大减税降费力度帮助企业应对疫情冲击、精准落实减税降费政策服务经济社会高质量发展的主要做法进行分析，对上海在优化纳税服务的一体化、综合化、精细化的经验进行分析，并对上海以及宁波、广州优化纳税服务的优秀案例进行分析。

近年来上海为提高信贷获得性出台了一系列政策。国内外实践证明，建立政策性融资担保体系是提高企业信贷获得性的有效途径之一。针对政策性融资担保体系建设中风险分担机制这一核心问题和运营中的风险不对称这一难点问题，近年来上海依托中小微企业政策性融资担保基金，不断完善国家、市、区三级联动的协同推进机制和融资担保服务体系，有效缓解了中小微企业“融资难”问题。第十七章在总结上海推进政策性融资担保体系建设主要实践的基础上，重点分析了浦东新区推进政策性融资担保体系建设的做法，并对松江、长宁、闵行“园区贷”批次包合作模式改革进行了案例分析。

“放管服”改革的内涵之一，就是要运用现代信息技术来改进政府管理和服务，广泛推行互联网+监管、互联网+政务服务、互联网+审批等，并以此来重构政府权力结构、运行机制和管理方式，提升政府治理能力。近年来，在深化“放管服”改革中，上海以“一网通办”改革为抓手，持续对照最高标准、最好水平，在更高效、更便捷、更精准上下功夫，进一步推进跨部门、跨层级、跨区域业务流程系统重构，依托互联网、大数据优化再造政府办事流程，进一步便企利民。第十八章首先分析上海推进“一网通办”改革所取得的进展，在此基础上进一步对浦东新区“一业一证”改革、嘉定区“一网通办”改革等典型案例进行分析。

长三角区域一体化发展上升为国家战略是新时代改革再深化、开放再提速的重要标志，也是我国贯彻新发展理念的又一重大战略举措。作为推进长三角区域一体化的龙头，上海在2020年1月出台的《上海市全面深化国际一流营商环境建设实施方案》提出，在长三角区域大力推进政务服务“同事同标”，探索以跨省办成一件事为目标的跨省主题式套餐服务，统一办事指南核心要素，实现线上申报、受理、办理等深度对接，无感办理跨省业务等。在上海牵头下，长三角地区以区域“一网通办”平台建设为抓手，推进政务服务“同事同标”，取得了明显成效。十九章对长三角“一网通办”的实践进行分析，在此基础上对长三角一体化示范区推进政务服务“一网通办”的典型案例进行分析。

第十七章 减税降费和优化纳税服务增加企业获得感的实践

近年来我国通过减税降费进一步优化了我国的营商环境。世界银行发布的《2020年营商环境报告》显示，中国的总体排名比上年提升15位，名列第31位，取得了该报告发布以来的最好名次。其中，减税降费有关措施被该报告列为8项营商环境改革亮点之一。在推进减税降费的同时，我国还持续优化纳税服务，增强纳税人“获得感”。

在减税降费和优化纳税服务方面，上海一直走在全国的前列，一方面，上海积极贯彻落实国家各项减税降费和优化纳税服务政策；另一方面，上海还主动谋划地方权限内的减税降费措施和进一步优化纳税服务。

第一节 上海减税降费增加企业获得感的主要实践

2019年以来，在中央的统一部署下，上海积极落实减税降费政策，并根据内外环境的变化，在不同时期减税降费的着力点有所不同：2019年主要是落实中央支持民营中小企业的政策，以“民营经济27条”为抓手推进对民营企业减税降费；2020年则应对新冠疫情所带来的冲击，加大减税降费力度帮助企业渡过难关；2021年则是根据新发展格局的要求，精准落实减税降费政策服务经济社会高质量发展。

一、以“民营经济27条”为抓手推进对民营企业减税降费

2018年11月，习近平总书记在民营企业座谈会充分肯定了民营经济的重要地位和作用，并对支持民营企业发展作出重要部署。为贯彻落实习近平总书记民营企业座谈会讲话精神，2018年11月，上海在全国率先出台《关于全面提升民营经济活力大力促进民营经济健康发展的若干意见》（以下简称“民营经济27条”）。

（一）贯彻“民营经济27条”推进减税降费工作的主要做法

“民营经济27条”提出从四个方面降低民营企业经营成本：

一是全面落实税收优惠政策。对地方权限内的有关税费政策，在国家规定的幅度内降到法定税率最低水平。

二是降低企业用地成本。实施新增产业用地出让底线地价管理，存量优质企业增容扩产，由各区政府根据产业项目的绩效、能级等情况确定增容土地价款的收取比例，对达到绩优标准的企业，免缴增容土地价款。在国有产业园区，对中小型创新民营企业给予租金优惠。

三是降低要素成本。平稳调整最低工资标准，进一步降低企业社保缴费比例；进一步扩大民营企业参与直购电，降低企业用电成本。

四是降低制度性交易成本。进一步清理、精简涉企行政审批等事项，清理规范涉企行政事业性收费。全力推进政务服务“一网通办”，2018年内建成政务“一网通办”总门户，90%的涉企审批事项实现“只跑一次、一次办成”。

“民营经济27条”还将这些降低民营企业经营成本的措施具体落实到相关委办局和各区政府。各相关委办局积极完成所承担的责任。以上

海市发改委为例，为降低民营企业电力成本方面采取了三方面措施：一是进一步扩大参与直购电的民营企业主体范围。2018 年 12 月 12 日，市经信委、市发改委、华东能监局联合印发了《2019 年上海市电力用户与发电企业直接交易工作方案》，其中明确提出，计划安排 30 亿千瓦时，开放高新科技民营企业进入直接交易。二是持续推进有序放开发用电计划，上海市发改委在 2019 年 4 月印发了《关于上海市 2019 年有序放开发电量计划工作的通知》，将直接交易规模由 150 亿千瓦时扩大至 180 亿千瓦时，符合市场准入条件的企业均可以参与市场交易。三是进一步降低工商业平均电价。2019 年，国务院《政府工作报告》提出根据 2019 年国家所提出的一般工商业平均电价再降低 10% 的统一部署，上海市分两批降低一般工商业电价，完成 10% 的降价目标。同时上海市发改委还采取措施清理规范涉企行政事业性收费：一是贯彻落实国家清费减负举措，明确停征本市排污费（纳入环境税管理）和专利收费等；二是清理规范本市行政事业性收费，明确下调城市道路挖掘修复费补偿倍率，降低国产药品注册费、境内第二类医疗器械产品注册费，停止对租赁房屋、场地使用土地的外资企业征收土地使用费；三是会同市财政局全面梳理特种设备检验检测收费，形成了清费减负方案，明确降费 30% 左右。

各个区也从本区实际出发采取有力措施降低民营企业经营成本。如嘉定区根据本区民营制造业发达的特点，着力降低企业的土地成本和制度性成本。在降低土地成本方面，制定《嘉定区盘活存量工业用地实施办法》，将企业税收贡献和企业增容扩产补缴地价的比例挂钩，既充分挖掘存量建设用地资源，又降低企业用地成本。在降低制度性成本方面，嘉定区推动“放管服”改革朝审批全流程、管理全周期、服务全方位这三个方向深化，做好“6 减、6 加、6 集成”，即流程再造“6 个减”、创新服务“6个加”、功能优化“6个集成”。如在产业项目审批改革上，嘉定区重点实施审批流程再造“6个减”，在土地出让阶段，探索实施环境影响、节能评估等“多评合一”等。

（二）贯彻“民营经济27条”推进减税降费所取得的成效

“民营经济27条”对推动减税降费起到了直接作用。2019年1月至2019年11月，上海新增减税近千亿；上海市基本养老保险单位缴费比例、失业和工伤保险费率降低，为企业年减负415亿；降低一般工商业电价、非居民天然气价，落实港口降费措施，减轻企业成本55.8亿。

在“民营经济27条”的推动下，上海民营企业获得了进一步的发展。2019年上半年，上海民营企业实现进出口总额3429.35亿元，同比增长8.9%，占全市21.6%，较上年同期提高2.1个百分点；民营经济实现限额以上社会消费品零售额1598.23亿元，同比增长7.9%，占本市全社会消费零售总额24.0%，高于上年同期1.5个百分点；民营经济完成税收收入3005.34亿元，同比增长5.4%；占全市35.4%，较上年同期提高2.3个百分点。

二、加大减税降费力度帮助企业应对疫情冲击的实践

自2020年以来，为帮助企业应对疫情冲击、有序组织复工复产，国家密集出台了帮扶企业渡过难关、走出困境的减税降费政策措施。上海市积极部署，建立由市发改委牵头，市财政局、市税务局、市人社局、市民政局等部门参与的跨部门协调机制，压实工作责任、形成工作合力，确保中央减税降费政策落实到位。

（一）加大减税降费力度帮助企业应对疫情冲击的主要做法

第一，全面贯彻落实国家各项减税降费政策。一方面，做好中央政

策落地的配套细化工作。国家先后发布支持疫情防控保供、企业纾困和复工复产的一系列税费减免政策，有的政策需要相关部门的共同配合才能完成，如为确保进口防疫物资免税政策尽快落地实施，上海市财政局第一时间制发专文，明确本市相关部门工作职责及流程；会同上海市卫健委、市商务委向上海海关和市税务局函告可享受防疫物资进口免征关税政策单位名单及物资清单，实现部门间快速对接，确保相关企业能够及时享受税收优惠。上海市税务局主动发函，商请上海市发改委、市经信委、市卫健委等部门，获取可享受相关政策企业名单，并按要求开展名单复核，精准落实相关税收优惠政策。同时，上海市财税部门还专门联合印发了《关于坚决贯彻落实支持防控新型冠状病毒感染的肺炎疫情有关税收政策的通知》，从提高思想认识、优化创新服务、加强跟踪评估等方面提出具体工作要求，与各项国家税费减免公告共同形成重点明确、操作可行的政策保障。另一方面，做好全方位的宣传培训工作。为提高政策知晓度、扩大政策受益面，上海市财税部门依托政务网站、12366 税务热线、网络新媒体、传统媒体等渠道方式，对出台的各项税费支持政策开展广泛宣传，确保企业应知尽知。截至 2020 年 10 月底，通过“上海税务”微信、微博以及“上海财政”微信累计推送相关政策解读及操作办法 560 余条，阅读量合计近 800 万次。同时，对参与疫情防控的重点企业、受疫情冲击较大相关行业尤其是中小企业的政策落实情况，利用税收大数据，加强纳税申报过程管理，对未申报或享受政策企业及时进行信息推送提醒，确保应享尽享。

第二，主动谋划地方权限内的减税降费措施。为配合国家做好减税降费工作，上海市政府在疫情伊始就结合本地区实际情况，出台了《上海市全力防控疫情支持服务企业平稳健康发展若干政策措施》，有针对性地打出为企业减负、金融纾困、援企稳岗、优化服务“组合拳”。减税方面，在地方权限内自主出台调整定期定额个体工商户纳税定额标准，引导和鼓励各类业主为中小企业租户减免房租，并给予相应的房产税和城镇土地使用税困难减免等政策支持，切实减轻企业特别是中小企业税费负担；降费方面，实施各项社会保险费阶段性减免和费率下调、住房公积金缓征等政策措施。上海市相关行业部门还结合实际对受疫情影响较大的出租车、旅游等部分行业实施精准扶持，帮助企业解决问题走出困境。与此同时，在市区联动的制度引领下，各区亦根据自身区域发展实际和产业发展导向采取措施，例如：青浦区借助“长三角”一体化改革优势，与江苏吴江、浙江嘉善税务部门启动“云链通”行动，利用税收大数据匹配符合条件的产业链企业，畅通长三角产业链“微循环”，通过挖掘增值税发票数据信息，精准解决企业原材料缺乏、流动资金不足等难题。应对疫情冲击，浦东新区出台了支持服务企业平稳健康发展的18条措施，通过减免企业房租、双创企业房租补贴、返还失业保险费等方式降低企业经营成本。

第三，密切跟踪减税降费政策实施情况。建立市区两级财税部门减税降费信息沟通对接机制，定期沟通减税降费落实情况；仔细排摸政策实施过程中的“卡点”“堵点”。一方面，根据各项减税降费政策措施内容，全面测算全市新增减负规模以及对经济运行与财政收支的影响，及时向上海市委市政府领导专报政策推进情况和有关预案举措。另一方面，通过实地走访、专题座谈、案例分析、专项核查等多种形式，进一步全面了解企业真实税负情况，掌握政策执行效果，深入挖掘政策实施过程中的问题，研究提出对策建议，及时报送政策制定部门，财政部、税务总局予以积极回应，并制发专门文件明确疫情防控期间的相关税收政策执行期限延长到 2020 年年底、允许中小企业转登记为小规模纳税人。

（二）加大减税降费力度帮助企业应对疫情冲击所取得的主要成效

第一，减税降费的总体情况。截至 2020 年 10 月底，上海实现税收减负约 475 亿元，政府性基金和行政事业性收费减负约 44 亿元，合计减负已超过 519 亿元。统计数据表明，减税降费的政策效果逐步显现并符合预期。从减税降费的企业感受度看，经对 185 户样本企业反馈的有效调查问卷进行梳理汇总，企业反馈的减税降费情况如下：在实际享受政策的企业比例方面，有 179 户企业享受到 2020 年以来国家和上海市为支持疫情防控、企业纾困和促进复工复产出台的一系列减税降费政策，占比达到近 97%。在对于政策执行的力度方面，选择“很明显”和“明显”的企业有 149 户，占比达 75%，这些企业感到政策实施是有较大效果的。在涉及的税种方面，126 户企业享受增值税方面政策，占比 68%；53 户企业享受企业所得税方面政策，占比近 29%；25 户企业享受房产税、城镇土地使用税等地方税困难减免，占比 13%；3 户企业享受文化事业建设费减免政策，占比 1.62%。另外，关于企业在复工复产复市过程中面临的主要压力，位居前三的选项分别是人工成本高、材料成本和物流成本高，以及税收负担和社保费高。从问卷调研情况看，相关行业企业对于 2020 年以来减税降费政策推进落实情况总体持满意认可态度。

第二，减税降费的实施效果。一是有效鼓励调动社会力量共同参与疫情防治。截至 2020 年 10 月底，全市已有 546 户单位和个体工商户无偿捐赠货物用于应对新冠疫情，免征增值税及附加税费 1745.0 万元，2927 户企业捐赠现金和物品减免企业所得税 5.5 亿元，14.5 万名个人享受抗疫捐赠税前扣除金额1.9亿元。

二是有力助推中小微企业恢复生产，为稳增长稳就业提供有力政策保障。截至2020年10月底，全市已有25.7万户小规模纳税人享受降低征收率政策（由3%降为1%）减免增值税56.8亿元，实施定期定额个体工商户税费减免共计6900余万元。

三是及时缓解企业经营和资金压力。截至2020年10月底，全市5312户企业享受提高出口退税率政策新增退税3.9亿元，59户重点保障物资生产企业申请按月退还增值税增量留抵税额合计2.3亿元，1300余户纳税人申请办理延期申报，684户纳税人办理延期缴税，延期缴纳税款约14.2亿元。

四是有效平衡市场主体税收负担。全市近2.2万余户企业提供运输重点物资服务、公共交通运输服务、生活服务，以及为居民提供必需生活物资快递收派服务取得的收入免征增值税32.7亿元，为3970户主动减免租金企业免征房产税和城镇土地使用税6.2亿元。

三、精准落实减税降费政策服务经济社会高质量发展的实践

2021年是实施“十四五”规划开局之年。在2019年实施更大力度减税降费措施、2020年支持疫情防控和社会经济发展税费优惠政策措施的基础上，2021年我国将继续执行制度性减税政策，延长小规模纳税人增值税优惠等部分阶段性政策执行期限，实施新的结构性减税举措。根据中央这一部署，2021年上海在进一步加大减税降费力度的基础上，重点服务高质量发展，精准落实减税降费政策。

（一）精准落实减税降费政策服务经济社会高质量发展的主要措施

第一，对减税降费政策梳理，形成重点落实政策清单。其中重点政

策类别共涵盖九大方面，包括：支持中小企业、支持科技创新、支持实体经济、支持疫情防控、支持区域协调发展、支持脱贫攻坚、支持改革发展、稳就业、环境保护。而在重点政策内容上，不但包括减轻税费负担、促进研发投入、促进科技成果转化、激励创新创业、鼓励生产投入等方面，还涉及软件和集成电路产业、继续支持疫情防控帮助企业纾困发展、自贸区临港新片区、鼓励扶贫捐赠、改制重组、支持重点群体就业内容，更涵盖 2021 年热门的环保节能、资源综合利用方向。

第二，创新工作方法，推进政策精准规范落实。利用税收大数据，探索开展精准推送税费优惠政策。加强对税务总局《减税降费政策即问即答》的宣传、培训、辅导，按照税务总局发布的政策口径执行，防止出现政策执行偏差或者不一致等问题。做好纳税申报过程管理，对申报错误或应享未享政策企业及时提醒，确保应享尽享。充分发挥办税服务厅优惠政策落实咨询服务岗作用。进一步推行税费申报“提醒纠错制”，纳税人、缴费人在办税服务厅办理纳税申报业务时，办税服务厅窗口人员将信息系统提示的校验信息告知纳税人、缴费人，帮助纳税人、缴费人正确理解和享受税费优惠政策。

（二）精准落实减税降费政策服务经济社会高质量发展所取得的初步成效

上海的精准落实减税降费政策已初见成效，不仅助力上海巩固经济恢复态势，同时在释放上海经济发展新动能方面发挥了一定作用。2021 年上半年，全市工业战略性新兴产业总产值比去年同期增长 19.6%，增速比规模以上工业总产值高出 0.8 个百分点。其中，新能源产值增长 32.1%，高端装备产值增长 24.5%，新材料产值增长 22.7%，新能源汽车产值增长 2.5 倍，节能环保产值增长 27.8%，数字创意产值增长 65.1%，增速均高于规上工业平均水平。新产品产量大幅增长。其中，新能源汽车产量增长 2.2 倍，笔记本计算机、3D 打印设备产量分别增长 87.4% 和 78.9%，工业机器人、集成电路产量分别增长 44.0% 和 33.2%。

第二节　上海优化纳税服务增加企业获得感的实践

根据中办、国办印发的《关于进一步深化税收征管改革的意见》，上海税务部门以“建设具有高集成功能、高安全性能、高应用效能的智慧税务”为总体目标，遵循“以数治税”理念，采取措施切实提高企业办税的获得感。

一、上海优化纳税服务增加企业获得感的主要做法

（一）一体化：依托“一网通办”不断优化纳税服务

2018 年以来，上海市税务部门根据上海市政府“不见面办理”和国家税务总局“‘非接触式’办税要添力”的工作要求，以服务纳税人、缴费人为中心，依托“一网通办”，大力推进办税便利化改革，更加突出运用科技和数据赋能，取得一定成效。

截至 2021 年 7 月，全市共上线“一网通办”税务事项 309 项（含子项），其中“不见面办理”289 项，占比 93.5%；“零材料提交”202 项；“无人工干预”178 项。税务事项全程网办率为 97.8%，纳税申报网办率超过 99%，超过 85% 的发票通过专业配送免费直达企业，“非接触式”办税、“不见面办理”在上海已经成为常态。

（二）综合化：推行税费综合申报

在 2020 年 7 月率先推行企业所得税、城镇土地使用税、房产税、

土地增值税、印花税等五税种综合申报的基础上，上海税务部门从2021年7月1日起，将车船税、耕地占用税、资源税、契税、环境保护税、烟叶税也纳入综合申报范围。纳税人申报上述一个或多个税种时，实现“一个入口、一张报表、一次申报、一次缴款、一张凭证”。此次11税（费）综合申报通过功能节点和申报表单的整合带来三个方面的变化：一是流程更加优化，11个税种统一至一个入口，税源信息采集和申报归集至一个环节，便于数据统筹运用；二是填报更加简单，表单数量由40张减少为15张，数据项减少三分之一，实现已有数据自动预填功能，大幅减轻填报负担；三是效率更加提升，实现税额自动计算、数据关联比对、申报异常提示等功能，同时一键登录即可完成多税种“一张报表、一次申报、一次缴款、一张凭证”，提高办税效率。

据统计，2021年7月征期，全市选择使用税（费）种综合申报模块纳税人共计162万户，较2021年4月大征期新增89万户，涉及税款1045亿元。

（三）精细化：提供个性化分类服务

近年来，上海市税务部门运用云计算、大数据、人工智能等技术手段，将规模大、类型多、价值高、颗粒度细的海量税收数据嵌入业务流程，在政策宣传、事项办理中实现为纳税人缴费人精准画像、主动推送、分类管理，提供精细化、个性化服务。

2021年，上海税务部门和上海工商联开展“我为纳税人缴费人办实事暨便民春风行动”，聚焦解决纳税人缴费人难题，深入推出10类30项100条便民办税缴费举措。其中，在提供个性化分类服务方面，推出了关注特殊人群、优化个税汇算、助力小微企业、服务大型企业、支持区域发展等5项22条措施。截至2021年7月，上海税务部门按照政策类型分34批次精准推送税费政策信息累计1256万户次，通过智能咨询在线解答小微企业咨询问题32万次，设置56个社会共治点，累计服务40万人次，不断提升服务的精细度和精准度。

二、上海优化纳税服务增加企业获得感的典型案例

在优化纳税服务中，上海也出现了很多优秀案例，现选择其中两个案例进行分析：

（一）杨浦区“税立方”专家团队助力科技企业发展

杨浦区“税立方”纳税服务品牌自2017年创建以来，旨在为企业提供立体的、集成的、持续的办税服务。“税立方”专家团队成立以来，已为区内近万户纳税人提供了包括“双创”绿色通道，专家咨询门诊、出诊，“创箱”离厅式互联网自助办税等40多项便民利民办税举措。

以上海小鹏汽车销售服务有限公司为例，为帮助该企业更好发展，“税立方”专家团队针对企业税收发展情况，为该企业免费提供了个性化税务风险评估报告。这份报告既有企业基础信息、历史涉税项目、动态信用等级评定结果等常规“体检”项目，也有动态风险指标、行业税收风险防范意见等特别“体检”项目。不仅如此，“税立方”专家团队还为该企业现场解读了这份报告，做了“健康状况”分析，解答了不少涉税问题和风险点。

科技企业不仅要跑得快，更要跑得稳，这次专属税务“体检”让该企业树立了良好的“税收健康意识”，为以后行稳致远打下了基础。

（二）闵行区税务局设立“办不成事”反映窗口

国家税务总局上海市闵行区税务局设立“办不成事”反映窗口，将纳税人缴费人“急事”“难事”“办不成的事”当成自己的要紧事来办，

把脉疑难、对症下药，为百姓的“急难愁盼”事搭建沟通的渠道，打通解决的出口。

2021 年 5 月，媛穗（上海）餐饮管理有限公司财务人员焦急地前往“办不成事”反映窗口寻求帮助：“我们公司的法人代表是外籍人士，无法通过实名认证，无法登录电子税务局，公司日常办税受到影响。”原来，根据市场监管局和数字证书认证中心等有关部门的规定，2020 年 4 月起新办市场主体不再发放法人一证通（CA 证书），推行电子营业执照来办理各类涉税业务。由于外籍法人的实名信息等数据库不在我国，无法完成线上扫码注册和实名认证，该公司财务人员无法登录电子税务局。

为解决这一难题，经闵行区税务局与区行政服务中心、市场监管局以及数字证书认证中心多方协调和测试摸索，由市场监管部门和税务部门线下帮其进行信息采集和实名认证，“办不成事”反映窗口最终成功“扫除”了这位外籍法人电子代表税务局网上办税的全部“堵点”。

这位外籍法人代表的问题解决后，“办不成事”反映窗口并未止步，马不停蹄地寻求类似情况的过渡办法。经过多方协调，市数字证书认证中心同意在全市部分网点继续发放法人一证通，解决外籍法人代表无法实名验证的问题，并提供微信申请、邮寄服务，让广大纳税人感受到实实在在的便利。

对百姓的急、难、愁问题，“解释—解决—解忧”成了“办不成事”反映窗口的办事金标准。该窗口自设立以来，先后推出“免填单”及“帮办、陪办、代办”服务，已累计收集问题 68 个，其中已解决 63 个、推进中 5 个。

（三）对跨省市税务行政执法行为裁量权实现“同事同罚”

2020 年 7 月，国家税务总局上海市税务局、江苏省税务局、浙江省税务局、安徽省税务局、宁波市税务局联合制定了《长江三角洲区域税务轻微违法行为“首违不罚”清单》(以下简称《“首违不罚”清单》)和《长江三角洲区域申报发票类税务违法行为行政处罚裁量基准》(以下简称《裁量基准》)。《“首违不罚”清单》包括纳税人和扣缴义务人未按规定办理税务登记事项、未按规定设置保管账簿、未按规定办理纳税申报、未按规定开具发票和税收票证等18项“首违不罚”事项。《裁量基准》主要根据违法手段、危害后果等合理划分裁量阶次，对《中华人民共和国税收征收管理法》《中华人民共和国发票管理办法》规定的关于申报、发票类违法行为的19项税务行政处罚事项设定了裁量标准，确保对纳税人的申报、发票类违法行为的税务行政处罚做到“同事同罚、公平公正”，让税务执法“度同尺、权同衡”。

跨省市税务行政执法行为裁量权实现“同事同罚”体现了包容审慎的现代监管理念，有利于打造更加稳定公平透明的营商环境，助力企业在长三角跨区域发展。以月星集团为例，该企业拥有遍布长三角区域乃至全国的月星家居广场和环球港城市商业综合体，《裁量基准》实现了长三角区域申报、发票类等常见税务违法行为行政处罚标准的统一，解决了“同事不同罚”等处罚不公的情形，有利于集团内部涉税事务标准化管理。

三、宁波、广州优化纳税服务的优秀案例借鉴

在优化纳税服务方面，国内其他地方也有优秀经验值得上海学习借鉴。现选择其中宁波推进“不见面纳税服务”和广州推广“税链”区块链电子发票的案例进行分析。

(一) 宁波推进不见面纳税服务

2021年，国家发改委公布了18个营商环境评价指标前20位的标杆

城市。宁波共有 11 个评价指标跻身全国 20 强，其中纳税服务排名全国第一。

近年来，为了给各类市场主体打造低成本、更快捷、可信赖的成长“软环境”，宁波市税务部门加码建好“一次不用跑、税事全办好”纳税服务品牌，通过基层网格、楼宇商圈建成“15 分钟自助办税圈”，在奉化溪口建成全国首家“零窗口”智慧办税服务厅，取消原有的窗口设置与取号等待模式，将“面对面办业务”升级为“肩并肩享服务”，纳税人平均等候时间缩短 70%。目前，宁波市逾 190 个涉税事项实现网办，且网办率保持在 93% 以上。2021 年，宁波市税务局还首家承接全国增值税专票电子化试点任务，率先实现出口退（免）税全面无纸化，平均退税时限压缩至 4 个工作日以内。现以宁波保税区为例，对其“不见面纳税服务”的经验进行分析。

1. 主要做法

为推动“非接触式”办税走向常态化，宁波保税区税务局通过“三增三减”，主动提高便民办税服务水平：

一是增线上、减线下。为应对疫情防控期间的特殊情况，税务人员积极引导纳税人缴费人“网上办、自助办”。纳税人依托电子税务局、个人所得税 APP、自然人税收管理系统扣缴客户端等软件，通过远程辅导、线上沟通，办理各类涉税事项。为满足纳税人的用票需求，税务人员还大力推广“网上申请、邮寄配送”方式。截至 2020 年 10 月底，宁波保税区税务系统累计为纳税人提供发票邮寄服务 447 户次，邮寄发票 33609 份。

二是增专家、减窗口。根据疫情期间线下办税业务量减少，以电子税务局为主的线上申请业务激增，以及 12366 纳税服务热线咨询量增加的情况，保税区税务局优化窗口设置，合理配置人员，调减固定窗口数量，将税务人员调配至线上业务处理小组和12366纳税服务热线接听小组，以减少纳税人缴费人线上咨询等待时间，确保线上线下业务受理的高效性。增配“小呼专家坐席”，业务骨干轮流值守，第一时间解答纳税人线上办税产生的各类疑难问题，让纳税人不用上门，就能解决问题，享受“足不出户”的办税服务。截至2020年10月底，税务人员通过12366回应纳税人咨询16326人次，主动外呼为纳税人提供服务2469人次；通过QQ、微信等途径，答疑逾千人次；依托QQ远程连线，辅导纳税人办税221户次。

三是增服务、减流程。保税区税务人员不断简化办税流程，扩大套餐式服务范围，对接不同办税人群的个性化需求，有针对性地提升办税体验。对确需到办税服务厅现场办理涉税事项的纳税人缴费人，推行“自助办、预约办、错峰办、容缺办”。充分发挥自助办税终端的作用，加强办税服务厅导税团队建设；设置预约服务窗口，畅通预约办税渠道；通过延时服务，引导纳税人错峰办税，最大程度降低疫情传播风险；纳税信用优良的纳税人，如因交通受阻，无法上门办税，或在办税过程中资料不全，可以提供“容缺服务”，在纳税人同意提供影像资料的前提下，允许先办税后邮寄资料，降低纳税人办税负担。

2. 典型案例

疫情期间，宁波保税区跨境电商逆势增长。区内企业宁兴优贝国际贸易有限公司发展形势喜人，但随之而来的发票供应问题，却让企业财务负责人有些担忧。由于开票需求增加，企业需要向税务局申请调整每月领取发票的数量和最高开票限额。但当时企业的公章正在外地使用。企业财务负责人担心没有公章，不能向税务部门申请调整票种，赶不上给客户开票，从而影响企业信誉。

有了困难，企业财务负责人首先拨打保税区税务局12366纳税服务热线。工作人员听完叙述，立即进行远程辅导，指导发票票种的调整。不到一天时间，企业财务负责人完成了发票申领。

（二）广州推广“税链”区块链电子发票

1. 主要做法

2018年6月22日，“税链”区块链电子发票平台（下称“税链平台”）在广州市黄埔区（开发区）发布，平台推出的首个功能是发票数据上链，在全国首次实现增值税电子发票数据在区块链上存储和流转，旨在解决纳税人归集发票数据堵点痛点。

2018年12月，在广东省税务局的统一部署指导下，广州市税务局将税链平台进一步升级，创新推出“链上开具”广东省通用类电子发票（也即区块链电子发票）功能，通过区块链技术实现了电子发票的轻量级防伪。广州黄埔华苑大酒店的消费者通过手机支付并触发在税链平台自动开出区块链电子发票，实现消费者自主开票、秒级开票、分钟级报销，打通从支付、开票到报销、到账的最后一公里。区块链电子发票实现自动领票、自动验旧，全流程自动化管理，企业发票管理效率得到提升。此后，广州市税务局持续创新，不断拓宽区块链电子发票的应用领域和应用场景，先后在电商平台和停车平台推出下单后根据订单信息开具区块链电子发票、无感停车后根据停车记录开具区块链电子发票等便民利企的应用场景。

2020年1月1日，广州地铁开出了第一张区块链电子发票，标志着区块链电子发票在广州市公共交通行业落地应用。通过广州地铁官方APP全自助开具区块链电子发票，为乘客带来更高效、更优质、更智能的出行体验。

2. 主要成效

试点以来，税链平台不断优化完善，目前已在广州市范围内应用“税链”区块链电子发票平台，并实现在支付宝、钉钉等网络平台，餐饮、停车服务、电商、物业、地铁等领域进行场景应用，不断扩大平台运用覆盖面。2018 年以来，广州市共有 3.04 万户纳税人参与区块链电子发票试点，共开具区块链电子发票 129.9 万张。

一是快速落地，直击企业用票刚性痛点。利用区块链技术提供的多方高度安全互信的信息共享机制，在保证数据安全的前提下把税务机关所掌握的现有发票系统的数据共享给纳税人，开票、受票企业等发票相关方均可从链上安全归集属于自己的发票数据。

二是便民利企，打通发票生命周期流程。对开票企业而言，开票只需一部能上网的电脑，无需额外的硬件设备，降低硬件成本；税链平台还为纳税人实现了发票用票量智能监控，实现发票自动验旧，并在剩余票量达到下限阈值时触发发票自动领用，同时还能对发票数据进行自动备份和归集，做到发票全流程自动化管理，纳税人用票人工管理零成本；对消费者而言，交易一旦成立，从支付页面即可主动申请开票，开票主动权回归消费者。发票在链上即时开具，获取发票易、入账报销易；对受票企业而言，可从链上实时归集发票数据，通过与企业报销软件对接，发票信息可实时进入报销系统进行报销。员工获取的区块链电子发票全程可查、可验、可信、可追溯，发票流转全闭环信息链上记录，破解了过去电子发票在报销入账环节纸质打印、重复入账的尴尬处境，提升了企业财务管理效率，打通了电子发票落地的“最后一公里”。

三是提升管理，共营生态促进信息管税。利用区块链技术，破解传统电子发票存在的信息孤岛、数据篡改、监管难度大等堵点痛点问题，有效降低了以票控税的成本，解决了凭证电子化带来的信任问题，提升管理效能，促进纳税遵从。同时，创造新的应用场景，构建发票管理应用生态圈，借助生态的建立，将与发票信息相关的用票人身份信息、订单信息、交易信息、物流信息逐步融入，这五条数据流“五流”合一，结合大数据及风控模型，使无交易开票、虚构交易开票等虚开发票行为从源头得到遏制，有效有力防虚打骗，实现真正的信息管税。

第十八章　上海提高企业信贷获得性的实践

中小企业融资难是世界难题。2018 年 11 月，习近平总书记在民营企业座谈会上强调“要优先解决民营企业特别是中小企业融资难甚至融不到资问题，同时逐步降低融资成本”。获得信贷也是世界银行评估营商环境的一项重要指标，由四个二级指标构成，分别是：合法权利指数、信贷信息深度指数、信贷登记机构覆盖率、信用机构覆盖率。在世界银行发布的《2020 年全球营商环境报告》中，我国该项指标位列全球第 80 位。

表 18-1　近年来上海提高信贷获得性所出台的政策

出台时间	政　　策
2018-03-27	关于提升金融信贷服务水平优化营商环境的意见
2018-12-28	关于做好本市融资租赁行业登记和查询工作的意见
2019-04-25	关于开展动产担保统一登记试点工作的通知
2019-06-11	关于贯彻《中共中央办公厅、国务院办公厅关于加强金融服务民营企业的若干意见》的实施方案
2020-03-17	关于支持本市小额贷款、融资担保、融资租赁、商业保理、典当、地方资产管理等机构加大力度服务实体经济
2020-03-19	2019—2021 年小型微型企业信贷奖励考核办法、2019—2021 年科技型中小企业和小型微型企业信贷风险补偿办法
2020-03-31	自由贸易试验区临港新片区重点企业贷款贴息的实施意见
2020-08-31	关于进一步做好本市创业担保贷款工作全力支持重点群体创业就业的通知

资料来源：根据相关资料整理。

为提高信贷获得性，近年来上海出台了一系列政策（表18-1）。国内外实践证明，建立政策性融资担保体系是提高企业信贷获得性的有效途径之一。针对政策性融资担保体系建设中风险分担机制这一核心问题和运营中的风险不对称这一难点难题，依托上海中小微企业政策性融资担保基金（以下简称“市担保基金”），近年来上海市不断完善国家、市、区三级联动的协同推进机制和融资担保服务体系，着力发挥政府性融资担保政策的逆周期调节作用和乘数放大效应，有效缓解了中小微企业“融资难”问题。

第一节　上海市推进政策性融资担保体系建设的主要实践

一、推进政策性融资担保模式和产品创新

（一）创新融资担保模式

近年来，上海市担保基金创新实行“批次担保”合作模式，对特定批次额度内的项目实行“银行先审批放款，担保中心后备案担保”的新模式，相比过去“银行先审批，担保中心再审批”的老模式，流程更为便捷。上海市财政局还与上海市委统战部、上海市大数据中心、上海市民政局等部门合作，创新实行“大数据普惠金融担保合作方案”，利用大数据技术支持，拓宽项目发现渠道，推动金融机构加大对中小微企业的信贷支持力度。

（二）创新融资担保产品

在全市层面，市担保基金先后推出“专精特新贷”“创园贷”“启航贷”“无还本续贷”等专项产品，有效拓宽融资渠道，扩大融资担保规

模。截至2020年12月8日，累计完成担保项目10260笔，担保贷款额296亿元，较2019年同期实现了50%的高增长，有力地缓解了企业因疫情影响造成的生产经营资金困难。在区级层面，充分发挥区级部门和园区“接地气”的优势，创新推出多项批次包专项产品，如“松江园区贷”“长宁企业贷”“浦东创新贷”“东方美谷贷”等，精准发掘优质企业，提供更优惠便捷的融资担保服务。

二、降低企业融资成本

（一）鼓励各类融资担保机构积极让利

对参与“上海小微企业流动资金应急贷”的担保机构按照其实际代偿损失部分给予不超过70%的代偿补偿。对担保费率低于市场平均费率且成效明显的担保机构，经核定后给予不超过担保额1%的保费补贴。

（二）充分调动各区积极性降低企业融资成本

针对批次包创新产品，在按照5%的代偿率顶格设定风险控制上限的基础上，再给予长宁区、松江区1个百分点的超额风险补偿，总额较面上企业提高了2个百分点；奉贤区、徐汇区、静安区对担保贷款利率实施贴息政策，使得批次包内企业能够享受2.8%左右甚至更低的优惠贷款红利。

（三）直接降低融资担保费率

为应对疫情对中小微企业带来的冲击，从2020年起，市担保基金的融资担保费率从原来最高每年1.5%的“五档费率”降至只有每年0.5%的“一档费率”，再担保费率减半收取，继续免收创业担保费，有效降低了企业融资成本，缓解了企业资金困难。截至2020年12月8

日，惠及各类中小微企业 8813 家和 507 个创业者，企业和个人分别受惠得益约 2300 万元和 340 万元。

三、提升企业融资效率

（一）创新建立“白名单”制度

依托智能化管理平台，市担保基金建立分类管理、动态调整的数据库，对纳入“白名单”数据库的重点企业提供绿色通道，急事急办、特事特办、即事即办，将审批流程缩短到 2 个工作日。截至 2020 年 12 月，在市融资担保中心的项目库中，共有 15 份“白名单”，涉及企业 5000 多家。

（二）创新建立“服务专员”制度

在松江、长宁区分别设立了上海市中小微企业政策性融资担保基金管理中心“长三角 G60 科创走廊服务基地”和“虹桥国际开放枢纽服务基地”，由市融资担保中心会同有关合作商业银行委派 1—2 名服务专员，开展政府性融资担保政策的宣传辅导、业务培训和日常咨询服务，精准对接企业融资需求。

第二节　浦东新区推进政策性融资担保体系建设的主要实践

浦东历来高度重视中小微企业政策性融资担保工作，始终致力于为各类中小微企业提供融资服务。为切实解决中小微企业融资难、融资贵问题，加强与市担保基金的合作联动，浦东新区财政局、金融工作局、科经委于 2017 年出台《浦东新区小微企业增信基金管理办法》（浦财经〔2017〕33 号）；2019 年 12 月又率先在全市开展 300 万元及以下批量审批试点；2020年新冠疫情暴发后发布了18条新措施“力撑”中小企业；2021年推出“浦东创新贷”，建立了具有浦东特色的市区联动的政策性融资担保体系，发挥了政府性融资担保政策的逆周期调节作用和乘数放大效应。

一、浦东政策性融资担保体系建设的主要做法

（一）出台《浦东新区小微企业增信基金管理办法》

根据《浦东新区小微企业增信基金管理办法》，浦东小微企业增信政策的扶持形式为补贴、奖励等，扶持对象为浦东新区符合条件的中小微企业、非政策性融资担保公司、合作银行和试点银行，实施方式分为9种类型（含兜底条款），其中浦东新区金融局负责实施中小微企业担保费补贴、合作银行风险代偿和产品奖励、试点银行规模奖励和业务补贴等政策；浦东新区科经委负责实施非政策性融资担保公司风险补偿、再担保业务奖励、功能性考核奖励等政策。

（二）在全市率先试点300万元及以下批量担保业务审批工作

2019年12月4日，上海市财政局、市中小微企业政策性融资担保基金管理中心与浦东新区财政局签约，在市区首轮合作取得成果的基础上，推进市区新一轮联动合作，浦东新区财政局成为全市首家承接担保中心300万元及以下批量担保业务审批工作的试点单位。根据协议，浦东所承接的300万元及以下的政策性融资担保审批业务，在规范有序、风险可控的基础上缩短审批时限，建立审批绿色通道，使得政策性担保贷款业务流程更为便捷，有效缩短了中小微企业贷款审批周期。

该项政策推出后，深受中小微企业欢迎。2020年市担保中心审批通

过浦东新区中小微企业政策性融资担保贷款金额 60.5 亿元，其中，浦东新区财政局审批 300 万元及以下浦东批量担保贷款金额 23.7 亿元，超额完成年度目标。2021 年 1 月，浦东新区财政局审批通过 300 万元及以下批量业务贷款金额 1.75 亿元。2020 年 5 月，这一经验得以复制推广，崇明区财政局成为继浦东之后上海市第二家承接市担保中心 300 万元及以下批量担保业务审批工作的单位。

（三）贯彻落实“浦东 18 条”政策

2020 年新冠疫情发生后，浦东新区财政局、金融局积极贯彻落实“浦东 18 条”政策，引导鼓励银行加大对抗击疫情和受疫情影响较大行业及中小微企业的信贷支持，降低企业融资成本。

1. 强化疫情期间对中小微企业政策性融资贷款的支持

对《浦东新区小微企业增信基金管理办法》申报指南相应条款进行补充和调整，包括扩大浦东新区小微增信基金政策覆盖范围，对中小微企业发生的担保费用进行全额补贴；通过加大政策性融资担保贷款业务补贴和规模奖励力度，鼓励合作银行向防疫重点企业发放贷款。

2. 制定下发优质中小微企业融资准入标准

以《上海中小微企业政策性融资担保基金贷款担保运作规则（2019 年修订版）》为指引，向相关银行收集关于优质小微企业政策性融资准入标准的建议，浦东新区相关政府部门研究拟定准入标准，并下发至各开发区、镇作为小微企业筛选推荐的参考标准，加强同市担保中心、新区有关部门及合作银行的沟通协调，为小微企业提供规范、精准、高效的政策性融资服务。

3. 推出“浦东创新贷”

2021 年 2 月，浦东新区财政局推出了“浦东创新贷”，建立了政府、担保、银行、企业四方合作新机制。“浦东创新贷”由政府部门牵头各开发区、街镇推荐有融资需求的优质中小微企业，独立设计成包，市担保中心提供批次担保，银行快速审批放贷，贷款年利率一般低于央行公布的一年期 LPR 利率，包内企业锁定贷款利率上限，切实降低企业融资成本。

“浦东创新贷”具有以下三个方面特点：

一是形成与浦东产业相适应的业务模式。围绕“六大硬核”产业总体布局，“浦东创新贷”首批确立“集成电路”“生物医药”“智能制造”“新兴经济”四个专项包，今后还将不断拓展业务，从而形成以四个专项包为主的“1+4+X”业务模式。围绕这一业务模式，浦东新区财政局还将和上海市担保中心联手共同构建“浦东创新贷”的风险代偿机制，加大浦东新区小微企业增信专项资金扶持力度，打造综合政策支持体系。

二是专班运作。形成以浦东新区财政局牵头，新区金融局、新区科经委、新区工商联等参与，并邀请上海市担保中心参加的市区联动组织框架，建立定期会商机制、协同推进机制、快速响应机制，开展政策研究、业务培训、推进任务落实，确保政策及时、有效落地。

2021 年 4 月，浦东新区中小微企业政策性融资担保银行工作站揭牌成立。浦东新区财政局将依托工作站，进一步强化银政企工作联动机制，扩大和提升政策性融资担保贷款的覆盖面和服务能级。

三是协作共赢。浦东新区财政局畅通与市担保中心的合作常态化沟通渠道，定期召开例会，共同交流业务开展情况，探讨更好支持小微企业发展的业务模式。为扩大政策影响和提高政策知晓度，通过定期举办政策性融资担保沙龙活动加强政府、担保、银行、企业交流沟通；通过开发区、街镇举办企业政策咨询会进一步扩大业务覆盖范围；通过设立热线电话，为企业提供政策指导和业务咨询服务。建立反应灵敏、动态高效的信息的考核反馈机制，形成开发区和街镇推介、企业信息反馈、对合作银行考核的运行模式。

二、浦东政策性融资担保体系发挥作用的主要机理

近年来政策性融资担保在我国发展较为迅速，对解决中小企业融资难、融资贵发挥了重要作用。但政策性融资担保在发展中仍然存在支持中小微企业的覆盖面不广、合作银行内生动力不足、对区域产业发展的精准扶持不够等问题。针对这些共性问题，浦东通过区级政策性融资担保体系的建设以促进这些问题的解决，支持金融机构将更多的金融资源支持浦东中小微企业的发展。具体而言，浦东政策性融资担保体系撬动金融资源支持浦东中小微企业发展的机理主要包括以下四个方面：

（一）帮助解决商业银行“不敢贷”问题

商业银行“不敢贷”的直接原因是小微金融业务风险大，主要原因之一在于信息不对称。政策性融资担保基金通过担保增信一定程度上解决了中小企业贷款抵押物不够、自身信用不足的问题，增强了银行放贷信心，但在解决银企双方信息不对称问题上还不够。而浦东小微增信基金（政策）的实施、“浦东创新贷”的推出以及浦东新区中小微企业政策性融资担保银行工作站的成立，通过搭建“政府 + 担保 + 银行 + 企业”联动平台，帮助市担保基金和金融机构更充分了解企业实际情况，进一步增强银行放贷信心，促进“不敢贷”问题的解决。

（二）帮助解决商业银行“不愿贷”问题

导致我国中小企业融资难的另一个重要原因在于商业银行“愿贷”

的“最后一公里”还未真正打通，即对商业银行和小微金融业务人员放贷的内生动力重视不够。一方面商业银行发放小微贷款的单位成本较高，而又需要承担较大的风险；另一方面在基层银行的绩效考核办法中，注重对存款吸收、不良贷款清收、贷款收息和中间业务收入的考核和激励，缺乏对小微金融信贷业务人员必要的激励。与许多地方不同，浦东在政策性融资担保体系建设中非常重视对合作银行及银行小微信贷业务人员的激励，通过设立中小微企业贷款规模奖励项目和中小微企业业务补贴项目，对银行基层网点和人员进行奖励，进一步提升了合作银行开展政策性担保贷款的内生动力。

（三）帮助解决融资贵、融资慢、融资烦问题

除了融资难问题外，中小微企业还普遍存在着融资贵、融资慢和融资烦等问题。在政策性融资担保体系建设中，浦东通过中小微企业担保费用补贴和鼓励商业银行降低基金担保贷款利率，进一步解决了融资贵问题。同时通过市担保中心授权给浦东对企业担保贷款进行审批，通过批次担保压缩了审批时间和提高了审批效率，促进了融资慢、融资烦问题的解决。

（四）更加精准有效的支持浦东重点优势产业的发展

上海市担保基金非常重视产业导向，大力支持科技型企业发展。但因上海各区重点发展产业不一样，各产业的投融资特点不一样，因此还需要各区配合市担保基金更加有效地促进产业和金融的结合。以浦东发展生物医药产业为例，生物医药企业不仅需要一定的债权融资，同时在其早期发展需要大量的股权融资，因此如果能够利用政策性担保贷款撬动更多的股权融资则可更加有力支持生物医药产业的发展。在政策性融资担保体系建设中，浦东不仅通过设立中小微企业金融产品奖励项目、

评选重点优势产业投融资服务优秀案例等促进金融机构在产业金融对接扶持上提供更多的优质服务，而且所推出的“浦东创新贷”围绕“六大硬核”产业总体布局，首批确立了“集成电路”“生物医药”“智能制造”“新兴经济”四个专项包，能更好地实现政策性融资担保与“六大硬核”产业的精准对接。

三、政策性融资担保体系支持浦东重点优势产业的典型案例分析——以集成电路产业为例

2019 年以来，随着浦东更加聚焦发展六大“硬核”产业，在上海市担保中心的支持下，浦东新区财政局、金融局、科经委积极发挥小微增信基金政策的作用，搭建服务平台，根据产业特点，推动金融支持六大重点优势产业发展。同时各商业银行、创投机构、证券公司、保险公司也大力推动金融回归本源，积极支持六大“硬核”产业发展。其中涌现出一批小微增信基金政策支持重点优势产业发展的优秀典范。本章集成电路产业为代表，进一步深入分析浦东政策性融资担保体系支持重点产业发展的经验。

（一）浦东集成电路产业发展概况

目前上海集成电路产业形成了“一核多极”的空间分布格局，浦东就是其中的“一核”。截至 2019 年 11 月，浦东集中了 57 家重点集成电路企业，占上海总量的 63%（表 18-2）。目前，张江聚集了中芯国际、华虹宏力、华力微电子、华大半导体、紫光展锐等多家国内外知名集成电路企业，形成了包括设计、制造、封装、测试、设备材料在内的完整产业链，产值约占全国的 1/3。

表 18-2　上海市集成电路产业“一核多极”的空间分布格局

序号	行政区	重点企业数量（家）	产业定位	占比
1	浦东新区	57	全产业链	63%
2	松江区	6	芯片制造、设备材料	7%
3	闵行区	5	—	6%
4	嘉定区	5	芯片设计、芯片制造	6%
5	宝山区	1	—	1%
6	青浦区	2	封装测试	2%
7	中心城区	14	芯片设计	16%

数据来源：中商产业研究院整理。

上海未来集成电路产业发展也主要集中在浦东。一是打造临港 IC 产业集聚区，该区域将成为上海集成电路设备材料制造业的重要承载地，其下一步发展目标是在关键细分领域培育若干具有全球影响力的装备材料企业，带动我国集成电路产业链的整体跃升。二是建设张江集成电路设计产业园，根据规划，该产业园将着力打造国内领先的“集成电路企业成长平台、集成电路人才施展平台、集成电路资本投资平台”，成为国内集成电路设计业规模最大、人才数量最多、技术水平最高的聚集区。

（二）集成电路产业投融资特点分析

1. 技术的持续创新需要持续高水平资金投入

集成电路产业是技术密集型产业，具有较高的技术壁垒。企业需要不断地进行技术研发，才能赶上主流技术的发展，因此，用于研发的资金支出巨大。据 Wind 数据统计，我国 A 股上市集成电路企业的 2017 年研发支出平均占营业收入的 15% 以上。

2. 保持具有竞争力的企业规模需要大量的资金投入

集成电路产业规模效应明显，2018 年全球前二十大半导体厂商营业收入占全球半导体行业营业收入的84.74%。浦东集成电路企业想要在市场中占有一席之地，不仅要加大在研发上的资金投入，也要为扩大生产规模加大资金投入力度。

3. 金融支持集成电路产业发展不足

集成电路产业投入高、回报周期长、风险大，社会资本进入意愿较低，同时集成电路产业链有其自身特点，不同环节的企业的需求也不尽相同，因此如何根据集成电路产业不同需求特点，推出有针对性的服务，是一大难点问题。当前，浦东集成电路产业融资过度依赖银行体系，融资渠道狭窄，而该行业的特征使得银行授信额度较低，无法满足其持续性大规模的资金投入需求。

（三）浦东小微增信基金支持“中国芯”典型案例分析

近年来浦东小微增信基金政策通过激发金融机构的内在动力，不断加大对浦东集成电路产业的支持，产生了许多优秀案例，现对其中两个案例进行分析。

1. 案例1——上海农商银行为盛美半导体设备公司量身定制授信方案

作为植根上海的本地银行，上海农商银行在小微增信基金政策的支持下大力创新金融产品和服务，积极支持浦东小微企业和重点优势产业发展。2020年1月，上海农商银行获得了浦东新区中小微企业贷款规模奖。在支持集成电路产业发展方面，上海农商银行为盛美半导体设备公司量身定制授信方案的经验值得推广。

（1）企业基本情况

盛美半导体设备（上海）有限公司成立于2005年，是一家注册于浦东的具备世界领先技术的半导体设备制造商，是中国少数几家具有世界领先技术及工艺的半导体设备制造商之一。盛美半导体属于研发型高新技术企业，创新能力很强，已经在上海申请了30多项国际国内发明专利，多个项目被正式列入“十一五”国家重大专项、“十二五”国家重大专项。盛美半导体母公司（美国）于2017年11月在美国纳斯达克成功上市。

（2）服务过程

2013年盛美半导体的产品进入国际主流半导体芯片厂商，2014年属于业务发展起航年，但当时其未分配利润–1.7亿元，资产负债率达82%，相关研发产品已有部分企业愿意试用，但账期较长，资金压力大。为支持该企业发展，上海农商银行通过研究盛美半导体所处行业，认为其研发产品在境内及境外确实具备竞争优势，有望成为境内半导体产业链清洗设备环节的独角兽企业，能对境外相关产品进行逐步的进口替代。因此，上海农商银行协同上海市浦东融资担保公司，为企业提供信用担保贷款2000万元，支持其业务发展。

之后，该企业销售及盈利规模陆续增长，市场认可度逐步提升，现金流逐步转好。企业考虑到融资成本问题，向上海农商银行表示希望能直接获得信用贷款，而非由担保公司提供担保。经与企业多轮沟通，上海农商银行为其量身定制订单融资产品，以应收账款质押为担保方式为企业发放了500万元贷款。在实现订单融资现金流正常结算周转后，又将额度提升至1500万元。上海农商银行在2019年进一步将信用授信额度提升至2000万元，以支持其发展壮大。

（3）主要成效

随着银行授信支持额度的扩大，该企业业务发展较为迅速。2016—2018年分别实现销售收入1.65亿元、2.45亿元、5.21亿元，分别实现净利润 2460 万元、3525 万元、8179 万元，成长态势极强。同时，该企业在浦东川沙新设立的亚太制造中心单层面积 5000 平方米，可同时制造 10 台设备，年产能可达 17 亿人民币，加上原张江老厂 1 亿美元的产能，企业整体年产能可达人民币 24 亿—25 亿元。

（4）启发和思考

集成电路产业属于资本密集型，在集成电路企业发展壮大的过程中，企业的融资需求、融资能力是动态变化的。这就要求金融机构能根据企业动态变化的融资需求，基于企业动态变化的融资能力，为企业制订合适的融资方案。

在为盛美半导体提供融资服务中，上海农商银行就是根据企业动态的融资需求和融资能力为企业量身定制了授信方案：在企业发展初期，在浦东小微增信基金政策的支持下为企业提供授信；当企业发展到一定阶段，在融资需求上不仅需要更多的资金，还需要降低融资成本，在融资能力上已经具备应收账款质押能力，这时上海农商银行为企业提供了质押融资，帮助企业快速扩大产能，同时也降低了企业融资成本和银行的风险。

2. 案例 2——上海银行用债权融资撬动股权融资支持南麟电子公司发展

（1）企业基本情况

上海南麟电子股份有限公司成立于 2004 年，注册于上海张江高科技园区，专注于模拟与数模混合类集成电路的设计与研究，为企业提供高效、稳定的集成电路产品。公司具有典型的“轻资产”特征，其盈利核心要素是通过将知识、技术、人力资本创新性地转化为符合各类市场需求的电源管理芯片，通过外包或自主加工的方式，获得所需的成品电路。公司先后通过了信息产业部集成电路设计企业认证、高新技术企业认定，并被评为“上海市科技小巨人培育企业”。

2016—2018年，公司营业收入逐步稳定增长，年均增长率超过30%，利润水平保持稳定。2019年1—6月，实现销售发货数量5.23亿只，营业收入6778万元，较同期增长15.22%。近年来公司加大研发投入，2019年上半年新增集成电路布图设计权登记19个，实用新型专利9个。

（2）服务过程

2013年，公司决定自行建立封装生产线，提高产品优良率，保证公司的长远发展。但建立生产线需要一定的资金量，通过了解公司细分行业、公司规划可行性及创业团队历史，上海银行决定给予由实际控制人担保的授信额度500万元。

2014年公司在“新三板”挂牌，对企业的销售、质量、管理提出更高要求。2014—2015年上海银行为企业提供新三板股权质押贷，给予公司额度500万元。

2016—2019年，上海银行在浦东小微增信基金政策的支持下利用市担保基金给予公司授信额度，继续支持公司的进一步发展。

（3）主要成效

公司销售收入逐步发展，质量得到提高，品牌知名度提高。为加快提高研发及生产能力，公司分别于2018年、2019年对外进行股权融资。2018年，公司获得大唐汇金（苏州）产业投资基金合伙企业及SK海力士半导体（无锡）有限公司2000万元股权投资资金；2019年，公司获得北京屹唐华创股权投资中心4002万元股权投资资金。募集资金均用于公司研发及生产线的投入。

（4）启发和思考

浦东发展集成电路产业的目标是集聚千家企业、形成千亿规模、汇聚十万人才、新增百万空间。因此浦东应形成良好的集成电路产业生态，培育和支持大量的中小微集成电路企业发展。

在南麟电子公司发展壮大过程中，上海银行充分利用浦东小微增信基金政策的支持多次为企业授信，利用债权融资撬动了股权融资，帮助企业顺利实现了转型发展。金融机构支持浦东中小微集成电路企业发展需要持续发力，久久为功，应该像上海银行这样利用浦东小微增信基金政策在企业转型发展的每一个关键阶段及时为企业提供全生命周期金融服务。

第三节　松江、长宁、闵行“园区贷”批次包合作模式改革的实践

近年来松江、长宁、闵行与上海市担保中心合作，开展“园区贷”批次包合作模式改革试点。“园区贷”和“批次包”点面结合，为中小企业开辟政策性融资绿色快速通道，是政策性融资担保业务市、区联动合作的创新与升级。

一、松江区“园区贷”批次包合作模式改革的实践

（一）松江区“园区贷”批次包合作模式改革的主要做法

2020 年 9 月 25 日，长三角 G60 科创走廊政策性融资担保市区联动仪式在松江区举行，根据启动仪式上发布的市区联动合作方案，政策性融资担保市区联动将以松江为试点进行重大创新，首次建立起“市、

区、园区、银行”四方合作新机制，由单一依靠银行发现企业需求向政府与银行“双轮驱动”、共同服务企业转变，以真招实策助力企业融资纾困：

1. 创新“园区贷”模式，优化项目发现渠道，服务更聚焦

上海市担保中心向松江区新增人民币50亿元额度开展“园区贷”专项融资，用于园区内符合松江区产业导向的中小微企业的信贷支持，审批权限逐渐由市担保中心下沉至园区，区财政局和园区承担相应的风险补偿。这样可以更好地发挥区财政和园区发挥贴近市场、熟悉企业、“接地气”的特有优势，精准发掘优质中小微企业特别是战略性新兴产业集群领域中高成长性、知识密集型中小微科创企业的融资需求。

2. 发布“批次包”业务，降低企业融资成本，费率更优惠

松江“批次包”项目分为“园区贷”和“批次贷”两种模式，由松江区与上海市担保中心联动，由产业园区梳理、推荐融资需求的企业，以打包的形式整体推荐，再由第三方评估机构对企业财务情况进行综合评估，银行落实授信方案，上海市融资担保中心采取后备案管理。针对银行初筛有争议的企业，由区财政局、市融资担保中心、园区、银行、相关产业部门组成的投决委员会，对融资需求企业进行表决，给出是否纳入“批次包”的建议。松江首个“批次包”一次性发放贷款8.85亿元，单户贷款金额从100万元到2000万元不等，惠及165家区内企业，最高利率相较最近一期1年期LPR低20个基点，贷款流程从35个工作日压减到10个工作日内，最快实现3天放贷。

3. 设立金融服务基地，提高服务效率，贷款更快捷

上海市担保中心在松江设立全市首个服务基地——“长三角G60科创走廊服务基地”，采用实体化运作，进一步加大对中小微企业融资支

持力度。基地设立一名中小微企业融资担保服务专员，结合落实惠企政策，为园区内中小微企业提供政策指导、业务咨询、绿色通道等融资服务，切实提升园区内融资服务水平。同时探索完善“企业-园区-市担保中心-银行”多点联审运作模式，贯通从现场勘探、专题审核到批量受理、备案放款的快速通道，对松江融资需求“白名单”内企业投放多类产品助推精准放贷。

4. 建立风险分担机制，推动可持续发展

在松江区“批次包”项目中，市担保中心承担5%的风险代偿上限，超出上限以外的逾期贷款，由松江区设立3000万元人民币规模的“风险补偿池”，对超出市担保中心1%的风险，松江区财政与银行各自承担的风险敞口比例为85∶15。松江区“批次包”项目合作园区出资授信规模1%最高200万元的“风险备付金”，纳入“园区贷”融资平台风险补偿池，每年结算一次。

（二）松江区“园区贷”批次包合作模式改革所取得的成效

松江区批次包项目探索了政府引导、园区指导、多方参与、第三方评估、担保中心担保的新模式，开展了园区主导排摸企业、第三方和银行尽调、投决委员会投决、担保加持、银行放款的新流程，取得了很大成效。自2020年9月松江区发布“批次包”政策性融资担保业务以来，已惠及企业400余户，发放融资额度超17亿元。2020年松江区市担保基金政策性融资担保业务总量全市第三，增幅位列全市第一。目前松江区正在完善相关实施方案和实施细则，推进政策性融资担保贷款企业数据库建设。上海市担保中心还将与松江区部分合作银行率先试点建立担保贷款项目全流程“线上”办理的无纸化审批模式，实现全部上线项目“秒批”“零等待”。

二、长宁区“园区贷”批次包合作模式改革的实践

（一）长宁区“园区贷”批次包合作模式改革的主要做法

2020 年 10 月 28 日，上海市财政局与长宁区政府联合举行“虹桥国际开放枢纽中小微企业政策性融资担保市区联动战略合作”启动仪式，共同发布政策性融资担保“长宁企业贷”批次包专项产品。

“长宁企业贷”批次包专项产品具有以下三个方面特点：

1. 利率、费率更优惠

纳入“长宁企业贷”批次包内的企业可以享受不高于 3.65% 的银行贷款优惠利率和区级财政 100% 的保费补贴。

2. 充分发挥市、区、街镇联动的优势

“长宁企业贷”充分发挥区各部门和街镇“接地气”的优势，聘请专业服务机构，利用先进技术手段建立数据分析模型，精准发掘优质企业特别是智能互联网、时尚创意、人工智能、大健康等符合区域产业发展导向的优质中小微企业，其中科创型中小微企业占比达到 80% 以上，促进金融与区域产业的深度融合。

3. 融资获得更便捷

按照“效率加倍、时间减半”的原则，长宁区将单个项目的审批放款时间由原来的 20 天左右缩短至一周以内，不仅解决企业“融资难”问题，还解决了企业“融资慢”问题。

2021 年，长宁区财政局将充分发挥“长宁企业贷”的杠杆作用和“输血”功能，打通政策传导服务三个“最后一公里”：

一是打通政策落地“最后一公里”。全面开展“长宁企业贷”支持企业“大走访”活动，深入各街道、虹桥临空园区开展政策落实情况调

查，每季通报公布推荐企业排名情况。并推动各银行将重点关注的风控要求进行梳理，由财政归集设立公平公正的准入标准，确保金融资源精准滴灌中小微企业。

二是打通政策培训“最后一公里”。通过送培训、送政策到街镇（园区）等活动，讲解产品基础知识和推荐企业的标准程序，提升推荐的广度和精度。利用信息媒介宣传、金融顾问上门等方式，对金融支持中小微企业政策进行宣传解读，帮助企业用足用好用活优惠政策。

三是打通服务企业“最后一公里”。通过完善上报流程、启用“企业贷”申报系统等，缩短企业上报、尽职调查、银行审批的时间，提高政策服务企业的效率。重点关注供应链企业贷，通过政府搭台举办集中推介会、激励供应链企业平台销售等，扩大供应链企业贷覆盖面。

（二）长宁区“园区贷”批次包合作模式改革所取得的成效

“长宁企业贷”推出以来已让多家长宁企业受益。2021 年 1—2 月份长宁区政策性融资担保贷款额达 1.59 亿元，同比增长 380.23%，贷款规模居中心城区首位，增幅居全市首位。

三、闵行“园区贷”批次包合作模式改革的实践

（一）闵行“园区贷”批次包合作模式改革的主要做法

1. 率先试点“创园贷”金融创新合作项目

在推出“园区贷”专项政策性融资担保贷款产品方面，闵行区实际上走在全市的前列。2017 年 6 月，闵行区“创园贷”金融创新合作项目开始在全区试点。2018 年 12 月，闵行区财政局和市担保中心合作，进一步规范了“创园贷”操作流程。“创园贷”是由闵行区金融办、市担保基金中心、商业银行、科创园区共同参与设计、实施、管理的中小

微企业融资产品，包括批量贷款、个案贷款等各种类型的融资产品。其中，批量贷款是为园区早期和成长期的企业提供原则上单户授信额度不超过 300 万元、单笔不超过 200 万元的流动资金贷款；个案贷款则是为成长期偏后和稳定发展期的企业设计的特色贷款，原则上个案贷款单笔额度可突破 300 万元，最高不超过 1000 万元。

"创园贷"由园区负责筛选已入驻的企业，向银行推荐并提出贷款申请，市担保中心审核通过，直接发放贷款，从而缩减审批流程，降低融资门槛。在此基础上，闵行区财政局和市担保中心还签署了《"创园贷"批量贷款业务（200 万元以下）试点合作协议》。通过合作，试点建立"创园贷"批量贷款（200 万元以下）审批绿色通道合作机制。上海市担保中心收到园区推荐、合作银行审批通过的区内中小微企业批量贷款担保申请，对符合担保条件的企业见贷即保，在 5 个工作日内即审批同意予以担保，并由合作银行及时放款。

闵行区金融办还和颛桥镇、七宝镇签署了《"创园贷"金融创新合作框架协议》。在区金融办的指导下，七宝镇制定了《七宝镇关于开展"创园贷"金融创新合作项目实施意见的操作细则》，为推广"创园贷"金融项目做好制度保障。2019 年 4 月，闵行首笔镇级"创园贷"在七宝镇落地。

2. 为"创园贷"批次包建立"政府＋担保＋园区＋银行"联动服务机制

在"创园贷"的基础上，2021 年 1 月 14 日，上海市财政局与闵行区政府联合举行"上海市中小微企业政策性融资担保基金管理中心——闵行区市区联动服务中小微企业"启动仪式，共同发布政策性融资担保闵行区首期"创园贷"批次包专项产品。

“创园贷”是闵行区针对科创园区内企业的特色融资产品，而“批次担保”是指对于特定批次额度内的担保贷款项目，由银行自行审批、放款，再提交上海市担保中心备案，相比过去银行审批后再由市担保中心审批的模式而言更为快速。“创园贷”和“批次担保”二者的有机结合，建立起了闵行区“政府＋担保＋园区＋银行”的中小微企业政策性融资贷款联动服务机制。

（二）闵行区“园区贷”批次包合作模式改革的成效

近年来闵行区加大中小微企业政策性担保贷款扶持力度，2020年全年累计新增担保贷款超过26亿元，首贷企业达398家。2021年1月启动的闵行区“创园贷—批次担保”贷款业务规模达30亿元，年最高贷款利率不超过3.65%，单笔贷款最高额度可达1000万元，政府担保基金风险容忍度达到6%。

四、松江、长宁、闵行“园区贷”批次包改革模式比较

在与市担保基金联动共同推进区域政策性融资担保业务发展上，松江、长宁、闵行走在全市的前列，分别推出“松江园区贷”“长宁企业贷”和“闵行创园贷”等批次包模式。这三种模式都主要是针对政策性融资担保体系运营中所面临的信息不对称这一焦点和难点问题，搭建“政府＋担保＋园区＋银行”政策性融资服务联动平台，形成风险分担、利率优惠、手续简化、信息共享的政策性融资担保合作机制，其中一些经验值得复制推广。

（一）松江区、长宁区的金融服务专员制度值得复制推广

上海市担保中心不仅在松江、长宁分别设立了上海市中小微企业政策性融资担保基金管理中心“长三角G60科创走廊服务基地”和“虹桥

国际开放枢纽服务基地”，还会同有关合作商业银行委派 1—2 名服务专员，开展政府性融资担保政策的宣传辅导、业务培训和日常咨询服务，精准对接企业融资需求，辅助加快企业融资获得效率。

（二）松江区、长宁区借助第三方专业力量的做法值得复制推广

松江区对于产业园区梳理、推荐融资需求的企业，以打包的形式整体推荐，再由第三方评估机构对企业财务情况进行综合评估；长宁区则聘请专业服务机构，利用先进技术手段建立数据分析模型，精准发掘优质企业。

（三）闵行区做实区镇联动机制的做法值得复制推广

闵行区非常重视街镇在推进“园区贷”业务推广中的作用，区金融办与颛桥镇、七宝镇签署了《“创园贷”金融创新合作框架协议》，七宝镇还制定了《七宝镇关于开展“创园贷”金融创新合作项目实施意见的操作细则》，在全区落地首笔镇级“创园贷”。2020 年底，闵行“创园贷”已实现 13 个街镇全覆盖，合作园区 32 个，楼宇 94 个。

（四）松江区建立风险分担机制的做法值得复制推广

松江区设立了 3000 万元人民币规模的“风险补偿池”，对超出市担保中心 1% 的风险，松江区财政与银行各自承担的风险敞口比例为 85∶15。

（五）长宁区系统推进批次包业务的三个打通“最后一公里”的理念值得复制推广

为推进“长宁企业贷”业务发展，2021 年长宁区提出要从政策落地、政策培训、服务企业三个方面打通“最后一公里”。

第十九章　上海深化“放管服”改革的实践

近年来，上海围绕优化营商环境，推动“放管服”改革，抓好“实处落”“精准放”“分类管”“强服务”“行法治”“减税费”等六个着力点，为市场主体和群众办事增添便利。“放管服”改革的内涵之一，就是要运用现代信息技术来改进政府管理和服务，广泛推行“互联网＋监管”“互联网＋政务服务”“互联网＋审批”等，并以此来重构政府权力结构、运行机制和管理方式，提升政府治理能力。因此在深化“放管服”改革中，上海以“一网通办”改革为抓手，依托互联网、大数据优化再造政府办事流程，进一步推进跨部门、跨层级、跨区域业务流程系统重构，进一步便企利民。

2021 年 5 月，中央党校（国家行政学院）电子政务研究中心发布了《省级政府和重点城市一体化政务服务能力（政务服务“好差评”）调查评估报告（2021）》。评估结果显示，在省级政府整体指数排名中，上海市得分 95.38 分，位列全国第一。这是自 2015 年国务院办公厅电子政务办委托国家行政学院开展此项评估以来，上海取得的最好成绩（2018 年第 15 名，2019 年第 5 名，2020 年第 2 名）。说明上海以“一网通办”为抓手深化“放管服”改革取得了明显成效。

第一节　上海推进“一网通办”改革的主要实践

一、上海推进“一网通办”改革的主要进程

(一)“一网通办”改革的全面启动

上海在探索“互联网＋政务服务”的过程中，经历了从网上政务大厅建设到“一网通办”改革的两个阶段。

一是2015年2月，市政府成立上海市网上政务大厅建设与推进工作领导小组，正式启动全市网上政务大厅建设，力求打造政府服务“单一窗口”，推动政府服务管理加快迈入“互联网＋”时代。

二是推动“一网通办”改革。上海作为改革开放排头兵、创新发展先行者，充分总结“互联网＋政务服务”工作经验，于2018年全国“两会”期间率先提出实施“一网通办”改革，并于当年3月30日印发《全面推进“一网通办”加快建设智慧政府工作方案》，全面启动“一网通办”改革工作。

“一网通办”就是要让所有面向市民和企业的政务服务，都“进一网、能通办”，通过运用大数据、互联网等现代技术手段，整合政府部门职责权限、规范办事标准流程、打破部门利益藩篱，推动“碎片化部门”走向“整体性政府”。“一网通办”改变了以政府为中心的做法，而是站在用户的角度思考问题、推进工作，因此从本质上说，是政府“刀刃向内”的自我革命，是政府管理体制机制的重大制度性变革，是政务服务模式的颠覆性创新。

(二)“一网通办”改革的不断深化

近年来，上海市委、市政府高度重视“一网通办”工作，不断深化

改革。

1. 2019 年："一网通办" 改革攻坚年

立足"进一网、能通办"的目标，2019 年上海市提出在深化业务流程再造上迈出新步伐、在提升办事便捷性上取得新成效、在推进数据汇聚共享应用上实现新突破。要通过业务流程再造，实现集成服务、只跑一次、一次办成。

2019 年上海市深化"一网通办"改革的主要目标和任务是：以高效办成一件事为目标，对各部门内部流程和跨部门、跨层级、跨区域协同办事流程进行重构优化，实现审批承诺时限在法定时限的基础上平均减少一半，审批办理时限比承诺时限平均减少一半；按照"三个一律不需提交"原则，做到申请人实际提交材料比上年平均减少一半；全年实现 100 件事业务流程革命性再造；新增 100 项个人事项全市通办；增加"全程网办"事项数量。

2. 2020 年："一网通办" 改革攻坚提升年

2020 年 4 月，李强书记在全市"一网通办"推进大会上指出，要对照最高标准、最好水平，加大改革攻坚，不断优化提升，让"一网通办"功能更强、体验更佳、口碑更好、品牌更响，进一步推动从"能办"向"好办"转变。

2020 年，上海"一网通办"深化改革的主要目标和任务是：实行"两个免于提交"（在开展政务服务和实施监管执法场景中，通过告知承诺、电子证照应用、数据共享核验、行政协助等方式，实行"凡是本市政府部门核发的材料，原则上一律免于提交；凡是能够提供电子证照的，原则上一律免于提交实体证照"，新增 100 项"零材料"事项），推动"两转变"（"一网通办"从"侧重行政权力事项"向"行政权力和公共服务事项并重”转变，从“能办”向“好办”转变）；重点对一批群众和企业关注的“一件事”进行业务流程再造，全年新增接入500项公共服务事项，新增100项个人事项实现“全市通办”。

3. 2021年：“一网通办”改革拓展年

践行“人民城市人民建，人民城市为人民”重要理念，2021年上海市将在更大范围、更宽领域、更深层次推动“一网通办”改革，助力上海城市数字化转型。

2021年上海深化“一网通办”改革的主要目标和任务是：以更高效、更便捷、更精准为目标，继续深化业务流程革命性再造，全面落实“两个免于提交”，推动“一网通办”改革从政务服务领域向公共服务领域拓展，实现“两个覆盖”（即“一网通办”覆盖基本公共服务领域，“一件事”基本覆盖高频事项）；重点推进12个“高效办成一件事”，推出一批“好办”“快办”服务；进一步提升平台能力，全面深化数据治理，持续改善用户体验，推动“一网通办”平台实际办件网办比例达到70%、“随申办”月活跃用户数突破1300万。

（三）为“一网通办”改革提供法治保障

2021年6月23日，上海市十五届人大常委会第三十二次会议表决通过《关于进一步促进和保障“一网通办”改革的决定》（下称《决定》），并于7月1日起施行。《决定》的施行有助于破解上海市“一网通办”改革中所遇到的瓶颈和制度性障碍，为上海深化“一网通办”改革提供了法治保障。

《决定》共16条，其中第一条、第二条重点规定了“一网通办”改革目标和工作机制；第三条、第四条、第八条重点规定了线上线下融合和优化业务流程；第五条、第六条、第七条、第十条重点规定了“随申码”、电子证照、“政务智能办”“一业一证”等多领域创新；第九条、第十一条至第十六条明确了保障和配套制度。

二、上海推进“一网通办”改革主要成效和未来改革方向

（一）上海推进“一网通办”改革的主要成效

2018 年以来，上海持续推进“一网通办”改革，累计实施 357 项改革举措，全面超额完成目标任务，形成一批可复制推广的经验和模式。2020 年，上海市“一网通办”改革工作入选联合国全球电子政务调查报告经典案例。三年多来，上海推进“一网通办”改革的主要成效主要体现在以下几个方面：

一是实现行政审批事项全覆盖。推进“一网通办”服务过程中，围绕个人事项和企业经营全周期的服务，提出了 18 大领域、97 个应用场景，构建起了“一网通办”全方位服务体系。

二是实现市民和企业用户基本全覆盖。推广“随申码”的社会化应用，实现一码通办、一码通行。开通运行“随申办”国际版，上线试运行“随申办”长者版。依托市民主页和企业专属网页，提供个性、精准、主动、智能服务。截至 2021 年 6 月底，“随申码”累计使用超过 37 亿次，用码人数超过 5400 万人。

三是持续提升服务能力，2020 年度“一网通办”平台日均访问人次 1259.8 万，其中，日均办事 17.3 万件。

四是实行“两个免于提交”。本市政府部门核发的材料，原则上一律免于提交；能够提供电子证照的，原则上一律免于提交实体证照。

五是推动高效办成一件事。对“一件事”的申请条件、申报方式、受理模式、审核程序、发证方式、管理架构等进行整体性再造，平均减

环节 69%、减时间 54%、减材料 75%、减跑动 71%。

六是推进主动精准服务。个人主页和企业专属网页累计访问超 69.2 亿次，主动精准推送居住证办理、税收优惠、疫情防控等政策服务 2.07 亿次。

七是实现政府的绩效由企业和群众来评价，将“好差评”制度作为“一网通办”往深里走的制度安排，真正把政务服务“好与差”的评价权交给企业和群众，政务服务“好差评”好评率 99.96%。

（二）未来上海深化“一网通办”改革的主要方向

2021 年 3 月上海市印发的《深化“一网通办”改革构建全方位服务体系的工作方案》提出接下来的三年上海深化“一网通办”的主要方向：拓展个人全生命周期和企业全发展周期的服务场景应用，实现从“可用”向“好用”、从“好用”向“爱用”、从“爱用”向“常用”的“三步走”。

1. 主动服务个性服务

未来三年，上海要以数字化转型倒逼服务方式重塑，充分应用大数据和人工智能等技术，变被动服务为主动服务，变共性服务为个性服务。2022 年底前，“一网通办”要实现从“好用”向“爱用”转变，实现公共服务全覆盖，全面推进公共场所服务提升，服务质量和水平达到全国一流。2023 年底前，“一网通办”要实现从“爱用”向“常用”转变，“一网通办”全方位服务体系基本建成，为企业和群众提供全生命周期、个性化、高质量的服务。

2. 拓展服务场景应用

未来 3 年，“一网通办”要拓展个人全生命周期服务场景应用。具体而言，即依托个人主页拓展服务范围，围绕“医食住行文教旅”，打造从出生到养老全生命周期的数字生活服务体系，推进业务流程再造，在幼有所育、健康医疗、交通出行、学有所教、文旅休闲、住有所居、食药安全、绿化环保、弱有所扶、优军优抚、老有所养、公共法律服务 12 大领域推进 71 项服务场景应用。

“一网通办”还要拓展企业全发展周期服务场景应用。依托企业专属网页和企业服务云，拓展服务范围，围绕企业的全发展周期、产业发展的全链条，打造国际一流营商环境服务体系，在六大领域推进 23 项服务场景应用，这六大领域为惠企政策、普惠金融、综合纳税、专项资金、用工就业以及企业开办、变更、注销等领域。

第二节　浦东新区推进“一业一证”改革的主要实践

2019 年 7 月，按照上海市关于打响做实“一网通办”、实现业务流程“革命性再造”的决策部署，浦东新区在全国首创市场准入“一业一证”改革，取得良好成效。2020 年 11 月，国务院常务会议通过浦东新区“一业一证”改革试点总体方案，将浦东的自主创新上升为国家级改革试点，正式批复同意在浦东新区对首批 31 个行业开展“一业一证”改革试点。2021 年 4 月，上海市政府印发《关于在全市范围推广实施“一业一证”改革的指导意见》，在全市推行“一业一证”改革。本节将对浦东新区“一业一证”改革的主要做法和成效进行分析，提出进一步推进浦东新区“一业一证”改革的建议。

一、浦东新区推进“一业一证”改革的主要做法

浦东新区“一业一证”改革从市场主体需求出发，从根本上解决“准入不准营”问题，同时注重风险防范。其主要做法可以归纳为以下

三个方面：

（一）推动审批流程再造，降低行业准入成本

浦东新区“一业一证”改革不是对若干许可证简单的归并，而是聚焦企业开门营业这“一件事”，通过建立“六个一”集成服务机制，对行业准入业务流程进行全面再造：

1. 再造行业管理架构，实现“一帽牵头”

逐个行业明确牵头和协同部门，建立清单管理制度，在推进改革、强化监管、优化服务等方面，探索一个行业由一个部门牵头、多个部门协同，在推进改革、强化监管、优化服务等方面建立高效协同机制。例如，宾馆行业涉及浦东文体旅游局、公安分局、卫生健康委等多个部门，“一帽牵头”机制改变了之前各审批部门各自为战的局面，明确由新区文体旅游局牵头制定综合许可证要素流程手册，整合设立依据、受理条件、申请材料、办结时限等，打通宾馆开业所需各审批环节。

2. 再造审批指引方式，实现“一键导航”

围绕企业便捷高效办成“一个行业准入”，优化办理界面，实现精准导航，降低市场主体办事的学习成本。依托上海“一网通办”总门户，建设智能指引系统，市场主体通过选择业态类型、产品种类、经营规模等若干指引提示，即可准确得到个性化的办证指南和导航服务。

3. 再造行业审批条件，实现“一单告知”

整合原有部门的审批条件，按照企业市场准入涉及的场所、设备、资金、人员和制度等审批五要素去重新归类，对一个行业涉及多个许可证的审批条件进行标准化集成，形成一张准确、清晰、易懂的告知单。

4. 再造审批申报方式，实现“一表申请”

在对审批条件分类集成的基础上，将一个行业涉及的多个审批申请表合并集成为一张申请表，系统从申请材料中抓取数据自动填写。例如“便利店行业综合许可证申请表”，整合了《食品经营许可证》《酒类商品零售许可证》《药品经营许可证》等五个许可证件的申请要素，企业填报的项目从313项压减至98项，压减率达到69%。

5. 再造许可审核程序，实现“一标核准”

梳理一个行业涉及的多个事项的审批程序，按照提前服务、材料审核、现场检查等环节再造审批审核程序，变“串联”为“并联”，变“多套”为“1套”，实现一个行业一套统一的审核程序，最大程度提高审批效率。例如，饭店行业涉及新区市场监管局、烟草专卖局、消防支队三个审批部门，在区市场监管局牵头下统一制定饭店行业审批流程，审批时限从改革前的36个工作日减少到了8个工作日，压减率达到78%。

6. 再造行业准入方式，实现“一证准营”

将进入一个行业涉及的多个事项许可证，合并成一张行业综合许可证，让企业获得一证即可开展经营。通过在“行业综合许可证”上加载二维码，集成有关行业许可证信息，扫码可见整合前各项许可证信息。

（二）率先探索行业综合监管，防范化解风险

在“一业一证”改革中，在不断加大“放”的力度的同时，浦东注重放、管、服相结合，探索建立与行业综合许可相衔接的行业综合监管制度，在大幅度降低行业准入成本的同时有效防范化解风险。

1. 落实监管主体

根据国民经济行业分类，编制行业监管主管部门、监管制度、协同部门、支撑数据和智能化需求“五张清单”，逐个行业明确牵头部门和监管方式转变方案，把行业主管部门“谁主管、谁监管”的责任落到实处。对监管职责不明确的新业态、新模式及时研究确定监管部门，在强化风险防范的基础上，推动新业态、新模式健康规范发展。

2. 深化“六个双”监管机制创新

通过更大力度、更大范围的信息共享推动部门协同和条块联动，围绕市场主体全生命周期和产业全链条建立审批、监管、服务闭环，加快形成市场主体自律、行业协会自治、社会监督和政府监督“四位一体”的监管格局。

3. 推动监管方式转变

推进以信用、风险、动态、分类为特征的“四个监管”，建设“主动发现、智能预警、自动派单、管理闭环”的新型监管方式和智能化监管平台。针对“一业一证”改革行业，充分应用大数据、物联网和人工智能等新兴技术构建行业监管场景，推动与审批流程再造相衔接的监管流程再造，逐步实现监管可视化、协同化、智能化、精准化。

（三）聚焦市场主体需求，营造“网购级”办事场景

在“一业一证”改革中，浦东着力优化服务，强化大数据和人工智能技术应用，按照“审批像网购一样方便”的努力方向，着力提高市场主体办事的感受度，使改革的成效真正落地。

1. 提供定制化服务

建设智能化申报系统，创新审批事项指引方式，市场主体可以根据实际业务需求，个性化组合审批事项，生成定制化“一业一证”申报程序。

2. 提高体验度

通过人脸识别技术在线远程核验法人或经办人身份信息，全面应用电子签名和电子印章，“一业一证”改革试点行业已全面实现全程网上办理。

3. 推进人工智能审批

将审批要素分为完备性、一致性、合规性和真实性四种智能审批方式，通过智能识别和数据自动比对实现人工智能审批，消除自由裁量和人为干预，做到即报即批、即批即得。

（四）强化法治保障，推动改革始终在法治轨道内运行

“一业一证”改革涉及审批流程再造和监管机制创新，启动改革时尚无直接的法律依据给予支撑。为了排除法律风险，浦东新区重视法治保障，推动改革始终在法治轨道内运行。

1. 组织进行研究论证

在开始启动“一业一证”改革时，浦东就组织相关专家学者和法律顾问，对“一业一证”改革的实质与可行性、综合许可证的法律性质与法律效力开展充分的研究论证，并多次与市相关部门进行汇报沟通，得到支持和肯定，从而对改革过程中可能遇到的复议诉讼问题有了充分的预判和准备。

2. 运用好市人大对浦东的综改授权加强法治保障

在市人大的支持下，浦东新区人大充分运用好上海市人大对浦东的综改授权。2019 年 7 月，浦东新区六届人大常委会表决通过了《浦东新区人民代表大会常务委员会关于进一步优化营商环境探索“一业一证”改革的决定》，对“一业一证”改革的意义和目标宗旨、行业综合许可证的性质和法律关系、改革试点相关部门的职责分工等作了明确规定，为复议机关和法院提供有效依据，为改革的顺利推进提供了法治保障。

3. 积极争取中央的综合授权

2020 年 11 月，国务院常务会议审议并批复同意浦东新区率先试点

“一业一证”改革，明确首批 31 个试点行业，包括互联网电商、互联网医院、会计师事务所、数据中心等 9 个涉及国家和市级事权的行业，同时将 25 项国家有关部门事项委托浦东新区受理和发证，为浦东推进“一业一证”改革进一步强化了法治保障。

二、浦东新区推进“一业一证”改革的主要成效和典型案例分析

（一）主要成效

“一业一证”改革已在浦东新区全区面上涉及区级审批事项的 43 个行业实现全覆盖，截至 2021 年 6 月 11 日，全区共核发《行业综合许可证》895 份。

2021 年 4 月，上海市政府印发《关于在全市范围推广实施“一业一证”改革的指导意见》，从 2021 年 5 月 1 日起，上海市各区在 25 个仅涉及地方事权的浦东新区试点行业中，选取部分行业开展改革；从 2021 年 10 月 1 日起，各区对 25 个行业全面开展改革。目前上海市“一网通办”总门户上已经开通了“一业一证”服务专栏，各个区行政服务中心也开设了“一业一证”专窗，实现“一口受理”行业综合许可证的申请。

（二）典型案例分析

1. 苏宁小店获取综合许可证的主要做法

苏宁小店作为苏宁控股旗下的零售门店，是浦东“一业一证”改革中便利店行业的试点企业。2019 年 7 月，浦东新区举行“一业一证”改革发布会暨首批颁证仪式，颁发首批便利店、体育健身场所、宾馆行业综合许可证，苏宁小店是首批获取综合许可发证的企业之一。

改革前，每开设一家苏宁小店，都要办理《食品经营许可证》《酒类商品零售许可证》《药品经营许可证》《第二类医疗器械经营备案凭证》《烟草专卖零售许可证》5 张许可证。办理过程中，需要准备 5 套申请材料，往返各个部门及窗口递交材料。

在“一业一证”改革中，浦东通过取消、合并、共享等方式，对申请材料进行了整合优化。便利店的申请表从原来需要填写 5 大类 9 张申请表 195 个要素，减少为仅填写《浦东新区便利店行业综合许可申请表》，共计 51 个要素，压缩率达到 74%；提交材料从原来的 42 份减少到 12 份，压缩率达到 71.4%。在此次开办苏宁小店中，企业只需准备一套申请材料，登录上海市“一网通办”平台“ 一业一证”模块进行网上申请，没过几天企业就收到短信通知许可证审批完成，便可以领取综合许可证。

在为苏宁小店办理综合许可证中，浦东新区相关部门通过是否已办理营业执照、是否经营酒类零售、是否经营乙类非处方药等 12 个问题的问答，生成适用于各种情形的申请材料。企业线上提交后通过后台系统对审批要件进行自动分解和推送，也可线下通过中心综合窗口一口收件、协同审批、一口发证。这样通过政府审批服务的标准化、精细化管理，苏宁办理一家便利店从原来在各个许可证办证环节的 38 个工作日减至 5 个工作日，申请的材料由原来的 42 份减少至 10 份，大大降低了企业行政成本，也提高了企业运营效率。

2. 对苏宁小店获取综合许可证案例的思考

苏宁小店获取综合许可证案例表明，“一业一证”改革实际上是“证照分离”改革的深化和延续，是将改革着眼点从“以部门为中心”的单个事项改革，转向“以服务对象为中心”办成“一件事”的业务流程革命性再造。通过“一业一证”改革，着力解决市场主体进入一个行业“不知道要办什么证”“不清楚如何办”“多次到多个部门办”等困扰，大幅提升一个行业的准入便利度。

“一业一证”改革意味着政府管理要从原来的政府部门供给为中心向市场主体需求为中心进行转变。这种转变对于政府部门职能整合将是革命性的变化。在“一业一证”改革中，通过建立由一个部门牵头、多个部门协同配合的审批管理服务机制，有助于破解部门职能交叉、信息不通、协作不畅等“老大难”问题，真正实现“一件事”一揽子解决。

第三节　嘉定区推进“一网通办”改革的主要实践

嘉定区历来重视市民和企业的感受度、体验度。早在本世纪初，嘉定区就在全市率先建成了投资服务和办证办照中心。在推进“一网通办”工作中，嘉定区以企业和市民获得感和满意度为中心，优化服务环境、服务方式和服务机制，加强人性化服务，实现“服务＋监管”的结合。

一、嘉定区推进“一网通办”改革的主要做法

（一）营造新环境：建设新行政服务中心

2016年，嘉定区将新行政服务中心建设作为区政府重大工程加快推进，2019年9月正式启用。新行政服务中心总建筑面积6.2万平方米，地上5层，地下2层。其中一楼至三楼为政务服务大厅，总面积为2.3万平方米。

嘉定区从市场主体的视角出发，进行分类集成，将政务服务大厅划

分为综合服务、开办企业、不动产登记、就业人才、公安、建设项目审批等 6 大服务专区，集聚 31 家部门 632 项政务服务事项，开设 122 个综合窗口。一楼主要办理企业事项，分为开办企业服务区和综合服务区，办理企业设立、变更、注销和企业办证许可；二楼主要办理个人事项，分为不动产登记专区和公安专区，办理房产登记纳税和出入境、人口、治安、交通等公安事项；三楼为就业人才专区，办理就业、创业、人才引进落户、居转户、居住证积分等事项；建设项目审批服务中心办理项目立项用地、规划、施工、竣工验收等业务。

（二）打造新模式：推行“综合窗口”

嘉定区以新行政服务中心启用为契机，进一步整合政务服务资源，推进一窗受理和集成服务改革，形成以跨部门综合窗口为主、单部门综合窗口为辅的综合窗口模式。

1. 事项集聚，做到“只进一扇门、最多跑一次”

新行政服务中心集聚了全区 31 家职能部门的所有涉企事项，实现企业办事“进一门、能通办”；集聚了不动产登记、就业人才服务、出入境业务等 6 家职能部门尚未下沉社区受理中心的高频次个人事项，方便企业群众“进一门、都能办”。新行政服务中心启用后，在全区关闭了 4 个政务服务场所 78 个受理点，做到“只进一扇门、最多跑一次”。

2. 服务集成，实现“只到一个窗、一次能办成”

新行政服务中心对外呈现“前台综合受理、后台分类审批、统一窗口出件”的一体化政务服务新模式。综合服务区进驻了 27 家职能部门，集成 353 项政务服务事项，实现“无差别受理”，涉企事项均实现了“综合窗口”。个人事项也逐步从部门的“专业窗口”向多部门的“综合窗口”转变。办事企业或市民只需“一窗”提交所有材料，就能“一口”领取所需证照。

3. 资源集中，变“群众跑腿”为“数据跑路”

线下办事只进一扇“门”，线上则努力编织一张“网”，使面向企业群众的所有政务服务事项“应上尽上”，力求线上线下功能互补、无缝衔接，让办事群众少跑腿，甚至“零跑腿”。

为实现线上“进一网，能通办”，嘉定区加快政府数据的整合和共享。2019 年 7 月，嘉定区大数据中心挂牌成立，承担了本区人口库、法人库、地理信息库、电子证照库等基础信息资源库平台建设与管理，重在推进政务数据的汇聚与共享应用。目前，嘉定区已完成与市级电子证照库的对接，通过源头清理证明材料、数据共享等手段，高频使用的证照无需再重复提交。同时嘉定区还建设区级证照库，对未纳入市级证照库的区级数据进行归集，进一步方便市民和企业办事，提高办事效率。

（三）再造新流程：推动“双减半”“双 100”

推行“一网通办”，本质上是一次“刀刃向内”的自我革命，嘉定区通过业务流程革命性再造，实现“四减”目标。

1. 全面落实“双减半”

在减时间方面，在完成市里规定动作的基础上，嘉定区自我加压，实现全区审批承诺时限平均压减超 70%。为实现减时间的目标，嘉定区创新提出“一审一核”制度，将部门内部审批环节从四级简化为两级，原则上都实施“一审一核”，能做到当场办结的，当场办结。根据市级部门统一部署，通过调用电子证照和数据共享等手段不断提高减材料的比例。

2. 全力落实“双 100”

“双 100”即“实现 100 件事项业务流程革命性再造、新增 100 项个人事项全市通办”。以高效办成“一件事”为目标，2019 年，在市高效办成“一件事”基础上，嘉定区通过流程再造、数据融合、业务协同，并借鉴“网购”智能技术，自助拓展了“开药店”“开超市”等30项主题套餐服务。

（四）推出新体验：提供高效便捷服务

“一网通办”政务服务好不好，企业和群众说了算。嘉定区用更精简的流程、更便民的举措，换取企业的“发展指数”和群众的“幸福指数”。

1. 推出“来嘉办”政务套餐大礼包服务

嘉定区通过优化工作模式，推动流程再造，实现开办企业“一网通办”。开办企业服务区集合了市场监管、税务、数字认证中心等多个单位的审批人员，采取“谁审批、谁负责”的“独审制”模式，大大简化了审批流程。在开办企业服务区，可当天免费领取企业营业执照、税务发票、已开通的数字证书、企业公章等的“大礼包”。

2. 完善产业项目跟踪服务机制

为进一步方便办事企业，嘉定区在区社会投资项目审批审查中心基础上，按照“全流程、全覆盖”要求，设立区建设项目审批服务中心，开设代办专窗“专家门诊”，明确专人预审，并与后台审批部门建立快速有效的响应机制，由代办员为企业提供提前预约、部门引导、自助咨询及免费代办服务，实现项目全覆盖、办理全流程、服务全方位，有效减少企业跑动次数，不断优化营商环境。

3. 建立健全开放透明的“好差评”制度

嘉定区“好差评”工作已实现36家部门，38个政务服务窗口单位的全覆盖，实现评价直接到窗口工作人员。办事的企业群众可以对“一网通办”政务服务进行“好差评”评价。嘉定区对所有的差评均及时进行回复，实名差评严格按照“12345”市民服务热线工作制度进行落实和整改，即能够当场解决的，当场解决；不能当场解决的，自我加压，在“1、5、15”时限基础上，执行“1、3、10”要求，进行回复和整改（即在1个工作日内，先行联系反映问题的企业群众，沟通了解情况；对确实存在问题的，在3个工作日内完成整改反馈；较为复杂的，要在10个工作日内办结）。

（五）构建新体系：推动“互联网＋监管”

1. 加强事中事后监管工作区级统筹

完成本级监管事项目录梳理，厘清监管责任、明确监管措施，嘉定全区32家监管部门全面梳理了监管事项目录清单和监管事项检查实施清单，并通过“监管事项目录清单动态管理系统”上报，共计上报监管事项648项，检查实施清单704项。推进综合监管平台的使用。完成综合监管平台升级改造。根据使用需求，不断完善平台各版块功能建设；同时，完成了综合监管平台向“互联网＋监管”平台的升级改造。

2. 开展“双随机、一公开”监管

全面推行“双随机、一公开”监管工作，全区各监管部门对照抽查事项清单，制订抽查计划开展抽查，并及时公布抽查结果。开展跨部门联合抽查，区市场监管局牵头，区教育局、区卫生健康委参与，分别对全区医疗机构、教育培训机构进行了联合抽查。

（六）嘉定区推进“一网通办”工作中存在的不足

虽然嘉定区在推进“一网通办”中有许多创新，但制度创新的力度还需加大，企业和市民的获得感还需进一步提高。

1. 政务服务的深度应用还有待加强

全区全程网办的事项比例还不高；统一受理平台、统一物流快递平台等应用范围有待进一步扩展；电子证照归集和应用有待进一步深化；移动端政务服务能力有待进一步拓展。

2. 线上线下的融合仍需不断深入

嘉定区虽然实现了政务服务事项通过“一网通办”门户线上办理，但在实际操作中，线上线下办事还有一些差异，少量事项线上公布的申请材料与线下窗口实际收取的材料不一致（线上更新了，线下没有及时跟进），给企业和群众带来不便。

3. 事中事后监管力度有待进一步加大

随着简政放权的不断提速，事前审批的放宽对事中事后监管提出了更高要求。部分部门因相关配套的法律法规缺失、专业监管力量不足导致事中事后监管的力度不够、手段不多。

（七）对嘉定区进一步推进“一网通办”工作的建议

1. 加大制度创新力度，进一步提升“一网通办”的办事效率

在“一网通办”综合窗口上加大制度创新力度，积极争取市级部门支持，通过部门依法委托或授权方式，把审批的资源、力量和权限进一步向一线窗口倾斜，在窗口实现“收件＋受理＋审批”功能。在进一步优化审批流程的同时，积极推进“证照分离”和“照后减证”改革，在“高效办成一件事”上有更大的突破。

2. 推进数据开放共享，进一步促进“两网融合”

将“一网通办”中采集的社会“大数据”与“一网统管”中采集的政府内部“小数据”相融合，互相赋能，助力建立企业信用档案，推广企业“信用等级制度”，推进信用等级高的企业优先办理。

第二十章　上海在推进长三角地区政务服务的“同事同标”实践

长三角区域一体化发展上升为国家战略是新时代改革再深化、开放再提速的重要标志，也是我国贯彻新发展理念的又一重大战略举措。在全面深化“放管服”改革的背景下，长三角地区应大力推进长三角地区政务服务的“同事同标”，实现长三角地区政务服务一体化。

2020 年 1 月出台的《上海市全面深化国际一流营商环境建设实施方案》提出，在长三角区域大力推进政务服务“同事同标”，探索以跨省办成一件事为目标的跨省主题式套餐服务，统一办事指南核心要素，实现线上申报、受理、办理等深度对接，无感办理跨省业务等。在上海牵头下，近年来三省一市以长三角“一网通办”平台建设为抓手，协同推进政务服务“同事同标”，取得了很大进展。

第一节　长三角推进“一网通办”工作的主要实践

一、长三角推进“一网通办”工作的主要背景

政务服务一体化、高质量发展是区域经济社会高速发展的重要前提。为了提高政务服务水平，近年来，长三角地区启动了新一轮政府效能改革和政务服务提升工程，如上海的“全网通办、全市通办、全域共

享”、江苏的“不见面审批”、浙江的“最多跑一次”改革等，均取得了显著成绩。但是，数据壁垒和平台隔离在省（市）行政区域内仍然存在，在一定程度上影响着各地各级政府的服务效率和政务一体化进程。因此，要促进长三角区域一体化发展，首先必须实现区域之间的政府数据共享和平台互通，将各地“放管服”改革的已有经验加以总结提升，制定统一的长三角地区政务服务标准，建立一体化的政务网平台，让广大群众、企业在整个长三角地区享受快捷、方便、一体化的行政审批和各类政务服务。尤其是在长三角区域一体化发展中还必须以打造具有全球竞争力的世界级城市群为目标，这就要求长三角地区的政务服务标准必须对标国际标杆，借鉴国际先进的政务服务理念、技术和方法，打造符合国际化、现代化、数字化城市群要求的在国内具有引领和示范效应的政务服务新高地。

因此为贯彻落实习近平总书记关于“支持长江三角洲区域一体化发展并上升为国家战略”重要指示精神，按照党中央、国务院关于加快推进全国一体化在线政务服务平台建设的部署要求，由上海牵头，江苏、浙江、安徽三省试点推进长三角“一网通办”工作。2019年5月，长三角“一网通办”正式开通试运行。长三角“一网通办”正式运行以来，三省一市不断拓展长三角“一网通办”实践的深度和广度，推动了我国政务服务从“城市通”时代迈向“区域通”时代。

二、长三角“一网通办”的主要做法

（一）统一部署和协同推进

近年来三省一市在政务服务改革上都在积极探索，形成了地方特色，但在推进长三角“一网通办”工作和打造长三角地区“政务服务共同体”中，需要上海、江苏、浙江、安徽三省一市政务服务跳出单纯省级统筹的决策习惯，着眼整体治理、发挥整体合力，在精准自我定位的同时聚焦共同目标，在三省一市已有政务服务改革的基础上，加强统一部署，增强改革目标设定的包容性、整体性、系统性。

2019 年 3 月，国务院办公厅秘书局印发《长三角地区政务服务“一网通办”试点工作方案》对长三角“一网通办”作出了统一部署，要求试点工作能够强化长三角地区政务服务跨区域通办和数据互通共享，率先实现在长三角地区落地，通过区域先行先试积累经验，推动实现全国政务服务“一网通办”。在该方案指导下，三省一市集中力量、积极探索，实现了当年长三角“一网通办”的正式开通试运行。

2021 年，国务院办公厅电子政务办发布《关于印发 2021 年长三角地区依托全国一体化政务服务平台推进政务服务“一网通办”工作要点的通知》，又对 2021 年长三角“一网通办”工作进行了统一部署。《关于印发 2021 年长三角地区依托全国一体化政务服务平台推进政务服务“一网通办”工作要点的通知》要求三省一市紧扣“一体化”和“高质量”两个关键目标，依托一体化全国政务服务平台，发挥轮值省份职责，高效完成 2021 年长三角政务服务“一网通办”12 项工作任务、16 个领域、101 项场景应用、7 项数据治理工作和长三角一体化示范区“一网通办”任务，推动长三角“一网通办”从“可办”向“好办”发展，让区域企业和群众享有更多“同城待遇”。

（二）强化数据共享和信息互认

政务服务平台是政务一体化的重要载体和技术支撑，推进长三角政务服务一体化，关键还是要打通各种“信息壁垒”，实现政务服务平台一体化，真正做到所有政务服务事项“一网通办”。因此推进数据共享是长三角“一网通办”的基础。

为强化长三角地区政务服务数据互通共享，2019 年初，三省一市就成立了工作专班，由三省一市政务服务、数据资源部门牵头各省民政、人社、市场监管、档案、税务、医保、“12345”政务热线等部门的业务、技术人员 40 多人，每周至少三天在上海市大数据中心集中攻坚，共同完善相关技术标准和业务规范。在长三角“一网通办”正式启动试运行时，三省一市省级政务服务平台已按照国家政务服务平台有关统一身份认证的要求与国家平台对接，依托国家平台统一身份认证系统进行信任传递，实现个人用户和法人的跨省身份认证。确保长三角地区政务服务用户在三省一市实现“一地认证，全网通办”。此外三省一市还共同制定数据交换规范、数据质检规则等，实现数据对接，完成政务服务事项办件库和事项库建设，建成长三角地区数据共享交换平台，实现三省一市数据互联互通，为三省一市“一网通办”运行提供基础支撑。

2019 年以来，在国办电子政务办的支持和指导下，三省一市重点探索推进电子证照跨区域共享互认，提升区域业务协同，推进政务数据跨区域、跨部门、跨层级共享互认，全面提升区域政务服务一体化水平。2020 年 9 月 10 日，三省一市联合印发《长三角地区电子证照互认应用合作共识》。截至 2021 年 1 月，三省一市已经实现身份证、驾驶证、行驶证、道路运输从业人员资格证（道路客、货运）等 21 类电子证照的共享互认，并可通过四地的政务服务 APP（上海“随申办”、江苏“政务服务”、浙江“浙里办”、安徽“皖事通”）实现已归集的电子证照亮证亮码，居民可在覆盖长三角区域 41 个地级市的 550 个长三角“一网通办”专窗办事过程中通过电子亮证，窗口扫码，后台调用，实现实体证照免交免带。

电子证照跨区域共享互认的一个典型案例是公安交警现场执法中的电子证照互认应用。自 2020 年 9 月 30 日起，长三角地区电子驾驶证、行驶证在区域路面查验、交通违法处理中实现互认应用。三省一市公安交警部门在各自辖区内交通管理路面查验中，对驾驶人通过沪苏浙皖四地指定渠道（包括上海“随申办”“上海交警”APP、江苏“江苏政务服务”“苏证通”APP、浙江“浙里办”APP 和安徽“皖事通”APP 等）出示的电子驾驶证、行驶证予以认可；对随车未携带实体机动车驾驶证或行驶证，如果能够通过指定渠道电子亮证，核查后状态正常的，免于处罚。三省一市公安交警部门在各自辖区内适用简易程序处理交通违法中，对驾驶人通过沪苏浙皖指定渠道出示的电子驾驶证、行驶证予以认可；在不涉及驾驶证记满 12 分，扣留机动车驾驶证以及后续调查处理等情况下，允许使用电子驾驶证、行驶证处理交通违法。

（三）统一服务标准和线上线下服务相融合

标准统一是实现政务服务一体化的前提。近年来，长三角三省一市率先在政务服务标准化方面进行了积极探索，取得了显著成效。为了强化对本省（直辖市）范围内政务服务事项的统筹管理，实现同一事项统一标准办理，三省一市先后出台相关政策文件指导本省（直辖市）的政务服务标准化工作。比如，2018 年 9 月江苏发布的《“不见面审批”标准化指引》，提出“不见面审批”事项的“三级六同”，即省市县三级在事项公布、实现方式、基本流程、申请材料、办理时限、缴纳费用六个方面实现标准统一。为进一步优化长三角地区营商环境，真正实现“就近能办、异地可办、全区通办”，就必须构建一体化的政务服务标准体系，对政务服务的事项名称、编码、办理流程以及所需材料等进行统一规范。

在推进工作中，三省一市不仅统一和规范了长三角“一网通办”业务标准，逐项明确首批30项企业事项和21项个人事项办理标准，包括统一名称、明确办理内容、办理模式等。对于首批30项企业事项，三省一市14城全部能提供异地办理服务，其中，“内资有限公司设立”全程网上办理，另外29项采取收受分离的线上线下联动模式。21项个人事项，上海提供20项服务、江苏1城提供9项、浙江4城提供11项、安徽8城提供7项。

在统一标准的基础上，三省一市还完成企业和个人服务事项上线，开通线上专栏和线下专窗。三省一市共同制定《长三角地区政务服务“一网通办”技术标准》，对接国家标准，在国家政务服务平台设立长三角地区政务服务“一网通办”旗舰店，成为全国首个区域政务服务“一网通办”旗舰店。三省一市还共同确定线下专窗工作机制和标准，在各地政务服务大厅布设线下专窗办理点。每个专窗办理点配备扫码枪、读卡器、高拍仪等硬件，使用统一的专窗系统。群众想要办理异地的某一事项时，只需就近来到线下专窗办理点登记申办信息和验证相关材料，通过专窗系统将办件流转至属地进行实际办理，实现跨省异地可办。

三省一市还共同确定首批“无感漫游”服务清单共176项，实现跨省异地切换，通过各省间用户信任传递，完成用户授权对接调试，一次登录即可享受所有入驻移动端汇聚页服务。

2021年5月，长三角“一网通办”政务服务地图正式上线。该服务地图汇聚了沪苏浙皖三省一市各类政务服务场所、服务事项、数据资源，同时覆盖区域6.9万余个线下大厅。四地用户通过各自政务服务APP（随申办、江苏政务服务、浙里办、皖事通）进入这一数字地图后，系统就能精准识别办事需求，智能推荐最佳办理方式。同时，由于链接了地理信息公共服务平台，该系统还能直观展现窗口地理位置、受理事项、服务时间等信息，方便企业和群众查询信息、就近办理，让跨省业务办理更轻松。

（四）统一建设业务场景应用

根据具体业务场景需要，三省一市行业部门通过制定统一的服务接口规范和业务标准，开发提供各自的服务接口，再由一家统一开发部署业务场景应用，最终实现该事项的统一办理。目前长三角“一网通办”的场景应用既有“内资企业设立”“外商投资公司分公司设立”等43类针对企业所提供的服务，也有“城镇职工基本养老保险转移接续”“婚姻登记档案查询”等49类针对个人所提供的服务，其中还开发了一些特色应用场景，如“长三角地区（试点）一网通办购房提取住房公积金”“基本医疗保险转移接续”等。

1. 通过“一网通办”在长三角地区设立企业

2019年以来，长三角三省一市共同制订了《境内自然人在苏浙皖沪投资设立外商投资企业管理办法》等3项《办法》，首批试点的30个企业事项服务在长三角地区实现“一网通办”，全面实现区域通办网上统一办事入口、跨区域身份认证和登记文件互认、市场主体资质类信息全贯通全共享，实现跨平台登录全链通平台办理企业开办事项。

以江苏无锡为例，2020年1月，无锡市监部门的“企业开办全链通平台”完成升级，实现了和本地政务服务网数据互联以及长三角跨区域政务服务通办，这样长三角其他城市居民只要登录无锡本地政务网站，就能在无锡开办企业，无锡市民足不出户，也可通过本地政务网在长三角其他城市申办企业。在全链通服务专区点击“我要办照”功能，选择企业注册登记地区（无锡市）在线申请注册登记，就能办理注册登记业务。企业设立成功后，用户还可凭借电子营业执照通过“企业开办全链通”服务专区申请刻章、银行预约开户和税务事项的办理。不仅如此，江苏政务服务网“企业开办全链通”专栏还支持无锡用户在长三角任意城市开办企业。

2019 年 11 月底，无锡一家建材公司的法人代表赵先生，因公司承接了上海几处房地产项目，萌生了在上海注册公司的念头。得知家门口就能异地办企业后，赵先生在市监部门工作人员的指导下，登录江苏政务服务网“企业开办全链通”，选择上海作为企业注册地，通过在线核名、确认、审核等流程，申报了企业开办的所有材料。一个小时后，他提交的申请就通过了预审。

同样，上海、浙江、安徽地区用户想在无锡开办企业，不用再跑来无锡，只要登录当地的“市政务服务网”，点击长三角“一网通办”服务，选择“内资有限公司设立”，就能将企业注册登记地选定为“江苏省无锡市”。

2. 长三角异地购房提取公积金

长三角异地购房提取公积金服务在长三角“一网通办”平台成功上线后，目前已实现了上海市、南京市、合肥市、苏州市、无锡市、嘉兴市、衢州市、芜湖市 8 个试点城市的职工在上述试点城市缴存住房公积金。在上述试点城市购房的，且符合公积金缴存地提取条件的，不论购房地与缴存地是否为同一城市，均可通过长三角“一网通办”平台在线零材料、零等候申请购房提取住房公积金。

长三角“一网通办”异地购房提取公积金服务，为区域购房公积金提取增加一种全新的办理渠道，并不改变试点城市异地购房提取住房公积金政策规定。通过跨区域数据共享、业务流程再造，推动公积金提取

“减环节、减材料、减时间、减跑动”，实现异地购房提取零材料、多地联办实时审，具有“零跑动、零材料、零等候”等特点：

一是零跑动。长三角购房提取住房公积金业务实现了办事指南、办事流程、办理界面的“三统一”，职工足不出户即可通过长三角“一网通办”平台申请办理购房提取住房公积金业务，实现业务全程网上办、零跑动。

二是零材料。职工通过长三角“一网通办”平台申请购房提取住房公积金业务时，依法如实在网页上填报提取人员、不动产权证、网签合同编号、银行卡号等信息，无须线下提交材料和线上上传影像材料，实现业务办理全程零材料。

三是零等候。职工提交业务申请时，长三角“一网通办”平台通过跨区域、跨部门、跨层级的信息共享、业务协同，对申请人的户籍、婚姻、不动产、交易合同、公积金等信息实时核验，在线审核，实现业务办理零等候、秒办结。

截至2021年5月31日，长三角地区（8个试点城市）缴存职工通过长三角“一网通办”平台申请办理购房提取住房公积金业务总计24笔，提取人数30人，提取金额270.21万元。其中，上海缴存职工在8个试点城市购房申请住房公积金提取22笔，提取人数28人，提取金额262.46万元。

3. 长三角医疗保险转移接续

推进长三角高质量一体化发展过程中，频繁的人才流动必然带来频繁的医保关系转移接续。此前医保关系转移接续主要通过人工线下办理，手续复杂、时间较长，给跨地区流动人员带来不便。长三角医保关系转移“一网通办”全面上线以后，参保职工可以通过登录三省一市的政务服务网点击“区域通办—长三角一网通办”专栏选择“基本医疗保险转移接续”，实名注册登录后，选填转出地信息、转入地信息提交后即可办理基本医疗保险转移接续，切实实现“网上办”“掌上办”。

2020年11月23日，该业务在长三角一网通办平台上线试运行，浙江嘉善县作为浙江省医保中心纳入长三角地区医保关系转移接续一体化办理全省试点，率先实现了长三角基本医疗保险转移接续业务一网通办。2020年11月24日，赵女士在嘉善县医保中心第一个申请办理基本医疗保险接续业务。她需要把基本医疗保险关系从上海市崇明区转入嘉兴市嘉善县。在工作人员的引导下，赵女士在浙江政务服务网现场完成事项申请，经两地医保经办机构业务处理，申请事项于2020年11月25日办结，将办结时间由原来的2—3个月压缩到2天左右，大大提升经办效率，切实提高群众的体验感和满意度。

目前浙江省全域，上海市，江苏省的徐州、常州、连云港、无锡、盐城、宿迁、泰州、苏州、淮安等9市，安徽省省本级实现双向医保关系转移接续“一网通办”，后续长三角地区内更多的城市将陆续纳入可办理范围。

三、进一步推进长三角“一网通办”工作的建议

（一）长三角“一网通办”工作存在的主要问题

2019年以来，在上海的带动下，长三角“一网通办”硕果累累：已有119个高频事项或服务实现长三角“跨省通办”，全程网办超508万件，线下窗口实现长三角区域41个城市全覆盖，线下窗口服务7.3万余次，上线了长三角政务服务地图、电子身份证入住宾旅馆、异地购房提取住房公积金、大中专学生毕业户口迁移、长三角统一照片库等12项

高频服务，让长三角区域的企业群众享受更多“同城服务”。虽然长三角“一网通办”取得了很大成就，但也存在着一些问题：

一是政务服务一体化水平不足。三省一市政务服务平台一体化水平还存在较大差异，长三角“一网通办”平台的对接程度还参差不齐。

二是数据共享力度不足。数据共享现状制约了政务服务应用的自动化、智能化水平，例如电子证照归集、管理、应用程度还不够，尚未建立成完善的长三角地区三省一市统一的电子证照库。

三是政务服务的标准化和一体化水平还不高。在许多政务服务上各地的标准差异性还比较大。

四是业务协同调度能力不足。服务事项的申报、受理、办理、评价等活动未实现全流程管理，网办事项不够全面，很多便民服务事项未整合到长三角“一网通办”平台。

五是在事中事后的监管合作力度还不够。利用长三角“一网通办”进行信用监管和联合惩戒的工作还须加强。

（二）进一步推进长三角“一网通办”工作的建议

1. 进一步完善三省一市各自的政务服务平台建设

推动平台在省、市、县、乡、村五级的全面覆盖。强化省级政务服务平台的业务支撑能力。省级政务服务平台须进一步完善统一身份认证能力、业务协同调度能力、电子证照应用支撑能力，做到更易扩展、更开放、更稳定。推动更多便民服务事项接入省级政务服务平台。引导各地各部门把原本零散的便民功能进行事项整合，新增更多便民服务事项。

2. 科学推进业务标准统一问题

目前相同事项的业务应用，在长三角三省一市不同区域间的差别往往比较大。因此一方面需进一步加强事项、办件的标准化管理，满足异地通办要求；另一方面应求同存异，兼备业务包容，针对部分通办事项场景设计时，不必一味追求全盘标准统一，可在关键节点上进行规范约束，同时又给予各地自由发挥的空间，处理好规定动作与自选动作的关系，使得在满足通办要求的前提下，又满足各地业务逻辑的个性需求。

3. 充分发挥社会主体的作用

在长三角“一网通办”建设中，在发挥政府主体作用的同时，还应充分发挥社会主体的作用。一方面，应发动行业部门深度参与，在技术对接、工作机制、业务设计上全面参与“一网通办”工作，让通办应用更生动；另一方面，应更关注用户的应用效果和服务体验，聚焦高频政务服务事项，以企业和群众的获得感和感受度作为评价的核心标准，打造出更多体验感强、社会反响高的应用。

4. 强化长三角“一网通办”在信用监管中的作用

依托长三角“一网通办”平台，构建以信用为基础的新型监管机制，逐步实现长三角三省一市信用监管领域全面覆盖，让信用逐步成为政府管理和社会治理体系现代化的重要途径和方式。同时依托长三角“一网通办”平台不断提升信用修复的便利性，实现信用修复从“能办”到“好办”的效能跃升，有效保障市场主体合法权益。

5. 制定长三角政务服务一体化的评估指标体系

从服务成效度、在线办理成熟度、服务方式完备度、服务事项覆盖度、办事指南准确度等方面全面评估长三角政务服务一体化实现程度，及时总结经验、查漏纠偏，真正把长三角打造成我国政务服务一体化的典范，为新发展理念的贯彻落实提供新的可复制、可推广的经验。

第二节　长三角一体化示范区推进“一网通办”的实践

一、长三角一体化示范区推进“一网通办”的背景

长三角生态绿色一体化发展示范区（以下简称“一体化示范区”）范围包括上海市青浦区、江苏省苏州市吴江区、浙江省嘉兴市嘉善县（以下简称“两区一县”），面积约 2300 平方公里（含水域面积约 350 平方公里）。建设长一体化示范区是实施长三角一体化发展战略的先手棋和突破口。

2019 年 11 月，国家发改委正式发布的《长三角生态绿色一体化发展示范区总体方案》对政务服务一体化提出了更高的要求，如在“探索促进各类要素跨区域自由流动的制度安排”部分提出了要“统一企业登记标准”“完善企业全生命周期服务体系”“推行人才资质互认共享”等；在“探索共建共享的公共服务政策”部分提出要“加强区域基本公共服务标准和制度衔接”和“探索区域公共服务便捷共享的制度安排”；在“建立统一的公共信用管理制度”部分提出“统一公共信用评价体系”和“建立区域信用联合奖惩机制”。在国务院办公厅电子政务办发布《关于印发 2021 年长三角地区依托全国一体化政务服务平台推进政务服务“一网通办”工作要点的通知》对推进一体化示范区“一网通办”工作提出了明确要求。因此一体化示范区实际上也是我国区域政务服务一体化的示范区。

2019 年以来，青浦、吴江、嘉善三地立足一体化示范区国家战略，明确内部整合、外部融合的工作路径，高标准，高站位推进改革试点，在长三角“一网通办”工作的基础上勇于创新，为打造全国首个区域政

务服务“一网通办”旗舰店，积累了丰富的实践经验。

二、长三角一体化示范区推进“一网通办”的主要创新

（一）加快推进区域政务服务一体化体制机制创新

2019年成立了一体化示范区执委会，2021年1月，上海会同江苏、浙江人大同步作出《关于促进和保障长三角生态绿色一体化发展示范区建设若干问题的决定》，共同赋予示范区执委会相关省际管辖权。在示范区执委会的统一领导下，上海青浦、浙江嘉善、江苏吴江三地建立了长三角一体化政务服务联动协作机制，签署政务服务一体化工作实施方案，重点加强“一网通办”标准、运行模式规范化、政务服务便民化三个方面的建设。三地联合召开示范区政务服务一体化研讨会，共同签署市场准入合作、市场监管合作、环淀山湖区域水环境联防联治合作等一体化工作合作协议。三地共同发布《示范区政务服务一体化成果》，并发布了《“一网通办”事项目录清单》《异地审批标准化》《电子证照共享互认》等成果。

（二）形成示范区“跨省通办”综合受理服务机制

2021年5月，一体化示范区“跨省通办”综合受理服务窗口启动。青浦、吴江、嘉善三地政务服务部门着力推进示范区“跨省通办”综合受理，其主要目的是为了破解当前政务服务跨省通办审批标准、业务系统短时间内无法完全统一的问题，通过三地政务服务部门联动，授权开放受理平台，提高示范区“跨省通办”的便利度和时效性。三地政务服务部门在原有常态化联动机制的基础上，对接受理系统，统一用户体系，梳理事项清单，制订受理指南，开展交叉轮训，通过近半年的磨合，基本形成了示范区民生（个人）事项“跨

省通办”综合受理新模式，并在区（县）行政服务中心率先实施。此次启动的一体化示范区“跨省通办”综合受理服务窗口具有以下两大特点：

一是通办事项数量全国最多。一体化示范区“跨省通办”综合受理服务窗口青浦区拟入驻的通办事项为1173项，吴江区为1398项，嘉善县为1306项（三地权限不同，因而入驻事项数量有所差异）。

二是通办受理模式为全国首创。一体化示范区“跨省通办”综合受理服务窗口融合了目前的全程网办、异地代收代办、多地联办等业务模式，实现“跨省授权、全盘受理、一窗综合、同城服务”，三地相互授予政务服务受理权限，对属于本区域受理权限内的个人事项都可通过一体化示范区“跨省通办”综合受理窗口进行受理，实现真正意义上的政务“同城化”服务。

一体化示范区“跨省通办”综合受理服务窗口的启动，为全国各地毗邻地区开展“跨省通办”贡献了思路、拓宽了内涵、丰富了形式，为群众跨区域办理个人事项提供了最佳路径，真正实现了不破行政隶属，打破行政边界，对深化一体化合作，促进高质量发展，增强群众的获得感和满意度具有重要意义。

（三）发布《长三角生态绿色一体化发展示范区共建共享公共服务项目清单》

2021年1月，长三角生态绿色一体化发展示范区共建共享公共服务项目清单（以下简称公共服务项目清单）发布的。该清单第一批共含20条，涵盖卫生健康、医疗保障、教育、文化旅游、体育、养老、交通、政务服务八大领域。其中卫生健康领域5项，包括示范区中医医联体建设、示范区公立医疗机构检验检查报告互联互通互认、一体化远程医疗、院前医疗急救、示范区卫生监督协管；医疗保障领域4项，包括门急诊就医结算免备案、医保经办服务一站式、异地结算项目范围拓宽、“互联网+”医院医保结算互联通；教育领域1项，示范区职业教育一体化；文化旅游领域5项，包括阅读服务、图书通借通还、文化配送服务、旅游惠民服务、文物非遗；公共体育领域1项，举办全域体育赛事；养老领域1项，百岁老人津贴；公共交通领域1项，跨省域公交联运；政务服务领域2项，示范区人才资质和继续教育互认、一网通办。

在研究制定公共服务项目清单的过程中，以《上海市基本公共服务项目清单》（2019年版）为底稿，吴江、嘉善两地先行梳理出第一批可参照上海标准执行的项目清单，汇总整理进行一体化提升的工作思路。公共服务项目清单坚持“突出共建共享”的原则，共建即统一标准、就高不就低，体现高质量元素；共享即“不破行政隶属，打破行政边界”，着力一体化内涵。

下一步，示范区执委会将进一步加强区域基本公共服务标准和制度衔接，以第一批项目清单为基础，加强清单内项目、标准、制度的对接和统筹，结合实际情况动态调整，并适时进行拓展和延伸。两区一县政府将就清单的内容提升--体化内涵，加强共建合作，共同提升示范区公共服务的高质量特性，使示范区居民能体验到更好的幸福感。

三、青浦区优化一体化示范区“一网通办”工作的实践

近年来，青浦区政务办充分发挥示范区先行先试作用，紧盯一体化示范区政务服务“一窗办”“网上办”“自助办”三大领域，紧密结合三地区域发展实际，以企业和群众办事需求为导向，全力打破区域数据壁垒，整合三地政务服务资源，实现一体化示范区政务服务多渠道融合。

（一）对接统一用户体系，实现“一号登录”

依托长三角政务服务“一网通办”平台，利用长三角地区统一身份认证功能，调试对接跨区域用户身份认证接口，打通共享通道，主动将示范区“一网通办”专栏整合接入长三角“一网通办”用户体系，有效实现信任传递，使广大用户在专栏内办理示范区三地任何事项时均无须二次账户登录。

（二）接入区域通办事项，实现“一栏汇聚”

依托省（市）级层面已经形成的长三角地区（三省一市）政务服务“一网通办”机制，立足当前三省一市通办事项清单，紧密结合示范区三地自身实际，推进示范区“一网通办”专栏的三省一市层面通办事项接入，当前已入驻企业服务事项情形43个，个人服务事项情形27个。同时青浦区政务办依据示范区三地共同协商梳理、推动形成的三地通办事项清单，在示范区“一网通办”专栏中及时接入示范区三地层面通办事项，当前已入驻企业服务事项情形299个，个人服务事项情形137个。

（三）汇聚专窗服务网点，实现“一图查询”

有效整合汇聚示范区三地内“一网通办”线下专窗服务网点，打造形成示范区“一网通办”政务服务地图，采用撒点及列表方式直观展现服务网点的单位名称、地理位置、联系方式、通办事项等关键信息，方便办事企业和群众快速查询并就近选择线下专窗异地办理，切实提升政务服务的便捷化、精准化水平。

（四）改进整体展示效果，实现“一站应用”

立足示范区“一网通办”专栏实际内容，以用户浏览习惯和应用体验为出发点，按照“利企便民、简便快捷”的原则，重新梳理、分类栏目信息及应用功能，并改进界面整体布局，优化信息展示方式，美化页面显示效果，积极增强用户认同感，有力提升用户黏性和应用度。

青浦区通过优化长三角一体化示范区“一网通办”专栏，有力促进了示范区三地政务服务跨区域通办和数据互通共享，有效提供区域性一体化政务服务，切实做到让数据“多跑路”和让群众“少跑腿”。

四、长三角一体化示范区推进“一网通办”的典型案例

2019年以来，一体化示范区在推进“一网通办”工作中涌现了许多优秀案例，值得在整个长三角区域复制推广。本节选择其中三个典型案例进行分析和介绍。

（一）企业跨省迁移

优化企业自由迁移服务机制，是沪苏浙联合制定的《关于支持长三角生态绿色一体化发展示范区高质量发展的若干政策措施》中一项重要内容。其目的是在不打破行政隶属的前提下，打破行政边界的约束，让市场要素实现自由流动。

企业跨省迁移，一度是件难事——需要来回奔波迁出和迁入两地的多个部门，手续烦琐、材料众多。2019年年底，国家税务总局出台16项支持服务长三角区域一体化发展举措，其中明确规定长三角区域纳税信用级别为A级、B级的企业，因住所、经营地点在区域内跨省（市）迁移涉及变更主管税务机关的，税务机关可为符合相应条件的企业办理跨省（市）迁移手续。作为长三角一体化发展改革“试验田”，示范区率先推动改革举措落地。一体化示范区采取“依托数据交互，纳税人向迁出地税务机关申请后，各项数据传输到迁入地税务机关”的模式，实现了迁出手续“即时办”和迁入手续“自动办”，办理时限最短缩减至1

个工作日。

“原本以为公司迁出上海要跑很多部门，递交很多材料，没想到材料提交后，几天就办好了。”2020 年，一家电子科技企业要从上海青浦迁到苏州太仓，便利的办事手续，让公司负责人十分惊喜。更方便的是，企业原有纳税信用级别等资质信息、增值税期末留抵税额等权益信息均得以承继，到了太仓之后不用再“从头来过”。

（二）颁发首张跨区域“上海市海外人才居住证”

2020 年，为有效促进长三角示范区内海外人才便捷合理流动，有力助推长三角一体化发展，上海市在青浦区先行先试海外人才政策，即青浦区作为长三角一体化示范区唯一能够受理上海市海外人才居住证的受理点。

2021 年 2 月 26 日，青浦区委领导为苏州市吴江区下辖苏州华德电子有限公司企业代表颁发了上海市海外人才居住证。这是上海市首张面向非在沪工作外籍人士的海外人才居住证，主要的作用就是可以让非上海就业、创业的吴江、嘉善地区的海外人才享受到上海市海外人才的待遇。

随着此项关于在长三角生态绿色一体化发展示范区内工作、创业的海外人才居住证政策的发布，让更多在示范区内工作的海外人才切实享受到了上海市民的待遇，对有效促进国际人才便捷合理流动、释放一体化示范区发展动能具有开创性意义。

（三）不动产登记“跨省通办”“全程网办”

2021 年年初，浙江嘉善市民彭女士用浙江省嘉善县的房产到苏州市吴江区办理抵押贷款，在苏州市吴江区不动产登记窗口人员的指导下，通过浙江政务服务网实名认证账号，在线申请办理不动产抵押登记，当场取得嘉善县核发的不动产登记证明。这是一体化示范区首笔不动产抵押登记“跨省通办”业务，意味着示范区内的企业和群众可跨省办理不动产登记。

近年来，嘉善县全面推进“互联网 + 不动产登记”改革，将不动产登记业务全部纳入“互联网 + 不动产登记”系统，提供“线上申请、信息共享、联网审核、网上反馈、线上缴费、电子证照”全流程全环节网上服务，实现线上“不见面”办理。此次嘉吴两地“跨省通办”的成功合作，表明一体化示范区“互联网 + 不动产登记”改革取得了突破。

附录1 营商环境调查问卷

上海营商环境问卷调查

您好!

非常感谢您抽出宝贵时间填写我们的调查问卷。此次问卷调查目的是对上海营商环境满意程度进行调研，为进一步完善相关政策提供决策参考依据。根据随机抽选结果，贵企业被选为调查企业，请根据实际情况和自身判断，协助填写问卷。

本调查问卷采用无记名方式，我们将严格遵照有关法律法规对问卷所有数据予以保密且仅用于统计分析。感谢您的支持!

企业名称:（选填）

联系人:（选填）

联系电话:（选填）

上海营商环境研究中心

上海市人大常委会非驻会委员工作室

2021年5月

第一部分　企业基本信息

序号	问　题	选　　　项	代码
1	企业性质	A. 外商独资 B. 中外合资 C. 中外合营 E. 其他（请注明）	
2	企业所属行业	A. 农林牧渔业 B. 采矿业 C. 制造业 D. 电力、热力、燃气及水生产和供应业 E. 建筑业 F. 批发和零售业 G. 交通运输、仓储和邮政业 H. 住宿和餐饮业 I. 信息传输、软件和信息技术服务业 J. 金融业 K. 房地产业 L. 租赁和商务服务业 M. 科学研究和技术服务业 N. 水利、环境和公共设施管理业 O. 居民服务、修理和其他服务业 P. 文化、体育和娱乐业 Q. 其他（请注明）	
3	企业成立时间	A. 1 年以下 B. 1—5 年 C. 6—10 年 D. 11—15 年 E. 15 年以上	
4	企业产业特征	A. 劳动密集型 B. 资源密集型 C. 资本密集型 D. 知识技术密集型	
5	企业规模	A. 大型企业 B. 中型企业 C. 小型企业 D. 微型企业	
6	企业年产值（元人民币）	A. 50 万以下 B. 50—500 万 C. 501—1000 万 D. 1001—5000 万 E. 5001 万—1 亿 F. 1 亿—10 亿 G. 10 亿以上	
7	企业员工人数	A. 10 人以下 B. 10—50 人 C. 51—100 人 D. 101—500 人 E. 501—1000 人 F. 1001—5000 人 G. 5000 人以上	
8	企业注册地	A. 黄浦区 B. 徐汇区 C. 长宁区 D. 静安区 E. 普陀区 F. 虹口区 G. 杨浦区 H. 闵行区 I. 宝山区 J. 嘉定区 K. 金山区 L. 松江区 M. 青浦区 N. 奉贤区 O. 崇明区 P. 浦东新区	
9	企业经营地	A. 黄浦区 B. 徐汇区 C. 长宁区 D. 静安区 E. 普陀区 F. 虹口区 G. 杨浦区 H. 闵行区 I. 宝山区 J. 嘉定区 K. 金山区 L. 松江区 M. 青浦区 N. 奉贤区 O. 崇明区 P. 浦东新区	

第二部分　上海市营商环境总体评价

序号	营商环境总体评价	非常满意	比较满意	一般	不太满意	非常不满意
1	您对上海市营商环境的总体评价	□	□	□	□	□
2	您对上海市投资贸易环境的评价	□	□	□	□	□
3	您对上海市政府服务环境的评价	□	□	□	□	□
4	您对上海市市场法制环境的评价	□	□	□	□	□
5	您对上海市人才创新环境的评价	□	□	□	□	□
6	您对上海市开办企业便利度的评价	□	□	□	□	□
7	您对上海市行政审批流程便利度的评价	□	□	□	□	□
8	您对在上海市纳税便利度的评价	□	□	□	□	□
9	您对在上海市信贷融资便利度的评价	□	□	□	□	□
10	您对在上海市获取电水气热通信便利度的评价	□	□	□	□	□
11	您对在上海市办理施工许可便利度的评价	□	□	□	□	□
12	您对在上海市开展跨境贸易便利度的评价	□	□	□	□	□
13	您对上海市对企业知识产权保护的评价	□	□	□	□	□

第三部分　上海市营商环境不同维度评价

一、开办企业

序号	问　题	选　项	代码
1	您当时开办企业所需要办理的手续?	A. 3个以内 B. 4—6个 C. 7—9个 D. 10—12个 E. 12个以上	
2	您当时开办企业所花费的时间?	A. 5天以内 B. 6—10天 C. 11—15天 D. 16—20天 E. 21—25天 F. 25天以上	
3	您开办企业需要“跑”几次行政服务中心	A. 1次 B. 2次 C. 3次 D. 4次 E. 4次以上	

二、办理施工许可（具有建造资质企业填写）

序号	问　　题	选　　　　项	代码
1	您所在的企业在房屋建筑开工前所有手续办理程序?	A. 5 个以内 B. 6—10 个 C. 11—15 个 D. 16—20 个 E. 20 个以上	
2	您所在的企业办理房屋建筑开工前所有手续办理时间?	A. 50 天以内 B. 51—100 天 C. 101—150 天 D. 151—200 天 E. 201—250 天 F. 250 天以上	
3	您所在的企业办理土地许可的便捷程度如何	A. 便捷 B. 较便捷 C. 一般 D. 烦琐 E. 不好说	
4	您所在的企业办理环境影响评价的便捷程度如何	A. 便捷 B. 较便捷 C. 一般 D. 烦琐 E. 不好说	
5	您所在的企业办理规划许可的便捷程度如何	A. 便捷 B. 较便捷 C. 一般 D. 烦琐 E. 不好说	
6	您所在的企业办理建设许可的便捷程度如何	A. 便捷 B. 较便捷 C. 一般 D. 烦琐 E. 不好说	
7	您所在的企业办理消防许可的便捷程度如何	A. 便捷 B. 较便捷 C. 一般 D. 烦琐 E. 不好说	
8	您所在的企业办理行业资格准入的便捷程度如何	A. 便捷 B. 较便捷 C. 一般 D. 烦琐 E. 不好说	

三、登记财产

序号	问　　题	选　　　　项	代码
1	您所在的企业办理财产转移登记所需程序?	A. 5 个以内 B. 6—10 个 C. 11—15 个 D. 16—20 个 E. 20 个以上	
2	您所在的企业办理财产转移登记所需时间?	A. 10 天以内 B. 11—20 天 C. 21—30 天 D. 31—40 天 E. 41—50 天 F. 50 天以上	
3	您所在的企业办理财产转移登记所需费用（占财产价值比 %）	________（%）	

四、跨境贸易（外贸企业填写）

序号	问　　题	选　　　项	代码
1	近一年内您所在的企业跨境贸易平均出口边界费用	________（美元计）	
2	近一年内您所在的企业跨境贸易平均出口单证耗时	________（小时计）	
3	近一年内您所在的企业跨境贸易平均出口单证费用	________（美元计）	
4	近一年内您所在的企业跨境贸易平均进口边界费用	________（美元计）	
5	近一年内您所在的企业跨境贸易平均进口单证耗时	________（小时计）	
6	近一年内您所在的企业跨境贸易平均进口单证费用	________（美元计）	

五、纳税

序号	问　　题	选　　　项	代码
1	近一年内（2019 年 7 月—2020 年 7 月）您所在的企业纳税次数？	A. 3 次以内 B. 4—6 次 C. 7—9 次 D. 10—12 次 E. 12 次以上	
2	近一年内（2019 年 7 月—2020 年 7 月）您所在的企业纳税所需时间？	A. 50 小时以内 B. 51—100 小时 C. 101—150 小时 D. 151—200 小时 E. 200 小时以上	
3	近一年内您所在的企业总税率（税及派款总额占商业利润比 %）？	________（百分比计）	
4	税后实务流程		
	4.1 增值税退税申报时间（小时）		
	4.2 退税到账时间（周）		
	4.3 企业所得税审计申报时间（小时）		
	4.4 企业所得税审计完成时间（周）		
5	您认为本区企业税费是否合理	A. 合理 B. 不合理 C. 不好说	

（续表）

序号	问　　题	选　　项	代码
6	您所在的企业缴纳的法定税费占企业税前利润的比例（%）	A. 10 以下 B. 10—20 C. 21—30 D. 31—40 E. 41—50 F. 50 以上	
7	您所在的企业是否缴纳法定税费之外的其他摊派	A. 未缴纳 B. 缴纳 C. 不好说	
8	您对税务部门办事效率和服务态度的满意度	A. 满意 B. 较满意 C. 一般 D. 不满意 E. 不好说	

六、环保、用地与水电环境

序号	问　　题	选　　项
1	您所在的企业办理接入电网手续时间？	A. 30 天以内 B. 31—60 天 C. 61—90 天 D. 91—120 天 E. 121—150 天 F. 150 天以上
2	您对供电单位办事效率和服务态度的满意度	A. 满意 B. 较满意 C. 一般 D. 不满意 E. 不好说
3	您所在的企业运营中的环保抽查频次	A. 每月 1 次及以上 B. 每季 1—2 次 C. 每年 1—3 次 D. 2—3 年 1 次 E. 3 年以上 1 次
4	环保成本占您所在的企业总成本比例（%）	A. 5 以下 B. 5—10 C. 11—15 D. 16—20 E. 20 以上
5	您所在的企业获得用水的时间	A. 3 天以内 B. 3—7 天 C. 8—15 天 D. 16—30 天 E. 30 天以上
6	您对供水单位办事效率和服务态度的满意度	A. 满意 B. 较满意 C. 一般 D. 不满意 E. 不好说

七、融资环境

序号	问　　题	选　　项	代码
1	您所在的企业办结不动产抵押登记所需时间？	A. 半个工作日以内 B. 1 个工作日 C. 两个工作日 D. 2 个工作日以上	
2	您所在的企业近期申请融资担保年收费率？	A. 1% 以内 B. 1%—2% C. 2%—3% D. 3%—4% E. 4%—5% F. 5% 以上	
3	您认为上海动产抵押登记是否已经具备较高的信息化水平？	A. 是 B. 否	
4	您认为上海各项动产担保权益登记系统是否统一、规范？	A. 是 B. 否	

（续表）

序号	问　　题	选　　　　项	代码
5	您认为担保协议 / 合同是否具有充分的法律效力？	A. 是 B. 否	
6	您认为上海政策性融资担保体系是否完善？	A. 是 B. 否	
7	您所在的企业当前的融资需求状况	A. 有很大需求 B. 有一定需求 C. 无融资需求	
8	您所在的企业希望通过融资来解决哪些问题（可多选，最多选 3 项）	A. 维持正常生产经营 B. 扩大生产 C. 更新技术 D. 归还欠款 E. 其他（请注明）无融资需求	
9	您所在的企业融资主要来源	A. 内源融资（自身积累）B. 国有银行贷款 C. 地方性商业银行、信用社贷款 D. 小额贷款公司、担保公司等融资 E. 向其他企业借款 F. 民间借贷 G. 高利贷 H. 其他（请注明）无融资要求	
10	您所在的企业近三年来从银行获得贷款情况	A. 全部获得过 B. 部分获得过 C. 没有获得 D. 没有贷过款	
11	您所在的企业从银行获得贷款的难易程度	A. 难 B. 较难，但可以争取 C. 一般 D. 较容易 E. 容易	
12	您认为融资难的主要原因是（可多选，最多选 3 项）	A. 贷款成本高 B. 贷款手续烦琐 C. 抵押品要求高 D. 抵押折扣率高 E. 企业信用等级低 F. 难以获得第三方担保 G. 商业信用不发达 H. 风险投资机制不健全 I. 缺少税收优惠、财政补贴和贷款援助 J. 中小企业融资渠道少 K. 民间借贷不规范 L. 其他（请注明）______	
13	您所在的企业近三年来从银行获得贷款情况	A. 全部获得过 B. 部分获得过 C. 没有获得 D. 没有贷过款	
14	您所在的企业从银行获得贷款的难易程度	A. 难 B. 较难，但可以争取 C. 一般 D. 较容易 E. 容易	
15	您认为融资难的主要原因是（可多选，最多选 3 项）	A. 贷款成本高 B. 贷款手续烦琐 C. 抵押品要求高 D. 抵押折扣率高 E. 企业信用等级低 F. 难以获得第三方担保 G. 商业信用不发达 H. 风险投资机制不健全 I. 缺少税收优惠、财政补贴和贷款援助 J. 中小企业融资渠道少 K. 民间借贷不规范 L. 其他（请注明）______	

八、市场法制环境

序号	问　　题	选　　　　项	代码
1	您所在的企业三年内是否提起过诉讼？	A. 是 B. 否（选跳下一模块）	
2	您所在的企业涉法渠道是否畅通	A. 顺畅 B. 较顺畅 C. 一般 D. 不顺畅 E. 不好说	
3	您所在的企业从提起诉讼到实际付款期间的时间（包括提交和服务案件的时间、审判和获得判决的时间、执行判决的时间）？	A. 150 天以内 B. 150 天—300 天 C. 300 天—450 天 D. 450 天—600 天 E. 600 天—750 天 F. 750 天以上	
4	您所在的企业在司法程序解决争端所需的会计成本（包括律师费用、庭审费用、执行费用）（占索赔额百分比）	A. 5% 以内 B. 6%—10% C. 11%—15% D. 16%—20% E. 21%—25% F. 25% 以上	
5	在法治环境的各类因素中，您最看重的是（可多选，最多选 3 项）	A. 立法公开 B. 执法程序规范 C. 判决执法力度 D. 诉讼法律渠道的顺畅 E. 法律监管机制公正 F. 政府依法行政能力 G. 知识产权保护力度 H. 其他（请注明）_______	
6	您所在的企业的财产权、经营权等权益受到侵害时，能否得到有效的法律保护	A. 全部能得到 B. 多数能得到 C. 少数能得到 D. 不能 E. 不好说	
7	您对政府依法行政的评价	A. 好 B. 较好 C. 一般 D. 不好 E. 不好说	
8	一些非市场因素（阻工、闹事、纠纷等）对您所在的企业正常产生经营活动的影响如何	A. 影响大 B. 影响较大 C. 一般 D. 影响较小 E. 无影响	

九、政府服务环境

序号	问　　题	选　　　　项	代码
1	您了解扶持政策的主要渠道是（可多选，最多选 3 项）	A. 政府部门传送 B. 工商联开会 C. 社区或街道办有关部门传送 D. 政府网站 E. 报刊电视 F. 网络平台和网络媒体 G. 其他企业 H. 其他（请注明）_____	

序号	问　题	选　　项	代码
2	您获取扶持政策和投资信息的便捷程度如何	A. 便捷 B. 较便捷 C. 一般 D. 不太便捷 E. 不便捷	
3	您是否提出过享受扶持政策的申请	A. 提出过 B. 没有提出	
4	如果没有提出过申请，主要原因是	A. 不了解政策 B. 审核条件严苛 C. 审核过程烦琐 D. 对企业帮助不大 E. 其他（请注明）_____	
5	您所在的企业是否享受过扶持政策	A. 享受过 B. 享受过，但拖延或增加条件 C. 条件过高很难享受 D. 从未享受过	
6	您认为这些扶持政策的作用如何	A. 有很大作用 B. 有一定作用 C. 无实质作用 D. 不好说	
7	您对政府部门办事效率和服务态度的满意度	A. 满意 B. 较满意 C. 一般 D. 不满意 E. 不好说	
8	您对政府部门办事流程规范性的评价	A. 规范 B. 较规范 C. 一般 D. 不规范 E. 不好说	
9	您对政府部门信息公开的评价	A. 好 B. 较好 C. 一般 D. 不好 E. 不好说	
10	您对政府部门服务的总体评价	A. 好 B. 较好 C. 一般 D. 不好 E. 不好说	

十、您所在的企业在投资、建设、经营、发展，办理有关手续或事项过程中，遇到的主要困难是什么？有什么解决措施或建议？

附录 2　政策梳理

一、优化营商环境的顶层设计政策

（一）2020 年 4 月 10 日通过施行《上海市优化营商环境条例》

《条例》明确，上海优化营商环境应当坚持市场化、法治化、国际化原则，以市场主体获得感为评价标准，以政府职能转变为核心，以“一网通办”为抓手，全面深化“放管服”改革，践行“有求必应、无事不扰”的服务理念，对标最高标准、最高水平，打造贸易投资便利、行政服务规范、法治体系完善的国际一流营商环境，为各类市场主体投资兴业营造稳定、公平、透明、可预期的发展环境。

（二）2020 年 1 月 2 日发布《上海市全面深化国际一流营商环境建设实施方案》

借鉴国际国内实践经验，聚焦重点、巩固成绩、补齐短板，用 2—3 年时间，进一步探索实施一批突破性、引领性的改革举措，把上海打造成为贸易投资最便利、行政效率最高、政府服务最规范、法治体系最完善的开放型经济中心城市之一。

（三）2021 年 3 月 2 日发布《上海市加强改革系统集成持续深化国际一流营商环境建设行动方案》

主要包括四个方面的内容：一是持续优化便捷高效的政务环境；二是全面提升企业全生命周期管理服务；三是着力营造公平竞争的市场环

境；四是围绕安商稳商全方位强化企业服务。

二、提升开办企业便利度的政策

（一）2020 年 2 月 18 日发布《关于全面深化开办企业便利化改革的意见》

依托开办企业“一窗通”服务平台，以“一表申报、一窗领取”为核心，聚焦将开办企业“办成一件事”，着力形成业务规范、过程智能、服务高效的开办企业总体流程，聚焦重点领域，实施突破性、引领性改革举措，推动开办企业政务服务效能全面提升，实现开办企业全流程“一个环节、两天办结”，即申请人“一表申报”正式提交开办企业申请，两天即可在单一窗口“一窗领取”纸质营业执照、免费实体印章和发票，并同步办结员工“五险一金”业务。

（二）2020 年 1 月 21 日发布《关于以企业和群众高效办成“一件事”为目标全面推进业务流程革命性再造的指导意见》

以企业和群众高效办成“一件事”为目标，集成“一件事”所涉及的政务服务事项，围绕申请条件、申报方式、受理模式、审核程序、发证方式、管理架构等进行整体性再造、实施一体化办理。各区、各市级部门滚动推出一批“一件事”事项，开展流程优化再造工作。

（三）2020 年 7 月 23 日发布《关于进一步深化行政审批制度改革加快推进重大项目建设的若干措施》

从准入立项、用地管理、规划许可、开工手续、竣工验收和服务效能六个方面，提出了 23 项改革措施：一是完善项目准入立项机制；二是改进项目用地管理方式；三是简化项目规划许可程序；四是加快项目开工手续办理；五是优化项目竣工验收流程；六是提升项目推进服务效能。

（四）2020 年 2 月 18 日发布《关于做好企业电子营业执照和电子印章应用工作的通知》

以“统一规范、全面覆盖”为原则，构建全市统一的企业电子营业执照和电子印章制作、发放、使用服务体系，为每户新设企业免费同步发放企业电子营业执照和电子印章。全面推进企业电子营业执照、电子印章在政务服务领域跨行业、跨区域、跨层级应用，大力拓展企业电子营业执照、电子印章在商务领域应用范围，构建“互联网 +”环境下政府新型管理方式，逐步减少企业纸质执照和实体印章使用需求。

（五）2020 年 4 月 24 日发布《关于深化电力营商环境改革建立供电配套服务专项协调机制的通知》

以优化电力营商环境为核心，提前开展产业园区电网规划建设，深化国际一流电力营商环境建设，支持重大产业项目早落地；以用户需求实现为目标，发挥特斯拉项目供电配套示范效应，建立供电配套服务专项协调机制，推进重大产业项目供电配套建设；以强化综合能源服务为指导，提升重大产业项目综合能效，建设智慧能源互联网，落实绿色、高效低碳能源发展理念；紧紧围绕三项新的重大战略任务和“五个中心”建设，全力确保重大产业、重点领域项目和企业顺利落户上海，为本市社会和经济发展注入强劲动力。

（六）2020 年 5 月 12 日发布《关于进一步优化营商环境供排水接入改革的实施意见》

全市所有工程建设项目通过“上海市建设工程联审共享平台”申请供排水接入的，供排水接入服务单位保留“接入通水”1 个环节，接入时间最长不超过 6 个自然日。

（七）2021 年 5 月 18 日发布《上海市关于进一步推进本市工程建设项目施工图设计文件审查改革工作的通知》

在确保建设工程质量安全底线的基础上，进一步对标国内外城市的先进经验做法，按照“突出重点、分类管理，强化责任、严格监管”的原则，探索建立健全基于不同风险等级的施工图设计文件审查差别化管理模式。在本市社会投资低风险产业类项目取消建设单位委托施工图设计文件审查，调整为事中事后监管的基础上，将改革范围进一步拓展到全市产业类项目以及规模以下的公共建筑项目、低等级市政道路、小型泵站工程、绿化及泵闸工程配套用房等项目。

（八）2021 年 2 月 19 日发布《上海市开展证明事项告知承诺制试点工作实施方案》

在本市各级行政机关和法律法规授权的具有管理公共事务职能的组织办理行政许可、行政确认、行政给付等依申请行政事项时，实行证明事项告知承诺制。以行政机关清楚告知、企业和群众诚信守诺为重点，推动形成标准公开、规则公平、预期明确、各负其责、信用监管的治理模式，从制度层面进一步解决企业和群众办证多、办事难等问题。

三、推进“一网通办”的政策

（一）2020 年 1 月 21 日发布《关于深入推进“一网通办”进一步加强本市政务服务中心标准化建设与管理的意见（试行）》

构建统一明晰的政务服务中心管理体系；依托“一网通办”总门户，实现线上线下深度融合；健全规范透明的政务服务事项管理；建设高效均衡的政务服务窗口；强化精准全面的政务服务运行管理；打造优质精干的政务服务队伍；夯实完备稳定的大厅软硬件支撑。

（二）2020 年 4 月 29 日发布《关于深化“一网通办”推进行政审批制度改革的通知》

本市市场监管部门逐步实行“两个免于提交”，即开展行政审批、政务服务中，通过电子证照应用、数据共享核验、行政协助等方式，实行“凡是本市政府部门核发的材料，原则上免于提交；凡是能够提供电子证照的，原则上免于提交实体证照”。逐步推动“两转变”，即从“能办”向“好办”转变，方便、快速、可预期；从“以部门为中心”向“以用户为中心”转变，完善工作绩效由企业和群众评判的“好差评”制度，推进市场监管行政审批电子化、便利化、标准化。

（三）2020 年 9 月 23 日公布《上海市“一网通办”平台运行管理暂行办法》

加强上海市“一网通办”全流程一体化在线政务服务平台运行管理，确保“一网通办”平台规范、高效、安全、平稳运行。明确“一网通办”向企业市民等提供电脑端、移动端、自助终端等多渠道政务服务，“一网通办”总门户、“随申办”分别是电脑端和移动端的总入口。

（四）2021 年 3 月 16 日发布《上海市关于深化“一网通办”改革构建全方位服务体系的工作方案》

2021 年底前，实现从“可用”向“好用”转变。围绕个人事项和企业经营全周期服务，拓展和优化公共服务、便民服务。实现基本公共服务领域全覆盖，推出 10 项示范性公共服务场景应用。提升公共场所服务标准化、规范化水平。2022 年底前，实现从“好用”向“爱用”转变。形成协同高效的服务运行体系，公共数据与社会数据融合，充分应用大数据、人工智能等技术，推进服务从“直通”到“直达”。实现公共服务领域全覆盖，全面推进公共场所服务提升，服务质量和水平达到全国一流。2023 年底前，实现从“爱用”向“常用”转变。“一网通办”全方位服务体系基本建成，为群众和企业提供智能化、个性化、高质量的政务服务、公共服务和便民服务。

（五）2021 年 4 月 2 日发布《关于切实按照“两个集中”要求进一步优化市级政务服务事项办理模式的通知》

按照市级政务服务事项“能网办、尽量网办”“能下沉、尽量下沉”的原则，进一步深化“一网通办”改革，优化事项办理模式，充分向基层放权赋能，推动更多事项全程网上办理、下沉基层办理，实现“两个集中”（企业事项向区行政服务中心集中、个人事项向街道乡镇社区事务受理服务中心集中），打造扁平化、便捷化政务服务模式，更加方便企业和群众网上办、就近办，切实增强企业和群众的获得感、满意度。

（六）2021 年 8 月 5 日公布《上海市“一网通办”统一预约服务工作方案》

预约服务主要包括：现场预约、电话预约、线上预约三种方式。现场预约：申请人可到政务服务中心现场预约登记申请；电话预约：申请人可在工作日拨打政务服务中心预约电话，提供预约办理事项、联络方式等信息，进行预约申请；线上预约：打造全市统一在线预约平台，申请人可在线提出预约申请。

四、开展“证照分离”改革的政策

（一）2021 年 6 月 30 日发布《上海市开展“证照分离”改革全覆盖工作的实施方案》

自 2021 年 7 月 1 日起，在全市范围实施涉企经营许可事项全覆盖清单管理，按照直接取消审批、审批改为备案、实行告知承诺、优化审批服务等四种方式分类推进审批制度改革，同时在中国（上海）自由贸易试验区及临港新片区进一步加大改革试点力度，健全完善宽进严管的行业准营规则，探索更加适应发展要求的事中事后监管体系，大幅提高市场主体办事创业透明度、便利度和可预期性。

（二）2020 年 5 月 20 日发布《关于在全市范围推行建设工程企业资质许可“证照分离”改革举措的通知》

在本市注册的建设工程企业在申请以下行政许可事项时，可采取告知承诺方式，涉及公路、通信、民航等方面的建筑业企业资质除外：一是建筑业企业资质许可；二是建设工程监理资质许可；三是建设工程设计资质许可；四是建设工程勘察企业资质许可；五是建设工程质量检测机构资质许可。此外，在本市范围内，工程建设项目审批中不再对工程造价咨询企业提出资质方面要求。在自贸区范围内，取消工程造价咨询企业资质审批。

（三）2020 年 5 月 11 日发布《上海市关于进一步做好燃气经营许可“证照分离”审批改革工作的通知》

燃气经营许可新办（含重新申请）、依申请变更、注销均变更为“自受理之日起，6 个工作日内作出审批决定”；燃气经营许可延续事项，允许企业最晚在有效期届满前 15 个工作日提出延续申请。

五、开展“一业一证”改革试点的政策

（一）2020 年 11 月 14 日发布《上海市浦东新区开展“一业一证”改革试点大幅降低行业准入成本总体方案》

率先建立行业综合许可制度，实现“一帽牵头、一键导航、一单

告知、一表申请、一标核准、一证准营”，深入推进政务服务“一网通办”，持续提升政务服务水平，打造市场主体办事“网购级体验”，以“双告知、双反馈、双跟踪、双随机、双评估、双公示”为核心，配套建立职责明确、分工协作、多元共治的行业综合监管制度，有效防范行业重大风险，为在全国范围持续深化“证照分离”改革、更好克服“准入不准营”现象积累一批可复制可推广的经验。

（二）2021年1月8日发布《上海市浦东新区“一业一证”改革试点实施方案》

在浦东新区率先对首批31个行业试点“一业一证”改革，建立“一证准营”的行业综合许可制度，配套建立各负其责、协同高效的行业综合监管制度，深入推进政务服务“一网通办”，不断深化告知承诺制等改革创新，持续提升审批服务水平，大幅降低行业准入成本。2021年3月底前，推动仅涉及地方事权的25个试点行业落地发证，研究在更大区域范围推广改革试点经验；2021年6月底前，推动涉及国家事权的6个试点行业落地发证；2021年底前，推动创新和加强事中事后监管、深化告知承诺制改革、探索智能审批模式等试点任务全面实施，积极争取在浦东新区进一步扩大改革试点行业范围。

（三）2021年4月22日发布《关于在全市范围推广实施“一业一证”改革的指导意见》

对国务院批复同意浦东新区首批试点的25个仅涉及地方事权行业，各区从2021年5月1日起，选取部分行业实施“一业一证”改革；从2021年10月1日起，全面实施“一业一证”改革。在此基础上，推动更多市场主体关注度高、办理频次高的行业在全市范围实施“一业一证”改革，成熟一批、实施一批。

（四）2021年5月17日发布《关于在“一业一证”改革中分类推进食品经营许可改革试点的通知》

以经国务院批复同意的《上海市浦东新区开展“一业一证”改革试点大幅降低行业准入成本总体方案》、上海市人民政府《关于在全市范围推广实施“一业一证”改革的指导意见》为基础，对涉及食品经营许可的试点行业进行风险分级，聚焦重点行业，强化风险管控，严守食品安全底线，推动审批管理服务从“以政府部门供给为中心”向“以市场主体需求为中心”转变，大幅降低行业准入成本，打造国际一流营商环境。

六、加强和规范事中事后监管政策

（一）2020年9月29日发布《上海市人民政府关于加强和规范事中事后监管的实施意见》

按照“谁审批、谁监管，谁主管、谁监管”，依法依规厘清各部门的监管职责，严格按照法律法规规定履行监管责任，促进监管法治化、制度化、规范化。对不同领域、类型市场主体，量身定制差异化监管措施，提升事中事后监管精准化水平。充分运用大数据先进技术，加强数据共享，实施智慧监管，努力做到监管效能最大化、监管成本最优化、对市场主体干扰最小化。落实市场主体责任，发挥平台监管和行业自律作用，推进多层次、全领域的社会监督，努力实现以社会协同共治为导向的监管格局。

（二）2020年2月3日发布《文化市场轻微违法违规经营行为免罚清单》

这是文化市场领域全国首个轻微违法行为免罚清单。将文化市场领域16项轻微违法行为纳入免罚范围。旨在为文化领域各类企业特别是中小企业、新业态、创新型企业提供更宽容的制度环境，进一步激发市场活力。清单规定，文化市场主体发生符合规定情形的16种轻微违法行为免于行政处罚，涉及出版、印刷、旅游、娱乐场所、艺术品经营、互联网上网服务等多个子领域。

（三）2021年3月20日发布《市场监管领域轻微违法违规经营行为免罚清单》

围绕市场主体需求，在2019年3月上海出台的首份免罚清单基础上进一步扩大免罚事项，对涉及广告、个体工商户、计量、在线经济、价格等十个方面的市场主体轻微违法违规行为依法不予行政处罚。《免罚清单（二）》与首份免罚清单共同组成本市市场监管领域的轻微违法免罚事项，总计达38项。

七、优化税收营商环境的政策

（一）2020年3月16日发布《关于本市开展 2020 年“便民办税春风行动”的实施意见》

围绕国家税务总局行动任务，共推出4类16项85条便民办税服务措施，按具体落实情况分为“落实类”“提升类”“创新类”三个属性。其中，“落实类”为按照国家税务总局工作要求落实的事项，共5条；“提升类”为在国家税务总局工作要求基础上进一步优化提升的事项，共66条；“创新类”为体现上海创新工作亮点的事项，共14条。

（二）2020年5月28日发布《关于实行税种综合申报的公告》

自2020年7月1日起，纳税人需申报缴纳企业所得税（预缴）、城镇土地使用税、房产税、土地增值税、印花税中一个或多个税种时，可选择税种综合申报。其中，企业所得税纳税人暂不涵盖跨地区经营汇总纳税企业。纳税人可通过上海市电子税务局、网上电子申报企业端进行税种综合申报。

（三）2021年3月25日发布《关于推进纳税缴费便利化改革优化税收营商环境若干措施的通知》

主要措施包括：一是持续推进减税降费政策直达快享；二是不断提升纳税缴费事项办理便利度；三是稳步推进发票电子化改革；四是优化税务执法方式维护市场主体合法权益；五是强化跟踪问效确保各项措施落实落细。

（四）2021年8月6日发布《进一步深化税收征管改革实施方案》

到2022年，进一步深化拓展动态“信用＋风险”监控体系试点、精细化纳税服务试点，巩固提升云化智慧税务建设成效。到2023年，基本建成与新发展阶段税收现代化相适应的税务执法新体系、税费服务新体系、税务监管新体系和形成税收共治新格局，税收征管服务效能明显提升。到2025年，深化税收征管制度改革取得显著成效，建成全国一流的智慧税务生态体系，全方位提高税务执法、服务、监管能力。

八、提高企业信贷获得性的政策

（一）2020年3月17日发布《关于支持本市小额贷款、融资担保、融资租赁、商业保理、典当、地方资产管理等机构加大力度服务实体经济的通知》

鼓励本市小额贷款、融资担保、融资租赁、商业保理、典当等机构适当降低对中小微企业的贷款利率、担保费率、租金率、服务费率、典当综合费率等融资成本。鼓励小额贷款、融资租赁、商业保理、典当等机构通过展期、无还本续贷、延长还款期限和当期、实施征信保护等方式减轻企业还款压力，对于受疫情影响未能及时还款或办理赎当、续当的企业（当户）暂缓催收，确保不因疫情导致办理不便增加客户额外融资息费，不盲目抽贷、断贷、压贷，不盲目做逾期绝当处理。鼓励融资租赁公司、商业保理公司等机构在风险可控的前提下发行疫情防控相关的债券及资产证券化产品。鼓励融资担保机构开展先行代偿。鼓励本市六类机构在风险可控的前提下，开通业务快速审批通道，优化操作流程。

（二）2020 年 3 月 19 日发布**《2019—2021 年小型微型企业信贷奖励考核办法》**

申请小型微型企业信贷奖励考核资金的在沪银行业金融机构，须达到国家金融管理部门关于小微企业金融服务的相关要求，并经上海银保监局年度考核小微企业信贷工作突出。奖励金额 = 年度单户授信总额 1000 万元及以下小微企业贷款余额增量 × 奖励系数 × 综合系数。单个银行业金融机构可获得的奖励资金最高不超过 1000 万元（含）。

（三）2020 年 3 月 19 日发布**《2019—2021 年科技型中小企业和小型微型企业信贷风险补偿办法》**

逐步提高对科技型中小企业和小型微型企业贷款不良率的容忍度，信贷风险补偿按照“分步、渐进”的办法，由各银行业金融机构选取针对中小微企业特点的、具有一定总量规模的信贷品种参与信贷风险补偿试点。为鼓励和支持本市各银行业金融机构积极开展面向科技型中小企业和小型微型企业的信贷业务创新试点，市、区两级财政建立科技型中小企业和小型微型企业信贷风险分担机制，对本市各有关银行业金融机构为符合条件的科技型中小企业和小型微型企业发放贷款所发生的超过一定比例的不良贷款净损失，由市、区两级财政按照 35：65 的比例给予相应的风险损失补偿。

（四）2020 年 8 月 31 日发布《关于进一步做好本市创业担保贷款工作全力支持重点群体创业就业的通知》

将依托平台就业的劳动者纳入创业前创业担保贷款支持范围。降低创业担保贷款申请条件。对已发放的创业组织和个人创业担保贷款，流动性遇到暂时困难的创业组织和个人，可向经办银行申请展期还款。经办银行新发放创业担保贷款利率应适当下降。推行电子化审批，逐步实行一网通办、全程线上办理。

九、其他相关政策

（一）2020 年 5 月 14 日发布《关于加快特色产业园区建设 促进产业投资的若干政策措施》

从规划、土地、金融、服务等环节，找准投资增长点，精准供给有效政策，全面创新招商引资政策，力争在总部机构、龙头企业、旗舰项目、功能平台、隐形冠军等集聚方面实现新突破，助力疫情防控和培育经济转型发展新动能。主要涉及五个方面：一是聚焦产业规划布局；二是培育创新动能，打造“在线新经济、数字新基建”；三是落实土地要素保障，“用好增量、激活存量、统筹流量”；四是设立财政金融支持政策，发挥“4 个 1000 亿”资金引导和杠杆作用；五是加大投资促进支持力度，做好项目落地全流程服务。

（二）2021 年 3 月 2 日发布《上海口岸 2021 年深化跨境贸易营商环境改革若干措施》

主要包括五方面措施：一是优化“通关物流”作业流程；二是简化

单证要求；三是推进港口设施升级；四是规范口岸收费；五是强化为企服务。

（三）2021 年 4 月 30 日发布《上海市人力资源和社会保障局 2021 优化营商环境十二条举措》

为全面贯彻落实国家和本市关于深化“放管服”改革、优化营商环境的决策部署，根据《上海市优化营商环境条例》《上海市加强改革系统集成　持续深化国际一流营商环境建设行动方案》，结合本市人力资源社会保障工作实际，现提出 2021 优化营商环境十二条举措，主要包括对标评价，持续提升便企营商服务能力、以人为本，持续优化“近悦远来”人才生态，持续深化人社领域改革创新等措施。

参考文献

一、中文著作类

1. 国家发展改革委：《打造国际一流营商环境》，中国计划出版社、中国市场出版社2020年版。

2. 上海市人民政府发展研究中心：《长三角一体化与高质量发展》，上海远东出版社、上海人民出版社2020年版。

3. 罗培新：《世界银行营商环境评估：方法、规则、案例》，译林出版社2020年版。

二、中文论文类

1. 陈霜华、张天乐：《上海优化营商环境的国际对标分析》，载《科学发展》2021年第6期。

2. 崔园园、周海蓉、张云伟：《对标顶级全球城市进一步优化上海营商环境》，载《科学发展》2020年第2期。

3. 刘江会、黄国妍、鲍晓晔：《顶级“全球城市”营商环境的比较研究——基于SMILE指数的分析》，载《学习与探索》2019年第8期。

4. 鲍晓晔、刘江会、黄国妍：《上海进一步优化营商环境的思考——基于〈世界银行营商环境评价报告〉》，载《上海商业》2019年第1期。

5. 沈国兵、孟彩霞：《优化城市营商环境与国际国内双循环相互促进——基于上海与多个国际大都市的比较分析》，载《广西师范大学学报（哲学社会科学版）》2021 年第 3 期。

6. 唐红祥、李银昌：《税收优惠与企业绩效：营商环境和企业性质的调节效应》，载《税务研究》2020 年第 12 期。

7. 娄成武、张国勇：《基于市场主体主观感知的营商环境评估框架构建——兼评世界银行营商环境评估模式》，载《当代经济管理》2018 年第 40 期。

8. 杨枝煌、刘泽黎、李斐：《构建有中国特色的营商环境评价体系》，载《国际经济合作》2020 年第 5 期。

9. 杨枝煌、刘泽黎、李斐：《构建有中国特色的营商环境评价体系》，载《国际经济合作》2020 年第 5 期。

10. 上海财政局：《坚决落实减税降费政策　强化收支管理过紧日子》，载《中国财政》2020 年第 24 期。

11. 刘梦雨、孟佳惠：《跨区域“筑信”——我国多地开展信用建设区域合作工作纪实》，载《中国信用》2019 年第 10 期。

12. 邹晓梅：《小微企业融资难点及问题——苏州小微企业融资调研》，载《中国经贸导刊》2019 年第 16 期。

13. 何茜：《绿色金融的起源、发展和全球实践》，载《西南大学学报（社会科学版）》2021 年第 1 期。

14. 中国银保监会政策研究局课题组：《绿色金融理论与实践研究》，载《金融监管研究》2021 年第 3 期。

15. 黄国平、方龙、徐玄：《高质量发展下长三角金融一体化研究》，载《宏观经济管理》2020 年第 10 期。

16. 贺大兴、王静：《营商环境与经济高质量发展：指标体系与实证研究》，载《上海对外经贸大学学报》2020年第6期。

17. 杨枝煌、刘泽黎、李斐：《构建有中国特色的营商环境评价体系》，载《国际经济合作》2020年第5期。

18. 杨志壮：《营商环境优化的“监管”与“去监管”权衡》，载《政法论丛》2020年第4期。

19. 杨继瑞、周莉：《优化营商环境：国际经验借鉴与中国路径抉择》，载《新视野·中国社会经济发展战略》2019年第1期。

20. 陈艳利、蒋琪：《我国税收营商环境评价体系的构建与运用——基于扎根理论研究方法》，载《税务研究》2021年第6期。

21. 陈雅君、牛鹏：《“放管服”背景下的税收营商环境优化》，载《财会研究》2021年第5期。

22. 宋清、杨雪：《税收优惠、营商环境与企业创新绩效》，载《中国科技论坛》2021年第5期。

23. 邵姝静、邵传林：《税收“放管服”改善营商环境的路径研究——以上海市为例》，载《西北民族大学学报（哲学社会科学版）》2021年第2期。

24. 岳树民、张萌：《优化我国税收营商环境的借鉴与路径选择》，载《税务研究》2021年第2期。

25. 侯欢：《香港税收营商环境优化的法治逻辑与经验借鉴》，载《税收经济研究》2020年第25卷。

26. 唐红祥、李银昌：《税收优惠与企业绩效：营商环境和企业性质的调节效应》，载《税务研究》2020年第12期。

27. 于健：《优化税收营商环境的比较研究——基于〈2020年营商环境报告〉的分析》，载《国际税收》2020年第10期。

28. 江红义、李敏:《从税收营商环境到营商环境中的税收》,载《厦门大学学报(哲学社会科学版)》2020 年第 5 期。

29. 杨卫华:《加强税收协调 营造粤港澳大湾区良好营商税收环境》,载《国际税收》2020 年第 9 期。

30. 李成:《我国税收营商环境面临的挑战与机遇》,载《税务研究》2020 年第 9 期。

31. 张景华、林伟明:《治理视角下的税收营商环境优化研究》,载《税务研究》2020 年第 9 期。

32. 柳华平、潘宇、刘建、杨乔:《良法善治:优化税收营商环境的价值取向和现实选择》,载《税收经济研究》2020 年第 25 卷。

33. 朱铁佳、赵大生:《全球企业的家园,国际营商的天堂——新加坡优化营商环境的经验借鉴及对中国商务中心区发展的启示》,载《商务中心区蓝皮书》2019 年 10 月。

34. 王延:《长三角地区获批国家信用建设区域合作示范区》,载《浦东时报》2016 年第 10 期。

35. 董丽娴:《生态环境领域企业严重失信名单,长三角区域互认》,载《浙江法制报》2020 年 10 月 21 日。

36. 朱智翔、董丽娴:《长三角区域互认生态环境“红黑名单”》,载《浙江日报》2020 年 10 月 2 日。

37. 郑亚丽:《企业环保信用价值升级》,载《绍兴日报》2020 年 11 月 3 日。

38. 朱智翔、晏利扬、董丽娴:《严重失信名单将区域互认联合惩戒》,载《中国环境报》2020 年 10 月 26 日。

39. 中共中央习近平:《关于〈中共中央关于全面推进依法治国若干

重大问题的决定〉的说明》，载《人民日报》2014 年 10 月 29 日。

40.《全球新一轮经贸规则发展呈七大新趋势》，载《华夏时报》2019 年 10 月。

41.《逆势创新高！日均 1665 户，源头活水从何来》，载《人民资讯》2020 年 1 月 12 日。

42.《投资总额超过百亿美元，一批外资大项目今天在沪签约》，载《新民晚报》2021 年 1 月 15 日。

43.《再提 207 项改革任务，上海营商环境 4.0 版要突破什么》，载《第一财经》2021 年 3 月 2 日。

44.《2020 联合国电子政务调查报告》，载电子政务网，2020 年 7 月 13 日。

45.《上海国际金融中心蝉联全球第三：金融科技排名升至全球第二》，2021 年 3 月 21 日。

46. 国家发展改革委：《国家发展改革委关于推广借鉴上海浦东新区有关创新举措和经验做法的通知》，载《澎源政务》2021 年 4 月 7 日。

47. 毕马威中国：《国际最佳营商经济体治理经验概览　新加坡案例与启示》，2020 年 5 月 29 日。

48. 陈诗一、李志青、刘瀚斌：《长三角“40+1”城市群绿色金融　发展竞争力研究（2019）》。

49.《上海将深化推进营商环境专项行动》，载中华人民共和国中央人民政府网 2018 年 3 月 27 日。

50.《上海营商环境被世界银行点赞了！上海这套从 1.0 升级到 3.0 的方案功不可没》，载东方网 2020 年 7 月 28 日。

51. 上海市发展和改革委员会：《上海市进一步优化营商环境实施计

划》，2019 年 3 月 13 日。

52.《上海今年实施优化营商环境 2.0 版行动计划涉 25 项任务》，载《上观新闻》2019 年 2 月 13 日。

53. 上海市人民政府：《上海市全面深化国际一流营商环境建设实施方案》，2020 年 1 月 2 日。

54. 上海市人民政府：《上海市加强改革系统集成持续深化国际一流营商环境建设行动方案》要点速览，2021 年 3 月 2 日。

55. 黄咏梅：《北京、上海优化营商环境 4.0 版方案比较研究》，2021 年 3 月 29 日。

56. 十八届四中全会：《中共中央关于全面推进依法治国若干重大问题的决定》，2014 年 10 月 23 日。

57. 中国共产党第十八届中央委员会第三次全体会议：《中共中央关于全面深化改革若干问题的决定》，2013 年 11 月 12 日。

58. 国务院办公厅：《全国深化“放管服”改革优化营商环境电视电话会议重点任务分工方案》。

59. 税务总局等十三部门：《关于推进纳税缴费便利化改革优化税收营商环境若干措施的通知》（税总发〔2020〕48 号）。

60. 中国建设银行、新华通讯社经济参考报社、中国社会科学院信息化研究中心等：《2020 城市营商环境高质量发展指数报告》。

61.《国务院办公厅关于进一步优化营商环境更好服务市场主体的实施意见》（国办发〔2020〕24 号）。

图书在版编目(CIP)数据

上海营商环境蓝皮书. 2020－2021年/李世平主编
. 一上海:上海人民出版社,2021
ISBN 978－7－208－17395－8

Ⅰ. ①上… Ⅱ. ①李… Ⅲ. ①投资环境-研究报告-上海-2020－2021 Ⅳ. ①F127.51

中国版本图书馆CIP数据核字(2021)第212768号

责任编辑 冯 静
封面设计 一本好书

上海营商环境蓝皮书(2020－2021年)
李世平 主编

出 版	上海人民出版社 (201101 上海市闵行区号景路159弄C座)
发 行	上海人民出版社发行中心
印 刷	上海商务联西印刷有限公司
开 本	720×1000 1/16
印 张	27.25
插 页	4
字 数	318,000
版 次	2021年11月第1版
印 次	2021年11月第1次印刷

ISBN 978－7－208－17395－8/F・2710
定 价 109.00元